Coaching Com PNL Para Leigos

Folha de Cola

Ao usar os elementos essenciais da Programação Neurolinguística – incluindo o estabelecimento de um bom relacionamento e o uso de técnicas de comunicação avançadas – você pode fazer maravilhas em um ambiente de coaching. Esta Folha de Cola traz algumas dicas rápidas sobre ter o máximo de aproveitamento do coaching com PNL.

Mantendo o Coaching de PNL em Segredo

A confidencialidade é um ingrediente essencial para estabelecer confiança numa relação de coaching com Programação Neurolinguística (PNL). Seus clientes devem se sentir extremamente seguros nas suas mãos desde o início. Assegure-os da natureza confidencial do coaching nos primeiros minutos da primeira sessão de vocês. Lembre-se de que segurança é uma necessidade fundamental da humanidade.

Considere o que confidencialidade realmente significa para você ao se colocar no lugar do seu cliente. Como um cliente, o que você quer de um coach? Por exemplo, para estabelecer confiança em um relacionamento:

- Ambos partidos devem saber as fronteiras do relacionamento. (Como coach, não estará agindo como amigo ou consultor.)

- Ambos partidos devem concordar com os termos contratuais sobre a maneira em que trabalharão juntos, incluindo a estrutura de cobrança, o agendamento de encontros e a localização.

- Ambos Os cliente devem se sentir completamente seguros em compartilhar informações com você honestamente.

Modelo TOTS de estratégias de coaching com PNL

O benefício de entender as estratégias de coaching com Programação Neurolinguística é que, se você pode encontrar momentos em que os seus clientes estão motivados, energizados, animados, tomando boas decisões e a todo vapor, eles podem tirar aprendizado destas situações e aplicá-lo à áreas em que eles são menos eficientes.

A PNL oferece um modelo simples para explicar como as estratégias são executadas chamado o modelo TOTS, que significa Teste, Operação, Teste, Saída (traduzido do inglês TOTE – Test, Operate, Test, Exit). Este modelo sugere que quando você sabe que quer que algo aconteça. Você segue estratégias até que atinja a sua meta. Especificamente:

- Você verifica (Teste) a eficácia da estratégia.

- Se a estratégia funciona, você segue para a próxima estratégia (Saída).

- Se a estratégia não funciona, você melhora o seu comportamento (Operação) até que teste lhe mostre que você atingiu a sua meta.

- Você se mantém no ciclo do modelo até que a sua meta seja realizada.

Quando os cliente não obtêm os resultados desejados, é hora de criar novas estratégias. Pode-se fazer isso de diversas formas:

- Desfaça a estratégia pouco útil passando por ela passo a passo, percebendo o que está faltando que que não está funcionando.

- Peque a estratégia que já funciona bem em outro contexto

- Encontre a estratégia de outra pessoa, copie-a e depois ex

Para Leigos: A série de livros para iniciantes que mais vende no mundo

Coaching Com PNL Para Leigos

Folha de Cola

Como Estabelecer Seus Valores Fundamentais

Valores trazem energia e direção; eles são o coração do que faz um indivíduo funcionar. Quando as pessoas compreendem seus valores profundamente, elas podem criar uma maneira de maneira de atuar no mundo que as conduz a um verdadeiro senso de finalidade e significado.

O exercício a seguir conduz você pelo processo de estabelecimento da sua lista de valores iniciais.

1. Em uma folha em branco, faça uma lista dos seus valores, tais como honestidade, força, serviço ou segurança.

   Sua resposta para as perguntas seguintes podem ajudá-lo a revelar valores:
   1. O que é importante para você?
   2. De que você precisa na sua vida?
   3. O que é tão crítico para quem você é que você poderia quase esquecer de mencionar?

2. Depois que tiver uma lista de uns 12 a 15 valores, veja como eles se agrupam ou se sobrepõem; filtre a sua lista para chegar a não mais do que 9 valores.

   Algumas palavras podem ter significado similar o suficiente que você pode contar como um valo só, tais como 'integridade/honestidade' ou 'finalidade/direção'. Encontre uma palavra que abranja o significado geral.

3. Pegue uma palavra de cada vez e pergunte-se 'O que este valor me traz?'

4. Agarre esta lista de valores inteiramente revisada como o tijolo importante para planejamentos futuros, estabelecimento de metas e atividade de tomadas de decisões.

   Algumas pessoas gostam de manter esta lista como um bilhete na parede; outro mantêm-na no diário ou no telefone celular.

Tomando Posições Perceptivas com PNL

Posições perceptivas ajudam você a imaginar como se parecem as situações difíceis quando vistas pelos olhos de outra pessoa. O termo refere-se a habilidade de imaginar o que os outros compreendem ao imaginar que você é a outra pessoa. Na PNL, isso liga-se a suposição de que 'o mapa não é o território' e oferece uma maneira de enriquecer o mapa do mundo de um indivíduo.

- A primeira posição é a sua perspectiva natural, quando você está completamente consciente do que você pensa e sente, independente dos que estão a sua volta. Este é a localidade em que os clientes se sentem mais familiarizados. Eles procuraram o coaching porque eles já têm consciência da sua própria perspectiva e dos problemas que enfrentam.

- A segunda posição é imaginar como é ser a outra pessoa. Algumas pessoas são muito boas em considerar as necessidades e os interesses de outros; para um cliente mais focado em si mesmo, imaginar uma segunda posição é uma noção completamente estrangeira.

- A terceira posição é uma posição independente onde você age como um observador a parte, notando o que está acontecendo no relacionamento entre outras duas pessoas. Bons coaches entram naturalmente neste papel imparcial. Em coaching, incentive o cliente a tomar esta posição para obter um discernimento imparcial dentro de uma situação, particularmente para visualizar um relacionamento que o cliente tem com outra pessoa.

Você pode apresentar posições perceptivas aos clientes fazendo-os moverem-se fisicamente para cadeiras ou lugares diferentes num cômodo ao descrever e discutir as três posições, pedindo-os que percebam o que eles experienciam ao ficar em cada posição. O verdadeiro aprendizado vem quando há a saída desta posição para explorar a segunda e a terceira posições e ver como isso esclarece certa situação.

Para Leigos: A série de livros para iniciantes que mais vende no mundo

Coaching com PNL

PARA

LEIGOS

Kate Burton

ALTA BOOKS
EDITORA
Rio de Janeiro, 2012

Coaching com PNL Para Leigos Copyright © 2012 da Starlin Alta Editora e Consultoria Ltda.
ISBN: 978-85-7608-653-6

Translated From Original: Coaching With NLP For Dummies ISBN: 978-0-470-97226-7. Original English language edition Copyright © 2011 by Wiley Publishing, Inc. All rights reserved including the right of reproduction in whole or in part in any form. This translation published by arrangement with Wiley Publishing, Inc. Portuguese language edition Copyright © 2012 by Starlin Alta Editora e Consultoria Ltda. All rights reserved including the right of reproduction in whole or in part in any form.

"Willey, the Wiley Publishing Logo, for Dummies, the Dummies Man and related trad dress are trademarks or registered trademarks of John Wiley and Sons, Inc. and/or its affiliates in the United States and/or other countries. Used under license.

Todos os direitos reservados e protegidos por Lei. Nenhuma parte deste livro, sem autorização prévia por escrito da editora, poderá ser reproduzida ou transmitida.

Erratas: No site da editora relatamos, com a devida correção, qualquer erro encontrado em nossos livros.

Marcas Registradas: Todos os termos mencionados e reconhecidos como Marca Registrada e/ou Comercial são de responsabilidade de seus proprietários. A Editora informa não estar associada a nenhum produto e/ou fornecedor apresentado no livro.

Impresso no Brasil

Vedada, nos termos da lei, a reprodução total ou parcial deste livro

Produção Editorial
Editora Alta Books

Gerência Editorial
Anderson da Silva Vieira

Supervisão Editorial
Angel Cabeza
Augusto Coutinho

Controle de Qualidade Editorial
Sergio Luiz de Souza

Editoria Para Leigos
Daniel Siqueira
Iuri Santos
Patrícia Fadel
Paulo Camerino

Equipe Editorial
Adalberto Taconi
Andrea Bellotti
Andreza Farias

Brenda Ramalho
Bruna Serrano
Claudia Braga
Cristiane Santos
Evellyn Pacheco
Gianna Campolina
Isis Batista
Jaciara Lima
Juliana de Paulo
Lara Gouvêa
Lícia Oliveira
Marcelo Vieira
Milena Souza
Marco Silva
Pedro Sá
Rafael Surgek
Thiê Alves
Vanessa Gomes
Vinicius Damasceno

Tradução
Alexandra Taste

Copidesque
Elisabete Pereira

Revisão Gramatical
Patrícia Fadel

Revisão Técnica
Elizabeth Alves
Formação em Coaching Professional. Fellow Member Trainer IA-NLP. Diretora/ Fundadora do INVEDA.

Diagramação
Elza Maria

Marketing e Promoção
Daniel Schilklaper
marketing@altabooks.com.br

Dados Internacionais de Catalogação na Publicação (CIP)

B974c   Burton, Kate.
         Coaching com PNL para leigos / Kate Burton. – Rio de Janeiro, RJ : Alta Books, 2012.
         392 p. : il. – (Para leigos)
         Inclui apêndice.
         Tradução de: Coching with NLP for dummies.
         ISBN 978-85-7608-653-6

1   1. Assessoria empresarial. 2. Programação neurolinguística. 3. Assessoria pessoal. I. Título. II. Série.

                                                 CDU 658:159.96
                                                 CDD 158.1

Índice para catálogo sistemático:
1. Psicologia aplicada : Administração   658:159.96
(Bibliotecária responsável: Sabrina Leal Araujo – CRB 10/1507)

ALTA BOOKS
EDITORA

Rua Viúva Cláudio, 291 – Bairro Industrial do Jacaré
CEP: 20970-031 – Rio de Janeiro – Tels.: 21 3278-8069/8419 Fax: 21 3277-1253
www.altabooks.com.br – e-mail: altabooks@altabooks.com.br
www.facebook.com/altabooks – www.twitter.com/alta_books

Sobre a Autora

Kate Burton é uma *master coach* internacional de PNL, escritora e palestrante de workshops, cujo objetivo é conceder a todos os seus clientes espaço para se tornarem intencionalmente conscientes de como realmente querem viver e trabalhar e como empreender a mudança que desejam. Ela tem obtido sucesso apoiando as pessoas a impulsionarem suas motivações, autoconsciência e confiança.

A carreira profissional de Kate começou com a publicidade corporativa e marketing na Hewlett-Packard. Desde então, trabalhou com diferentes campos de negócios, ao lado de indústrias e culturas sobre como eles podem ser grandes comunicadores. O que ela mais ama é desenvolver programas sob encomenda. Seus workshops corporativos e *coaching* principais centram em temas de liderança como *coach*, encorajamento da confiança através da mudança, energia, performance e potencial. Ela também conduz retiros privados em lindos locais com vistas espetaculares.

Coaching com PNL Para Leigos é seu quinto livro. Além de ser coautora de *PNL Para Leigos* e *NLP Workbook For Dummies*, com Romilla Ready, ela é coautora de *Building Self-Confidence For Dummies*, com Brinley Platts. Seu livro *Live Life, Love Work* está publicado em inglês pela Capstone, com impressão da Wiley. Entre em contato com Kate através de seu site www.kateburton.co.uk (conteúdo em inglês).

Agradecimentos

Quando a equipe *da* Wiley me propôs escrever *Coaching com PNL Para Leigos* (no original em inglês *Coaching With NLP For Dummies*), eu sabia que, mais uma vez, estava em boas mãos. Minha equipe editorial, comandada por Rachael e Brian, trabalhou com incrível cuidado e entusiasmo, a fim de polir meus capítulos: eles naturalmente adotam um estilo de *coaching,* com seu exame eficiente e apoio atencioso.

O assunto deste livro é baseado em mais de uma década de aprendizado e prática da arte de *coaching* e PNL, construído em muitos anos mais de trabalho. Todos os meus professores na área de desenvolvimento pessoal têm meu agradecimento especial por sua sabedoria, incluindo muitos *coaches* com os quais tive contato ao longo dos anos. Sempre serei grata aos meus maravilhosos clientes pelas infinitas oportunidades de fazer o trabalho que amo e aprender com cada interação. A Bob e à família, o amor e apoio de vocês nos bastidores faz toda a diferença. E, finalmente, meu obrigado aos milhares de leitores que demonstraram seu reconhecimento ao comprar os livros. No anseio de que algumas das palavras nesta obra deixem sua marca, eu os deixo com uma citação de um companheiro de *coach*: "Nós nunca tocamos as pessoas tão de leve que não deixemos um traço".

Sumário Resumido

Introdução 1

Parte I: Introdução ao Coaching com PNL 7

Capítulo 1: Coaching e PNL Combinados para Ótimos Resultados 9

Capítulo 2: As Habilidades Essenciais de PNL Reunidas 25

Capítulo 3: O Desenvolvimento de Suas Alianças em Coaching 47

Parte II: Formação de Habilidades Essenciais em Coaching 69

Capítulo 4: Ajuste Delicado do Processo Inicial 78

Capítulo 5: Opção por Sessões de Ganho Rápido 87

Capítulo 6: Ganhar uma Clareza Maior 103

Capítulo 7: Dê Vida a Seus Objetivos 121

Parte III: Aprofundando a Consciência 137

Capítulo 8: Prestar Atenção a Valores 139

Capítulo 9: Encontre a Paixão e o Sentido 151

Capítulo 10: Trazer Padrões à Tona 171

Capítulo 11: Desenvolver Melhores Estratégias 185

Parte IV: O Trabalho por Meio de Dramas, Decisões e Dilemas 205

Capítulo 12: Fortalecimento de Relacionamentos em Tempos Difíceis 207

Capítulo 13: Sobrevivendo às Decepções 227

Capítulo 14: *Coaching* Através do Conflito 243

Capítulo 15: *Suavizando os Altos e Baixos da Carreira* 259

Parte V: Melhore Seu Repertório de Coaching com PNL 273

Capítulo 16: Transforme o Tempo a Seu Favor 275

Capítulo 17: Modificação de Experiências com Submodalidades 289

Capítulo 18: Administração de Estados Emocionais 305

Capítulo 19: Conectar Todas as Partes de uma Pessoa 321

Parte VI: A Parte dos Dez 337

Capítulo 20: Dez Perguntas Poderosas de Coaching 339

Capítulo 21: Dez Armadilhas para se Evitar em Coaching 347

Capítulo 22: Dez Maneiras de Aprimorar Suas Habilidades em Coaching 355

Índice 363

Sumário

Introdução *1*

Sobre Este Livro.. 1
Convenções Usadas Neste Livro.. 2
Só de Passagem... 2
Penso que... 2
Como Este Livro Está Organizado 3
  Parte I: Introdução ao Coaching com PNL................................ 3
  Parte II: Formação de Habilidades Essenciais em Coaching 3
  Parte III: Aprofundando Sua Consciência 3
  Parte IV: O Trabalho por Meio de Dramas, Decisões e Dilemas 4
  Parte V: Melhore Seu Repertório de Coaching com PNL........... 4
  Parte VI: A Parte dos Dez.. 4
Ícones Usados Neste Livro 5
De Lá para Cá, Daqui para Lá 5

Parte I: Introdução ao Coaching com PNL *7*

Capítulo 1: *Coaching* e PNL Combinados para Ótimos Resultados ... 9

As Diferenças Entre Coaching e PNL 10
A Busca de uma Carreira em Coaching...................................... 10
  Definição de Coaching 11
  Pesquisando oportunidades... 12
  Identificação de potencial.. 13
  Reconhecimento das fronteiras com a terapia e a consultoria 15
Começando com a PNL.. 18
  A valorização da estrutura.. 19
  Apoiando-se em uma estrutura forte que realmente funciona 20
  Recorrendo a ferramentas e modelos para mudar.................... 21
Aquisição do Hábito de Sonhar... 23

Capítulo 2: As Habilidades Essenciais de PNL Reunidas 25

Aumento do Rapport.. 26
  Compassar e conduzir.. 26
  Prestar atenção à comunicação não verbal.............................. 27
  Flexibilização de seu estilo de comunicação 28
  Conectar-se com a pessoa inteira 31
O Trabalho com Algumas Hipóteses-Chave de PNL................... 33
  O mapa não é o território 33
  As pessoas são mais do que seu comportamento 34
  Os indivíduos possuem recursos 35

Coaching com PNL Para Leigos

Além da Superfície 37
    Desvende o significado da linguagem: Dois modelos-chave 37
    Jogando com as dimensões do tempo...39
    A separação entre processo e conteúdo 41
    Como se reconhece o ganho secundário...41
Moldar a Qualidade...42
    Encontrar e seguir exemplos..42
    Mudar para a competência inconsciente...43
    Mudar de confusão para congruência...44

Capítulo 3: O Desenvolvimento de Suas Alianças em *Coaching* . .47

Definir a Aliança Cliente-Coach..47
Construir Relações de Confiança 49
    Manter as coisas confidenciais 49
    Mover-se com ética e integridade..54
    Respeito às reações humanas e limitações 55
Fazer Contratos de Forma Competente com Clientes............................55
    Preparação do terreno 56
    A escolha da pessoa certa 57
    Chegando com atributos essenciais de coaching 58
    Preparação da base...59
    Monitorar a motivação..62
    Expectativas de sucesso compartilhadas 63
Crescimento em Curiosidade e Amplitude...64
    O poder do silêncio...64
    Acesso à intuição..65
    Estar bem, mesmo sem saber as respostas 66
    Apoio à habilidade natural do cliente 68

Parte II: Formação de Habilidades Essenciais em Coaching 69

Capítulo 4: Ajuste da Pauta para a Mudança...................71

Começo e Término das Sessões com Elegância..72
    Estar preparado...73
    Definição de intenções..75
    Terminar bem...77
Ajuste Delicado do Processo Inicial...78
    Preparação do terreno 78
    Apreender a realidade do momento 79
Elaboração da Programação Desejada..83
    Refinamento de agendas...84
    Mantenha-se no caminho certo 85
    Mantenha-se no momento em que a vida real acontece............................86

Capítulo 5: Opção por Sessões de Ganho Rápido.............87

Uma Olhada no SCORE..88
    Conversar com SCORE..89
    Sintomas..91
    Causas..92
    Objetivos..93
    Recursos..93
    Efeitos..94
    Guardar as informações do SCORE......................................95
Influência nos Níveis Lógicos...96
    Ambiente..98
    Comportamento..98
    Aptidões e habilidades..98
    Crenças e valores..99
    Identidade..99
    Propósito..100
Impulsionar a Consciência para a Ação......................................101

Capítulo 6: Ganhar uma Clareza Maior.....................103

Lidar Conscientemente com os Pontos Cegos.............................104
Criação e Uso de Mapas Mentais..106
    Preferência de um sentido em detrimento de outro..............107
    Filtragem de informações..108
    Permissão para o inconsciente se envolver.........................110
Faça Perguntas Eficazes...112
    Encontre a pergunta que cai como uma luva........................112
    Proponha uma indagação para levar para casa....................116
Escutar Atentamente...116
    Escutar em quatro níveis...117
    Escutar para além das palavras...118

Capítulo 7: Dê Vida a Seus Objetivos 121

Verificar se os Objetivos Estão Bem Formados...........................121
    O objetivo está fundamentado em algo positivo?................122
    O objetivo é autoiniciado, autossuficiente e está sob meu controle?....123
    O objetivo descreve o método das evidências?....................124
    O contexto do objetivo está claramente definido?................125
    O objetivo identifica os recursos necessários?....................125
    Avaliei se o objetivo é ecológico?..127
    O objetivo identifica o primeiro passo que devo dar?..........128
Equilibrando Sonhos com a Realidade: A Estratégia da Disney....129
    Conhecimento dos diferentes papéis....................................129
    Coaching através de papéis..131
Geração de Novos Comportamentos..133
    Ouvir a trilha sonora..133
    Vendo o filme..134
    Sentindo, tocando e sentindo o aroma do resultado.............135

xvi Coaching com PNL Para Leigos

Parte III: Aprofundando a Consciência.................... 137

Capítulo 8: Prestar Atenção a Valores 139
Saber o que É Importante...140
Separar o "precisar" do "deveria"..140
Separar valores de meios e valores de fins..................................142
Foco em valores essenciais...142
Estabelecimento de Prioridades...143
Permissão de tempo para refinar valores.....................................144
Avaliação de decisões fundamentadas em valores.......................146
Reação a violações de valores...147
Mantenha os Valores Vivos Todos os Dias..148
Avalie se você está agindo conforme o que diz...........................148
Sonhar maior e melhor...149

Capítulo 9: Encontre a Paixão e o Sentido 151
Despertar..151
Sintonizado com Estados de Fluxos..152
Encontre seu estado de fluxo...154
Acesso ao estado de fluxo..156
Manter o fluxo em tempos desafiadores......................................158
Encontrar Sentido em Seu Trabalho...159
Procure valor enquanto investiga continuamente.......................159
Dar sentido a tempos difíceis...160
Identificação do Propósito da Sua Vida..161
Observação de o que o revigora quando o
caminho se torna difícil..161
Encontrar e usar sua paixão: O modelo DRTE..............................162
Defina o propósito com suas próprias palavras...........................163
Construção de uma Visão Compartilhada..165
União de programações distintas...166
Saber quando ser flexível e quando se manter firme....................168

Capítulo 10: Trazer Padrões à Tona 171
Exame dos Metaprogramas...172
Global/detalhe..173
Opções/métodos...174
Em direção a/afastando-se de..175
Interno/externo..177
Rompimento de padrões inúteis...178
Desfazer Conspirações..179
Expressar o que observa...179
Ter coragem de manter o espaço..182
Estabelecimento de Novos Hábitos..184

Capítulo 11: Desenvolver Melhores Estratégias 185
Descubra a Diferença que Faz a Diferença: Estratégias....................186
Estabelecimento de estratégias..186

Montagem de suas estratégias...187
A luta contra estratégias inúteis..188
Sequenciamento de estratégias...188
Prestar atenção aos olhos..190
Reprojete estratégias...192
Respeitar as intenções...194
Encontre Exemplos em Outros: Modelos e Mentores.....................195
Escolha de modelos...195
Encontre novas estratégias em modelos de excelência.............197
Imaginar mentores...198
A Criação de Novas Estruturas para Ser Mais Eficiente................200
Dizer um sonoro sim ou um não definitivo...............................200
Contagem dos dias...202
Programações e diários com códigos de cores.........................203
Checando o cliente...204

Parte IV: O Trabalho por Meio de Dramas, Decisões e Dilemas 205

Fortalecimento de Relacionamentos em Tempos Difíceis 207

Identificação dos Parceiros que Importam....................................208
Mapeamento da rede...209
Informando – ou influenciando?...210
Estabelecimento de prioridades de comunicação.....................212
Entendimento de o que Motiva os Outros......................................214
Tomar posições perceptivas...215
Olhar para o metaespelho de PNL..216
Escutar metaprogramas..218
Adaptação de sua abordagem..220
A Preparação de Equipes para Formarem Vínculos.......................220
Formação: Adoção da mentalidade para o sucesso..................222
Conquista: Desenvolvimento de um futuro compartilhado........223
Padronização e Desempenho:
    A defesa de ótimas formas de operar....................................224
Dissolução: Indo adiante positivamente...................................225

Capítulo 13: Sobrevivendo às Decepções 227

Sentir-se Bem Quando as Coisas Claramente Não Estão Bem.......228
Manter-se com sentimentos..229
Aumentar o cuidado consigo mesmo..231
Expirando os problemas...232
Encontre o que é bom e deixe o resto ir embora......................234
Evitar o Triângulo do Drama..235
Bancar a vítima..236
Salvar o dia..236
Perseguição de outros..237
Tire Algo dos Tempos Difíceis...237

xviii *Coaching* **com PNL Para Leigos**

Seguir o processo de luto e perda 238
A procura da perda 239
Manter o subproduto positivo...240

Capítulo 14: *Coaching* Através do Conflito 243

Reconhecimento de Comportamentos Sob Pressão...................................244
Busca de padrões 245
Retenha com firmeza os melhores resultados 247
Trabalho Através das Diferenças 249
Conheça bem o inimigo 249
Negociar com pedaços do melhor tamanho 251
Expressar o que Precisa Ser Dito 252
Desenvolvimento de um vocabulário não violento 253
Refinamento do feedback 254
Construção da voz mais confiante 255
Desenvolvimento de hábitos elogiosos...256

Capítulo 15 Suavizando os Altos e Baixos da Carreira 259

Jogar com os Pontos Fortes 260
Criação de uma receita de carreira...260
Prepare-se para perder um emprego...263
A Conquista de uma Boa Reputação 265
Obtenha uma visão clara a partir do feedback de outras pessoas.........265
Desenvolvimento de histórias pessoais..266
Comunicação com confiança..269
Reconhecer o Poder das Redes para Ajudar o Crescimento.......................269
Conectar-se 270
Ficar conhecido..271

Parte V: Melhore Seu Repertório de Coaching com PNL 273

Capítulo 16: Transforme o Tempo a Seu Favor.................275

A Criação de uma Linha de Tempo Pessoal..276
Visualização do tempo 277
Trabalhar com clientes "no tempo" 278
Trabalhar com clientes "através do tempo"..280
Tornar-se um Viajante do Tempo 281
Sair quando bem entender..282
Livre-se da negatividade 283
Criação do Futuro Desejado...284
Visitar vários aspectos, em diversos momentos do tempo 284
Eleve o sentido de conexão espiritual 286
Jogar mais pó 287

Capítulo 17: Modificação de Experiências com Submodalidades 289

Entender as Submodalidades...290
   Enxergar as distinções...291
   Escutar sinais auditivos..292
   Sentir as diferenças cinestésicas...293
   Mapear através de outros recursos..294
Mudança de Posicionamentos...298
   Associar-se ao momento...298
   Dissociar-se do momento..298
Mudança de Crenças Através dos Sentidos..299
   Distinção entre limitar e fortalecer crenças.....................................299
   Ir além das aparências e fortalecer o potencial do cliente................300

Capítulo 18: Administração de Estados Emocionais 305

Acolhimento de Estados Emocionais...305
Mudança de Estados Emocionais..307
   Verificação do estado de base...307
   Ancorar estados positivos...308
   Permitir que estados negativos se afastem......................................310
Lidar com a Interferência de Gremlins...311
   Sacudir o gremlin que mantém a paz...312
   Desarrumar o gremlin perfeccionista..313
   Demitir o gremlin procrastinador..314
   Desenhar seus gremlins..314
Superação do Medo...315
   Promoção da confiança natural...316
   Libertar-se de fobias rapidamente..318

Capítulo 19: Conectar Todas as Partes de uma Pessoa 321

Separar por Partes...321
Manter Todos Assistidos Durante a Mudança..322
   Construção sobre experiências anteriores..323
   Verificação da ecologia...324
   Estabelecer o local para escapar..325
Desenvolver uma Identidade Unificada..327
   Integração de partes conflitantes..328
   Ativação do ser inteiro..331
   Manutenção de um diário..332
Ressignificar a Situação...333
   Adoção de diversas perspectivas..334
   Ressignificação em seis passos..334

Coaching com PNL Para Leigos

Parte VI: A Parte dos Dez 337

Capítulo 20: Dez Perguntas Poderosas de *Coaching* 339

O que Você Quer? 339
O que É Importante para Você Sobre Isto? 340
Como Você Saberá que Conseguiu o que Queria? 341
O que Está Atrapalhando Você? 342
Que Recursos Você Tem que Podem Ajudá-lo? 343
Quando Você Atingir Seu Objetivo e Olhar para o Seu Sucesso,
   Como se Sentirá? 344
Qual É a Questão que Você Não Quer se Perguntar Neste Momento? 344
Qual É a Forma de Fazer Isso de Maneira Bem Fácil? 345
Qual É o Primeiro Passo? 345
E o que Mais? 346

Capítulo 21: Dez Armadilhas para se Evitar em *Coaching* 347

Correr para os Detalhes Sem Ver o Todo 347
Perder-se em Meio a Histórias Mirabolantes 348
Resgate de Outra Pessoa 349
Dramatização do que Você Ouve 350
Ser o Sabe-Tudo 350
Cair no Papel de Pai, Mãe ou Criança 351
Perda da Noção do Tempo 351
Apaixonar-se e Tornar-se Amigo 352
Envolver-se no Planejamento de Atividades
   Demasiadamente Entusiásticas 353
Ficar com Medo de se Despedir 353

Capítulo 22: Dez Maneiras de Aprimorar Suas Habilidades em *Coaching* 355

Matricule-se em Vários Cursos e Oficinas 356
Compartilhe Seu Conhecimento com os Outros 357
Pratique com Voluntários Dispostos a Colaborar 357
Siga o Exemplo de Outros Coaches em Ação 358
Faça Experiências com Ideias Novas 359
Grave a Si Mesmo e Depois Ouça 360
Estabeleça uma Meta de Qualidade 361
Trabalhe com um Supervisor ou Mentor 361
Junte-se a uma Rede de Coaching 362
Torne-se Voluntário em um Grupo Profissional 362

Índice 363

Introdução

Coaching e Programação Neurolinguística (PNL) são ambos excepcionalmente poderosos. Junte-os e você tem uma combinação vencedora. Então, bem-vindo a *Coaching com PNL Para Leigos*, o qual eu acredito que estimulará seu entusiasmo para fazer um trabalho maravilhoso.

Vivemos em tempos incertos. Ninguém pode prever com precisão o que o desenvolvimento tecnológico dos dias de hoje, globalização, mudanças demográficas e climáticas significam para o amanhã, sem falar daqui a alguns anos. Não é de se surpreender que mais pessoas do que nunca estão recorrendo a *coaches* para guiá-los pela vida e em transições na carreira enquanto buscam apropriar-se de seus destinos. As pessoas precisam de meios de divulgação sábios e independentes. Elas querem inspiração e motivação para trabalharem vidas que, se prediz, durarão mais do que nunca. Os líderes das organizações estão apelando para que seus chefes preparem seu pessoal, equipando-os para um futuro com padrões de trabalho mais fluidos, nos quais comandar e controlar empregados não será mais apropriado.

Quaisquer que sejam seus interesses em *coaching*, munido deste livro prático e divertido, você tem uma profusão de ideias para sair por aí e aplicar o *coaching* dando o melhor de si.

Sobre Este Livro

Coaching é uma parceria criativa entre duas pessoas que inspira um novo pensamento e conduz a mudanças.

Normalmente, no mundo do *coaching,* os *coaches* profissionais referem-se ao *coach* e ao *coachee* como as duas pessoas-chave no relacionamento e o *cliente* como a pessoa que controla o dinheiro em uma organização. Neste livro, eu deliberadamente escolhi a palavra alternativa *cliente* para a pessoa que está sendo treinada, a fim de dar a você uma distinção mais forte entre os dois atores-chave envolvidos.

Escrevi este livro para leitores interessados no papel de *coach.* No entanto, em cada exemplo, o *cliente* pode ser você, então, jogue com os exercícios para treinar a si mesmo, assim como a outros. Seja lá o que o tenha feito escolher este livro, você descobrirá mais sobre si mesmo e sobre os demais. Prepare-se para abrir novas portas e explorar o fascinante mundo do ser humano através de um relacionamento de *coaching.*

Meu objetivo em cada capítulo é evitar qualquer jargão. *Coaching* de alta qualidade precisa ser acessível a todos e, com esta finalidade, ofereço ferramentas práticas e relevantes para você fazer por si mesmo.

Convenções Usadas Neste Livro

Para ajudá-lo a navegar através do livro, estabeleci algumas convenções:

- O texto em *itálico* é utilizado para enfatizar e destacar novas palavras ou termos que estejam definidos.

- O texto em **negrito** é usado para indicar a parte de ação de passos numerados.

- A monofonte é usada para endereços de sites.

- Algumas vezes me refiro ao cliente e ao *coach* como *ele* e outras vezes como *ela*. Meu objetivo foi variar o gênero para dar a você uma representação justa ao ler o livro inteiro.

Só de Passagem

Os livros da *Para Leigos* são muito populares entre pessoas ocupadas mas interessadas em obter o essencial de determinado assunto rapidamente; nós acreditamos que você pode apreender com rapidez a sabedoria entre esta capa amarela e preta. Com tal finalidade, você pode facilmente identificar o material que pode "só dar uma olhadinha". Esta informação é o material que, embora interessante e relacionado ao tópico em questão, não é essencial e inclui:

- **Textos nos *boxes*.** Os *boxes* são as caixas sombreadas que aparecem aqui e ali. Elas, com frequência, compartilham histórias pessoais e observações ou pedacinhos de história e informações de experiências.

- **A informação na página de direitos autorais.** Sem brincadeira. Você não encontrará nada de interessante ali, a menos que esteja inexplicavelmente enamorado da linguagem legal e de informações sobre impressão!

Penso que...

Penso – e corrija-me se eu estiver errada – que você:

- Tem uma boa razão para estar lendo *Coaching com PNL Para Leigos* sem o desejo de vaguear por todos os livros possíveis e cursos sobre o assunto.

Introdução 3

- ✔ Está interessado em descobrir e aplicar um novo *coaching* e ideias de PNL em si mesmo e também em clientes.

- ✔ Quer aprimorar suas habilidades relacionadas a PNL.

- ✔ Precisa ter problemas com seu *coaching* para lidar com problemas reais imediatamente.

- ✔ Quer desenvolver um conjunto prático de ferramentas de *coaching*.

- ✔ Sabe que pode se beneficiar com o *coaching*, assim como treinar a outros.

- ✔ Está empenhado em ser hábil e profissional em suas atividades de *coaching*.

Como Este Livro Está Organizado

Dividi este livro em seis partes, com cada uma delas separada em capítulos. O Índice apresenta mais detalhes sobre cada capítulo. Lanço mão de quadrinhos divertidos ao início de cada parte para que você se divirta aprendendo.

Parte I: Introdução ao Coaching com PNL

Nesta parte, pinto o quadro geral, demonstrando-lhe em que ponto o *coaching* e a PNL se juntam para criar escolhas e mudanças para seus clientes. Você sente um gostinho do que é possível à medida que desenvolve um melhor *rapport* e vai além da superfície da conversa inicial de *coaching*. Você vê como conseguir uma parceria de *coaching* para um bom começo, pelo modo como assume compromissos competentemente e apoia a habilidade inata de seus clientes em suas próprias vidas.

Parte II: Formação de Habilidades Essenciais em Coaching

Prepare-se para permitir que a mágica comece, iniciando seu *coaching* elegantemente com um processo de entrada claro e alternando passo a passo continuamente e fecha uma sessão com a mesma elegância. Nesta parte, você desenvolve suas habilidades fundamentais em indagar, ouvir e fixar objetivos enquanto firma uma agenda clara para seus clientes.

Parte III: Aprofundando Sua Consciência

Esta parte fica ainda mais interessante à medida que você explora o *coaching* nos níveis lógicos mais altos de valores e propósitos. Você vê como encorajar os estados de fluidez em seus clientes, nos quais eles podem estar em melhor forma com a máxima tranquilidade. Além disso, identifica mais sobre os padrões que induzem a comportamentos habituais e como romper os que são inúteis. Nesta seção, eu também compartilho os benefícios de trazer o modelo de PNL para o *coaching* com o objetivo de tornar seus clientes mais eficientes em qualquer área em que queiram se desenvolver.

Parte IV: O Trabalho por Meio de Dramas, Decisões e Dilemas

A Parte IV foca nas questões mais desafiadoras que surgem em conversas de *coaching* em torno de viver e trabalhar com outros quando o caminho se torna duro. Como você pode construir relacionamentos fortes, especialmente com pessoas difíceis e exigentes? Como você consegue que equipes trabalhem bem juntas? Você descobre como ajudar seus clientes através de conflitos e desilusões, incluindo tristeza por perdas. No que diz respeito à carreira, mostro a você como assegurar que seus clientes possam percorrer os altos e baixos de suas vidas no trabalho com confiança e sólidas habilidades de comunicação.

Parte V: Melhore Seu Repertório de Coaching com PNL

Nesta parte, encorajo você a construir mais técnicas de PNL em suas sessões, de linhas do tempo e trabalho de submodalidades até fixação e integração das partes. Todas essas abordagens se tornam claras como cristal à medida que você trabalha através dos exercícios expostos passo a passo em cada capítulo. Você não precisa ser um especialista em PNL para apreender os benefícios dessas ferramentas para tornar seus clientes extraordinariamente resilientes.

Parte VI: A Parte dos Dez

Se você está impaciente para andar rapidamente, comece por aqui. Esta parte leva você diretamente a algumas poderosas questões de *coaching* e formas que você pode desenvolver como um *coach*. Além disso, ofereço advertências de armadilhas que você vai querer evitar. Esta parte do livro é para qualquer um que, como eu, simplesmente não pode resistir a dar uma olhada no final de um livro antes de decidir quais são as páginas mais interessantes para devorar no meio.

Ícones Usados Neste Livro

Uma série de ícones orienta você ao longo do livro.

Este ícone conta experiências da vida real de *coaching* com PNL em ação. Apesar de baseado em clientes reais, os nomes das pessoas muitas vezes são mudados, a menos que eles tenham me dado permissão para destacá-los no livro. Alguns "causos" são baseados em personagens compostos a fim de retratar temas familiares que as pessoas evocam em *coaching*.

Este ícone destaca uma terminologia de PNL que inicialmente pode soar como uma língua estrangeira, porém tem um significado preciso para um *coach* qualificado em PNL.

Este ícone é um lembrete carinhoso de pontos importantes a que se deve estar atento.

Mantenha os olhos neste alvo para receber criteriosos conselhos práticos.

Este ícone sugere ideias e atividades para lhe dar ferramentas para *coaching* e alimento para pensar.

De Lá para Cá, Daqui para Lá

Pule direto para qualquer capítulo que atrair você – a escolha é sua. Você não tem que trabalhar através do livro do início ao fim, embora possa querer dar uma olhada no Índice primeiro para ver o que prende seu interesse. Por exemplo, se estiver muito interessado em obter alguns ganhos rápidos, verifique os modelos no Capítulo 5. Ou, se está trabalhando com clientes com dificuldade em relacionamentos, você pode querer passar rapidamente para o Capítulo 12. Imergir e mergulhar é o nome do jogo, enquanto você constrói seu repertório de *coaching* baseado no que você já sabe e no que realmente lhe interessa.

6 *Coaching* **com PNL Para Leigos** _____

Parte I
Introdução ao *Coaching* com PNL

A 5ª Onda   Por Rich Tennant

"Vamos ver se nós podemos identificar alguns dos desencadeadores de estresse na sua vida. Você mencionou algo sobre um grande lobo que periodicamente aparece e sopra, tentando derrubar sua casa..."

Nesta parte...

Você descobre o que faz o *coaching* com PNL diferente e por que tantas pessoas estão falando com tanto entusiasmo sobre esta abordagem. E, desde ver o impacto que o *coaching* profissional cria até mergulhar direto nos fundamentos de PNL, você terá ideias sobre como pode construir relacionamentos de *coaching* de confiança que extraiam o melhor de todos que você prepara. Muito em breve, você estará preparado e ansioso para ir além dos problemas aparentes que os clientes falam inicialmente.

Capítulo 1

Coaching e PNL Combinados para Ótimos Resultados

Neste Capítulo

▶ Perceba como o *coaching* e a PNL se justapõem
▶ Considere uma carreira em *coaching*
▶ Aperfeiçoe-se com a PNL
▶ Como acessar o potencial para uma mudança poderosa

O indivíduo não nasce necessariamente com coragem, mas nasce com potencial. Sem coragem, não podemos praticar nenhuma outra virtude com consistência. Não podemos ser atenciosos, verdadeiros, compassivos, generosos ou honestos.

– Maya Angelou

*C*oaching – assim como viver uma vida autêntica com plenitude – envolve a coragem de ser honesto e verdadeiro para consigo mesmo a fim de atingir seu potencial. Bem-vindo a uma viagem de exploração que envolve duas palavras empolgantes, recompensadoras e fascinantes: *Coaching* e PNL!

Coaching e PNL *não* são a mesma coisa, como eu explico neste capítulo, ainda que formem uma dupla compatível. Com base em seu alicerce comum de serviço ao cliente, a PNL e o *coaching* naturalmente se complementam.

Quer você deseje um tipo específico de mudança, ou estabilidade enquanto o mundo à sua volta está mudando, o *coaching* e a PNL têm muito a lhe oferecer e a seus clientes. O objetivo deste capítulo – e, de fato, do livro inteiro – é ajudar em seu desenvolvimento como pessoa e *coach* através da provocação de novas ideias e levando a seu conhecimento algumas formas provadas e testadas de *coaching* com PNL.

As Diferenças Entre Coaching e PNL

As pessoas muitas vezes me perguntam qual é a diferença entre trabalhar com um *coach* e trabalhar com um profissional ou mestre de PNL. Servir-se de um *coach* é buscar um relacionamento criativo e colaborativo que foca em uma mudança crescente e contínua. O *coaching* trabalha com uma regulagem sutil a fim de encorajar uma maneira diferente de pensar, ser e fazer. É mais provável que se contrate um profissional de PNL para uma única sessão a fim de se tratar um problema particular em torno de uma mudança pessoal. Um cliente de PNL pode experimentar um avanço comovente em uma única sessão intensiva, enquanto o *coaching* tende a ter seus altos e baixos ao longo de uma série de sessões. Na verdade, uma sessão individual de *coaching* pode não parecer importante naquele momento, ainda que contribua para algum entendimento mais profundo a longo prazo.

Os *coaches* vêm de disciplinas e escolas de treinamento muito diferentes. O que os faz se destacar é que não estão apegados a uma abordagem, eles se mantêm famintos por aprender. Ser um *coach* requer que você olhe para si mesmo para fazer um trabalho interior de autorreflexão e crescimento pessoal. Você precisa demonstrar os serviços que oferece "aplicando em si mesmo o que ensina" e investindo em seu próprio *coaching* continuamente.

Com frequência, as pessoas contratam um *coach* treinado em PNL porque eles querem alguém com a firmeza necessária para ir a lugares difíceis, alguém capaz de explorar as desafiadoras razões emocionais que compelem os comportamentos. Clientes em potencial podem ter ouvido sobre ferramentas e técnicas específicas de PNL, ou eles sentem que vivenciar o *coaching* com alguém que se submeteu a um treinamento de *coach* de um tipo diferente rende uma experiência mais rica.

Coaching e PNL tomam rotas diferentes para atingir o mesmo resultado final: deixar os clientes em um ponto melhor fisicamente, emocionalmente, mentalmente ou espiritualmente do que quando eles começaram. Ambas as disciplinas dedicam-se aos desafios da autoconsciência e do relacionamento com os demais. Junte PNL e *coaching* e você terá uma combinação vencedora para encontrar o brilhantismo inconsciente em cada ser humano.

Tanto PNL quanto *coaching* oferecem uma profusão de ferramentas práticas. Nenhuma dessas disciplinas espera que um processo em particular seja seguido ao pé da letra. Elas oferecem flexibilidade para escolher qual abordagem é melhor para o cliente em um dado momento.

A Busca de uma Carreira em Coaching

Coaching é uma profissão que está crescendo rápido e atraindo muito interesse tanto da área do desenvolvimento pessoal quanto do mundo dos negócios.

Ela se torna cada vez mais popular porque se dedica ao desafio de viver uma existência realizada em um mundo complexo. Essa carreira explora uma experiência individual ou de uma equipe a partir de dois ângulos – externo e interno – e os combina sinergicamente:

- ✔ A perspectiva externa observa o contexto no qual alguém está agindo, seu comportamento e a comunicação com os outros.

- ✔ A perspectiva interna trata dos pensamentos, sentimentos e motivações de um indivíduo.

Os *coaches* são pessoas naturalmente curiosas, que escutam e fazem perguntas: até mesmo em férias, seus olhos e ouvidos estão sintonizados com o que acontece com aqueles que estão ao seu redor. Como um engenheiro que gosta de descobrir como as máquinas funcionam, um *coach* vê outra pessoa como um conjunto de intrigantes partes engrenadas, algumas correndo suavemente, outras precisando de um óleo extra nas partes enferrujadas. Soa como alguém que você conhece?

Imagine a cena. O Sol está se pondo em uma praia caribenha de areia branca. Um *coach* entra em um bar de hotel com sua esposa, e eles começam uma conversa com outra hóspede, que está bebericando sua *piña colada*. Em meio aos coquetéis, a moça explica que é paisagista e que está na ilha para reprojetar uma série de jardins para uma prestigiada rede de hotéis. O *coach* pergunta: "Qual é, para você, a importância de seu trabalho aqui?". Esta única pergunta e um encontro ao acaso criaram uma noite de conversa animada que progride para um relacionamento de *coaching* que já dura quase dois anos.

Definição de Coaching

Muitas pessoas e organizações definem *coaching*. Você provavelmente tem a sua definição sobre o que um *coach* faz. As seguintes são algumas das minhas favoritas:

- ✔ **Da International *Coach* Federation:** *Coaching* é ser parceiro dos clientes em um processo criativo e um provocador de pensamentos que os inspira a maximizar seu potencial pessoal e profissional.

- ✔ **Da Association for *Coaching*:** É um processo sistemático colaborativo, focado na solução, orientado para resultados, no qual o *coach* facilita o aumento do desempenho de trabalho, da experiência de vida, do aprendizado autodirecionado e do crescimento pessoal do cliente.

- ✔ **De Tim Gallwey, autor de *O Jogo Interior do Tênis*:** Há sempre um jogo interior acontecendo em sua mente, não importa de que jogo externo você esteja participando. O quão consciente você está disso pode fazer toda a diferença entre sucesso e fracasso no jogo externo.

LEMBRE-SE Qualquer que seja sua definição, *coaching* é um relacionamento que traz à tona o que há de melhor tanto no cliente quanto no *coach*. Durante o processo, acontece uma conversa especial que é completamente focada nas necessidades do cliente, de uma forma que o capacita a sonhar mais alto, aumentar a performance, articular o que quer e planejar como conseguir o que mais deseja.

Ser um *coach* é como trabalhar como um escultor que modela um pedaço de mármore para revelar a força e a beleza que está dentro da pessoa. Alcançar o resultado desejado demanda habilidade e sensibilidade. No entanto, no relacionamento de *coaching*, o cliente guia o escultor em como usar as ferramentas e onde bater para obter os melhores resultados, dando a ele permissão para remexer em algumas áreas e ficar longe de outras. Leia mais sobre as características desse relacionamento *coach*-cliente no Capítulo 3.

Pesquisando oportunidades

Os *coaches* profissionais ajudam clientes em diversos campos de atividade. Alguns tipos comuns de *coaches* incluem:

- ✔ ***Life* ou *personal coaches*** trabalham com clientes nas áreas em que eles querem que suas vidas sejam diferentes. Alguns clientes talvez tenham perdido sua motivação, seu gosto pela vida; outros apenas sabem que têm um sonho que querem que se torne realidade. Talvez eles tenham passado por desafios demais, de saúde e de relacionamentos, problemas de dinheiro e família, e precisam de um *coach* independente para ajudá-los a voltarem ao caminho certo. Alguns *life coaches* se especializam em áreas específicas, tais como relacionamentos ou finanças, enquanto outros ajudam grupos tais como pais de primeira viagem, adolescentes ou pessoas que estão para se aposentar.

DICA *Life* ou *personal coaching* é o alicerce para outras áreas de *coaching* porque as pessoas não separam os problemas de carreira e negócios do resto de suas vidas. Por exemplo, um executivo com problemas de saúde ou preocupações sobre como sustentar seus filhos é afetado por esses aspectos de sua vida quando ele vai para o trabalho, mesmo que eles não sejam sua prioridade.

- ✔ ***Career coaches*** trabalham com clientes que querem mudar de emprego ou gerenciar suas carreiras. O *career coaching* altera o ponto de vista dos clientes em relação a esperarem para serem descobertos para um modo mais proativo sobre suas carreiras. Embora a maior parte das atividades neste livro se aplique a *career coaches*, o Capítulo 15 foca nos desafios específicos do *career coaching* com PNL.

- ✔ ***Business coaches*** trabalham com donos de negócios e gerentes em problemas relacionados ao trabalho. Embora este tipo de *coaching* se concentre mais no indivíduo ou equipe, no contexto dos negócios do que nos sistemas de negócios e processos em si, esses profissionais ainda precisam se sentir à vontade trabalhando no mundo dos negócios.

Capítulo 1: *Coaching* e PNL Combinados para Ótimos Resultados

O benefício desse *coaching* causa impacto no sucesso do negócio por inteiro. Por exemplo, um diretor de empresa pode precisar de clareza na visão e direção ou encarar desafios específicos em um aspecto das operações. O *business coaching* também é valioso para fortalecer o desempenho de equipes. Veja o Capítulo 12 para saber mais sobre *coaching* em um contexto de equipe.

✔ **Executive coaches** trabalham com líderes e executivos de primeira linha, que muitas vezes estão assumindo um papel maior e precisam de um espaço confiável no qual possam expressar as pressões que estão sofrendo, discutir futuras decisões e desenvolver suas abordagens de liderança. Os executivos mais antigos têm potencial para gerar enormes lucros ou empreender avanços para suas organizações, mas muitas vezes ninguém consegue falar francamente com eles. O retorno em investimentos – quando executivos conversam com seus *coaches* sobre desafios-chave, esperanças, sonhos, medos e inseguranças e, então, trabalham a fim de realizarem todo o seu potencial – pode ser muito grande. Você pode contratar um *executive coach* para se preparar para uma mudança de função (tal como se integrar a uma junta de diretores) a fim de aumentar seu impacto pessoal ou em tempos de estresse, mudança, conflito ou crise.

Além de contratos de *coaching* formais, muitas pessoas tomam para si tarefas do tipo *coaching*, mesmo quando o nome *coach* não faz parte das funções descritas para seu trabalho. Desenvolver suas habilidades de *coaching* pode enriquecer muitos campos de atividades. As principais competências dessa área, que eu cubro no Capítulo 3, demonstram como as qualidades de *coaching*, tais como a comunicação efetiva, são benéficas quer você seja um pai ou uma mãe, uma liderança nos negócios ou um motorista de ônibus.

Identificação de potencial

O *coaching* envolve fazer pressão para além das fronteiras do potencial a fim de assegurar que você é o criador de suas próprias experiências positivas. Os mundos do esporte, das artes dramáticas e musicais compreenderam há muito tempo que esportistas e artistas de primeira linha precisam de preparadores para elevarem seu desempenho; o mundo dos negócios levou mais tempo para alcançar essa compreensão. Na verdade, em muitas organizações, quanto mais no topo você estiver, menos treinamento e ajuda consegue. Muitos consideram Tim Gallwey, *coach* norte-americano e autor de *O Jogo Interior do Tênis*, como o "pai" do *coaching*. Em seu livro, Gallwey fala sobre o desempenho de uma pessoa como sendo igual a seu potencial menos a interferência. Ele expressa o princípio com a seguinte equação:

$D = p - i$: Desempenho é igual a potencial menos interferência.

Como *coach*, você trabalha com os clientes para identificar, respeitar e transformar seus pontos de resistência, acabando com aquela interferência que os impede de ter um desempenho de acordo com todo o seu potencial.

Você também encoraja os clientes a se expandirem e crescerem, saltando para além do que eles jamais consideraram possível e deixando que qualquer interferência se desfaça para atingir muito mais do que eles podem ter considerado possível.

Vivendo o sonho

O que você conquistou em sua vida que nunca acreditou que poderia conquistar? Reserve uns minutos para pensar em algo que você conquistou no passado, alguma coisa que um dia lhe pareceu impossível. Talvez se lembre de um trabalho que fez, da casa onde mora, da família que criou, de algum marco em sua *hobby* ou esporte que alcançou, de uma prova em que passou ou de um retrocesso que tenha superado.

À medida que pensa sobre sua conquista, observe os pés leves, a efervescência de entusiasmo por dentro, o sorriso de satisfação e o contentamento que surge quando você pode aprovar a si mesmo e as suas ações, por menores que elas sejam.

Agora pense sobre isso: você está vivenciando um sonho que está no começo. É o criador da sua presente e já perfeita vida. Veja o Capítulo 16 para saber mais sobre ideias para vislumbrar e, então, viver seus objetivos futuros.

Tim Gallwey trouxe os princípios dos jogos de mente interiores do mundo do tênis profissional e do treinamento de golfe para dentro do *business* – e *life coaching*. Gallwey introduziu os conceitos de *Self 1* e *Self 2*, os quais ele identificou nos padrões de pensamentos dos clientes quando era técnico de tênis.

- O *Self 1* é a voz crítica. Ela está constantemente lembrando ao *Self 2*: "se mantenha firme; olhe aquela bola; seu oponente está prestes a bater de volta com força; oh, meu Deus, vire de lado; dê uma raquetada de volta, seu burro; você bateu a bola na rede". O *Self 1* diz ao *Self 2* o que fazer, já que o *Self 2* é muito burro e precisa ser intimidado para entrar em ação.

- O *Self 2* é o natural, talentoso, atento, uma inconsciente e competente máquina de **aprender**. Ele inclui a todo-poderosa mente inconsciente que nunca esquece, ouve tudo e é brilhante e inteligente. A PNL reconhece que a mente inconsciente é incrivelmente poderosa.

A ajuda que Gallwey deu a seus jogadores de tênis foi no sentido de aquietarem o *Self 1* e dar ao *Self 2* liberdade para jogar. Ele, então, aplicou o mesmo princípio para o campo mais amplo do treinamento de *coach*, com a sugestão: saia do caminho do cliente. *Coaching* não se trata de dizer, mas de permitir que os recursos naturais dos clientes resplandeçam ao convidá-los a se tornarem curiosos sobre suas experiências.

Capítulo 1: *Coaching* e PNL Combinados para Ótimos Resultados

Em uma relação de *coaching* forte, você encontra alguém que realmente acredita em você e o aprova pelo que é, sua identidade e sua contribuição para o mundo em termos de missão e propósito. Você entra em uma relação de apadrinhamento com outra pessoa.

O *trainer* e promotor de PNL Robert Dilts fala sobre o *Coaching com C maiúsculo*. O Capítulo 5 aborda o clássico modelo de Níveis Lógicos de Dilts, que considera a experiência do cliente em seis níveis:

- O ambiente no qual o cliente opera.
- Os comportamentos que sustentam a excelência.
- As capacidades e habilidades desenvolvidas.
- As crenças e valores que inspiram.
- O senso de identidade que parece autêntico.
- O propósito que orienta a direção.

O *coaching* comportamental opera nos três níveis mais baixos do ambiente, comportamento, capacidades e habilidades – todos itens aos quais Dilts se refere como um *coaching* de C minúsculo. Para atingir um potencial no relacionamento de *coaching*, você precisa cuidar de todos os seis níveis, este é o estilo C maiúsculo do *coaching de Dilts*. Quando você apoia todos os seis níveis, desperta seus clientes para seus propósitos na vida e os ajuda a perceber todo o seu potencial. Leia mais sobre o poder de alinhar-se com um forte senso de propósito no Capítulo 9.

Todo cliente merece um *coach* que verdadeiramente acredita em novas possibilidades e o apadrinha ao longo do caminho. Se você não tem uma forte crença no potencial do seu cliente, sugira a ele que encontre um outro *coach* com o qual trabalhar.

Reconhecimento das fronteiras com a terapia e a consultoria

Definir algo sutil é muitas vezes mais fácil quando você determina o que ele não é, em vez de definir aquilo que é, e então observar as distinções. *Coaching* não é terapia nem consultoria, ainda que se encontrem áreas que se cruzam, particularmente em um momento em que mais terapeutas e consultores estão consentindo em oferecer serviços de *coaching*.

Como *coach*, tome algum tempo para formular suas próprias definições e distinções com relação às disciplinas relacionadas adiante, principalmente se você chegar ao *coaching* com uma formação terapêutica ou de consultoria. Esteja preparado para esclarecer sua definição para aqueles com quem trabalha e reconhecer como se sente qualificado para ajudar seus clientes.

- A **Terapia** funciona através de experiências emocionais problemáticas, tomando normalmente uma abordagem lenta a fim de ir descascando as camadas de emoção para desvendar e, então, alterar um desconforto persistente. Com frequência, os pacientes de terapia não sabem do que se trata sua dor e precisam de um espaço muito seguro para investigá-la. Eles podem ter comportamentos e experiências depressivas, viciadas, imprevisíveis, abusivas ou obsessivas. Podem ter dificuldades para estabelecerem afeições emocionais. A terapia fornece uma abordagem curativa e terapêutica de profissionais qualificados e sob supervisão.

    A superposição entre *coaching* e terapia tende a ocorrer no ponto em que os clientes estão estressados, oprimidos ou sofreram um revés pessoal e precisam de um *coach* que tenha meios suficientes para segurar uma área emocionalmente carregada com confiança e que saiba os limites de suas capacidades. *Coaches* treinados com PNL possuem algumas ferramentas para solucionar certos problemas emocionais, incluindo medos e fobias mas, a menos que tenham qualificação específica, eles não são terapeutas. Veja o Capítulo 18 para saber mais sobre como solucionar problemas emocionais.

    A terminologia acerca de aconselhamento, terapia e psicoterapia varia de país para país, de acordo com diferentes treinamentos e qualificações. Eu uso a palavra *terapia* para indicar qualquer trabalho um a um com um profissional de saúde qualificado, no campo do bem-estar mental.

- **Consultoria** é uma área de aconselhamento para resoluções em que o consultor trabalha com problemas de clientes e os ajuda a encontrar soluções apropriadas. Bons consultores escutam e fazem perguntas perspicazes e são procurados para dar respostas práticas a problemas. Normalmente, consultores têm uma ampla e relevante experiência pessoal.

    Muitos consultores de negócios independentes referem-se a si mesmos como *coaches*, ainda que normalmente eles mais instruam e ofereçam informações do que façam perguntas e permitam que os clientes encontrem suas próprias respostas. A consultoria pode alimentar uma cultura de dependência na qual os clientes muitas vezes procurem seus consultores, em vez de se tornarem especialistas em seus próprios negócios ou vidas. Aqueles que contratam *executive coaches* deveriam estar atentos para observar se estão realmente buscando um consultor ou um mentor, e contratar adequadamente.

- *Mentoring* **ou Mentoreamento** envolve alguém que dá conselhos, ajuda e orienta baseado na sua experiência pessoal e que pode ajudar em iniciações. As fronteiras entre *coaching* e *mentoring* podem, algumas vezes, tornar-se confusas quando um *coach* é contratado porque ele tem experiência nos problemas que um cliente quer resolver.

O mentor ideal trabalha com seus clientes em um estilo de *coaching* que permite a estes desenvolverem suas próprias habilidades de acordo com seus talentos e interesses naturais em vez de reproduzirem a abordagem do mentor. Mentores podem agir como poderosos modelos de excelência, e o *mentoring* pode acontecer organicamente sem qualquer contrato formal ou troca de dinheiro, se você encontrar alguém que lhe possa ser útil.

Os *coaches*, com frequência, tanto fazem o papel do *coach* quanto do mentor. Algumas pessoas me contratam como *coach* porque eu escrevi vários livros antes. Esses indivíduos estão, na verdade, buscando um mentor que possa dar dicas práticas e orientação sobre como escrever.

Ampliando o jogo através da supervisão

À medida que se desenvolve como *coach*, especialmente nos negócios, será questionado: "Quais são seus planos de supervisão?". A atividade de supervisão se iniciou como uma exigência nas profissões terapêuticas e agora é aplicada também aos processos de *coaching*. A supervisão em *coaching* oferece um lugar seguro para a reflexão sobre os detalhes do trabalho que você faz como *coach*. Ela pode acontecer com um grupo de *coaches* ou individualmente com um supervisor experiente. Esses profissionais podem se envolver na vida de seus clientes, e a supervisão faz com que você dê um passo atrás e examine o que está acontecendo de maneira objetiva.

Para se empenhar na supervisão, você precisa ser curioso, honesto e aberto a aprender. Neste ambiente, irá se sentir apoiado sem julgamentos e irá observar suas intervenções de *coaching*: como age com seus clientes, suas crenças e valores e o contexto mais amplo nos quais seus clientes trabalham ou vivem. Você ganha o *feedback* e o *insight* que conduzem a melhores habilidades como *coach* e à capacidade de se manter ético e profissional, assim como ter uma proteção para o cliente.

Para encontrar um supervisor, procure uma das diversas entidades de *coaching* profissional a fim de obter recomendações.

Com o meu chapéu de *coach* na cabeça, poderia dizer: "Eu ouvi que você quer escrever. Fale-me sobre sua energia para isso.". Apenas as minhas indagações de *coaching* fazem com que suas motivações, paixões e propósitos sejam acessadas. Ao mudar para o modo de *mentoring*, eu poderia dizer: "Você precisa desenvolver uma proposta convincente e submeter a um editor. É assim que deve parecer.". Minha abordagem de mentora direciona o cliente para um caminho específico baseado em minhas experiências pessoais como escritora.

O *Mentoring* e a Consultoria muitas vezes supõem que as respostas estejam com o especialista externo; no *coaching* compreende-se que o cliente é o *expert*.

Começando com a PNL

A *Programação Neurolinguística* (PNL) é definida como o estudo da estrutura da experiência subjetiva, ou simplesmente como uma forma de psicologia do dia a dia. A indicação de que ela se encaixa de uma maneira excelente no *coaching* começa com o nome, Programação Neurolinguística, no qual:

- **Neuro** se refere a processos de pensamento.
- **Linguística** investiga a estrutura da linguagem.
- **Programação** trata de padrões e sequências de ações.

Em resumo, a PNL trata de pensamentos, palavras e ação – todos aspectos absolutamente essenciais a serem considerados em qualquer sessão ou programa de *coaching*.

Quando começa a explorar a PNL, você adquire novas perspectivas sobre as experiências do dia a dia. A PNL dá a você muito mais do que um conjunto de ferramentas, ela lhe dá todo um novo modo de pensar que molda seu comportamento cotidianamente.

Por exemplo, você separa o *conteúdo* do que está acontecendo da *estrutura*. Esta distinção é inestimável para um *coach*, ela possibilita que você vá além e alcance o que está sob a superfície das palavras em uma conversa de *coaching*.

Considere Max. Pediram a ele para fazer o discurso de padrinho no casamento de seu velho amigo de escola, e ele vem postergando trabalhar nisso. Um ponto de partida convencional trata do *conteúdo sobre o qual* Max irá falar, do começo ao fim, escrevendo o manuscrito, criando algumas visualizações e praticando suas piadas mais embaraçosas. Em contrapartida, a abordagem de PNL está interessada na *estrutura de como* o padrinho e a festa de casamento podem experimentar o discurso em todas as etapas, do momento em que ele se levanta para falar até que ele termine.

Um *coach* de PNL solicita a Max considerar:

- Quais podem ser os olhares, sons e sentimentos do discursante e do público nas diferentes etapas?
- Qual experiência Max gostaria que seu discurso suscitasse em outras pessoas-chave, e o que ele gostaria que elas dissessem a outras após o evento?
- Como Max pode mudar o estado emocional das pessoas em pontos específicos de seu discurso – por exemplo, alterando de curiosidade passando por surpresa, para divertido e bem-humorado, simplesmente se comportando de forma diferente?
- Qual é o estado emocional do próprio Max sobre fazer o discurso? Em que ponto ele é mais confiante e em qual ele pode ter dificuldades?

Capítulo 1: *Coaching* e PNL Combinados para Ótimos Resultados

 ✔ Que recursos irão ajudá-lo a fazer o discurso usando todo o seu potencial?

 ✔ Como Max prefere contar as histórias – transmitindo o panorama geral ou os pormenores?

Com a PNL, em vez de ficar na primeira pessoa de si mesmo e de seu próprio mundo, você desenvolve a capacidade de capturar diferentes perspectivas. Você entra em um segundo ponto de vista e imagina como é experimentar o mundo como outra pessoa ou grupo de pessoas. Entra, também, em um terceiro ponto de vista e observa o mundo a partir da perspectiva de um observador independente. O Capítulo 12 oferece o resumo das diversas posições perceptivas.

A valorização da estrutura

Ao estudar a estrutura da experiência com PNL como seu guia, você começa a notar que todas as comunicações (incluindo uma conversa de *coaching*) têm uma estrutura natural do começo ao fim e que você pode deliberadamente moldá-la para atingir resultados específicos.

Quer esteja trabalhando com um cliente em uma única sessão ou por um período de tempo, a interação se alterna através de três estágios, desde o começo, meio e até o fim:

 ✔ A **Introdução** é o aquecimento, é quando vocês se conhecem, constróem harmonia, depositam confiança, estabelecem expectativas e definem a agenda para o relacionamento. Isso é conhecido como a *pré-significação*.

 Correr para esse estágio é tentador, ainda que se permitir tempo de sobra nesta fase de ajuste inicial gere seus frutos a longo prazo. O Capítulo 3 examina mais detalhadamente a definição de expectativas claras desde o princípio. No cenário do discurso de casamento, Max precisa se conectar com o seu público para conseguir atenção, a fim de que eles fiquem curiosos e queiram ouvir mais.

 ✔ **Mudar o trabalho** é o recheio do sanduíche, é quando o trabalho acontece e as pessoas são mudadas pela experiência. Em uma sessão de PNL, a mudança de trabalho pode ser uma intervenção em particular, como a cura de uma fobia ou a integração de partes.

 Em *coaching*, o questionamento e o escutar muitas vezes leva a uma nova consciência para o cliente. No exemplo do casamento que eu citei na seção anterior, fazer a "mudança de trabalho" é saber quais são as mensagens principais do discurso a ser feito e saber como promover a interação entre o padrinho e os convidados do casamento.

 Qualquer que seja a situação, o aprendizado acontece tanto em níveis conscientes quanto inconscientes, apesar do relacionamento interpessoal (o Capítulo 2 contempla os níveis consciente e inconsciente um pouco mais).

✔ O **Fechamento** é a conclusão: O planejamento de ação e a propriedade são devolvidos ao cliente para levar o aprendizado para casa. A parte do fechamento de qualquer interação precisa ser planejada, assim o cliente nunca fica se sentindo enganado. No Capítulo 4, você encontra uma orientação para assegurar que o final de qualquer aliança de *coaching* seja graciosa. Da mesma forma, no casamento, Max precisa planejar a parte final de seu discurso, de modo que seu público se lembre da experiência depois que ele terminar.

Apoiando-se em uma estrutura forte que realmente funciona

A PNL existe desde meados dos anos de 1970 e continua a ganhar dinamismo com os milhares de cursos oferecidos no mundo inteiro. John Grinder e Richard Bander, cocriadores da PNL, estavam interessados nas habilidades de comunicação dos principais terapeutas de sua época e desenvolveram alguns modelos-chave e ideias através de suas pesquisas na Universidade da Califórnia, em Santa Cruz.

Você não está sozinho

Inevitavelmente, há tempos na vida em que você não está vivendo do jeito que realmente quer – ou, talvez, tenha uma intuição de que a vida poderia ser melhor, apenas não sabe como. Esses momentos podem durar apenas um curto espaço de tempo ou parecer se estender indefinidamente.

Quando tenta lidar com seus desafios sozinho, normalmente você fica empacado. Simplesmente não sabe onde procurar pelas respostas. Quando trabalha com um *coach*, contudo, ele pode ajudá-lo a buscar as respostas em lugares nos quais você não havia cogitado. É como procurar sozinho pelas chaves de casa que você perdeu e andar em círculos até que alguém o convida a refazer seus passos e observar o que está deixando passar.

Empregar um guia profissional em qualquer jornada lhe permite visitar novos lugares e embarcar em melhores aventuras. Um *coach* profissional não está lá para lhe dizer aonde ir, apenas para lhe mostrar como você cria sua própria jornada e lhe dá o poder de definir por si mesmo para onde pode querer viajar em seguida.

O trabalho deles se concentrou em padronizar a excelência, prestando atenção ao processo inconsciente bem como nas qualidades observáveis de seus primeiros modelos: Fritz Perls, pai da Gestalt, a grande terapeuta familiar, Virginia Satir e o renomado hipnoterapeuta, Milton Erickson. Eles também foram influenciados por Carl Rogers, da terapia centrada na pessoa, Eric Berne, fundador da Análise Transacional e pelo trabalho de Gregory Bateson em psiquiatria, cibernética e teoria de sistemas, entre outros.

Hoje em dia, a PNL se espalhou por diferentes setores da indústria e por diversos países. É provável que você encontre treinamento de PNL tanto para técnicos de computadores em Mumbai quanto para professores no Extremo Oriente e

Capítulo 1: *Coaching* e PNL Combinados para Ótimos Resultados *21*

para militares nos Estados Unidos. A PNL é universalmente aplicável em todas essas situações porque está fundamentada em quatro princípios-chave para criar qualidade de comunicação:

- ✔ ***Rapport.*** Construir um relacionamento com outros e consigo mesmo é a premissa fundamental da PNL e uma importante dádiva para *coaching*. Por exemplo, um desafio-chave para muitos clientes é como dizer "não" a um pedido ou discordar de outra pessoa enquanto retém sua atenção e mantém a *rapport*. Eu examino maneiras de criar e manter a *rapport* no Capítulo 2.

- ✔ **Percepção sensorial.** À medida que você reconhece o quão poderosos são seus filtros sensoriais, pode empenhar suas aptidões naturais de visão, som, toque, sentimentos, gosto e cheiro em seu benefício. O Capítulo 7 o orienta através do processo de tornar os objetivos mais empolgantes ao incluir informação sensorial que emprega o inconsciente e também a mente consciente. No Capítulo 17, você descobre o poder de engajar aspectos mais refinados dos sentidos – conhecidos como *submodalidades* – na criação de novas crenças.

- ✔ **Pensamento de resultados.** A pergunta fundamental em *coaching* com PNL é "O que você quer?". Os *coaches* guiam a atenção dos clientes para o que eles querem que seja diferente em consequência do *coaching*. A PNL se concentra fortemente em resultados futuros para levar as pessoas a tomarem as melhores decisões e explorar novas possibilidades. A fim de dar forma a objetivos e torná-los alcançáveis, a PNL oferece o modelo de resultado bem formado, detalhado no Capítulo 7.

- ✔ **Flexibilidade comportamental.** O anseio das pessoas pelo *coaching* aumenta quando o que eles estão fazendo correntemente não está funcionando tão bem: eles atingiram algum tipo de bloqueio ou resistência. A PNL adota a hipótese de trabalho de que a pessoa que é mais flexível em qualquer sistema consegue os melhores resultados – aquela que faz experiências com novas ideias e formas de execução. Uma maneira de aproveitar as ferramentas de PNL com maior flexibilidade é encorajar os clientes a adotarem posicionamentos perceptivos diferentes, como examino no Capítulo 12.

Recorrendo a ferramentas e modelos para mudar

Além de uma estrutura global poderosa e flexível, a PNL também oferece uma abundância de modelos-chave que você pode rapidamente incorporar em intervenções de *coaching*. As ferramentas e modelos de PNL a seguir aparecem ao longo do livro:

Parte I: Introdução ao *Coaching* com PNL

- As **Pressuposições da PNL** são suposições que estabelecem uma poderosa estrutura mental para o *coaching*. Leia mais sobre pressuposições no Capítulo 2.

- O **Modelo SCORE** é um dos modelos de ganho rápido sobre os quais você pode ler no Capítulo 5. Tenha-o na cabeça para assegurar que seu *coaching* não vagueie a esmo pela narração de histórias ou perca a direção.

- O **Modelo dos Níveis Lógicos** de alinhamento e mudança, desenvolvido pelo guia de PNL Robert Dilts. Este alinhamento diz respeito a encontrar um senso de propósito nas atividades cotidianas, e eu o explico mais detalhadamente no Capítulo 5.

- Os **Sistemas de Representação** exploram maneiras individuais de representar suas experiências sensoriais. Veja os Capítulos 2 e 7 para mais detalhes.

- O **Modelo Meta**, um dos modelos de linguagem originais de PNL, com suas explicações sobre os filtros de distorção, anulação e generalização, é valioso para obter informações específicas sobre um problema de *coaching*. Você pode explorar mais sobre eles no Capítulo 6.

- Os **Resultados Bem Formados** são os instrumentos fundamentais da fixação de metas. Verifique o Capítulo 7 para descobrir mais sobre fixação de metas.

- Os **Metaprogramas** são alguns dos filtros mentais inconscientes que direcionam ao que você presta atenção, como processa a informação e como, então, a comunica aos outros. No Capítulo 10, você encontra o centro da questão desses poderosos padrões.

- O *coaching* efetivo implica desvendar as **estratégias** de seus clientes, a sequência de seus padrões de pensamento. Veja o Capítulo 11 para saber mais.

- Quando os clientes conseguem **modelar a excelência**, eles têm a oportunidade de rastrear a mudança ao tirarem o máximo dos exemplos dos outros. O Capítulo 11 detalha como funciona a modelagem.

- Os **Posicionamentos Perceptuais** se ocupam de imaginar que você está no lugar de outra pessoa bem como tomar um posicionamento de observador independente sobre um problema. Veja o Capítulo 12 para outros detalhes.

- O **processo de luto e perda** é um instrumento útil para clientes com lutos não resolvidos. O Capítulo 13 mostra como esses passos permitem aos clientes reterem os aspectos positivos de uma pessoa ou experiência que agora se acha perdida para eles.

Capítulo 1: *Coaching* e PNL Combinados para Ótimos Resultados 23

- As **linhas de tempo** ajudam-lhe a trabalhar no aqui e agora, bem como progredir em direção ao futuro e reconhecer o impacto das experiências passadas. O Capítulo 16 demonstra como jogar com os conceitos de tempo de PNL.

- Alterar um sistema de crenças fortificado é uma tarefa desafiadora em *coaching*. Trabalhando com as sutilezas das *submodalidades*, o Capítulo 17 mostra como isso é possível.

- **Âncoras** é uma técnica clássica de PNL para administrar estados emocionais. Veja o Capítulo 18.

- **Integração de partes e *ressignificação*** é uma técnica mais avançada para resolver problemas de conflitos internos e tensões entre necessidades e demandas diferentes. Veja o Capítulo 19.

Aquisição do Hábito de Sonhar

O mundo de hoje é pragmático e crítico, tanto que o tempo para sonhar é comprimido. Reserve uma parte dele para extrair os processos de pensamento cognitivos, lógicos e crie um senso de amplitude que você possa explorar criativamente.

Vá até um lugar bonito onde possa permitir sua imaginação correr solta. Se possível, faça uma caminhada por uma floresta ou à beira de um lago, mar ou rio. Suba em uma colina ou encontre um lugar tranquilo e confortável para sentar-se em um cômodo de que goste.

Nesse momento tranquilo, comece o hábito de *autocoaching*. Considere os contextos nos quais quer desenvolver suas habilidades e serviços de *coaching*. Pergunte a si mesmo:

- Em que indústrias, organizações ou ambientes você quer dar *coaching*? Que geografias ou tipos de pessoas lhe passam pela cabeça?

- Sobre o que você está curioso para aprender mais neste momento?

- Qual é seu sonho de *coaching*?

- O que seria um resultado notável para você?

- Que diferença você fará para os outros caso se torne o *coach* que imagina?

Permita-se encontrar uma pergunta que gostaria de responder a si mesmo enquanto lê outras partes de *Coaching com PNL Para Leigos*. Capture essa pergunta em uma palavra e a mantenha em um lugar seguro para lembrá-lo de seu sonho. Se preferir, apreenda uma imagem, um perfume, gosto ou som ao qual possa retornar enquanto lê outros capítulos deste livro.

Paz e felicidade

"Você pode me fazer feliz?" – pergunta o cliente de *coaching* em potencial enquanto olha para o *coach*. Não, o papel de um *coach* não é fazer um cliente feliz! Assumir a responsabilidade pela felicidade de qualquer um é uma tarefa impossível. Ainda assim, um senso de paz e felicidade inevitavelmente emerge quando você domina o *coaching*. Na verdade, a melhor notícia é que *coaching* é realmente divertido.

Os clientes podem chegar para um *coach* com uma sensação de estarem fora do controle de suas vidas, como se ela fosse regida por algum poder externo. Quanto mais as pessoas sentem que estão guiando seu próprio caminho, maior seu senso de satisfação.

Conceitos como paz, realização e felicidade são muitas vezes considerados como coisas desejáveis para o futuro e ilusoriamente fixados como desafios do cotidiano. Os clientes dizem: "A vida será boa quando..." e, então, seguem listando uma variedade de coisas – quando as crianças crescerem, quando eu tiver um novo emprego, quando meu negócio for bem-sucedido, quando eu tiver mais tempo...

Porém, todos podem escolher a paz e a felicidade do momento, no dia a dia. O contínuo exame pessoal e o desenvolvimento de um relacionamento consigo mesmo são essenciais – e, felizmente, as atividades principais em *coaching*!

Reconhecer que você tem escolhas pode deixá-lo mais à vontade com o não saber e a ambiguidade da vida. Em toda decisão que toma – seja se for sobre o exercício que está fazendo hoje, as ligações de negócios que fará, as pessoas com quem fala ou as ideias que tem na cabeça – você gera a pessoa que é e, sucessivamente, as experiências que tem.

Ao lançar uma luz sobre sua vida atual, aquela que ele criou, e responder a poderosas questões, o cliente aprende a notar sua capacidade de influenciar seu estado atual de felicidade e o que ele pode fazer para agora mesmo dar a si a felicidade e a paz que deseja.

Capítulo 2

As Habilidades Essenciais de PNL Reunidas

Neste Capítulo

▶ Desenvolva *rapport* rapidamente

▶ Preparação da mente para um *coaching* dinâmico

▶ Além das palavras: Dois modelos fundamentais da linguagem de PNL

▶ Modelando o sucesso dos outros

*Q*uando se ouve o termo *PNL* ou *Programação Neurolinguística* pela primeira vez, pode soar como um pacote de *software* ou um sistema operacional. De certa forma, é isso mesmo: explorar a PNL é como descobrir um sistema operacional humano. Para além de todo jargão, a PNL disponibiliza uma abordagem de senso comum para entender como as pessoas pensam, falam e agem – uma abordagem que se aplica a todos os aspectos e posições sociais e profissionais.

A PNL se fundamenta mais em um ponto de vista experimental do que em um ponto de vista cognitivo, isto é, você aprende a maior parte *fazendo* e não *ouvindo* sobre como a PNL funciona. Então, à medida que lê sobre PNL neste capítulo, tenha em mente como pode experimentar a abordagem e use-a como o alicerce para relacionamentos de *coaching*.

Coaches por todo o mundo usam PNL para ajudar seus clientes a conseguirem os resultados que desejam – inclusive no mundo dos negócios, da educação, da saúde, governamental e muitos outros. Mais importante ainda, você pode usá-la para melhorar qualquer área da sua própria vida bem como a vida dos demais.

No Capítulo 1, discorro sobre a estrutura essencial de PNL de *rapport*, a consciência sensorial, o pensamento de resultados e a flexibilidade comportamental. Também introduzo os modelos específicos de PNL que aparecem no livro.

Este capítulo examina os princípios fundamentais da PNL (e algumas técnicas principais) que podem permitir que você saia na frente e melhore seu *coaching*. Com a PNL, você pode se tornar um grande *coach*, que cria *rapport* rapidamente, adapta sua linguagem para maior efetividade, cria modelos de excelência e encoraja seus clientes a fazerem o mesmo.

Aumento do Rapport

Rapport é uma habilidade fundamental em relacionamentos, e a efetividade de seu *coaching* depende da qualidade de seu relacionamento com os clientes. Ter o *rapport* no lugar certo, no início de uma série de sessões de *coaching*, coloca você no caminho para o sucesso. Bom *rapport* significa que você está altamente sensível aos humores e respostas de seus clientes; assim como é muito desafiador, fazendo com que você mesmo e seus clientes alcancem níveis empolgantes.

Contudo, o *rapport* é cheio de truques. Com frequência você se torna consciente dele mais por sua ausência do que por sua presença. Sem *rapport* não há nenhuma química ou conexão entre duas pessoas ou dentro de um grupo; as ligações essenciais entre as pessoas não estão ali.

Uma vez tive uma conversa telefônica infeliz sobre um trabalho em potencial, na qual o cliente do outro lado da linha disse: "Eu estou ocupado demais para isso. Vamos cortar a conversa polida e tomar por certo que nós temos *rapport*.". Na verdade, você não pode jamais tomar *rapport* por certo; é necessário construí-lo e merecê-lo.

Construir *rapport* implica prestar extraordinária atenção a outra pessoa, incluindo seu estilo, necessidades e interesses. Se você está excessivamente preocupado consigo mesmo e como se apresenta como *coach*, deixa de perceber as reações do cliente, o que prejudica a construção do *rapport*.

O estabelecimento das bases para o *rapport* começa antes mesmo do primeiro encontro. Observe como um novo cliente se comunica por telefone ou e-mail e responda comportando-se de maneira similar. Por exemplo, em uma simples comunicação por e-mail, você pode igualar o tamanho e o estilo das mensagens, incluindo o nível de familiaridade. Da mesma forma, quando conversar ao telefone, seja sensível à energia de quem está ligando e tente combinar com ela. Veja o Capítulo 12 para saber mais sobre como ajustar seu estilo de comunicação para construir *rapport*.

Compassar e conduzir

Se quiser persuadir qualquer um em relação ao seu ponto de vista, tome nota do conceito de PNL de *compassar* e *conduzir*. Primeiro você precisa entrar no ritmo das pessoas, ouvindo-as e prestando atenção em de onde elas estão vindo antes de tentar guiá-las no seu modo de pensar. A PNL o aconselha a compassar, compassar e compassar novamente antes de tentar conduzir. Este conselho se traduz em ouvir, ouvir e ouvir um pouco mais antes de falar. Lembre-se por que todos têm dois ouvidos e uma boca!

Prestar atenção à comunicação não verbal

Quando você adquire o hábito de se tornar plenamente consciente da respiração, da linguagem corporal e de níveis de energia de seu cliente, assimila informações cruciais que ele não está compartilhando, tal como os assuntos que evita – exatamente os lugares em que o trabalho real de *coaching* ocorre.

A *coach* de Elizabeth pediu-lhe que conseguisse, em meio às sessões de *coaching*, algum *feedback* informal de seus colegas da junta de diretores. Ela os contatou e pediu a cada um que escrevesse um e-mail comentando sobre onde estavam suas qualidades e o que ela poderia precisar mudar.

Quando sua *coach* repassou os comentários, notou que Elizabeth ficou sem ar e que ruborizou quando leu alguns deles, enquanto sua respiração se aprofundou e sua cor se refrescou quando recebeu outros. A *coach* de Elizabeth chamou atenção para as mudanças nas reações do corpo que havia visto e perguntou o que acontecera com ela enquanto revisava o *feedback*. No fim, Elizabeth admitiu que teve de se esforçar para se conectar a certos membros da junta e se sentiu muito chateada por causa de alguns comentários que considerou desafiadores. Ela também entrou em conflito com o *feedback* que percebeu ser desnecessariamente lisonjeiro. Elizabeth confessou não admitir observações positivas sobre ela mesma porque isso parecia errado.

Em diferentes momentos de suas sessões de *coaching*, conscientemente respire ao mesmo tempo em que seu cliente e se pergunte o que observa acerca dos padrões de respiração dele. A respiração de seu cliente é relaxada ou apressada? Ela muda quando se fala de certos assuntos? Ou a cor do rosto dele muda? Seja curioso sobre o que acontece com seu cliente agora mesmo.

Combinar e *espelhar* dizem respeito a adotar o estilo de outra pessoa para ganhar *rapport*; e acontecem naturalmente quando você está em *rapport* porque está altamente afinado com a outra pessoa. Se olhar para duas pessoas em uma conversa que esteja em *rapport*, notará que um é como uma imagem no espelho do outro. Os corpos deles movem-se em uníssono com gestos, velocidade de movimento, volume e tom de voz similares.

Utilize a técnica a seguir para formar *rapport* rapidamente.

1. **Observe o comportamento da outra pessoa**

    Em especial, preste atenção ao:

    - Modo como a pessoa usa seu corpo. Como ela senta, caminha, levanta e gesticula?
    - Modo como a outra pessoa respira. Ela respira com o corpo inteiro, incluindo o abdômen, ou a respiração se restringe à área do pescoço e do peito, com tensão?

- Ritmo e os níveis de energia da outra pessoa. A pessoa se movimenta devagar ou rápido? É inquieta ou relaxada?
- Som da voz e a velocidade da fala da outra pessoa.

2. **Deliberadamente *combine* e *espelhe* com a outra pessoa**

   Escolha um atributo ou mais que você observa no primeiro passo e *combine* e *espelhe*. O *rapport* pode parecer-lhe mais fácil depois que alguns atributos forem ajustados.

3. **Verifique se você tem um senso de *rapport***

   A prova de fogo do *rapport* é o descompasso com a outra pessoa, e observar se ela segue sua liderança, adotando seu estilo de comportamento. Por exemplo, se levanta um pouquinho a voz ou fica mais animado, a outra pessoa segue você? Se não, volte atrás e continue *combinando* e *espelhando* a outra pessoa.

Há uma linha tênue entre combinar e fazer mímica. As pessoas ficam naturalmente desconfortáveis se elas percebem alguma falta de sinceridade nos outros. Pratique seu *combinar* e *espelhar* em uma situação sem risco, com a família e amigos, por exemplo, para afiar suas habilidades, de forma que possa fazer isso com muita delicadeza e que possa, conscientemente, construir *rapport* mais rapidamente quando precisar.

Flexibilização de seu estilo de comunicação

Flexibilidade comportamental – a proposição de que a pessoa que é mais flexível vence – é um dos quatro princípios-chave da PNL. Esta supõe que a responsabilidade pelo sucesso em qualquer comunicação encontra-se no remetente, não em quem recebe a comunicação. Então, você se responsabiliza por outras pessoas que recebem sua mensagem de acordo com suas intenções. A hipótese também se encaixa em um princípio que os *coaches* encorajam seus clientes a adotar, que é: "para as coisas mudarem, eu preciso mudar".

A PNL presta atenção ao estilo preferido ou ao *sistema representacional* dos diferentes indivíduos. Identificar o sistema representacional de outra pessoa envolve ouvir *como* a pessoa fala – não apenas o que ela diz – para se conectar mais facilmente e permitir que sua mensagem seja escutada.

Os sistemas representacionais descrevem os diferentes canais pelos quais os códigos de informação humanos internamente atravessam seus sentidos. Os canais principais são visuais, auditivos e cinestésicos (conhecidos como VAC, abreviadamente) e referem-se à visão, som e sentimento ou toque. *Predicados* são palavras de especificidade sensorial que dão pistas sobre as preferências de uma pessoa. A tabela 2-1 apresenta alguns exemplos de palavras e frases de especificidade sensorial que provavelmente seus clientes usam. À medida

Capítulo 2: As Habilidades Essenciais de PNL Reunidas

que você se familiarize com a comunicação por meio da linguagem de especificidade sensorial, poderá adaptar seu próprio estilo para combinar com o de seus clientes.

Sintonia compartilhada

Nos anos de 1970, quando John Grinder e Richard Bandler estavam desenvolvendo os primeiros modelos de PNL, eles conduziram uma série de *workshops* para compartilhar ideias e entender mais sobre os padrões de linguagem. As sessões iniciais incluíram várias atividades nas quais os dois ouviram e fizeram experiências com os sistemas representacionais dos participantes.

Por exemplo, Grinder e Blander deram a cada participante um cartão colorido de acordo com o sistema representacional que os identificava (tal como vermelho para o visual, azul para o auditivo e verde para cinestésico) e, então, pediram que se juntassem aos outros que tinham a mesma cor de carta para um exercício. Os pesquisadores descobriram que os participantes se comunicaram mais facilmente em grupos formados por pessoas com os mesmos sistemas representacionais do que em grupos com sistemas misturados.

Tabela 2-1   Palavras e Frases de VAC

Visual	*Auditivo*	*Cinestésico*
Brilhante, em branco, colorido, turvo, foco, gráfico, iluminado, discernimento, luminoso, perspectiva, visão	Argumentar, perguntar, mudo, discutir, alto, harmonia, melodia, franco, pergunta, repercutir, dizer, gritar, agudo, cantar, contar, tom, proferir, vocal, grito	Frio, pulo, empolgante, sentir, empolgante, sentir, firme, fluir, aperto, movimento, insistente, sólido, estalo, toque, esmagar, peso
Parece que...	Soa como...	A sensação é como...
Uma visão rápida da realidade	Já que você diz	Nós remodelamos o trabalho
Cuidamos de seus interesses	Escutei isso dos próprios lábios dele	Movimentando-se através
Essa é uma nova forma de ver o mundo	Quem está dando o tom?	Toca mais fundo

(continua)

Parte I: Introdução ao *Coaching* com PNL

Tabela 2-1 *(continuação)*

Visual	Auditivo	Cinestésico
Agora olhe aqui	Muito claro	Sentir isso
Isso é nítido	Importante me perguntar	Se entender com
Visão para olhos doloridos	Palavra por palavra	Dor no nariz
Mostre-me o que você quer dizer	Estamos na mesma sintonia	Sólido como uma rocha
Visão do túnel	Sintonize nisto	Dê um passo de cada vez
Parece como...	Música para meus ouvidos	Dirigindo uma organização
Que dia brilhante	Isso ressoa em alguma coisa	A pressão está com tudo

Desenvolva seu senso de linguagem com a atividade a seguir:

1. **Construa sua própria lista de palavras e frases de VAC que você ouve na comunicação do dia a dia.**

    Comece com os exemplos da Tabela 2-1 e adicione outros que você ouve em conversas e observa em documentos escritos.

2. **Escute as palavras-chave que seus clientes de *coaching* usam para perceber se você pode arrancar deles alguma forte preferência pela linguagem visual, auditiva ou cinestésica.**

3. **À medida que se familiariza com os sistemas representacionais, adapte seu próprio estilo para combinar com o de seus diversos clientes.**

    Formule perguntas para atingir os sistemas representacionais dos clientes. Por exemplo, combine com um cliente visual:

    Cliente: Não posso *ver* aonde eu estou indo.

    Coach: Com o que isso *se parece*?

    Combine com um cliente auditivo:

    Cliente: Não *escuto* nada de bom vindo da minha equipe.

    Coach: Como "bom" *soa* para você?

    Combine com um cliente cinestésico:

    Cliente: Não posso *lidar* com isso.

    Coach: Como você se *sente* em relação a isso?

Capítulo 2: As Habilidades Essenciais de PNL Reunidas

Se tem alguma dúvida sobre o sistema representacional de outra pessoa, utilize vários ou diferentes predicados, a fim de cobrir todos os sentidos. Não fique excessivamente preocupado se achar que alguns clientes têm pouca linguagem de especificidade sensorial. Eles pensam e falam um tanto mais de uma maneira altamente lógica e conceitual do que através de imagens, sons e sentimentos. A PNL chama esse modo de representação do mundo de *linguagem digital*.

Conectar-se com a pessoa inteira

Quando se depara com clientes pela primeira vez, você os encontra em um contexto específico da vida ou do trabalho deles.

- Se o *coaching* acontece em um cenário de negócios, você deve atender seus clientes no escritório ou lugar de trabalho e até mesmo observá-los com alguns de seus colegas, embora não tenha a menor ideia de como eles são com suas famílias.

- Se está trabalhando um *life coaching*, você não deve nunca atender seu cliente em um ambiente de trabalho.

Uma visão mais ampla

Bernardo estava preparando Maria por meio de *coaching* como parte de um programa de liderança global para uma empresa norte-americana. Maria era uma comunicadora brilhante e muito capaz, por isso Bernardo tinha dificuldades para entender sua falta de autoconfiança. Ela depreciava suas realizações constantemente e somente reparava quando suas habilidades estavam faltando.

Um dia, Maria deixou escapar que seu marido não acreditava que ela merecia uma promoção que recebeu. Depois que Bernardo entendeu o contexto maior no qual Maria vivia, ele trabalhou com ela no sentido de elevar sua autoconfiança. Ele percebeu que ela estava espelhando as próprias experiências domésticas nas da vida profissional, filtrando-as de forma distorcida. Veja mais sobre filtros no Capítulo 6.

Bernardo desafiou Maria a reconhecer cada obstáculo que havia ultrapassado, de modo que ela constantemente celebrasse suas realizações, todos os dias. Bernardo, suspeitando que tanto o marido quanto a esposa se comportavam da uma maneira semelhante, encorajou Maria a reconhecer também os sucessos do marido e observar o que acontecia. À medida que Maria se tornou mais confiante, seu trabalho e sua vida em casa desabrocharam.

É claro, qualquer pessoa é muito mais do que se observa através de sessões de *coaching*. As pessoas se adaptam de acordo com seus ambientes, e parte do seu desafio como *coach* é formar uma noção de pessoa integral, a fim de trazer à tona o maior potencial de seu cliente.

32 Parte I: Introdução ao *Coaching* com PNL

Seja curioso sobre como os seus clientes pensam, sentem e se comportam em diferentes contextos. Quando você descobrir onde eles já estão extraindo o melhor de si, explore esse contexto e, depois, *mapeie* aspectos específicos para ajudá-los a serem os melhores em outra área. O Capítulo 15 explora como usar as submodalidades da PNL para tomar as qualidades e recursos que os clientes têm em um contexto e levá-los para outros.

Considere um cliente que você quer entender melhor e, então, se coloque no lugar dele. Use as perguntas a seguir para construir sua própria noção de como poderia ser estar no lugar dessa pessoa. Pergunte a si mesmo:

- Como seria uma rotina diária típica para essa pessoa?
- O que a motiva a se levantar da cama de manhã?
- Como ela gasta seu tempo?
- Quais são as pressões que ela sofre de outras pessoas?
- Quem a sustenta?
- Como essa pessoa cuida de si mesma fisicamente, através de dieta e exercícios?
- Como ela relaxa?
- O que é importante para essa pessoa?
- O que ela acredita ser verdadeiro?

Na causa ou no efeito?

As escolhas que as pessoas fazem na confusão de cada dia afetam suas experiências. Você precisa apenas observar o comportamento de dois indivíduos para notar grandes diferenças em diversas áreas:

- Como eles gastam tempo, dinheiro e energia.
- Ao que eles querem prestar atenção.
- Ao que eles se apegam e o que eles deixam ir, fisicamente e emocionalmente.
- Os objetivos que estabelecem.
- Os hábitos que possuem.
- A forma como reagem aos outros.
- Como eles cuidam da saúde.

Todos esses comportamentos provêm de decisões que as pessoas tomam, as quais criam seus próprios mundos. Quando as pessoas estão *na causa,* assumem responsabilidade por tudo o que acontece. Quando elas estão *no efeito,* elas dão razões, desculpas e justificativas para o que aconteceu a elas.

Tanto a PNL quanto o *coaching* encorajam as pessoas a estarem na causa – capacitadas e responsáveis por suas próprias vidas. Compartilhar as distinções entre estar na causa ou no efeito com os clientes é útil na medida em que eles possam se tornar mais vigilantes sobre como se comportam e o que eles podem fazer para efetuar mudanças.

Capítulo 2: As Habilidades Essenciais de PNL Reunidas 33

Enquanto é benéfico entrar no mundo do seu cliente, lembre-se de sair também, especialmente se ele possuir uma situação muito desafiadora! Depois de uma sessão, imagine-se tomando um banho energético no qual joga para fora a situação de vida do cliente a fim de salvar-se de vir a ser envolvido demais nela.

Se você estiver se tornando envolvido demais na situação de um cliente, algo está acontecendo para desencadear algum problema que você precisa trabalhar. A supervisão de *coaching* possibilita que você recue de seus esforços para assegurar que esteja trabalhando de uma forma saudável tanto para o *coach* quanto para o cliente. Veja o Capítulo 1 para saber mais sobre a supervisão de *coaching*.

O Trabalho com Algumas Hipóteses-Chave de PNL

A PNL oferece um conjunto de princípios de orientação ou suposições práticas conhecidas como *pressuposições*. Esta seção considera três, que são particularmente relevantes para colocá-lo em um estado de espírito forte para um *coaching* poderoso:

- ✓ O mapa não é o território.
- ✓ As pessoas são mais do que seus comportamentos.
- ✓ Indivíduos possuem recursos.

Quando adota esses preceitos, você muda sua perspectiva de uma forma que o torna um agente mais efetivo de mudança em relação a seus clientes. Não precisa compartilhar esses conceitos com eles, mas os tenha em mente como princípios de orientação.

O mapa não é o território

Você já deve ter ouvido a frase "o mapa não é o território"; esta premissa fundamental de PNL vem do trabalho de Alfred Korzybski, um cientista norte-americano de ascendência polonesa. As pessoas criam as próprias realidades com base em sua experiência de vida, crenças, valores e memórias. As palavras que usam descrevem sua *percepção* da realidade, não a realidade em si.

O mapa é a percepção, enquanto o território é a realidade. Por exemplo, Scott, que gostaria de ter um novo relacionamento, pode ter uma visão de que: "Eu já estou velho demais para encontros e, de qualquer forma, todas as garotas respeitáveis já estão casadas antes dos 35 anos.". Este é o mapa do mundo de Scott, baseado em sua experiência. Contudo, isso não é necessariamente verdade: esse mapa pode ser muito limitado, porque ele não esteve nos melhores lugares para encontrar sua alma gêmea. O território real abrange muitos mais parceiros de vida em potencial do que o limitado mapa do mundo de Scott.

Normalmente, os clientes vêm para o *coaching* porque sentem que precisam refinar seus mapas. Perceber que os mapas do mundo de seus clientes são diferentes dos seus aguça sua curiosidade sobre como eles se diferem. Onde esses mapas lhes servem? Onde eles são pequenos demais ou incompletos? Você também pode encorajar seus clientes a prestarem atenção aos mapas de outras pessoas a fim de desenvolverem seus próprios.

Jane aplicou *coaching* em um psiquiatra que trabalhava em um hospital psiquiátrico. Seu cliente era extremamente zeloso, mas seu desejo de conseguir o melhor resultado de seus pacientes se converteu em perfeccionismo e pôs seu próprio estado mental em risco. Como Jane registra:

> Meu cliente veio de um mundo em que ele esperava que todos os seus pacientes se comportassem irracionalmente. Este era seu modelo de mundo. Como coach, tendo a pensar em meus clientes como racionais. Este é o meu modelo de mundo. Descobri que, para trabalhar com ele, precisava ir mais fundo em seu mundo, no qual as outras pessoas são irracionais. Usando as posições perceptuais de PNL, eu o coloquei em uma posição de observador para dissociar-se da situação e convidá-lo a escutar a si mesmo como um cliente irracional. Desde então, ele conseguiu o avanço que buscava – percebeu que estava sendo tão irracional quanto os pacientes que estavam mentalmente doentes.

As pessoas são mais do que seu comportamento

Os seres humanos são capazes de assumir uma extraordinária gama de comportamentos. Em casos extremos, podem ser cidadãos modelo, ao mesmo tempo em que são criminosos. A maioria das pessoas exibe uma série de comportamentos, uns os realizam bem e outros não. Os *coaches* precisam reconhecer as qualidades de uma pessoa sem julgamentos.

A PNL supõe que se comportar mal em um contexto em particular não faz com que alguém seja intrinsecamente ruim. Separar o *comportamento* da pessoa é realmente importante a fim de aplicar bem um *coaching*. As pessoas podem se comportar mal quando não têm os recursos internos ou a capacidade para se fazê-lo de forma diferente em uma situação em particular. Talvez elas se encontrem em um ambiente que tenha modelos de exemplo inúteis, ainda que não saibam disso naquele momento.

Através do *coaching*, você pode ajudar as pessoas a desenvolverem novas habilidades ou mudarem para ambientes com melhores condições, o que pode conduzir a tremendas mudanças de comportamento.

Como parte de um programa de *coaching* de desenvolvimento de equipes, Richard foi alocado como *coach* de performance. Em uma das suas primeiras sessões, ele confessou que estava realmente preocupado em relação a

Capítulo 2: As Habilidades Essenciais de PNL Reunidas

contar ao seu empregador sobre uma violação criminal por drogas que havia cometido em sua juventude e, por causa disso, evitava projetos governamentais que requeriam credenciais de segurança. Ele não tinha certeza se a omissão dessa informação em seu currículo colocava em risco seu emprego como gerente de projetos. Além disso, referia-se injuriosamente a si mesmo como um criminoso. O *coach* de Richard trabalhou com ele em um plano para discutir sua história com o gerente e o pessoal do RH. O *coach* também o fez se lembrar de que ele não era um criminoso, mas sim alguém que havia cometido uma violação no passado.

Quando alguém fala sobre si de uma maneira crítica *em relação à identidade*, você pode neutralizar esse criticismo reconhecendo-o em um nível comportamental. Por exemplo:

- Se um cliente diz, "Eu sou um alcoólatra", você pode dizer: "Você é alguém que tem o hábito de beber".

- Se o cliente diz "Eu sou um porcalhão gordo", você pode responder: "Você é alguém que tem uns quilos a mais".

- Se um cliente diz: "Eu sou um pai (ou uma mãe) inútil", você pode declarar: "Você é alguém que ainda não encontrou a melhor maneira de sustentar essa criança".

Quando os clientes têm comportamentos que não os servem, a PNL ajuda ao quebrá-los em sequências de estratégias pequenas e manejáveis (no Capítulo 11, discuto como desfazer e reprojetar comportamentos). Como *coach*, você pode trabalhar com os clientes para identificar qualquer aspecto específico da estratégia que possa se beneficiar de ser reprojetado. Por exemplo:

- Uma cliente que persistentemente trabalha demais, pode encontrar o gatilho que faz com que ela prefira continuar trabalhando em vez de fazer uma pausa. Quando ela estiver consciente do disparador desse comportamento, perceberá o que está acontecendo e terá a oportunidade de mudá-lo, em vez de perpetuar o hábito.

- Uma cliente que nunca consegue ir para a academia pode se beneficiar da introdução de uma sub-rotina extra que dispare o novo comportamento que ela deseja.

Os indivíduos possuem recursos

A PNL considera que as pessoas têm todos os recursos (tais como a resiliência mental ou a capacidade de encontrar e aprender de pessoas que servem como modelos de exemplo a serem seguidos) de que precisam para empreenderem as mudanças que desejam. Mais que isso, as pessoas não são inúteis: elas somente podem experimentar um *estado* de inutilidade em um momento específico. Você não usa o *coaching* com o objetivo de consertar ninguém. Em vez disso, você ajuda seus clientes a sair das situações com suas próprias maneiras e a reconhecer seu próprio brilhantismo, assim como Marianne Williamson coloca de forma tão sagaz na citação de "*Brilliant, gorgeous, talented, fabulous?*".

Em PNL, *estado* é a condição de emoção interna de um indivíduo; preocupado, feliz, confuso, alegre, e assim por diante.

Um conjunto específico de padrões fisiológicos característicos da pessoa, de comportamentos e de pensamento acompanha cada estado. Então, uma pessoa pode mesmo "se preocupar" ao percorrer um quarto e se inquietar com o que pode dar errado. Outra pessoa pode mesmo "se preocupar" por acordar durante a noite e sentir náuseas ao ver comida na hora das refeições.

Se tiver uma cliente que esteja jogando por baixo, encolhendo-se em uma versão menor de si mesma, planeje um desafio para puxá-la para fora de sua zona de conforto (se não tiver nenhum cliente em mente, desafie a si mesmo). Elabore o desafio com relevância em relação ao contexto no qual você está aplicando o *coaching*. Alguns exemplos de desafios incluem:

- Sair sozinho de férias ou em uma aventura.
- Submeter uma proposta para um projeto.
- Ligar para uma pessoa que você acredita que não queira falar com você.
- Organizar um evento e distribuir panfletos com convites pela vizinhança.
- Fazer dez visitas sem avisar a cada tarde na próxima semana.

Seu cliente pode rejeitar todas as suas sugestões mas, mesmo assim, leve desafios ainda maiores e que não tinham sido imaginados para ele. A coisa mais importante é deixá-lo pensando em como levar a si mesmo para além.

Brilhante, linda, talentosa, fabulosa?

Em seu best-seller *Um Retorno ao Amor*, a escritora Marianne Williamson resume belamente o potencial que todos possuem.

Nosso medo mais profundo não é sermos inadequados. Nosso medo mais profundo é sermos poderosos para além da medida. É nossa luz, não nossa escuridão que mais nos amedronta. Nós nos perguntamos: 'Quem sou eu para ser brilhante, lindo, talentoso, fabuloso?' Na verdade, quem é você para não ser? Você é um filho de Deus. O seu 'jogar por baixo' não serve ao mundo. Não há nada de iluminado em se encolher tanto que as outras pessoas não se sentirão inseguras ao seu redor. Todos somos feitos para brilhar, assim como as crianças brilham. Nós nascemos para tornar manifesta a glória de Deus que está dentro de nós. Ela não está apenas dentro de alguns de nós; está em todo mundo. E, à medida que deixamos nossa própria luz brilhar, inconscientemente damos às outras pessoas permissão para que elas possam fazer o mesmo. À medida que nos libertamos de nosso próprio medo, nossa presença automaticamente liberta outros.

(Reproduzido com a permissão de Marianne Williamson)

As pessoas se aventuram mais prontamente quando se sentem com recursos e bem apoiadas. O Capítulo 18 orienta você através do processo de PNL de ancoramento a fim de pôr seu cliente em uma condição com mais recursos.

Além da Superfície

Coaching envolve ir além dos debates superficiais para descobrir o que realmente está acontecendo com seu cliente. Em PNL, a mudança acontece quando você explora valores, crenças, propósito e identidade – e as várias ferramentas neste livro o ajudam a investigar tudo isso.

Em seus seminários e escritos, o *trainer* de PNL Robert Dilts, com frequência cita o físico Niels Bohr, que identificou dois tipos de verdade: a verdade superficial e a verdade profunda. De acordo com Bohr: "em uma verdade superficial, o oposto é falso. Em uma verdade profunda, o oposto também é verdade".

Sua cabeça ainda está girando? Pense na distinção da seguinte forma: uma verdade superficial é do tipo: "John é amigo de todo mundo". Uma verdade mais profunda é como a seguinte: "John também é capaz de fazer inimigos".

As pessoas são complexas e capazes de uma complexa gama de comportamentos. A PNL pretende chegar à verdade profunda de seus clientes ao reconhecer tanto o lado sombrio da vida quanto o iluminado. O lado sombrio pode fazer com que as pessoas ajam mal, ao mesmo tempo que o iluminado pode operar milagres. Depois que as pessoas são despertadas para uma verdade tão profunda, elas podem escolher onde focar suas energias – para o bem ou para o mal, a luz ou a escuridão.

Nesta seção, analiso as principais formas para acessar a criatividade natural dos seus clientes através da exploração de padrões de linguagem e instituindo uma mudança comportamental.

Desvende o significado da linguagem: Dois modelos-chave

Nos programas de PNL, os participantes trabalham com dois modelos principais de linguagem, o modelo Milton e o Metamodelo, que Richard Bandler e John Grinder elaboraram tendo como base os seus estudos de grandes terapeutas. Cada um deles descreve padrões específicos de linguagem que ambos observaram. Eles estavam curiosos sobre como algumas pessoas se superavam ao influenciar uma mudança em seus clientes e descobriram que excelentes habilidades de comunicação contam com não somente um, mas vários modelos.

Para um *coach,* ambos os modelos oferecem lições na adaptação de sua linguagem para se comunicar melhor com seus clientes. Baseando-se em seus mapas de mundo individuais, as pessoas naturalmente filtram a linguagem através de três processos centrais:

- ✔ Apagando informações.
- ✔ Fazendo generalizações.
- ✔ Distorcendo informações.

Ambos os modelos possuem uma série de padrões linguísticos detalhados que os praticantes de PNL exploram em profundidade durante o treinamento. *Programação Neurolinguística Para Leigos,* de minha autoria com Romilla Ready (Alta Books), dedica um capítulo inteiro tanto ao modelo Milton quanto ao Metamodelo. Eu investigo os filtros de distorção, anulação e generalizações no Capítulo 6.

O Metamodelo

O Metamodelo procura superar a ambiguidade. Seu valor para o *coach* está no desafio das limitações do potencial de um cliente. Este modelo aborda a linguagem por meio da formulação de perguntas que reúnem informações mais específicas que estão faltando na comunicação.

Um exemplo de Metamodelo na prática pode ser você dizendo algo do tipo: "Eu tenho um cliente difícil agora". A menos que você me dê informações mais específicas ou eu lhe faça perguntas para reunir informações, tenho um mapa incompleto de sua experiência e posso inventar o resto da história. Para superar tal falta de detalhe, as perguntas a serem feitas podem incluir o seguinte:

- ✔ O que, especificamente, é difícil no seu cliente?
- ✔ Quem é o cliente difícil?
- ✔ Esse cliente será difícil mais tarde ou somente agora?

O objetivo do Metamodelo é fazer perguntas que tragam à tona detalhes que foram filtrados pelo conhecimento consciente de um cliente.

O Modelo Milton

Em contraste com o Metamodelo, o Modelo Milton aborda a linguagem a partir da direção oposta ao elaborar informações específicas deliberadamente vagas. Ele se baseia em fazer afirmações generalizadas que são difíceis de um cliente discordar.

Um exemplo do Modelo Milton na prática pode ser quando você diz algo do tipo: "Tenho uma cliente da ABC que está me deixando louco porque eles ficam remarcando compromissos e não pagaram suas faturas por três meses". Uma resposta no Modelo Milton seria trocar o específico por um mais ambíguo:

- ✔ "É isso mesmo. Às vezes, as pessoas são desafiadoras."
- ✔ "Você irá fazer isso funcionar no seu devido tempo, você sabe."

Capítulo 2: As Habilidades Essenciais de PNL Reunidas 39

O objetivo do Modelo Milton é colocar os clientes em um transe de luz no qual eles possam acessar seus recursos inconscientes ao mudarem do detalhe particular para uma estrutura maior.

John Grinder e Richard Bandler criaram o Modelo Milton através da cuidadosa análise dos padrões de linguagem do grande hipnoterapeuta, Milton Erickson. Como um mestre da narração de histórias, ele transmitiu mensagens terapêuticas através de suas palavras e padrões de discurso a clientes muito doentes. Metáforas e narração de histórias podem ser maneiras imensamente poderosas de distrair as mentes conscientes de seus clientes que podem estar ativamente apegados a suas próprias histórias. Narrativas e ricas figuras de palavras põem os clientes em um estado mais inventivo em que aparecem com soluções criativas e constroem novos significados a partir de suas experiências. Eu falo mais sobre criar suas próprias histórias no *NLP Workbook For Dummies* (Wiley), escrito com Romilla Ready (Wiley).

Jogando com as dimensões do tempo

As pessoas muitas vezes chegam ao *coaching* com dificuldades em relação ao tempo, em especial executivos ou pais maníacos com vidas ocupadas e com muitas responsabilidades. Eles podem dizer que estão procurando "controlar o tempo" – claramente uma meta impossível!

O tempo – e como as pessoas o organizam – é fundamental para a estrutura da experiência de mundo de alguém. Os clientes diferem tremendamente em como percebem, estruturam e reagem ao tempo. Essas preferências afetam a capacidade deles de serem pontuais, planejarem, estarem dispostos a escutar e a agir.

Monocrônico ou policrônico?

Um sistema de tempo *monocrônico* significa que as coisas são feitas em sequência, uma coisa de cada vez, em passos definidos. O tempo é programado, ordenado e administrado, e as pessoas se preocupam em não perder tempo. Algumas culturas monocrônicas, tais como os suíços, os alemães e os norte-americanos, colocam uma ênfase enorme em conseguir que as tarefas sejam feitas de uma forma programada (observe a generalização quando se fala de todas as pessoas de um país!).

Um sistema de tempo *policrônico* é aquele no qual várias coisas são feitas ao mesmo tempo e há uma abordagem mais despreocupada com relação ao tempo. Este tipo de sistema de tempo é mais comumente encontrado no sul da Europa, América Latina, África e culturas árabes, nas quais as pessoas com frequência prestam mais atenção aos relacionamentos do que ao relógio.

Fique ciente de que a sua visão de tempo talvez seja diferente da de seus vizinhos e aprecie a diferença.

Linhas de tempo (encontre mais sobre o assunto no Capítulo 16) são ótimas ferramentas para o *coach* e para o cliente. Ao criar e explorar linhas de tempo em sessões de *coaching*, você identifica se seus clientes "trabalham":

- **No tempo.** Estas pessoas vivem *no* e *para* o momento. Consequentemente, elas podem ter dificuldades para planejar eventos futuros.

- **Através do tempo.** Estas pessoas têm uma visão imparcial do tempo ou pode parecer que o observam passando. Elas podem pôr a vida em suspenso até algum tempo no futuro e não aproveitarem o momento.

- **Em combinação.** Quando as pessoas são capazes de variar entre estar "no tempo" e "através do tempo", elas conseguem o melhor de dois mundos diferentes. Elas apreciam a espontaneidade na sua realidade atual e podem planejar o futuro. Como *coach*, você precisa de ambos: dançar no momento enquanto segura a agenda maior da vida de seus clientes.

Trabalhar com questões de tempo muda a perspectiva sobre um problema. Por exemplo, peça à cliente que imagine um tempo no futuro quando as coisas estejam diferentes com uma pergunta do tipo: "Como isso será daqui a seis meses?". Levar a cliente para o futuro dessa forma permite que ela tome uma certa distância do tópico em discussão e, deste modo, permite-lhe um *insight*.

Para as pessoas envolvidas no *coaching* que lutam contra o tempo, o ponto não é espremer mais atividades em suas agendas ocupadas, mas sim fixar prioridades, o que começa com o exame de valores. Quando você sabe o que é mais importante para si e para seu cliente, pode partir na direção certa. No Capítulo 8, você pode ler mais sobre fazer escolhas baseadas em valores.

Ficar "limpo"

James Lawley e Penny Tompkins, autores de *Metaphors in Mind* (Developing Company Press), são pioneiros no desenvolvimento de linguagens de treinamento "limpas", baseado no modelo que construíram a partir do trabalho do recém-falecido David Grove. A abordagem de Penny e James, conhecida como Modelagem Simbólica, permite que os clientes se tornem mais inventivos quando confrontados com assuntos desafiadores. A linguagem "limpa" é particularmente atraente aos *coaches* que querem preservar os modelos de mundo de seus clientes e não impor o seu próprio. Grove sentia que outros terapeutas impunham seus próprios mapas aos clientes, então, criou um conjunto de perguntas "limpas" que exploram a paisagem metafórica do próprio cliente. Apesar de as perguntas parecerem estranhas e fora de contexto, elas podem permitir que ele trabalhe em um problema sem jamais revelar o assunto. Por exemplo, Penny e James sugerem que uma forma de pôr o cliente em um estado inventivo é perguntando: "E quando você está em sua melhor forma, como é isso?".

Visite o site www.cleanlanguage.co.uk (conteúdo em inglês) para encontrar uma grande quantidade de informações sobre a linguagem "limpa".

A separação entre processo e conteúdo

Um dos pontos fortes do *coaching* com PNL é a capacidade de trabalhar com clientes sem ficar agarrado aos detalhes de suas histórias. No Capítulo 17, discuto as submodalidades, que oferecem maneiras de poder trabalhar com os clientes sobre temas sem saber o assunto específico de seus problemas.

O perigo de ouvir demais sobre as histórias de alguém é que estas se conectem com as suas próprias. Você pode se distrair e até mesmo compartilhar suas próprias historinhas, e somente perceber depois que esteve sendo condescendente e não estava aplicando *coaching* (veja o Capítulo 10 para sugestões de como cortar a cumplicidade).

Como se reconhece o ganho secundário

Os clientes adoram que a mudança seja fácil, o que se torna possível quando eles reconhecem o *ganho secundário* de um comportamento. A PNL considera que todos os comportamentos, até mesmo aqueles muito ruins, têm algum tipo de resultado positivo para um cliente. Depois que você respeita esse princípio, está no caminho para chegar à verdade mais profunda sobre o comportamento não desejado e, assim, propor novas estratégias. O *coach* de PNL procura revelar e respeitar o ganho secundário que mantém um cliente preso.

Sharon fumou como uma chaminé durante toda a sua vida. Mesmo tendo perdido uma melhor amiga, Sue, para o câncer de pulmão, ela continuou a fumar. Quando questionada sobre o que ganhava fumando, num primeiro momento ela só conseguiu listar as coisas negativas, tais como o acometimento regular de bronquite e o medo do câncer. Quando seu *coach* a provocou, ela apareceu com uma lista de vantagens que incluíam:

- ✓ Tempo longe de seus filhos malcriados.
- ✓ Uma pausa longe da minha mesa.
- ✓ Fofocar com os colegas.
- ✓ Conectar-se com os amigos no *pub*.

O que mais a surpreendeu foi que ela também recordou o prazer do tempo gasto com sua amiga recém-falecida e disse que ela se sentia mais fortemente conectada com Sue quando as duas fumavam. Sua *coach* trabalhou com ela no sentido de encontrar maneiras alternativas em que ela pudesse encontrar cada uma de todas essas necessidades positivas sem fumar.

O exercício a seguir propõe um *coaching* para evitar uma conduta não desejada. Exemplos de o que se deve focar incluem hábitos inúteis tais como: adiar afazeres, ser impaciente ou ficar acordado até tarde. Pergunte e responda as seguintes questões, em ordem:

1. Quais são as coisas positivas que esse comportamento está fazendo por você?

2. O que mais você consegue fazendo isso? (Continue fazendo esta pergunta até que tenha certeza de ter uma lista completa de todas as coisas que consegue com esse comportamento.)
3. Quais desses benefícios você quer manter?
4. Em que outras formas pode encontrar cada uma das necessidades positivas identificadas?

Conforme você trabalha através das perguntas, crie uma lista de outras possíveis maneiras de suprir cada necessidade. Revise a lista e selecione os novos comportamentos que você pode adotar para substituir a conduta indesejada (veja o Capítulo 10 para ver mais ideias sobre o estabelecimento de novos hábitos).

Moldar a Qualidade

A arte de construir modelos encontra-se no centro da PNL, e aprender sobre a construção deles fornece um caminho rápido para desenvolver novas formas de se comportar e ser. A PNL supõe que as pessoas podem aprender muito mais rápido ao encontrarem modelos de excelência. Afinal, se alguém já teve êxito fazendo alguma coisa, por que perder tempo reinventando a roda? Em vez disso, encontre alguém que já trilhou o caminho que você quer seguir.

A construção de modelos é especialmente valiosa quando seus clientes estão entusiasmados e querem fazer a mudança. No Capítulo 11, examino o processo de construção de modelos em maior profundidade, e você percebe que esta pode se estender desde comportamentos facilmente observáveis até os menos óbvios, tais como a modelagem de crenças e padrões de pensamento.

Encontrar e seguir exemplos

A construção de modelos começa quando seu cliente tem resultados claros em mente e pode identificar seu *exemplo,* a pessoa de quem ele pode aprender diversas estratégias. Quanto mais específicos os clientes são acerca de uma habilidade tangível, mais fácil se torna construir o modelo de alguém. Pense sobre isso: construir o modelo de alguém que sabe consertar o chuveiro ou que coordena a noite do jantar de caridade é provavelmente mais fácil do que construir o modelo de alguém que sabe como ser feliz.

O filósofo da Antiguidade Sócrates proporciona um modelo de exemplo esplêndido para *coaches*: "Para mim, tudo o que sei é que nada sei". Ao ficar na posição do "não saber nada", você, como *coach*, permanece curioso e aberto, antes para revelar do que para ensinar.

Sian é uma analista de negócios que sabia que queria ser uma melhor comunicadora em seu trabalho com uma associação local de habitação, a fim de progredir em sua carreira. Com base em uma avaliação de desempenho e alguns *feedbacks* honestos de colegas, ela veio para o *coaching* de desempenho

Capítulo 2: As Habilidades Essenciais de PNL Reunidas

com uma ideia clara das cinco áreas de comunicação que ela queria trabalhar pelo período de alguns meses. Sua agenda se concentrava em:

- Obter fortes primeiras impressões.
- Construir relações de trabalho efetivas.
- Negociar contratos para conseguir o melhor negócio com os construtores.
- Apresentar-se de uma maneira confiante aos moradores.
- Participar de uma forma mais proativa nas reuniões de equipe.

Embora sua *coach* tivesse uma sólida formação em comunicações, ela queria que Sian se apropriasse de sua agenda. Então, sugeriu que ela encontrasse dois ou três modelos de exemplo para cada uma das cinco qualidades de forte comunicação, de forma que Sian chegasse muito bem preparada a cada uma das sessões de *coaching* para explorar o que ela já havia descoberto.

Comece a inserir questões sobre a construção de modelos em suas conversas de *coaching* quando os clientes estiverem prontos para trabalhar no "como" dos comportamentos que eles estão procurando mudar ou das habilidades que eles queiram desenvolver. Pergunte a seus clientes: "Quem você conhece que já atingiu a capacidade que você quer aprender?"; "Em quem você pode se espelhar?" Encoraje-os a escolher modelos em diferentes ambientes e atividades.

Mudar para a competência inconsciente

Coaching e crescimento pessoal seguem de mãos dadas. Seus clientes podem descobrir mais sobre si mesmos, sobre como eles se relacionam com os outros e o que eles verdadeiramente querem de suas vidas de modo que possam tomar atitudes a cada sessão. *Coaching* cria a responsabilidade no cliente em fazer as coisas de uma maneira diferente e, assim, realizar mais. E, como *coach*, você pode aprender algo novo de cada cliente com quem trabalhar.

Inconsciente mais mente consciente

A PNL adora ter acesso às idiossincrasias da mente inconsciente por suas maravilhosas qualidades de criatividade, intuição e capacidade de trabalhar holisticamente. Sua mente consciente tem ciência do que acontece em um dado momento: ela é lógica, sensível e talvez sirva melhor para as tarefas chatas, tal como conseguir que você ponha seu imposto de renda em ordem a tempo de entregar a declaração; sua mente inconsciente pode fazer coisas surpreendentes tal como arquivar as memórias de uma vida inteira, ter ideias criativas e tomar conta do seu bem-estar emocional. Sua mente inconsciente é uma maravilhosa máquina de aprender. Dê a ela experiências tais como um passeio na natureza, meditação, tempo para escrever em seu diário ou observar as estrelas, uma ida a uma galeria de arte ou a um concerto, e ela estará em seu ambiente. Como *coach*, encoraje seus clientes a se ocuparem de atividades que os libertem de suas consciências, atividades que os mantenham ocupados, e você vai torná-los acessíveis aos extraordinários poderes do pensamento inconsciente.

Conquistas nem sempre têm a ver com atingir objetivos enormes: pode ser mudar a abordagem que alguém tem da vida. Com frequência isso tem a ver com dar a ele tempo para pensar e apreciar o momento de uma forma relaxada.

Quando você acompanha seus clientes em suas jornadas de *coaching*, eles naturalmente se movem através de quatro etapas de aprendizado; a PNL as identifica como:

- **Inconscientemente incompetente.** Clientes não sabem o que não sabem. Neste ponto, eles agem no escuro. Você está encorajando-os a reduzir o ponto cego.

- **Conscientemente incompetente.** Depois que os clientes começam a prestar atenção, eles percebem o quanto não sabem. Clientes neste ponto podem se sentir vulneráveis; os *coaches* podem adicionar reforços e encorajamento positivos dos pontos fortes do cliente e do compromisso com o aprendizado.

- **Conscientemente competente.** Os clientes sabem o que estão fazendo, apesar de ainda recorrerem a anotações e listas. Os *coaches* podem ajudar esses clientes a manterem-se praticando até que atinjam a etapa final.

- **Inconscientemente competente.** Os clientes atuam de acordo com o novo comportamento naturalmente, sem pensarem sobre isso de maneira consciente. Aqui, o cliente se sente capacitado e o *coach* fez seu trabalho.

Sua jornada como *coach* se altera naturalmente através dessas etapas também. Depois que você percebe que está inconscientemente competente de alguma forma, de repente descobre toda uma nova área na qual tem muito a aprender. Esta é a alegria do *coaching*! À medida que suas habilidades aumentam, você se torna um modelo de excelência para novatos e continua a buscar novos modelos com os quais possa aprender.

Mudar de confusão para congruência

Todo mundo passa por períodos de confusão: faz parte da condição humana. A PNL considera a confusão como um estado poderoso de transição. De repente, você está consciente de que alguma coisa está errada e quer uma resposta. Sua busca começou!

O hipnoterapeuta Milton Erickson desenvolveu uma técnica usando a confusão para deliberadamente pôr os clientes em um transe. Com frequência ele jogava com a ambiguidade das palavras, utilizando perguntas e estados que incluíam palavras que soavam iguais e tinham significados diferentes tais como sexta e cesta.

A confusão assume a forma de algum tipo de desnorteamento ou falta de clareza. Ela interrompe seus processos de pensamento normais e coloca você em um lugar para mudar. Tudo aquilo que faz da confusão um ótimo espaço para inspirar o *coaching*.

Capítulo 2: As Habilidades Essenciais de PNL Reunidas

Matthew se mudou de um trabalho em um banco para uma função de contabilidade na área das entidades sem fins lucrativos, trabalhando para uma pequena organização de caridade internacional: ele supôs que seria uma organização mais amistosa para se trabalhar do que um banco. Ele sempre teve alguns problemas brandos com enxaquecas mas, dois meses no novo emprego, e ele já estava sofrendo muito com ataques semanais.

Através do trabalho com um *coach* de PNL, ele percebeu que as enxaquecas foram exacerbadas pela disputa interna dentro da organização. Matthew valorizava o atendimento aos clientes, uma administração financeira sólida e queria fazer diferença para os beneficiários da organização de caridade. Mas percebeu que o diretor da entidade era uma pessoa falsa, mais preocupado em conseguir que seus funcionários trabalhassem em atividades insignificantes do que impulsionassem sua própria carreira. O chefe tinha uma reputação de alienar todos em torno dele. O choque de valores pessoais estava aparecendo como sintomas físicos para Matthew.

Com seu *coach*, Matthew trabalhou em provocar seu chefe no sentido de rever a prioridade dos projetos. Somente então ele sentiu que o trabalho que estava fazendo proporcionava algo de valor para os beneficiários, e suas enxaquecas se apaziguaram.

A PNL também fala sobre *congruência,* aquele senso de alinhamento pessoal, quando você age de acordo com o que fala. Outra forma de considerar a congruência é como um estado de fluidez, quando se tem um senso de paz interna e harmonia. Recorde-se de alguma ocasião quando outra pessoa disse a você "Eu estou bem", mas o tom de voz ou a linguagem corporal não combinavam de jeito nenhum. Você sabia instintivamente que alguma coisa estava errada com o que a pessoa estava dizendo – ou, talvez, até mesmo admitindo. Você reconhece o conflito e a inconsistência quando a congruência está ausente.

No *coaching* com PNL, você está trabalhando para ser um modelo de congruência consigo mesmo a fim de encorajar isso em seus clientes. A congruência aparece como tendo presença, integridade, totalidade e sendo inspiradora a outros; você está vivendo de acordo com seus valores. **Atenção:** a congruência é contagiante!

46 Parte I: Introdução ao *Coaching* com PNL

Capítulo 3

O Desenvolvimento de Suas Alianças em *Coaching*

Neste Capítulo

▶ Comece muito bem o relacionamento *coach*-cliente

▶ O estabelecimento da confiança e da segurança em suas sessões de *coaching*

▶ Avaliação e melhora de suas habilidades profissionais

▶ O reconhecimento das qualidades que fazem um grande *coach*

Com frequência, os *coaches* descrevem *coaching* como uma aliança projetada, um relacionamento dinâmico entre duas pessoas – o *coach* e o cliente – que se comunicam facilmente um com o outro.

Este capítulo se concentra em alcançar o melhor começo possível para um relacionamento *coach*-cliente através da construção da confiança. Eu também comento nas quatro áreas essenciais de competências que qualquer profissional de *coach* precisa para oferecer em uma aliança de *coaching* e, então, exploro outras qualidades que um *coach* pode trazer para fortalecer a aliança.

Definir a Aliança Cliente-Coach

Coaching demanda confiança, respeito e integridade entre os participantes – qualidades que sustentam todas as fortes alianças (eu investigo o processo de construção da confiança na seção seguinte). Dito isto, o relacionamento de *coaching* tem algumas características únicas.

Pense na arte de *coaching* como uma dança com duas pessoas. Quando os parceiros de dança estão em perfeito *rapport*, ela é suave e agradável. Você quase pode tocar o *rapport* entre eles. Da mesma forma, com um relacionamento de *coaching* forte, o trabalho se torna fácil. O cliente desfruta da melhor oportunidade de conseguir os resultados desejados, enquanto o *coach* deleita-se na satisfação de fazer o trabalho que ama. Sem essa química no relacionamento, ambas as partes se sentem frustradas.

Diferentemente de outros relacionamentos na vida, uma aliança de *coaching* pode ser relativamente curta, é mais provável que dure meses em vez de anos. Enquanto a terapia, com frequência, continua por anos, no *coaching* talvez haja somente seis ou oito sessões, distribuídas ao longo de algumas poucas semanas. Com o *coaching*, duas pessoas se juntam com um propósito definido, e seu projeto é fazer alguma diferença em uma área específica do trabalho ou da vida do cliente.

O sucesso do *coaching* vem tanto do cliente quanto do *coach*, ainda que muitas vezes o cliente não tenha tido um anteriormente e seja um principiante na projeção desse tipo de relacionamento. Consequentemente, o *coach* toma a liderança na dança, pelo menos inicialmente, até que o cliente se familiarize com o dar e o receber da aliança.

Desde o princípio, invista tempo e energia em ir conhecendo um ao outro. Também reconheça a necessidade de tentativa e erro para que tanto você quanto seu cliente estejam abertos a descobertas. Você nunca sabe imediatamente como a outra pessoa sinaliza, a menos que ambos deem *feedback* um ao outro.

A alegria do *coaching* vem das qualidades especiais do relacionamento cliente/*coach*. As pessoas que escolhem passar suas vidas como *coaches* são imensamente privilegiadas. Você acompanha clientes em suas jornadas pessoais de descoberta nas quais outros lhe confiam pensamentos, ideias, medos e sonhos que talvez nunca tenham verbalizado para outra alma antes, nem mesmo para si mesmos.

À medida que o *coaching* progride, cada sessão se reforça com base na anterior, desenvolvendo e aprofundando o relacionamento. A familiaridade também traz seus desafios. *Coach* e cliente podem se tornar sociáveis demais ou se envolver em uma forma de trabalho rotineira. Como qualquer relacionamento, este pode se transformar em algo gasto, com padrões inúteis.

Planeje revisar regularmente seus relacionamentos com os clientes para que a aliança de *coaching* possa continuar a dar a seus clientes o que eles precisam. *Feedback* é uma parte essencial da melhor prática de *coaching*.

Em intervalos regulares, faça revisões com seus clientes para desenvolver a aliança. Faça perguntas básicas, tais como:

- Como o *coaching* está funcionando?
- Do que você precisa mais?
- Do que precisa menos?
- O que podemos fazer melhor ou de maneira diferente?

Escute as respostas de seus clientes e trabalhe com eles para formular planos de ação de ajuste da fluidez das próximas sessões. Por exemplo, eles podem preferir que o *coaching* seja um momento tranquilo, reflexivo, ou se relacionam melhor com um ritmo mais vivaz. Eles podem querer fazer um *brainstorm* de ideias ou usar esse tempo como um espaço para pensar em voz alta. Alguns tipos de

Capítulo 3: O Desenvolvimento de Suas Alianças em *Coaching* **49**

perguntas funcionam melhor que outras para alterar o pensamento deles. O tempo gasto desenvolvendo o relacionamento cliente-*coach* é incrivelmente valioso para o sucesso da experiência do cliente como um todo.

Construir Relações de Confiança

Confiança é algo complexo de ser definido em qualquer tipo de relacionamento. Ela envolve qualidades como:

- ✔ Confiabilidade – ser capaz de depender da outra pessoa para fazer o que ela diz ou quer.

- ✔ Confiança na honestidade da outra pessoa.

- ✔ Valor – um senso de valorização mútua e de si mesmo.

Construir confiança leva tempo. Em situações de vendas, por exemplo, a sabedoria popular diz que é necessário contatar um cliente em potencial sete vezes antes que ele compre de você. Então, não é surpreendente que muitas conexões de *coaching* venham de recomendações "boca a boca": sua reputação como um *coach* de confiança vai antes de você.

Durante os encontros iniciais, suas palavras e ações precisam demonstrar que você é um *coach* no qual os clientes podem confiar. Não há muito tempo para provar sua integridade de caráter. Todo o contrato de *coaching* pode durar apenas seis sessões, então você precisa ser rápido. Toda interação com o seu cliente deve ser regida pelos princípios da confidencialidade, ética, integridade e respeito – que é exatamente sobre o que eu trato nas seções seguintes.

Manter as coisas confidenciais

Dizer que confidencialidade é um ingrediente essencial no estabelecimento de um relacionamento de *coaching* pode ser óbvio, mas seus clientes precisam se sentir extremamente seguros em suas mãos. Renove a confiança deles nesse fato nos primeiros minutos de suas primeiras sessões e lembre-se de que segurança é uma necessidade humana fundamental.

Considere o que *confidencial* realmente significa para você ao colocar-se no lugar de seus clientes. Como cliente, o que você quer de seu *coach*? Por exemplo, a fim de construir confiança em qualquer relacionamento:

- ✔ Ambas as partes precisam saber as fronteiras do relacionamento. Como *coach*, você não está agindo como um amigo ou consultor.

- ✔ Ambas as partes precisam concordar com os termos contratuais sobre o modo como trabalham juntos, incluindo a forma de pagamento, a programação e o local para os encontros.

- ✔ O cliente deve se sentir completamente seguro para compartilhar informações de uma maneira honesta com você.

É claro que as especificidades de quaisquer problemas ou acordos de confidencialidade – quem está autorizado a saber quais informações – variam, portanto, eu trato sobre temas de confidencialidade nas seções seguintes. Qualquer que seja a especificidade de sua situação de *coaching*, você, como *coach*, precisa ser claro sobre o que diz sobre qualquer cliente e a quem. Suas conversas sobre confidencialidade podem envolver muitas facetas, inclusive como você mantém registros e anotações, quem pode saber a identidade de um cliente em particular e que tipo de assunto tem permissão de ser abordado fora das conversas entre vocês dois.

Alguns clientes são naturalmente bastante abertos, enquanto outros são extremamente reservados. Eu preparei um diretor em seu escritório e, mais tarde, ele compartilhou ideias que saíram do *coaching* sobre seus próprios pontos fortes com seus colegas de trabalho. Em contrapartida, uma vez me encontrei com um cliente em uma área tranquila de hotéis porque ele ficava aterrorizado com a ideia de que alguém, mesmo que fosse remotamente ligado ao seu trabalho, pudesse nos ver juntos. As preferências e preocupações de um cliente no primeiro encontro lhe dá pistas úteis sobre como o cliente se comporta, o que o mantém e o que o segura. Por exemplo, o diretor que era mais aberto achava a vida muito mais fácil do que o cliente reservado, que tinha muitos problemas relacionados à autoconfiança para serem trabalhados. Um estava confortável com sua identidade, enquanto o outro estava descobrindo sobre si mesmo.

Clientes particulares

Com clientes particulares e donos de negócios, as regras de confidencialidade podem ser muito diretas. Como mostra a Figura 3-1, ninguém além de vocês dois precisa saber absolutamente nada sobre o *coaching*. Nenhum nome ou detalhes podem ser compartilhados com o mundo exterior a menos que o cliente se ofereça para dar um testemunho de referência que ajude o marketing do *coach* com outros clientes e, mesmo assim, neste caso, o assunto das sessões permanece privado.

Não deixe de conversar com os clientes sobre a supervisão como parte de sua discussão sobre confidencialidade. Para os *coaches* (como eu mesma), que têm um supervisor de *coaching*, explique o valor da supervisão para aumentar sua competência e a possibilidade de que você pode querer levar um estudo de caso para sua própria sessão de *coaching*, embora de uma forma em que a identidade do cliente permaneça confidencial. Se um de meus clientes não ficar satisfeito com a minha explicação, eu respeito isso completamente e não utilizo o cliente como exemplo quando estiver na supervisão.

Capítulo 3: O Desenvolvimento de Suas Alianças em *Coaching*

Uma pesquisa sobre entidades de *coaching*

Coaches não precisam ter licença para exercer esta prática, ainda que aqueles que encaram seu trabalho de forma profissional sejam membros de uma entidade que apoia sua evolução continuamente. As principais entidades profissionais internacionais de *coaching*, que são independentes das entidades que proporcionam treinamento em *coaching*, incluem:

- A International Coach Federation (ICF) [Federação Internacional de Coaching]: www.coachfederation.org (conteúdo em inglês).

- A Association for *Coaching* (AC) [Associação de *Coaching*]: www.associationforcoaching.com (conteúdo em inglês).

Além disso, você pode encontrar várias entidades profissionais locais atuando em outros países. No Brasil, temos:

- O Instituto InVeda: www.camp.inveda.com.br

- E a Abracoaching - Associação Brasileira de Coaching: www.abracoaching.com.br

---

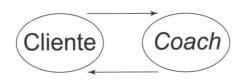

Figura 3-1: *Coaching* de um cliente particular cria um circuito fechado de informação.

Clientes Executivos

O relacionamento cliente-*coach* se torna mais complexo no *coaching* executivo para clientes corporativos e de organizações, simplesmente porque a pessoa que financia o *coaching* tem um interesse no resultado final das sessões.

Nesses casos, eu recomendo começar o *coaching* com uma *sessão de acordo com três modos*, que inclua o *coach*, o cliente de *coaching* e seu gerente ou patrocinador, como mostra a Figura 3-2.

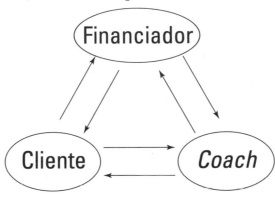

Figura 3-2: *Coaching* de um executivo é muitas vezes um relacionamento triangular.

Parte I: Introdução ao *Coaching* com PNL

Uma sessão em que há um acordo permite que você elabore as expectativas em torno do que é o *coaching*, por que o investimento está sendo feito e que mudanças o gerente está esperando. Essa sessão também pode fornecer uma compreensão clara sobre como a organização trabalha e como o cliente de *coaching* e o gerente se relacionam um com o outro. À medida que você avalia a situação, pergunte a si mesmo:

- O cliente escolheu o *coaching* ou lhe disseram que ele deveria fazê-lo?

- O gerente ou o financiador apoia seu cliente ou há tensão entre os dois?

- O *coaching* é o esforço derradeiro antes de demitir o cliente?

- O *coaching* é visto como um investimento valioso em um funcionário valorizado?

Em sessões em que há um acordo, peço ao gerente ou financiador para dar uma breve introdução com informações sobre as qualidades e os pontos fortes do cliente e quaisquer comportamentos e habilidades que ele acha que precisam ser desenvolvidos para que o cliente seja bem-sucedido em sua função. Também busco uma compreensão clara do sistema maior no qual o cliente trabalha. Como é a cultura? Que mudanças estão acontecendo? Quais são os desafios que meu cliente pode enfrentar que estão além do seu controle?

Toda essa informação molda a programação maior do *coaching*. Por exemplo, sugestões podem aparecer de um cliente que trabalha com estilo de liderança, novos desenvolvimentos de negócios ou habilidades tais como comunicação ou formação de equipe. Talvez o cliente tenha um equilíbrio tênue entre a vida e o trabalho, e precise se aperfeiçoar em fatores como delegar tarefas e organização.

No que diz respeito ao *feedback* para a organização, eu sempre explico que não concedo nenhuma informação detalhada sobre as sessões para ninguém, a menos que o cliente de *coaching* tenha dado permissão. O limite preserva a confidencialidade. Gerente e cliente podem querer compartilhar detalhes sobre ações e planos, mas devem estabelecer seus próprios acordos. O que eu faço depois é um relatório que diz se a pessoa apareceu no *coaching* e o quanto se empenhou nas sessões. Afinal, *coaching* é um investimento significativo feito por uma organização, e você, como *coach*, tem uma responsabilidade em ver o dinheiro bem aplicado.

Clientes internos

Se você é um *coach* interno – alguém que prepara outros funcionários dentro de seu local de trabalho – deve fixar fronteiras muito claras entre os diferentes papéis que tem em uma organização, além de reconhecer e revelar qualquer conflito de interesse. Você pode, até mesmo, ter que se demitir como *coach* se pedirem que avalie um cliente para um projeto ou trabalho.

Capítulo 3: O Desenvolvimento de Suas Alianças em *Coaching* 53

Os padrões de conduta ética da ICF

A *International Coach Federation* apresenta orientações para todos os membros da ICF que oferecem serviços profissionais de *coaching*. A seguir, um modelo:

- Não irei intencionalmente fazer nenhuma declaração pública que não seja verdadeira sobre o que ofereço como *coach*; ou fazer alegações falsas em qualquer documento escrito relacionadas à profissão de *coaching* às minhas credenciais ou ao ICF.

- Irei todas as vezes me esforçar para reconhecer problemas pessoais que possam prejudicar, entrar em conflito ou interferir em meu desempenho de *coaching* ou em meus relacionamentos profissionais de *coaching*.

- Irei conduzir e revelar pesquisas com competência, honestidade e dentro dos padrões científicos reconhecidos e orientações práticas do assunto. Minha pesquisa será levada a cabo com o consentimento necessário e a aprovação dos envolvidos, e com uma abordagem que protegerá os participantes de qualquer dano em potencial.

- Irei manter, guardar e dispor de qualquer registro criado durante minhas transações de *coaching* de uma maneira que fomente a confidencialidade, a segurança e a privacidade, e esteja de acordo com qualquer lei e acordo que sejam aplicáveis.

- Irei expor para meu cliente e seu financiador todas as retribuições antecipadas de terceiras partes que eu venha a pagar ou receber por fazer referências àquele cliente.

- Não irei intencionalmente tirar nenhuma vantagem pessoal, profissional e monetária ou benefício do relacionamento *coach*-cliente, exceto por uma forma de compensação, conforme acordada em contrato.

- Não darei aos meus clientes futuros ou financiadores informações ou conselhos que eu saiba ou acredite que sejam enganosos ou falsos.

- Terei acordos ou contratos claros com meus clientes e financiadores. Respeitarei todos os acordos ou contratos feitos no contexto do relacionamento profissional de *coaching*.

- Explicarei cuidadosamente e me esforçarei para assegurar que, antes ou ao início de qualquer encontro, o cliente de *coaching* e o(s) financiador(es), entendam a natureza do *coaching*, a natureza e os limites da confidencialidade, os acordos financeiros e qualquer outro termo do acordo ou contrato de *coaching*.

(Fonte: *International Coaching Federation*. www.coachfederation.org)

A confiança entre cliente e *coach* leva um longo tempo para ser construída e pode também ser facilmente perdida, como Jonathan descobriu. Como jovem assistente de gerente de vendas de *software* trabalhando em uma organização corporativa, ofereceram-lhe um *coaching* para ajudar no desenvolvimento de sua carreira. Seu *coach* era um especialista interno de RH, e Jonathan se viu discutindo seus pontos fortes e oportunidades profissionais. Em uma sessão, ele conversou abertamente sobre as preocupações acerca de suas habilidades em certas situações de vendas com um cliente que tinha uma conta maior. Logo depois, a empresa passou por uma grande reestruturação e cortes. Jonathan descobriu, para seu horror, que algumas das informações compartilhadas confidencialmente foram usadas pelo departamento de RH e

Parte I: Introdução ao *Coaching* com PNL

pelo diretor de vendas na tomada de decisões sobre a alocação de papéis na nova organização e, no final das contas, Jonathan perdeu seu emprego. Não é de surpreender que agora ele seja precavido quanto às informações que compartilha, e somente contrata *coaches* que avalia completamente e que ele mesmo paga. Claramente, o *coach* não agiu eticamente, e Jonathan teria um caso em potencial contra a empresa por demissão injusta.

Você é o bastante?

Quando novos *coaches* estão iniciando, se sentem rapidamente conscientes do quanto ainda têm para aprender, o que pode conduzir a uma falta de crença em si mesmo que é debilitadora. Muitas vezes, conto a eles a história de um renomado terapeuta, Carl Rogers, cujo trabalho influenciou o desenvolvimento da PNL. Em um seminário, Rogers analisou o que fez como terapeuta ao demonstrar sua abordagem positiva em relação a um cliente em uma sessão. Ele expressou o seguinte *insight* profundo:

Eu percebi que há uma coisa que eu faço antes de começar uma sessão. Eu deixo a mim mesmo pensar que eu sou o bastante. Não perfeito. Perfeito não seria o bastante. Mas que eu sou humano, e isso é o bastante. Não há nada que esse homem possa dizer, fazer ou sentir, que eu não possa sentir em mim mesmo. Eu posso estar com ele. Eu sou o bastante.

Como *coach,* lembre-se de que você não é perfeito, mas que é o bastante. Muitas vezes, apenas estar com o seu cliente é o maior presente para ele.

A história de Carl Rogers demonstra o poder de estabelecer suas intenções antes da sessão (isto é, decidir como você quer funcionar); o relacionamento de confiança entre o *coach* e o cliente começa quando, como *coach,* você tem confiança em si mesmo.

Mover-se com ética e integridade

A ética é o guia de princípios de seu *coaching*. Qualquer dúvida sobre ela põe sua integridade em dúvida e faz com que se retorne à pergunta instintiva na mente do cliente: "Posso confiar nesta pessoa?".

Como uma *coach* profissionalmente qualificada, acreditada pela *International Coach Federation*, adoto o código de ética do ICF como meu referencial para o modo como trabalho (veja o box "Os padrões de conduta ética da ICF"). Outras organizações e afiliações de *coaching* têm princípios similares que valem a pena dar uma olhada em seus sites oficiais. Recapitular todos esses códigos de conduta dá a você uma base segura para desenvolver seus próprios princípios com relação a como trabalha com seus clientes.

Alguns pontos essenciais incluem:

- ✔ Ser honesto quanto a suas qualificações.
- ✔ Manter a confidencialidade.

- Respeitar acordos.
- Evitar conflitos de interesse.
- Servir ao que é mais importante para seu cliente.

Respeito às reações humanas e limitações

Em *coaching*, os clientes se empenham em um trabalho de mudança pessoal com grande coragem: eles trazem sua humanidade e suas limitações para escrutínio. Embora *coaching* seja sobre tornar-se o melhor que você pode ser, a melhor abordagem em relação ao processo também aceita o fato de que ninguém é perfeito. Com certeza, a perfeição seria um estado de coisas miserável e insípido.

Evite lutar por perfeição porque ela é inatingível e acaba por destruir sua confiança. Além disso, como um *coach* que mostra que é humano e imperfeito, você permite a seu cliente ser humano também.

Muitas vezes me surpreendo com o quão pouco *coaching* alguns *coaches* tiveram eles próprios. Contratar seu próprio *coach* para que você saiba o que é estar do lado de quem recebe *coaching* forma uma parte essencial do desenvolvimento de suas habilidades. De cada *coach* diferente, você ganha uma enorme quantidade de entendimentos sobre as maneiras como outros trabalham. Essas experiências instruem seu próprio desenvolvimento. *Coaches* que não querem vivenciar *coaching* eles mesmos estão limitando o seu próprio crescimento.

Fazer Contratos de Forma Competente com Clientes

Atualmente, muitas pessoas em posições que envolvem gerenciar ou influenciar outros chamam a si mesmos de *coaches*, então, é fácil negligenciar o fato de que *coaching* é uma profissão prática com treinamento profissional. Alguns desses profissionais são extremamente experientes em sua prática, outros, nem tanto. Todos vêm com diferentes experiências e métodos que moldam o modo como trabalham.

Coaches profissionais se referem a *contratar* como o contrato verbal ou acordo entre o *coach* e o cliente. Contratar aborda todos os arranjos práticos de *coaching*, bem como um acordo sobre o estilo de *coaching* – o quanto o cliente quer ser desafiado, sobre que áreas o cliente está querendo falar e o que, se é que quer falar, está fora da esfera do *coaching*.

Uma aliança de *coaching*, ao contrário de uma sessão de *coaching* única, funciona dentro de uma estrutura geral que provavelmente se desenvolverá através das seguintes etapas:

- ✔ Discussões preliminares e checagem da química.
- ✔ Uma sessão inicial na qual você estabelece o contrato.
- ✔ Sessões de progresso.
- ✔ Revisões de meio de contrato (como parte de uma sessão).
- ✔ Mais sessões de progresso.
- ✔ Sessão de conclusão e *feedback*.

Todos os relacionamentos de *coaching* têm seus altos e baixos. Os clientes podem muito bem culpar seus *coaches* caso as mudanças que procuram estiverem passando por retrocessos ou não estiverem acontecendo suficientemente rápido, antes de se darem conta completamente de seu progresso. Uma comunicação aberta entre o *coach* e o cliente é essencial.

Preparação do terreno

Telefonemas iniciais e checagem da química pessoalmente, antes do próprio contrato, torna possível que ambas as partes decidam se estão felizes em trabalharem juntas (vá até o Capítulo 4 para saber mais sobre o processo inicial). Tais discussões normalmente levam por volta de uma hora e são realizadas, de preferência, pessoalmente, se não houver tal possibilidade, poderá ser pelo telefone e, provavelmente, não será cobrada. Nesses momentos você, como *coach*, precisa refletir sobre o seguinte:

- ✔ Eu me sinto à vontade com esta pessoa?
- ✔ Acredito que podemos trabalhar bem juntos?
- ✔ Posso fazer uma diferença?
- ✔ Posso atender à programação desta pessoa?
- ✔ Haveria outro colega que seria uma escolha melhor para esta pessoa?
- ✔ Há alguma razão pela qual não posso agir honesta e eticamente para com esta pessoa?

Com frequência, os clientes não sabem realmente o que estão procurando em um *coach* e escolhem-no com base em "essa pessoa tem as respostas que eu procuro", especialmente no *coaching* executivo. O cliente pode ser tentado a escolher alguém que é mais um mentor, capaz de oferecer conselhos e compartilhar conexões profissionais úteis, do que alguém que aja como um *coach*. Veja o box "*Coaches* e mentores" para mais informações.

Capítulo 3: O Desenvolvimento de Suas Alianças em *Coaching* **57**

A escolha da pessoa certa

Escolher o melhor *coach* pode levar tempo, e trabalhar com *coaches* diferentes, em momentos diferentes, muitas vezes rende resultados melhores. Contudo, olhar a experiência de trabalho em um currículo não é o único indicador da qualidade do *coaching*. Os clientes precisam considerar a personalidade e estilo dos *coaches*, bem como suas credenciais e trabalhos anteriores.

Coaches e mentores

Os termos *coaching* e *mentoring* podem ser confusos, especialmente para clientes que nunca experimentaram nenhum dos dois, mas sabem que precisam fazer mudanças profissionais.

Uma comparação simples entre *coaching* e *mentoring* é considerar a diferença entre *perguntar* e *dizer*.

- Um *coach* é alguém que traz uma visão independente, muitas vezes sem nenhum conhecimento específico, para ser compartilhada. O trabalho de uma sessão de *coaching* gira em torno de fazer perguntas, baseadas unicamente no conjunto de habilidades de *coaching*, e desafiar o cliente a atingir seus objetivos ou um maior potencial. Veja a seção posterior "Chegando com atributos essenciais de *coaching*".

- Um mentor é alguém que ensina e orienta baseado em um conhecimento, experiência e habilidade em particular. A ênfase nas sessões de *mentoring* é em dizer, ou dar conselhos.

Um *coach* precisa fazer essa distinção clara para o cliente e, se necessário, recomendar um mentor, caso ele precise de um *mentoring* em vez de um *coaching*.

Algumas questões para o cliente refletir antes de se comprometer com um *coach* incluem:

- Esta pessoa tem qualificações de *coaching* apropriadas e experiência de *coaching* adequadas a mim e à minha situação e objetivos?

- Esta pessoa vai tirar o melhor de mim?

- Posso me comunicar abertamente com este *coach*?

- Sinto que este *coach* me ouve?

- Como eu quero trabalhar? Mais pessoalmente ou pelo telefone? Esta pessoa pode se adequar às minhas preferências?

- Estou disposto a investir na experiência de *coaching* em relação ao meu tempo, dinheiro e energia?

- Este *coach* entende e respeita a mudança que estou tentando fazer?

- Esta pessoa preparou outras pessoas com problemas e necessidades similares?

Para a aliança funcionar, o *coach* precisa ser capaz de responder a essas questões satisfatoriamente, se o cliente perguntar. Se você, como *coach*, sentir que o cliente não tem, no momento, o comprometimento necessário para o *coaching*, então diga para voltar mais tarde, quando ele estiver pronto.

Depois que um cliente seleciona um *coach* e eles começam a trabalhar juntos, cada um precisa estar consciente de seu relacionamento e como dar e receber *feedback* abertamente. Este dar e receber é o que a PNL descreve como "a diferença que faz a diferença", e é a chave para um relacionamento forte ao longo do tempo. O Capítulo 14 oferece dicas para dar um *feedback* que pode ser aplicado ao relacionamento de *coaching*.

Chegando com atributos essenciais de coaching

Devido ao fato de você não poder frequentar uma universidade e estudar para ter um diploma de *coaching*, várias organizações profissionais e entidades estabeleceram atributos essenciais para seus membros.

A maioria desses grupos fornece resumos de suas expectativas de atributos principais, muitas vezes como listas muito úteis. Recapitular esses resumos permite que todos os *coaches*, independente de seu treinamento e afiliações profissionais, possam verificar seus níveis de habilidades e decidir onde precisam de novos desafios.

Os atributos principais de *coaching* que a *International Coach Federation* utiliza para seu processo de validação estão listados adiante. O ICF agrupa as principais competências de forma lógica, em quatro ramos. Contudo, nenhum ramo é mais importante do que outro; eles são todos críticos sobre o que qualquer *coach* competente possa demonstrar. Para as definições completas e descrições de comportamentos relacionados, visite o site da ICF em `www.coachfederation.org` (conteúdo em inglês).

- **Preparação da base**
  - Adequação às orientações éticas e padrões profissionais.
  - Estabelecimento do acordo de *coaching*.
- **Parceria na criação do relacionamento**
  - Estabelecimento de confiança e intimidade com o cliente.
  - Criação da presença de *coaching*.
- **Comunicação efetiva**
  - Ouvir ativamente.
  - Questionar eficazmente.
  - Comunicar diretamente.

Capítulo 3: O Desenvolvimento de Suas Alianças em Coaching

✔ **Facilitação do aprendizado e os resultados**

- Criação de consciência.
- Projetando ações.
- Planejamento e fixação de objetivos.
- Gerenciamento do progresso e da responsabilidade final.

Nas seções seguintes, examino com mais detalhes o que esses quatro ramos de atribuições significam no começo da formação de uma aliança *coach*-cliente.

Preparação da base

Como *coach*, você precisa atuar eticamente desde o começo e demonstrar que tem um código profissional de ética que molda o modo como trabalha. No começo, deixe claras as distinções entre aconselhamento e terapia (veja o Capítulo 1 para saber as características distintas de cada uma).

Vários clientes em potencial entraram em contato comigo, ao longo dos anos, porque pensaram que queriam fazer *coaching*, e logo descobriram que tinham algumas questões mais profundas que queriam desvendar lentamente, com especialistas em relacionamentos terapêuticos de longo prazo. Este tipo de compreensão não é uma falha da parte do cliente ou do *coach*. Os clientes precisam estar atuando em suas vidas e trabalhos sem problemas emocionais sérios, para resolverem onde o *coaching* pode ser mais valioso. Certamente, muitos clientes contratam tanto um *coach* quanto um terapeuta, e alguns profissionais trabalham paralelamente.

O *coach* e o cliente também precisam concordar sobre o que está sendo oferecido, incluindo o número de sessões, comunicações intermediárias, taxas e a inclusão de quaisquer testes de personalidade ou comportamento. Crie, por escrito, uma carta de acordo bastante clara que sintetize o contrato e, então, faça com que as duas partes assinem.

Seja especialmente claro sobre seus termos de cancelamento e pagamento, caso um cliente não possa ir a uma sessão ou queira reagendá-la no último minuto. Também faça um acordo sobre o que acontece se o cliente quiser desistir totalmente do relacionamento de *coaching*.

Parceria na criação do relacionamento

O ICF define o estabelecimento de confiança e intimidade com o cliente como "a capacidade de criar um ambiente seguro e de aprovação que produza um contínuo respeito e confiança mútua". Eu discuto como construir um relacionamento de confiança no início da seção: "Construir Relações de Confiança".

Como *coach*, você precisa advogar novos comportamentos para o cliente, incluindo os arriscados, e também ser cuidadoso ao pedir permissão quando tratar de assuntos delicados, tais como discussões de família ou hábitos de saúde não saudáveis, ou de bebida.

Presença de coaching é algo quase tangível que você pode observar quando um *coach* tem um estilo espontâneo, aberto e confiante. Você escuta a palavra "presença" ser mencionada frequentemente no mundo de *coaching* como algo que é importante ter, porque demonstra confiança pessoal no papel de *coaching* bem como respeito pelos clientes.

Um conceito similar em PNL é o da *congruência*, que acontece quando as pessoas são claras acerca de sua identidade, seus valores e suas crenças, todas estas aparecendo consistentemente em seu comportamento. Congruência combinada à presença permite aos *coaches* manter o espaço de *coaching* aberto para os clientes com leveza e energia, possibilitando experimentar até mesmo as mais poderosas emoções.

Como sócia em uma empresa de serviços profissionais, Elaine contratou vários *coaches* ao longo dos anos, durante as transições de sua carreira e em tempos em que ela era requisitada ao máximo em projetos de clientes maiores. Ela tem a impressão de que ganha presença quando contrata um *coach* e age mais com sua intuição do que buscando uma rota de negócios comprovada. Ela diz:

> *Presença é definitivamente algo que eu procuro em um coach, e é difícil colocar isto em palavras, embora você sinta a diferença quando alguém a tem. Para mim, é apenas uma sensação que tenho de que o coach tem a confiança na sua capacidade de trabalhar com você em assuntos importantes muito intuitivamente. Eles tornam fácil explorar o que eu preciso ver sem tentar provar nada sobre eles mesmos. Fica claro que o coaching será sobre mim, e a personalidade dele não entra no meio do caminho.*

Comunicação efetiva

A *comunicação efetiva* inclui as habilidades principais de ouvir ativamente, questionar eficazmente e, então, claramente articular o que você observa. *Coaches* treinados com PNL chegam ao *coaching* munidos de uma sólida consciência de comunicação – desde saber como construir *rapport* e se dissociar de problemas emocionais até prestar uma delicada atenção aos padrões de linguagem das pessoas e sugestões não verbais. Veja *Programação Neurolinguística Para Leigos* (Alta Books) e *Neuro-linguistic Programming Workbook For Dummies* (Wiley), de minha autoria junto com Romilla Ready, para conteúdos aprofundados e exercícios. Você sempre pode refinar suas habilidades de escuta e questionamento; leia mais no Capítulo 6.

A capacidade de comunicação entra debaixo da *superfície da estrutura* do que os clientes dizem para descobrir o que realmente está acontecendo com eles em uma *estrutura mais profunda*. Como *coach*, você compartilha suas observações de uma maneira que tenha o impacto mais positivo sobre seus clientes, talvez sendo muito específico sobre os detalhes ou ilustrando um ponto com metáforas e analogias.

Facilitação do aprendizado e os resultados

Quando você cria consciência para seus clientes, joga luz em seus pontos cegos; as coisas que eles fazem, mas que não reconhecem ou se apropriam do que estão fazendo. Ao ajudar os clientes a descobrirem novas crenças e comportamentos que os estimulem à ação, você os ajuda a obterem os resultados que querem.

Depois que os clientes têm essa consciência, a vida nunca mais é a mesma; o conhecimento não vai embora. Você pode se basear nisso para descobrir estruturas práticas e disciplinas que verdadeiramente trabalhem para seu cliente que, então, pode desenvolver e aprender para além da sessão de *coaching*.

Seja sensível ao fato de que todo mundo aprende de maneiras diferentes. Atividades que funcionam para uma pessoa para consolidar o aprendizado, quase que com certeza não funcionarão para outra. Por exemplo, Brian estava se debatendo gastando tempo em um trabalho estratégico para pensar no futuro desenvolvimento de seus negócios. Ele chegou ao *coaching* com uma maravilhosa variedade de diários e planilhas codificadas por cores que foram sugeridas a ele por colegas, com nenhum dos quais ele manteve a amizade. Depois que exploramos como ele trabalhava dando o melhor de si, Brian percebeu que precisava de uma abordagem muito mais simples para o seu dia. Ele focou em se comprometer com 50 minutos ininterruptos de trabalho, com dez minutos de pausa para se alongar e fazer telefonemas rápidos ou mandar e-mails. Nós pensamos em como ele poderia desmembrar várias atividades importantes em uns poucos lotes fixos de 50 minutos a cada dia. Essa estrutura era muito mais sustentável para seu estilo de trabalho e realística para sua programação. Brian atingiu mais com menos tempo e esforço.

Os conceitos principais para ajudar com aprendizado e resultados giram em torno de pedir a seus clientes para:

- ✔ Assumirem um compromisso com a atividade.

- ✔ Serem responsáveis por completar a atividade.

Como *coach*, você mantém uma programação de *coaching* sobre as áreas em que seu cliente está trabalhando, ainda que ele possua os detalhes de seus objetivos e planos. Durante as sessões, peça ao cliente para se comprometer com as atividades e informá-lo sobre como está indo, as vitórias e os desafios que acontecem entre as sessões. Uma das razões pelas quais o *coaching* é efetivo, é porque o cliente faz uma declaração para outra pessoa sobre o que ele verdadeiramente quer, e isso o ajuda a se manter no caminho, sabendo que alguém mais está interessado e apoiando seu progresso, desejando que ele seja bem-sucedido.

Utilize as atribuições da Tabela 3-1 como uma *checklist* pessoal para pontuar seu próprio desempenho após cada sessão, bem como do contrato como um todo. Por exemplo, o quão bem você se saiu fazendo questionamentos eficazes? Você estava totalmente presente ou ligeiramente distraído com outros pensamentos?

Classifique seu desempenho usando uma escala de 0 a 10; sendo 0, o mais baixo e 10, o mais alto. Use esta tabela para anotar o que fez especificamente e em que pode melhorar. Identifique as áreas nas quais se beneficiaria com mais treinamento. Qualquer processo de acreditação busca evidências de que possa demonstrar todas essas competências; e seu *coaching* fica mais efetivo quando você eleva sua própria consciência da estrutura de competências.

Tabela 3-1	Lista de Competências Pessoais	
Competência Pessoal	Pontuação de 0-10	Observações
Cumprir orientações éticas e padrões profissionais		
Estabelecer o acordo de *coaching*		
Estabelecer confiança e intimidade com o cliente		
Criar uma presença de *coaching*		
Ouvir ativamente		
Questionar eficazmente		
Comunicar diretamente		
Criar consciência		
Projetar ações		
Planejar e fixar objetivos		
Gerenciar o progresso e a responsabilidade		

Monitorar a motivação

Coaching é como um *iceberg*. A sessão efetiva entre o cliente e o *coach* mostra apenas a pontinha do *iceberg*, enquanto o resto da vida do cliente é a enorme sobra sob a superfície. Em geral, o *coach* apenas vê o cliente na sessão e tem que deduzir, a partir daquele curto tempo juntos, como ele se comporta em seu dia a dia. Às vezes, você realmente consegue ter a chance de ver clientes interagindo em outros lugares, socialmente ou nos negócios – o que lhe dá mais evidências de como eles se comportam realmente – mas muitos relacionamentos *coach*-cliente fortes se baseiam unicamente em interações nas sessões.

A fim de que seu cliente faça progressos em sua programação, você cria *solicitações* para que ele faça coisas de maneira diferente e, então, o apoia e o encoraja a fazer essas mudanças das formas mais fáceis. É claro que o cliente não faz relatórios para o *coach*, com certeza a transação de negócios funciona no sentido oposto; o *coach* é contratado pelo cliente.

No final das contas, a motivação para fazer e se comprometer com a mudança vem do seu cliente – da mesma forma que o cliente é responsável por seus sucessos. *Coaching* não é importunar! Contudo, dado que o *coaching* é uma parceria, você deve checar a motivação e ficar curioso caso as coisas não estejam acontecendo. A questão sobre a qual tanto o *coach* quanto o cliente devem ficar curiosos é: "O que está acontecendo que talvez possa estar interferindo no meio do caminho?".

Os *Metaprogramas,* filtros inconscientes que determinam como as pessoas pensam, fornecem pistas úteis sobre as motivações dos outros, em particular as motivações que diferem das suas (veja o Capítulo 10 para saber mais sobre metaprogramas). Investigue como os clientes trabalham dando o melhor de si naturalmente, e depois traga essa informação para o relacionamento de *coaching.* Por exemplo, se um cliente demonstra que gosta de seguir um processo, ele ficará confuso com muitas opções nas sessões de *coaching,* então trabalhe em uma sequência lógica. Se outro cliente gosta de muitos detalhes, consiga que ele faça, antes de resumir, um relatório mais detalhado.

Expectativas de sucesso compartilhadas

Se eu perguntasse a uma dúzia de *coaches*: "O que faz do *coaching* um sucesso?", receberia uma dúzia de respostas. Sucesso significa coisas diferentes para pessoas diferentes; a PNL chama a palavra *sucesso* uma nominalização.

No jargão de PNL, a *nominalização* é uma palavra abstrata, normalmente construída sobre um verbo. *Amor, confiança* e *relacionamento* são todos nominalizações. Estes termos abstratos são difíceis de definir de uma forma que todos concordem.

Tente conseguir mais clareza no significado de uma nominalização para um indivíduo, transforme o nome em um verbo. Em vez da pergunta "O que é sucesso em *coaching*?", pergunte alguma coisa tipo "Como especificamente você será bem-sucedido no *coaching*?". Note que, ao mudar a linguagem dessa forma, a pessoa está se apropriando do conceito de sucesso.

Nos estágios iniciais, *coach* e cliente precisam estar de acordo com o que sua marca particular de sucesso se parece. Fixe definições específicas e claras, especialmente quando a programação do cliente é vaga, tal como: "Eu quero ser feliz/confiante/bem-sucedido". O perigo nestas situações é que os *coaches* se tornem leitores de mentes, interpretando tais conceitos de modos que podem não corresponder de maneira nenhuma ao entendimento de seus clientes.

Para trabalhar especificidades ou recuperar informações que os clientes possam estar omitindo (conscientemente ou inconscientemente), faça perguntas tais como "Precisamente com o que você se parecerá quando estiver feliz?" ou "O que exatamente você estará fazendo quando for confiante?".

No início da aliança de *coaching,* estabeleça um entendimento comum sobre com o quê o sucesso (e qualquer outro conceito abstrato) parece, soa e dá a impressão de ser. Quando você e seu cliente são específicos, ambos se programam para atender às expectativas.

As habilidades e técnicas que você usa em *coaching,* com frequência se espalham para outras áreas da vida de seu cliente. Por exemplo, uma cliente me disse que a forma como nós trabalhávamos em *coaching* lembrava-lhe de negociar com um fornecedor comercial para a sua empresa com mais especificidade do que seu estilo normalmente ditava. Ela passou um tempo fixando regras básicas e tentando conhecer como seu fornecedor trabalhava melhor, antes de embarcar em um projeto maior de reaparelhamento do escritório. Esse efeito de reverberação é um benefício de valor agregado que, muitas vezes, é omitido quando se mede o retorno no investimento de *coaching*.

Crescimento em Curiosidade e Amplitude

Um ótimo *coaching* deixa as pessoas se sentindo curiosas sobre suas vidas e com uma sensação de espaço para respirar. Com frequência, os clientes chegam exaustos, ansiosos e confusos e saem se sentindo leves e energizados, mais uma vez. A arte do *coaching* situa-se mais na forma como os *coaches são* no relacionamento do que no que estão *fazendo*. Seu comportamento atua como um modelo para que os clientes tentem igualar ou exceder. Um *coach* que é positivo, calmo, claro e totalmente concentrado no momento, com *rapport* (ser), é melhor do que um que consiga ensinar com uma ferramenta específica de *coaching* ou técnica de PNL (fazer).

Nesta seção, investigo algumas das qualidades extras que os *coaches* trazem para a aliança *coach*-cliente e que fazem desta uma relação tão especial.

O poder do silêncio

Um mundo com um ritmo rápido oferece poucas oportunidades para saborear o silêncio, um desafio que contribui para a exaustiva experiência de muitos executivos de corporações. No espaço silencioso das sessões de *coaching*, os clientes podem acessar seus poderes, presença e paixões reais. Esse silêncio permite que eles recuperem o que perderam nas profundezas de si mesmos. O silêncio os leva a um universo de autorreflexão, em que diferentes perspectivas se situam aguardando para serem desvendadas. Aqui eles atingem avanços em termos de consciência o que, em troca, conduz a uma mudança positiva.

Muitas vezes, as organizações medem o valor das pessoas pelo quão visíveis elas são e o quão inteligentemente falam. Quem se atreve a ficar quieto em uma reunião corporativa por medo de que não esteja projetando seu perfil de qualidade ou sendo visto como um contribuidor de valor? Da mesma maneira, *coaches* podem se sentir tentados a provar seu valor e completar espaços de silêncio.

O silêncio é uma poderosa ferramenta de *coaching*. Um pré-requisito para o silêncio é se desacelerar. Se, como *coach*, você está seguindo a todo galope, seus clientes irão segui-lo em velocidade. Reserve tempo para pensar em suas perguntas, fornecê-las no momento certo e permitir que elas sejam recebidas. Observe os efeitos, prestando total atenção aos detalhes das expressões faciais, gestos e tom de voz, bem como qualquer coisa que os clientes realmente digam. Veja o Capítulo 6 para mais informações sobre perguntar e ouvir.

Considere o silêncio como o espaço em branco necessário à volta das palavras para destacá-las. Prepare-se para o *coaching* ficando em silêncio por uns momentos antes de entrar em uma sessão.

Muitos *coaches* falam com grande entusiasmo, o que pode fazer com que você pareça ansioso demais aos olhos de seus clientes, como se não estivesse inclinado a ouvi-los. Uma das minhas *master coaches* favoritas, Jan, revela um delicioso conto de uma sessão de *coaching* por telefone, durante a qual ela pôs o aparelho no mudo (sempre uma boa ideia, caso você tenha um cachorro latindo, um papo entre crianças ou um operário de construção perfurando alguma coisa por perto). Contudo, ela se esqueceu de soltar o botão de mudo ao fazer a pergunta seguinte e fez comentários adicionais sobre o que ela estava ouvindo. A sessão estava indo extremamente bem, com o cliente conseguindo maravilhosos *insights* até que, finalmente, ela o ouviu perguntar: "Jan, você ainda está aí?". A lição para Jan foi de como aquele silêncio tinha sido eficaz para seu cliente, mesmo que tenha sentido que tinha de fazer perguntas ou fazer afirmações reforçadas para demonstrar sua presença. Menos é mais.

Encontre um lugar tranquilo, confortável, em sua casa ou escritório, onde você não seja interrompido. Sente-se em silêncio por 20 minutos, fazendo absolutamente nada e limpando sua mente de pensamentos. À medida que os pensamentos venham, apenas diga a si mesmo "Interessante" e deixe-os ir como se pertencessem a outra pessoa. Observe o que você vê ao seu redor, as cores e as formas, o que ouve em termos de sons, vozes e música. Como se sente emocionalmente e fisicamente quando está quieto? A pressão cresce dentro de você para correr e fazer alguma coisa? Deixe essa pressão ir embora. Simplesmente aprecie estar em um espaço silencioso.

Acesso à intuição

Você já percebeu que, quando vai caminhar em uma floresta, passa de carro por uma montanha ou olha para um lago ou para o mar, simplesmente se sente diferente? Talvez você se beneficie com um sentido de clareza, reverência pelo universo ou uma nova perspectiva sobre algo com o qual tenha estado em conflito dentro de sua cabeça. Tais conexões colocam você em contato com mais de si mesmo, à medida que se conecta com o mundo natural maior. Elas possibilitam-lhe que acesse antes a parte criativa de si mesmo e sua mente inconsciente do que a lógica. Você está no lar da *intuição*, o lugar onde faz conexões inesperadas.

Expressar sua intuição no *coaching* é incrivelmente valioso. Você está compartilhando o intangível: um pensamento, um sentimento ou uma ideia que parece vir de lugar nenhum e que se conecta com a curiosidade. A intuição chega naturalmente quando você desacelera e presta apurada atenção à sua energia, notando em que ponto alguma coisa parece bem e onde sai do equilíbrio.

Como *coach*, confie no que está pensando – aquele palpite, teoria ou ideia que incita você a dizer algo – e, então, compartilhe isso com seu cliente. Tenha alguma linguagem para estruturar esses momentos de iniciação e peça *permissão*. Tente algo como:

- Tenho uma teoria que pode estar completamente errada. Posso experimentá-la com você?
- Meu instinto está me dizendo algo. Poderia dar uma olhada nisso?
- Estou sentindo algo sobre isso. Você gostaria de ouvir sobre?

A intuição não é necessariamente certa ou errada, pode apenas jogar uma luz a mais em uma área desafiadora.

Experimento em algumas das minhas sessões, simplesmente falar sem pensar, seja lá o que venha a minha cabeça no momento. Talvez uma metáfora me venha à cabeça, uma sensação no meu corpo, como uma tensão no estômago ou alguma coisa de que a situação me faça lembrar. Essa técnica é uma poderosa maneira de se deixar levar, ficar no momento e fazer do *coaching* algo mais intuitivo. Quando eu sou mais intuitivo, o caminho se abre para que o cliente acesse sua própria intuição também.

Estar bem, mesmo sem saber as respostas

Não se preocupe se, em um determinado momento durante a sessão – ou até mesmo logo no começo dela –, você não souber a resposta para a pergunta de um cliente. Ele precisa encontrar suas próprias respostas. Você pode trabalhar com ele com um espírito de curiosidade para abrir portas que estavam fechadas ou começar a explorar algumas possíveis soluções (o Capítulo 6 pode ajudá-lo a estruturar melhor as questões). A curiosidade tem uma atraente alegria infantil, como se ambos estivessem compartilhando um delicioso segredo; enquanto que, o *coaching* que se torna pesado, consome energia de ambas as partes. Quando você é curioso, seus clientes saem em busca das respostas por si mesmos. Ratificar o valor da curiosidade em suas sessões tira a pressão de cima de você como o "perito" e é muito mais útil a seus clientes porque eles comemoram o fato de encontrarem suas próprias respostas e assumirem o controle de suas existências.

Quando a curiosidade entra em jogo, os clientes podem visualizar eles mesmos como estando em uma busca mágica com seus *coaches* como aliados ao seu lado. O cliente, não o *coach*, é o herói da história, aquele que encontra o tesouro.

Incorpore a expressão "*estar curioso por saber*" em suas conversas para encorajar um cliente a se tornar mais interessado. Tente começar as frases com "Estou curioso para saber...", tal como em "Estou curioso para descobrir o que há para você essa semana", "Queria saber como isso seria divertido para você", "Eu gostaria de saber sobre o que será isso". Faça a pergunta e, então, fique em silêncio enquanto o cliente a processa.

Capítulo 3: O Desenvolvimento de Suas Alianças em *Coaching*

Perguntas que empregam a curiosidade têm uma qualidade diferente para os clientes. Eles mudam para além de uma busca pela informação lógica, para um espaço de exploração aberta pelos possíveis melhores resultados. Perguntas exploratórias são ilimitadas e requerem respostas para além do "sim" ou "não".

Pratique sua habilidade de fazer diferentes tipos de perguntas, incluindo algumas para reunir informações e perguntas exploratórias que atraem alguém para uma linha de averiguação.

1. **Rapidamente escreva uma lista de perguntas que você faria a um cliente que está encarando uma grande decisão.**

   Talvez tenha, por exemplo, um cliente que está se confrontando com uma decisão sobre seu futuro. Ele está considerando voltar a estudar para uma nova carreira, o que requer três anos de estudos, e está tentando decidir como seguir adiante. O que você pergunta a ele na sua próxima sessão de *coaching*?

2. **Avalie sua lista de perguntas.**

   Pergunte a si mesmo quais questionamentos são para reunir informações e quais encorajam a exploração aberta e o ficar curioso sobre o futuro.

   Perguntas para reunir informações recolhem mais informações. Alguns exemplos incluem:

   - Quais são suas opções de viagem?
   - Como você irá resolver aquele problema no sistema?
   - O que irá fazer em seguida e quando?
   - Que refeições você irá comer esta semana?

   Perguntas de exploração são mais amplas e encorajam a pensar fora dos padrões convencionais. Alguns exemplos incluem:

   - O que se torna verdade para você, se fizer *x*?
   - O que *x* faria por você?
   - Quais outras opções podem ser ainda melhores?
   - Como é se sentir feliz em todos os aspectos de sua vida?
   - Como esta decisão/escolha/tarefa pode ser mais fácil?

   Tanto as perguntas de reunião de informação quanto as exploratórias têm seu lugar em diferentes momentos de *coaching*. Às vezes, seus clientes precisam ser desafiados à ação, mesmo que o perigo seja de que escolham uma solução rápida demais, simplesmente ao seguir o caminho de reunir informações.

3. **Desenvolva e revise algumas de suas perguntas para reunir informações a fim de dar-lhes aquela moldura exploratória.**

   As perguntas a seguir se alteram da reunião de informações para além, para um nível de exploração mais profundo.

- Quais são as habilidades principais de que você precisa para fazer este trabalho? (Reunindo informações) poderia ser reformulada como: Como as novas habilidades aprendidas aqui poderiam melhorar sua vida de outras maneiras?
- Quando você irá terminar a construção de seu trabalho? (Reunindo informações) poderia ser reformulada como: Se completar este trabalho se tornou algo simples, que diferença isso faria para você?

Em sua próxima sessão de *coaching*, permita a si mesmo tempo para formular as perguntas exploratórias à medida que surjam para você no momento. Esses tipos de perguntas expandem e alargam o pensamento dos clientes, abrindo-os para mais opções.

Apoio à habilidade natural do cliente

À medida que você aprofunda as alianças com seus clientes, mantenha a ideia de que eles são peritos em suas próprias vidas. Eles viveram com suas experiências por toda a vida, e você somente vê uma fração do que eles são. Respeite e honre esse conhecimento sem julgar as escolhas que fizeram.

Algumas das suposições de PNL, também conhecidas como *pressuposições*, podem instruir suas sessões de *coaching*. Por exemplo, a PNL propõe que:

- **Indivíduos têm todos os recursos que precisam para atingir os resultados que desejam.** Os indivíduos possuem um extraordinário potencial para se desenvolverem e crescerem. Eles são naturalmente cheios de recursos e não precisam ser consertados por ninguém. Podem encontrar os recursos necessários para a mudança tanto dentro deles quanto externamente, por exemplo, contratando um *coach*.

- **Todo comportamento tem uma intenção positiva.** As pessoas fazem o que fazem por uma razão: o comportamento dá a elas um *ganho secundário*. Por exemplo, um jovem pode estar se esforçando para sair e encontrar pessoas novas; e a razão pela qual ele fica sentado no sofá pode ser porque tem medo de conversar com estranhos. O ganho secundário que ele recebe pode ser o de se sentir seguro e confortável ficando em casa com mamãe e papai, que não esperam que ele puxe uma conversa. A fim de fazer a mudança, o cliente precisa estar consciente do ganho secundário e encontrar outras maneiras de suprir aquela necessidade, tal como sair em um grupo novo com um amigo sociável, até que esteja confiante o bastante para ir sozinho.

Apoiar envolve reconhecer e defender outra pessoa sem julgá-la. Ao apoiar a identidade de seus clientes – ao acreditar que eles são naturalmente habilidosos e não a mesma coisa que seus comportamentos inúteis – você pode libertar seus potenciais e acompanhá-los como um *coach* de valor em suas buscas pessoais. Tal apadrinhamento impulsiona uma confiança que permeia todos os aspectos da vida de seus clientes.

Parte II
Formação de Habilidades Essenciais em *Coaching*

A 5ª Onda — Por Rich Tennant

"Tenho a impressão de que você está se tornando mais defensiva e inacessível ultimamente."

Nesta parte...

*J*á andou vagando por aí em uma névoa sem nenhum sentido verdadeiro de direção? Tanta coisa se torna mais clara quando você sabe onde está indo e como chegar lá. Nesta parte, você descobre como moldar uma programação de *coaching* precisa com seus clientes, a fim de que eles se inspirem para trabalhar de uma forma eficaz e atrativa. Você irá afiar as habilidades essenciais de perguntar e escutar.

Também nesta seção, irá encontrar duas estruturas essenciais para conseguir resultados rapidamente – os modelos dos Níveis Lógicos e do SCORE. Além disso, trará o poder de um dos maiores talentos criativos, Walt Disney, para dentro do espaço da elaboração de objetivos para encorajar seus clientes a ter sonhos maiores e fazer com que aconteçam. Aqui você dá a oportunidade de seus clientes estrelarem o filme de suas próprias vidas.

Capítulo 4

Ajuste da Pauta para a Mudança

Neste Capítulo

▶ Comece e termine as sessões com efetividade

▶ Reunindo importantes informações pessoais e de experiência

▶ Mudança através de objetivos e ideias do cliente

▶ Estabeleça prioridades para as sessões

*O*s clientes vêm para o *coaching* por uma abundante variedade de razões: eles reconhecem que alguma coisa não está funcionando tão bem quanto deveria; eles estão confusos ou sem clareza sobre que direção seguir; eles têm a impressão de que as coisas podem ser diferentes e não estão certos sobre como agir para empreenderem as mudanças; eles têm muito trabalho pela frente e precisam de apoio; eles querem alguém sensível para sondar opiniões e reações; passaram por tempos difíceis, transições ou novos desafios; ou precisam tomar decisões.

Coaching não é sempre sobre resolver problemas. Ele pode propiciar espaço para as pessoas alargarem seus horizontes e crescerem em suas carreiras, desenvolver capacidades de liderança ou manter um sentido generalizado de bem-estar.

Quando o *coaching* começa, os clientes podem ter uma desordem de pensamentos e problemas correndo à volta de sua cabeça, mais propriamente como um guarda-roupas no qual tudo foi empilhado! *Coaching* dá a esta confusão uma forma, adicionando pontos de entrada e saída específicos para cada situação, bem como um ajuste geral. Entre as fases de abertura e fechamento (que eu discuto neste capítulo), você e seus clientes têm um período rico para explorar aquela confusão de ideias. Seu papel, como *coach*, é fornecer uma plataforma de apoio que dê claridade, estrutura e curso a fim de que os clientes possam explorar e moldar suas pautas.

Este capítulo observa como você cria um molde e converge para o assunto que o cliente quer trabalhar. Mostro-lhe como criar começos e finais eficientes para sessões individuais, como juntar os detalhes mais úteis durante o processo inicial de *coaching* e manter as programações determinadas pelos clientes ao longo do tempo, enquanto também é flexível o bastante para dançar com eles em cada momento, de acordo com o que está acontecendo.

Começo e Término das Sessões com Elegância

O modo como você começa e termina qualquer conversa faz uma real diferença no valor que ambas as partes tomam da interação. Você já esteve no meio de uma conversa com alguém quando sua fala terminou rápido demais? Talvez estava ao telefone ou em uma reunião e a outra pessoa de repente diz: "Tenho que ir, obrigada", e então desaparece. Você é deixado sem resposta, confuso e pode ficar imaginando se sua presença até mesmo importou para a outra pessoa.

Há alguns anos, um recrutador me entrevistou pelo telefone para um cargo interino e começou a conversa com o seguinte: "Vamos pular as delicadezas. Seu currículo é bom. Eu não tenho muito tempo. Apenas me diga quem é a pessoa mais antiga com quem você trabalhou e quanto dinheiro eles economizaram ao trabalhar com você". Uau, este comentário antes de eu ter a chance de dizer "Bom dia" me deixou desconfortável por toda a entrevista.

Primeiras impressões

Em *Body Language For Dummies* (Wiley), a *coach* de impacto pessoal, Elizabeth Kuhnke, oferece uma profusão de conselhos para atrair e influenciar os outros. Em particular, ela lembra os leitores do antigo ditado que diz que você nunca tem uma segunda chance de causar uma primeira impressão. O encontro de clientes em potencial pela primeira vez é do tipo entrevista no qual eles decidem se você é o melhor *coach* para eles.

Elizabeth defende que, a fim de ir a entrevistas ou reuniões sentindo-se bem consigo mesmo, você precisa considerar seis coisas:

✔ **Aquecimento.** Lembre-se do que quer atingir e como quer ser percebido. Pratique respirando a partir do seu abdômen, aquecendo sua voz e deixando a tensão sair pelos seus ombros.

✔ **Reivindique seu espaço.** Você tem o direito de estar em um encontro com um cliente em potencial – e você está pronto e esperando para saudá-lo com um sorriso.

✔ **Faça sua entrada.** Movimente-se de maneira confiante, suave e resoluta – especialmente se estiver entrando no escritório de seu cliente. Quando o cliente o visitar, não deixe de ser um

Capítulo 4: Ajuste da Pauta para a Mudança

> anfitrião receptivo, fazendo com que se sinta confortável em seu espaço.
>
> ✔ **Aperte as mãos.** Segure sua palma reta e responda com a mesma intensidade de pressão.
>
> ✔ **Posicione-se.** Quando você e o cliente se sentarem, mova seu corpo a 45 graus da outra pessoa do que propriamente em direção ao outro lado da mesa. Cara a cara é tenso demais. Respeite o espaço do cliente ao manter uma distância confortável.
>
> ✔ **Faça sua saída.** Quando chegar a hora de ir embora, mova-se calmamente, sorria e dirija-se até a porta. Vire-se e sorria de novo, assim, a última impressão é de seu rosto, não de seu traseiro! Da mesma forma, se o cliente está visitando seu escritório, acompanhe-o até a porta e assegure-se de que sua última impressão é um afável adeus.

Qualquer comunicação satisfatória requer os ingredientes básicos de *rapport* e conexão. A PNL fala sobre a ideia de *compassar* e *conduzir*. Você precisa entrar no ritmo da pessoa e criar *rapport* antes de conduzi-la ao que quer comunicar. Sem compasso, nenhuma das partes se sente ouvida ou é capaz de ouvir o que a outra pessoa diz (veja o Capítulo 2 para saber mais sobre a construção de *rapport*).

Nesta seção, examino como começar e terminar cada interação de *coaching*, envolvendo cada sessão com um propósito. Para considerações especiais relacionadas a encontros iniciais com clientes em potencial, vá até o Capítulo 3.

Estar preparado

A preparação para o *coaching* começa antes das sessões, não quando você cumprimenta o cliente. Ao trabalhar com clientes específicos, é provável que você pense sobre eles fora de suas sessões e observe conceitos para compartilhar com eles. Você, com certeza, quer tirar um tempo para se preparar para a sessão com antecedência e apreender seus pensamentos ao final de cada sessão. Sem este espaço, você começa a se sentir exausto. Os *coaches* diferenciam-se acerca de quanto tempo eles levam na preparação mas, normalmente, isso fica em uma média de 30 minutos antes e depois de uma sessão pessoalmente, e ligeiramente menos em *coachings* mais curtos por telefone.

Para a primeira sessão, prepare seu próprio material com um formulário para apreender as observações da sessão. Normalmente, envia-se um pacote inicial para o cliente se preparar para a primeira sessão, além do contrato e detalhes de pagamento (veja a seção posterior "Apreendendo a realidade do momento").

Consultores de marketing muitas vezes oferecem treinamento a consultores autônomos, incluindo *coaches*, sobre como ter uma agenda cheia de clientes. Superficialmente, esta promessa pode parecer atraente, mas fique alerta. Alex, um colega *coach*, apresentou-se para uma acreditação de *coaching* profissional para aumentar o número de horas em *coaching* a fim de obter seu registro. Ele encheu sua agenda com clientes adicionais e se viu oferecendo sessões de uma hora, a cada hora, por muitas horas a cada dia. Rapidamente ele se deu conta de que não tinha muito espaço para processar seu pensamento e não estava servindo seus clientes bem, ao pular de uma sessão para a próxima. "Nunca mais eu faria isto", disse Alex. "Ter minha agenda cheia de ponta a ponta era infrutífero. Eu não estava em boas condições para preparar alguém".

Acolhimento dos clientes

Ao se preparar para qualquer interação de *coaching*, reflita sobre como começará a conversa. Pergunte a si mesmo como quer se conectar com seu cliente e faça com que ele se sinta bem recebido, especialmente se você estiver conversando pelo telefone. Você pode manter as boas-vindas de forma muito simples, com apenas algumas palavras tais como: "Então, esta é sua hora, estou curioso para..." ou "Olá, Jo...".

Seu tom de voz e linguagem corporal precisam transmitir sua acolhida. Veja o box "Primeiras impressões" para mais dicas. Seja lá o que for que decida dizer ou fazer, sua linguagem e ações precisam demonstrar que o espaço está aberto para seus clientes e que eles têm toda a sua atenção.

Elaboração de perguntas iniciais eficazes

As perguntas que você faz no começo de uma sessão enviam os pensamentos de seus clientes para uma direção específica. Dependendo da compreensão que possui sobre suas necessidades, você pode levá-los em uma rota que recapitule o que aconteceu desde a última vez que se falaram, mantê-los no momento presente ou direcioná-los para o futuro.

Observe o impacto que sua escolha inicial de perguntas tem em diferentes clientes. Por exemplo, se você perguntar: "Conte-me como está sua vida", seu cliente pode ir direto para uma história longa e detalhada – uma que deixe você procurando por formas de interrompê-lo. Para esse tipo de cliente, você pode querer experimentar uma abertura mais específica, tal como "Qual é a coisa que mais ocupa sua mente hoje?".

Ou você pode guiá-lo com algumas perguntas abertas tais como:

- O que gostaria de trabalhar hoje?
- Em que você gostaria de se concentrar?
- Qual é a sua programação?
- Qual é a coisa mais útil para você neste momento?
- O que observou desde a última vez que nos falamos?
- O que apreciou em si mesmo nas últimas semanas?
- O que você tem para comemorar?

Capítulo 4: Ajuste da Pauta para a Mudança

- Quais são os desafios que você está enfrentando?
- O que está por vir para você?

> ### O que está sucedendo?
>
> O diálogo imaculado, a caracterização e o humor sem conotação exagerada fizeram com que a série de TV britânica *Gavin & Stacey* ganhasse muitos prêmios. Este seriado de comédia de costumes da classe trabalhadora de boa índole leva o espectador através da Grã-Bretanha, a oeste de Billericay – em Essex – a Barry, no País de Gales. A personagem Nessa, melhor amiga de Stacey e "maior que a vida", interpretada pela atriz e corroteirista da série, Ruth Jones, tem muitas das falas mais engraçadas do show. Em seu inimitável sotaque galês, Nessa muitas vezes começa cada interação com seus amigos com a pergunta "Então, o que está sucedendo?" – uma pergunta que está se tornando um lugar-comum entre os fãs. Ela faz a pergunta toda vez com um tom consistente de voz e possibilita que a frase aterrize lindamente, demonstrando sua habilidade de fazer uma pergunta muito aberta, concedendo a seus receptores sua vez sob a luz dos refletores para responder refletidamente.

Evite perguntas muito específicas tais como "O que você está fazendo a respeito do seu plano financeiro?"; ou "Como anda o seu relacionamento com Fred?". A vida do cliente continuou no intervalo das sessões de *coaching* e o que era importante na semana passada ou no mês passado pode não ser o que realmente está em sua cabeça hoje.

Definição de intenções

Uma história popular entre os praticantes de PNL fala sobre um grupo de estagiários de *Master Practitioners* em PNL, que estavam completando um projeto para um modelo e tiveram a oportunidade de observar um curandeiro xamã trabalhando com um cliente na cura de um ferimento na perna. Como mencionei no Capítulo 2, a arte de construir modelos examina de perto os pensamentos e as ações de um exemplo – neste caso, o xamã – assim, os entusiasmados estudantes fizeram anotações sobre os movimentos e as palavras do grande homem, apreciando a oportunidade de fazer perguntas a ele. Uma que caiu bem foi "Quando a cura realmente começa?". Os estudantes esperavam ouvir uma resposta tal como "no momento em que eu passo minhas mãos sobre o ferimento" ou algo parecido. Em vez disso, o xamã respondeu: "Quando eu subi a montanha sozinho ontem e fixei minha intenção".

Uma *intenção* dirige sua atenção para um resultado, um efeito desejado. Quando você define suas intenções para uma sessão e pede a seus clientes para fazerem o mesmo, você se concentra em conseguir os resultados que quer. Você pode fixar suas intenções para trabalhar em uma habilidade em particular numa sessão ou apenas ser mais confiante ou desafiador. A intenção é focada em servir ao cliente de alguma maneira, ainda que esta não seja necessariamente discutida com ele.

Antes de cada sessão, considere sua intenção como *coach*. Como você quer se comportar hoje e qual seria um bom resultado para você? Talvez queira falar menos, focar em mensagens não verbais ou ser mais desafiador. Talvez você gostaria de melhorar uma habilidade, tal como cortar as asas das longas histórias de seus clientes?

Quando for planejar uma sessão, faça uma notinha curta de sua intenção para ela.

Levar o aprendizado adiante gradativamente

Ao contratar um *coaching*, os clientes estão tomando o primeiro passo corajoso em direção a promover uma mudança em suas vidas. Desde a sessão inicial, e por todo o contrato, os clientes estão em uma viagem de autodescobrimento: descobrindo o que os motiva, como eles se relacionam com os outros e o que podem alterar para obter os efeitos desejados.

Muito do aprendizado acontece inconscientemente. A fim de criar uma maior consciência, traga a atenção do cliente para as suas observações e peça que eles encontrem lugares fora das sessões para praticar também e fazer com que essas novas compreensões sejam habituais.

Há um aumento considerável na mudança – como um aumento nos dividendos de uma poupança. Os clientes que pouco a pouco desenvolvem novos hábitos e os integram em suas vidas cotidianas têm uma chance melhor de estabelecerem uma mudança duradoura, se comparados com os demasiadamente entusiásticos que fazem algo rapidamente e intensamente como um esforço único. Pense neste contraste como na diferença entre uma dieta súbita e um plano de perda de peso lento e saudável baseado em comida sadia e exercícios para a vida toda. Da mesma forma, cortar gastos em 10% ou 15% todos os meses, ao longo de um ano, acrescenta mais e dói menos do que um corte drástico. Menos, espalhado ao longo de uma unidade de tempo mais longa, pode ser mais.

À medida que você e seus clientes comecem a projetar atividades juntos, encontre outras áreas nas vidas deles em que já possuam os resultados que querem e aplique estratégias similares. Observe como eles recebem melhor as informações. Eles preferem tempo para refletir ou apenas gostam de ter a experiência? Qualquer ação que os clientes tenham precisa ser *ecológica*, isto é, deve se encaixar nos seus compromissos já existentes para com a família, a comunidade ou o trabalho e outras coisas que são importantes para eles. A maioria dos clientes já tem muito o que fazer, então, prefira um progresso com constância a sobrecarregar a lista de atividades rápido demais.

Como parte do processo de contratação e *feedback* contínuo, deixe seus clientes saberem que seu objetivo é entrar em seu ritmo, e não sobrecarregá-los. Verifique se eles sentem que o ritmo do *coaching* está trabalhando para eles.

Terminar bem

Quando você termina as sessões, tem a oportunidade de deixar os clientes em um estado de satisfação, como se eles tivessem terminado de comer uma refeição saudável e saborosa. Com o planejamento das atividades completo, seus clientes estão no momento de ir embora. Agora é a sua oportunidade de garantir que você validou o trabalho que seus clientes fizeram e os compromissos que eles assumiram com o *coaching*. Pense nesse momento como o selo de aprovação que endossa o sucesso e os mantém motivados.

Um curto "obrigado e até logo" deixa os clientes se sentindo repudiados. Mas, quando você permite espaço para concluir, encoraja seus clientes a se tornarem conscientes do valor de dar a eles mesmos esse tempo para pensar de forma diferente e observar como eles estão se tornando diferentes como consequência do *coaching*.

Algumas possíveis perguntas de conclusão incluem:

- Qual é a coisa mais valiosa que você está levando?

- O que você realmente descobriu hoje?

- Como você será diferente no futuro?

- O que está mudando em você como resultado de pensar de uma forma diferente?

- A que resultado isso leva?

O final de uma sessão também pode ser o tempo apropriado para continuar as perguntas de conclusão com um tipo especial de pergunta conhecida como inquirição. Uma *inquirição* provoca pensamentos para além do tema mais tangível do *coaching*. Esses tipos de questões dão a seus clientes algo para ponderar por um tempo maior e, então, trazer de volta as respostas ao iniciar a discussão na próxima sessão.

Alguns exemplos de perguntas de inquirição incluem:

- O que é uma vida preciosa e rica para você?

- Qual será o seu estado inicial para a próxima semana?

- O que poderia tornar a vida mais fácil para você?

- O que motiva você a dar o melhor de si?

- Para onde vai a sua atenção?

Você pode ler mais sobre inquirições no Capítulo 6.

Parte II: Formação de Habilidades Essenciais em *Coaching*

Com uma comunicação prática, finalize a sessão de *coaching* com uma compreensão clara sobre o próximo encontro programado e resolva qualquer detalhe administrativo, incluindo qualquer questão relativa a pagamento. O ideal é fazer os acordos sobre pagamento e a organização da agenda antecipadamente para uma série de sessões ou lide com isso separadamente por e-mail. Assim, o elemento de sentir-se bem do *coaching* por si só não será diminuído pelos detalhes de uma discussão de negócios.

Ajuste Delicado do Processo Inicial

Alguns *coaches* aterrissam direto em um relacionamento de *coaching* concentrando-se nos problemas que os clientes dizem que querem trabalhar. Outros despendem tempo – de algumas horas até algumas sessões ou dias – estabelecendo as bases do contrato de *coaching* antes que o trabalho realmente comece. No Capítulo 3, você pode ler sobre as qualidades pessoais que precisa trazer para a fase de contratação para construir confiança e proporcionar um espaço seguro para seus clientes.

Nas seções seguintes, examino como desenvolver seu processo de receber novos clientes que se adequem às necessidades tanto de *coaches* quanto de clientes.

Preparação do terreno

O sucesso a longo prazo de qualquer interação de *coaching* está em conseguir um bom começo, e *coaches* experientes concordam que a fase de preparação inicial é essencial para obter resultados. O processo de *iniciação* é o tempo que você passa com um cliente, reunindo informações pessoais e de formação, e construindo um relacionamento. O processo permite que você tire uma fotografia do que está acontecendo na totalidade da vida e do trabalho do cliente.

Durante o estreitamento, os clientes muitas vezes acham que o que eles pensam que eram os desafios principais são apenas parte do quadro; na verdade, esses problemas podem não ser os espaços ideais para concentrar energias a fim de conseguir os melhores resultados. Você precisa sinalizar isso para sua cliente e encorajá-la a desenvolver uma lista de prioridades mais adequada. Normalmente, eu trabalho com um cliente sobre três tópicos ou temas principais. Para um executivo ou dono de um negócio, talvez um em torno de seu estilo de liderança ou desenvolvimento de carreira, um sobre um projeto-chave ou estratégia e outro objetivo e mais pessoal, que apoie seu bem-estar geral fora do trabalho. Os clientes particulares normalmente estão prestando atenção em mudanças na saúde, relacionamentos ou carreira, e a programação final toma forma depois que nós damos uma olhada no "equilíbrio das rodas" (veja a próxima seção para saber mais sobre "equilibrar as rodas").

A PNL defende a flexibilidade. Para os clientes que estão claramente ávidos por gratificação instantânea, o processo de estreitamento pode parecer demasiado enfadonho, então, prepare-se para se adaptar, caso seja necessário. Por exemplo, você pode escolher apreender informações baseadas na experiência em vez de adquiri-las com algumas sessões de *coaching*.

Considere usar os modelos SCORE ou de Níveis Lógicos de PNL, que resumi no Capítulo 5, para atingir alguns ganhos rápidos e desenvolver a confiança de seus clientes no valor de compromissos de *coaching* mais longos.

Apreender a realidade do momento

O processo de estreitamento é a sua oportunidade de conseguir um senso detalhado do que está acontecendo bem naquele momento para seu cliente, o que a PNL chama de *estado presente*. Durante o estreitamento, você também estabelece expectativas sobre o *estado desejado*, as experiências de vida específicas que o cliente realmente quer criar.

O ideal é que eles disponham de tempo para refletir sobre o que está em sua programação e tenham algumas ideias do que querem conseguir do *coaching* – desta forma, já estariam comprometidos com o processo.

Antes da primeira sessão, você pode mandar uma correspondência ou e-mail para um novo cliente, um kit de preparação que cubra algum ou todos os seguintes tópicos:

- Seu perfil e qualificações de *coaching*.

- Informações sobre *coaching* e o que esperar das sessões. O Capítulo 3 oferece algumas ideias úteis sobre este tópico.

- Formulários para angariar detalhes de contatos, incluindo os acionistas principais, se você estiver atendendo um cliente de negócios, e nomes de amigos ou família de um cliente privado, além de informações de formação (veja as Figuras 4-1 e 4-2 para modelos de formulários).

- Uma Roda da Vida (veja a Figura 4-3 para um exemplo).

- Um formulário de Roda Profissional (como mostrado na Figura 4-4).

- Um espaço para anotar pontos fortes e talentos.

- Um espaço para escrever sobre valores pessoais.

- Um esboço de programação para as áreas nas quais o cliente quer trabalhar o *coaching*.

- Um espaço para fornecer outras informações, incluindo experiência prévia de receber *coaching*, o *feedback* que recebeu de seus colegas de trabalho, funcionários ou gerentes, ou dados de psicometria que possam ser relevantes.

Além disso, o *coach* precisa redigir um contrato de *coaching* com detalhes sobre a organização de sessões, termos de pagamento e condições de cancelamento (veja o Capítulo 3 para mais informações sobre contrato de *coaching*). As Figuras 4-1 até a 4-4 fornecem modelos de formulários que podem ser incluídos em seu kit de estreitamento.

Preencher muitos formulários pode sobrecarregar os clientes que não gostam de papelada, sendo assim, considere acordar o contrato pessoalmente, como parte da sessão de estreitamento inicial e, então, peça aos clientes para preencher os diversos documentos de preparação entre as sessões. Fazer isto dá a eles tempo para refletirem sobre o quão comprometidos estão com a mudança e, a você, a oportunidade de planejar as sessões e controlar o tempo da melhor forma para atender às necessidades e ao estilo dos clientes.

Detalhes de contato

Peça a seu cliente para preencher um formulário básico de informações de contato, como o exibido na Figura 4-1.

Nome:	
Endereço:	
Números de telefone: Casa: Comercial: Celular:	
E-mail trabalho (1): E-mail pessoal (2):	

Figura 4-1: Formulário de informações de contato.

Informações de formação

Peça a seu cliente para completar um formulário como o da Figura 4-2, a fim de fornecer-lhe um perfil básico.

Capítulo 4: Ajuste da Pauta para a Mudança **81**

Trabalho ou função atual:	
Nome do empregador ou tipo de negócio de que é proprietário:	
Membros principais de sua família:	
Amigos principais:	
Colegas ou acionistas principais com os quais você interage na organização:	_____
_____	

Figura 4-2: Formulário de informações de formação.

Roda da vida

A Roda da Vida, mostrada na Figura 4-3, é dividida em oito seções que representam os relacionamentos entre diferentes áreas da sua vida. Pontue seu atual nível de satisfação em cada uma delas. Suponha que o centro da roda está pontuado em 0 (o mais baixo) e a borda mais ao extremo é pontuada em 10 (o mais alto). Junte seus pontos na roda com uma linha para criar uma nova borda ao extremo. O novo perímetro do círculo representa sua roda da vida atual. O quão acidentada seria esta volta se fosse uma roda real?

Roda profissional

Para a sua Roda Profissional, mostrada na Figura 4-4, utilize os oito segmentos na roda em branco para listar as áreas principais em que estão suas prioridades de trabalho. Etiquete com títulos que sejam significativos para você. Alguns exemplos podem incluir: Delegação, Comunicação, Planejamento Estratégico, Desenvolvimento de Equipe ou Trabalho em Equipe, Processos de Negócios, Tomada de Decisão, Desenvolvimento Profissional, Gestão da Mudança, Serviço ao Cliente, Tomada de Risco, Inovação/Novos Produtos, Resultados/Desempenho Financeiro.

Parte II: Formação de Habilidades Essenciais em *Coaching*

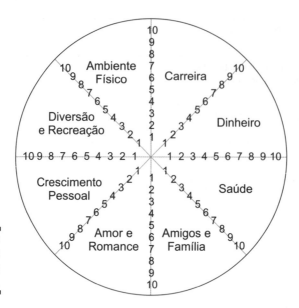

Figura 4-3: Formulário da Roda da Vida.

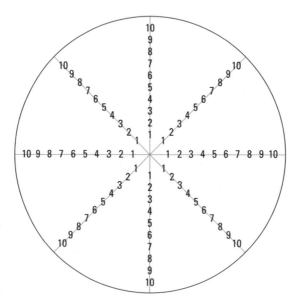

Figura 4-4: Formulário da Roda Profissional.

Talentos-chave e pontos fortes

Pegue um pedaço de papel e liste todos os seus talentos. Não deixe de incluir especialidades técnicas tal como projetos do tipo "faça você mesmo", ou uma capacidade para entender o funcionamento do mais moderno aparelho de celular. Inclua atividades em que seja especialmente bom em casa: pedir compras, tomar conta de animais domésticos, criar jogos para crianças ou ajudar os mais velhos. Pense em todas as situações que conseguir – trabalho, comunidade e amigos.

Capítulo 4: Ajuste da Pauta para a Mudança 83

Liste suas qualidades pessoais mais proeminentes. Você é paciente, ambicioso, ótimo com detalhes? Liste cada habilidade e qualidade que venha à cabeça até que a página esteja cheia.

Valores

Seus valores ditam as escolhas que você faz na vida. Pegue uma folha de papel e escreva uma lista de valores essenciais que estão no centro de sua identidade.

- O que é importante para você? (Por exemplo, saúde, honestidade, liberdade, aprendizado.)
- Com o que se importa?
- O que mais quer em seu trabalho? O que mais quer da sua vida?
- O que menos quer em seu trabalho? E em sua vida?
- O que faria você permanecer em uma situação quando tudo dá errado?
- O que faria você deixá-la quando tudo vai bem?
- Pense sobre seus momentos extremos. Quando a vida esteve maravilhosa? Quando você se sentiu no topo? O que foi importante para você neste tempo?
- O que o deixa zangado, farto ou frustrado? Que valor está sendo violado que impede você de ser verdadeiro consigo?

Rascunho da programação do coaching

Em que áreas você quer focar durante o contrato de *coaching*? Para cada uma, dê um título simples, além de algumas instruções sobre como saberá quando as completou. Por exemplo:

Completei o site. Localizei as fontes das citações e indiquei uma agência externa. Criei um plano de projeto e orientei sobre os passos necessários para ir ao ar até 5 de outubro.

Sinto-me mais confiante. Sou capaz de falar em situações de grupo e sinto que tenho algo de valor para contribuir. Posso dizer não a ideias que não se encaixam bem nos meus interesses. Repasso projetos incompatíveis para colegas.

Elaboração da Programação Desejada

Como já discuti anteriormente neste capítulo, a sessão de estreitamento permite tanto ao cliente quanto ao *coach* ter uma noção de como eles trabalham juntos e ver o que está acontecendo em todas as esferas da vida do cliente. Depois do estreitamento, as programações reais se tornam o foco do trabalho. *Coach* e cliente continuam voltando à agenda, normalmente com uma mistura de trabalho e assuntos da vida doméstica.

Refinamento de agendas

Alguns clientes querem completar os formulários de estreitamento antes de uma sessão, outros preferem completá-los pessoalmente com o *coach*. Em qualquer um dos casos, acompanhe o preenchimento com seu cliente para conseguir um entendimento comum sobre o ponto de partida dele. Assim, ambas as partes podem ficar com uma cópia em papel ou uma versão eletrônica. Você precisa manter estes documentos confidenciais.

Inicialmente, a programação de seus clientes irá expressar os objetivos principais nos quais querem trabalhar, com medições simples do estado atual e do desejado ao final do contrato. Já de início, os clientes precisam falar para você sobre as mudanças que querem experimentar e expressar uma noção mais ampla de como suas vidas serão quando elas acontecerem. Eles estão agora comprometidos a criar uma nova possibilidade.

Aceite que os objetivos podem parecer um pouco vagos no encontro inicial. Seu foco é criar uma estrutura e um ponto de convergência para os objetivos, assim, os clientes não ficam sobrecarregados com todas as possíveis coisas que eles poderiam estar fazendo. Os conceitos de PNL no Capítulo 7 ajudam a refinar os objetivos de seus clientes.

Encoraje seus clientes a terem uma mistura de tópicos profissionais e pessoais como objetivos. Contudo, as pessoas precisam escolher os itens que precisam mudar para seu próprio benefício, não apenas o que sentem que devem trabalhar para agradar a alguém. Comece a enquadrar seus objetivos em uma linguagem positiva mais relativa ao que eles querem do que naquilo que não querem. Seguem abaixo alguns modelos de objetivos que os clientes podem incluir nos rascunhos de sua programação:

- Objetivos profissionais:
  - **Eficácia pessoal.** Identificar como gasto meu tempo, contrato um assistente e delego toda a administração de orçamentos e logística de eventos.
  - **Formação de equipe.** Formar uma equipe unificada de vendas e marketing que possa comunicar nossa oferta de produto.
  - **Desenvolvimento de liderança.** Desenvolver meu estilo de liderança de equipe, focando nas minhas melhores qualidades.
  - **Vendas.** Dobrar a receita dos maiores clientes nos próximos três anos.
  - **Organização.** Criar especificações de trabalho para toda a minha equipe e reorganizar as pessoas para apoiar a nova estrutura de negócios ao redor das novas áreas de produto.
- Objetivos pessoais:
  - **Saúde.** Desenvolver hábitos de alimentação saudáveis e um programa de exercícios que ajude a reduzir meu peso para 65 quilos até o próximo mês de setembro.

- **Confiança.** Ter a confiança para fazer um discurso no jantar do clube de tênis.
- **Patrimônio.** Dobrar minhas economias nos próximos três anos e ter dinheiro suficiente para comprar uma casa.
- **Relacionamento.** Inscrever-me em um site de relacionamento e conseguir, no mínimo, um encontro por mês, durante seis meses.
- **Casa.** Reformar o quarto sobressalente para poder ter convidados em casa.
- **Carreira.** Reformular meu currículo, enviá-lo a três agências de emprego e pedir aos amigos para praticarem as entrevistas comigo.

A maioria dos executivos que vem ao *coaching* já trabalha duro e é concentrada em negócios de sucesso. Assim, desenvolver objetivos relacionados a negócios muitas vezes é mais fácil do que objetivos pessoais. Encoraje os clientes a incluírem também um ou dois objetivos que tenham a ver com seu próprio bem-estar, saúde, casa ou *hobbies* externos, a fim de construírem sua flexibilidade profissional.

Mantenha-se no caminho certo

Os clientes contratam *coaches* que os capacitem para obter a mudança que estão lutando para conseguir por si mesmos. Trabalhe com seus clientes para estabelecer desafios que alarguem seus horizontes sem oprimir; você quer que eles empurrem as fronteiras e façam movimentos.

Como *coach*, seu papel é manter seus clientes responsáveis pela ação – é lembrá-los do que dizem que querem fazer. Evite resmungar continuamente com seus clientes. Simplesmente compartilhe o que observa e pergunte se uma atividade em particular os está levando para frente.

O mais frequente é que os clientes se esqueçam de observar o que está indo bem e se abatam com o que não aconteceu rápido o bastante. Uma parte essencial para mantê-los no caminho certo é comemorar qualquer progresso, não importa o quão pequeno seja, que os leve na direção de atingir o que programaram.

Eu sempre mantenho registros, para uso próprio, da programação dos clientes e dos progressos sessão a sessão, assim, posso ver as jornadas que estão empreendendo. Também encorajo-os a fazerem suas próprias anotações e prepararem-se para os nossos encontros. Nem todo mundo gosta de fazer anotações, ainda que elas sirvam como um lembrete para se prestar atenção a todos os sucessos, não importa o quão pequenos, ao longo do caminho.

Crie um formulário de rastreamento personalizado para seus clientes registrarem suas experiências nos momentos entre as sessões. Inclua algumas perguntas que chamem a sua atenção em relação a como eles estão se mantendo no caminho certo. Inclua espaço para que apreendam os pontos altos e baixos e os desafios que eles gostariam de trazer para a próxima sessão de *coaching*.

Mantenha-se no momento em que a vida real acontece

A PNL defende que a pessoa que tem a maior flexibilidade em um sistema é a vencedora. Uma programação de *coaching* pode começar com o foco em uma área e, então, o cliente decide que quer trabalhar com você em alguma outra. Tudo bem, contanto que você e o cliente estejam cientes dessa troca e que ela não seja uma estratégia de fuga.

Enquanto *coaches* trabalham duro com clientes para mantê-los no caminho certo e focados em suas programações, tenha em mente que os tópicos que eles trazem para o *coaching* não constituem a totalidade de suas vidas. Coisas estranhas acontecem quando você permite que a espontaneidade e o senso de diversão ganhem vida dentro e fora das sessões de *coaching*, assim como se observa no box "Comentário espontâneo, grande mudança".

Comentário espontâneo, grande mudança

Nick queria deixar seu trabalho de professor para montar seu próprio negócio pela internet; ele estava extremamente farto da burocracia e da personalidade de seu diretor. Recentemente, também havia saído de um longo relacionamento, em que sua namorada o deixou para ficar com seu professor de ginástica, assim, ele jurou que romances estavam decididamente fora de seus planos. Sua programação de *coaching* concentrava-se em todo o trabalho necessário para estabelecer sua empresa.

Ao mesmo tempo, ele começou a namorar uma charmosa e competente contadora, ainda que ele estivesse ligeiramente descartando o apoio dela a suas ideias. "Ela não é a mulher dos meus sonhos", ele disse. "Claro", eu respondi, e deixei-o com o comentário que apareceu na minha cabeça: "Eu me pergunto como ela teria de ser para parecer com a mulher dos seus sonhos para esta semana?". Esta ligeira mudança entre encontrar seu ideal de uma mulher perfeita da vida inteira para apenas apreciar uma semana de cada vez pareceu fazer toda a diferença para Nick.

A vida real se materializou na forma de um romance rápido, casamento e mudança para a Austrália, já que ele acompanhou tal moça de volta a sua terra natal para lançar seu novo negócio por lá. Nick me contou que olhou para sua namorada sob uma luz diferente depois da nossa sessão e isso mudou completamente a direção de sua vida. Tal é o efeito de um comentário inocente!

Capítulo 5

Opção por Sessões de Ganho Rápido

Neste Capítulo
- ▶ Comece com questões pontuais
- ▶ Jogue com as estruturas de *coaching*
- ▶ Navegue com os modelos de SCORE e de Níveis Lógicos
- ▶ Encoraje os clientes a agir

*E*m um mundo ideal, você se senta com seu cliente para uma sessão de *coaching* previamente marcada, que dura umas poucas horas, em um espaço tranquilo, sem interrupções. Mas pode ser preciso ter uma conversa de *coaching* em um momento corrido, em um lugar movimentado – ou até mesmo ao telefone. Quando seu cliente pergunta: "Posso ter uma palavrinha rápida com você?", como você responde?

Quando um *coaching* rápido é requisitado, modelos de *coaching* ou estruturas que você pode puxar do seu próprio repertório mental são úteis. E, se for novo em *coaching*, ter alguns modelos fáceis de lembrar é valioso; você pode construir sua confiança e aplicar *coaching* em alguém sem ter de recorrer a anotações. Esses modelos lhe dão alguns ganhos rápidos – ou seja, resultados rápidos para o cliente.

Neste capítulo, há duas estruturas de PNL criadas pelo especialista no segmento, Robert Dilts, que se prestaram a temas de exploração. Você pode aplicar os modelos SCORE e de Níveis Lógicos rapidamente em um contexto de *coaching*, usando-os tanto em conversas mais simples quanto em momentos de maior profundidade, enquanto explora problemas durante uma sessão mais longa.

Ambos os modelos são fáceis de compartilhar com os clientes, assim eles podem se desfazer das estruturas de suas experiências. Ao compartilhar modelos, você amplifica o valor do *coaching* e faz seus clientes serem mais capazes de resolver seus próprios problemas no futuro e de ajudar a outros. Portanto, o poder do *coaching* reverbera para além da sessão que vocês têm juntos, que é tudo sobre o que a PNL é.

Uma Olhada no SCORE

O modelo SCORE oferece uma estrutura simples para mudar o pensamento de problemas para soluções. O SCORE trata de cinco elementos centrais em qualquer situação, e é fácil de lembrar usando a seguinte e conveniente sigla:

- ✔ **S**intomas são os aspectos de um problema que são conscientemente observáveis.

- ✔ **C**ausas são as razões menos óbvias que desencadeiam os sintomas.

- ✔ **O**bjetivos são os novos estados, comportamentos ou metas que assumem o lugar dos sintomas.

- ✔ **R**ecursos são os elementos que podem resolver o problema ao lidar com os sintomas (incluindo técnicas de PNL específicas de mudanças tais como um exercício de integração das partes) e que podem ajudar nos resultados.

- ✔ **E**feitos são as consequências de longo prazo dos resultados atingidos.

A Figura 5-1 mostra o modelo SCORE graficamente e define seus elementos com perguntas úteis. Eu descrevo cada elemento do modelo SCORE na seção seguinte.

Sistematicamente lidando com o problema

A abordagem original de PNL na resolução de problemas começa quando se define o estado atual, ou *estado do problema* e, então, fixa-se um objetivo ou resultado como o *estado desejado*. O *coach* e o cliente, então, trabalham nas etapas para ir diminuindo a distância entre o problema e o resultado.

Robert Dilts e Todd Epstein desenvolveram o modelo SCORE em 1987, quando perceberam que sistematicamente abordavam problemas de uma forma diferente, comparados a seus alunos. As diferenças principais do modelo SCORE quando comparadas com o modelo tradicional de PNL de solução de problemas incluem:

- ✔ Lidar com os problemas quebrando-os em partes menores e indo até as raízes das causas mais profundas.

- ✔ Distinguir entre o *sintoma* de um problema (características) e suas causas (as circunstâncias que o criaram).

- ✔ Distinguir entre os resultados que o cliente deseja e as consequências de atingir objetivos de longa duração.

- ✔ Separar técnicas (tais como ferramentas de PNL) de recursos mais profundos (tais como extrair lições de diferentes experiências pessoais ou mobilizar uma gama de habilidades) que transformam os problemas nos objetivos atingidos.

Para descobrir mais sobre aplicações avançadas do modelo SCORE, veja a Enciclopédia de PNL, de Robert Dilts, disponível em www.nlpuniversitypress.com (conteúdo em inglês).

Capítulo 5: Opção por Sessões de Ganho Rápido 89

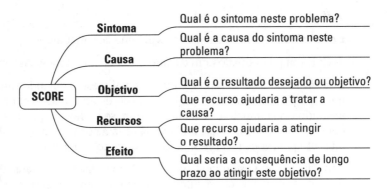

Figura 5-1:
O modelo SCORE.

Conversar com SCORE

O modelo SCORE tem cinco elementos importantes. Como seria possível tratar de todos eles em um módulo de curto prazo?

A curta conversa de telefone que se segue entre Jeff e seu *coach* propicia uma compreensão sobre o processo de incorporar elementos de SCORE rapidamente e discretamente. Todos os elementos deste modelo são cobertos no espaço de apenas alguns minutos.

À medida que lê a conversa a seguir, observe as perguntas que o *coach* usa e o impacto que elas têm ao fazer com que Jeff tome alguma atitude sobre uma situação familiar que o está preocupando.

Coach: O que está acontecendo com você no momento? (Sintomas)

Jeff: Estou me sentindo muito ansioso a respeito de meu filho. Ele vem sendo completamente irrealista sobre o período de provas que está chegando. Ele quer sair o tempo todo e não sossega para revisar a matéria.

Coach: Dá para sentir que isso é uma preocupação, e como essa ansiedade se apresenta para você? (Sintomas)

Jeff: Estou acordando às quatro da madrugada e, então, volto a dormir e acordo tarde me sentindo quebrado.

Coach: Algo mais? (Sintomas)

Jeff: Acho que realmente irei perder essa batalha com ele, e isso somente vai fazer as coisas piorarem. Depois, quando venho para o escritório, não consigo me concentrar no que deveria. Eu realmente estou perdendo a concentração no projeto da China.

Coach: Sim, e o que realmente está por trás desta sua ansiedade? (Causas)

Jeff: Estou realmente preocupado pelo fato de que, se ele não estudar, não vai conseguir notas decentes e, com o mercado de trabalho tão difícil, ele não será capaz de conseguir um emprego.

Coach: O que toda essa preocupação está fazendo com você? (Causas)

Jeff: Bem, eu quero ser um bom pai.

Coach: Tenho certeza disso, e mais alguma coisa? (Causas)

Jeff: Estou preocupado com ele andar por aí com as pessoas erradas.

Coach: Posso dizer que você é um bom pai, e estou ouvindo várias tramas aqui; uma é sobre você – seus níveis de ansiedade e como isso está afetando o seu trabalho – e a outra é sobre seu filho – as provas dele e as companhias com quem ele anda. Qual seria a consequência ou o resultado mais útil para você focar neste exato momento? (Objetivos)

Jeff: Na verdade, estou muito cansado. A coisa mais importante é que eu preciso ser capaz de conseguir dormir à noite para poder pensar direito.

Coach: Como é este dormir? (Objetivos)

Jeff: Ah, uma felicidade! Uma boa noite indo cedo para a cama com um bom livro e ninguém me telefonando tarde da noite pedindo para ir buscar.

Coach: O que irá melhorar quando você conseguir dormir assim? (Efeitos)

Jeff: Irei para o trabalho em um estado melhor para me concentrar.

Coach: E que diferença isso fará? (Efeitos)

Jeff: Oh, será enorme. Posso conseguir que a equipe trabalhe de maneira apropriada no projeto da China, então, o diretor ficará satisfeito, e eu provavelmente teria uma oportunidade de conseguir a promoção pela qual venho esperando nos últimos dezoito meses.

Coach: Então, isso soa realmente importante de pôr em ordem! O que pode ajudá-lo a conseguir isso? (Recursos)

Jeff: Poderia pedir a minha esposa, Anita, para me deixar dormir enquanto ela dirige para pegar nosso filho.

Coach: O que mais? (Recursos)

Jeff: Poderia dar dinheiro a ele para um táxi.

Coach: E o que mais pode funcionar? (Recursos)

Jeff: Na verdade, isso diz respeito a um amor severo. Sei como ser firme no trabalho e dizer às pessoas o que pensar e o que precisa ser feito. O mesmo se aplica em casa.

Coach: Então, o que acontece agora? (Aqui, o *coach* está concluindo com um chamado para *empreender a ação*, explicada mais à frente neste capítulo.)

Jeff: Apenas vou dizer a ele que nós não iremos mais buscá-lo até que as provas tenham acabado; que eu e Anita iremos para a cama cedo para conseguirmos descansar um pouco e sugerir que ele faça o mesmo.

Coach: Isso é suficiente por enquanto?

Jeff: Sim, irei ter a conversa com ele hoje à noite, e direi a você como foi.

Nesta sessão de ganho rápido, Jeff se compromete a fazer algo de uma maneira diferente; em conversas de *coaching* posteriores, Jeff e seu *coach* podem sondar mais além sobre o que pode precisar mudar no relacionamento de Jeff com seu filho. Ao longo da conversa, o *coach* se concentra no que Jeff precisa fazer para chegar a um lugar melhor, mais racional. O *coach* sabe que o cliente pode se desprender em apenas alguns minutos se Jeff se comprometer a fazer uma coisa específica de forma diferente. Uma mudança pode diminuir a ansiedade do cliente. Depois que Jeff passar a dormir melhor, muitas outras coisas podem melhorar para que, quando eles tiverem uma sessão mais longa, Jeff possa estar em um lugar completamente diferente. Com certeza, alguns dos problemas com o filho de Jeff podem parecer muito menos significativos quando o próximo *coaching* acontecer; isto, por sua vez, estimula outras mudanças positivas.

Nas seções seguintes, dou uma olhadinha nos cinco elementos do modelo e sugiro perguntas que podem ajudá-lo a começar valiosas conversas com clientes.

Coaches podem se lançar com ímpeto sobre o modelo SCORE, mas garanta que você consiga ter uma noção dos sintomas antes de se voltar para as causas subjacentes, e obtenha uma noção do resultado antes de identificar os recursos requeridos. À medida que trabalha com o modelo, sua intuição vem à luz gradualmente sobre a próxima pergunta a fazer.

Sintomas

Sintomas são os aspectos visíveis, tangíveis de um problema. Quando você vai a seu médico, vai porque tem sintomas preocupantes ou dolorosos que indicam um problema. Você está procurando ajuda para fazer com que os sintomas desapareçam e restaurar seu corpo de volta à saúde.

Da mesma forma, os clientes chegam ao *coaching* com sintomas de graus variados de severidade. Eles podem estar com dores físicas ou psicológicas. Ou, ao contrário, eles podem estar fisicamente saudáveis e bem, ainda que tenham a impressão de que algo mais é necessário para que possam estar em sua melhor forma e consigam chegar onde querem estar. Os sintomas podem se materializar na forma de confusão, preocupação ou falta de concentração.

Algumas perguntas de abertura e afirmações de *coaching* para explorar os sintomas incluem:

- O que está acontecendo com você no momento?
- O que está experimentando?
- Qual é o problema?
- O que está se interpondo no caminho para evitar que você atinja o que quer?
- O que o impede de ser da forma que quer ser?

O cliente vem vivendo com os sintomas, então, não gaste uma quantidade desproporcional de tempo neles – cinco a dez minutos devem ser suficientes.

Causas

Imagine que você estabelece para si mesmo a tarefa de cortar os ramos secos e supérfluos de um jardim, mas apenas escuma as cabeças dos dente-de-leão com uma enxada. Não é de surpreender que rapidamente as ervas-daninhas voltem a aparecer. Tanto em *coaching* quanto em jardinagem, você deve cavar um pouquinho mais profundo e ir bem na raiz do problema se quiser atingir resultados duradouros.

A fim de aparecer com soluções de mais longo prazo, permita-se tempo para explorar um problema até o ponto em que esteja confiante de que está chegando na raiz da dificuldade. Esteja ciente de que as causas muitas vezes se relacionam com um sistema maior onde o cliente está inserido. Alguns indicadores de que está chegando lá é quando o cliente lhe diz como a situação atual se relaciona a alguma coisa maior com a qual ele vem lutando já há algum tempo. Por exemplo, o gerente que está preocupado com uma negociação que se aproxima diz que sempre achou difícil solicitar o que quer, já que isto parece ser muito agressivo.

Vá para a sessão de *coaching* com uma mente ativa e objetiva. O problema apresentado, ou o que o cliente inicialmente acredita que é o problema, muito provavelmente não é o problema real. Não tire conclusões precipitadas nem vá fundo rápido demais antes que você e seu cliente tomem tempo suficiente para explorar os sintomas e as causas subjacentes.

Algumas perguntas de abertura e afirmações para explorar as causas de um problema incluem:

- Quando este problema começou?
- O que parece desencadeá-lo?
- O que mais está acontecendo com você que pode estar causando tal dificuldade?
- O que o está impedindo de se livrar desse problema?

Uma causa pode incluir o que a PNL se refere como *ganho secundário*, no qual os clientes conseguem algum benefício positivo ao se fixarem em seus sintomas. Por exemplo, uma pessoa que está tentando perder peso fica na sua zona de conforto ao não sair em uma manhã fria para uma corrida. O adiamento pode proteger a pessoa da pressão de se envolver em um projeto no qual ela pode falhar.

Objetivos

O *objetivo* é o estado desejado, o lugar onde seu cliente quer chegar. Um resultado pode ser muitas coisas – conseguir um novo emprego, ter um relacionamento mais harmonioso, saldar todas as contas de cartão de crédito, desenvolver uma habilidade, terminar um projeto ou adquirir um senso de propósito (veja o Capítulo 9 para saber mais sobre propósito).

Sem um objetivo em mente, seu cliente não tem nada sobre o que trabalhar em uma sessão de *coaching*; e você, como *coach*, não tem nenhuma compreensão real do problema que precisa ser resolvido ou de uma situação que possa ser mudada para melhor.

Até que o cliente tenha algum tipo de objetivo em mente, ele está sem direção e pode se comportar como a jovem Alice, em *Alice no País das Maravilhas*, de Lewis Carroll, que, quando pede orientações ao gato de Cheshire, este diz que não importa onde se vai, contanto que chegue a *algum lugar*. O gato responde que não importa o caminho que ela escolha, "contanto que você apenas caminhe uma distância longa o bastante".

Esteja alerta para os clientes que querem que você defina os objetivos deles, pois é capaz de não ficarem satisfeitos com onde eles podem acabar! Já vi muitos exemplos de objetivos, inapropriadamente definidos, de gerentes que fixam alvos para os funcionários sem conseguirem um comprometimento verdadeiro da parte deles. A motivação para atingir o objetivo desejado tem que vir do cliente. Quanto mais eles usarem todos os seus sentidos para imaginar as qualidades específicas da meta e da consequência ao atingi-la, mais eficazes serão os resultados (o Capítulo 7 explica os objetivos com mais detalhes).

Algumas perguntas de abertura e afirmações para explorar resultados incluem:

- Qual é o seu objetivo, especificamente?
- O que você quer?
- O que você mais quer?
- Se pudesse conseguir o que quer, o que seria?

Neste ponto, apenas tenha a certeza de que o objetivo é aquele que o cliente pode expressar de forma positiva e tem controle para atingi-lo. Lembre-o de que uma mudança começa com aquelas coisas que ele pode mudar nele mesmo.

Recursos

Problemas podem precisar de diversos recursos para serem solucionados. Recursos podem incluir uma mudança de crenças, alguma habilidade técnica ou a ajuda de outra pessoa. A fim de encontrar os recursos certos, você e seu cliente devem compreender a raiz causadora de um problema.

Algumas perguntas de abertura e afirmações para explorar recursos incluem:

- ✔ Que recursos – habilidades, crenças, ferramentas ou técnicas – você possui que o ajudará a conseguir o que quer?
- ✔ Quem mais você conhece que poderia ajudar?
- ✔ Quando esteve em uma situação similar antes? O que fez naquela ocasião?
- ✔ Você conhece outras pessoas que estiveram em situações parecidas? Eles podem aconselhá-lo?
- ✔ Imagine-se daqui a alguns meses olhando para essa situação resolvida com sucesso. Que conselho teria para si mesmo atualmente?

Atente separadamente para os recursos que possam ajudar um cliente a aliviar imediatamente os sintomas de um problema (por exemplo, resolver problemas com o sono), assim como os objetivos de longo prazo (mudar a natureza de um relacionamento cheio de conflitos e mal-entendidos). Tendo o conhecimento de que você está buscando ganhos rápidos, oriente a conversa para que o cliente preste alguma atenção aos objetivos de curto prazo como uma prioridade que pode se ajustar aos maiores objetivos mais tarde.

Efeitos

Um resultado é normalmente um trampolim para uma *consequência*, a qual a PNL algumas vezes se refere como *meta/resultado*. Eu chamo de efeito "objetivo para além do objetivo". Por exemplo, seu objetivo pode ser reformar seu quarto sobressalente, ainda que a consequência possa ser que agora você pode convidar seus amigos e família para ficarem em sua casa com conforto.

Olhar para além de um resultado, para o efeito atingido, pode tanto aumentar a motivação do cliente para atingir seus objetivos quanto fazê-lo perceber que as metas nas quais ele vem trabalhando precisam ser reavaliadas (leia mais sobre processos de reavaliações – verificações ecológicas – assim como objetivos bem elaborados, no Capítulo 7).

Um cliente de *coaching* estava se debatendo com um projeto complexo no trabalho e se deparou com algumas decisões difíceis ao longo do caminho para terminá-lo. Quando examinamos o ponto final do objetivo e o efeito que isso teria nele, eu esperava que ele tivesse razões para comemorar. Em vez disso, quando estávamos investigando as consequências, ele lutou para se conter e não chorar. Com mais reflexão e discussão, ele confessou que, se completasse seu projeto, o efeito provável seria um aumento ainda maior na sua carga de trabalho – algo que ele simplesmente não poderia encarar porque já estava sob considerável pressão. Ao entrar em contato com esses medos subjacentes, o foco da sessão se distanciou da completude do projeto no intuito de pensar uma estratégia para reduzir sua carga de trabalho agora e no futuro.

Algumas perguntas de abertura e afirmações para explorar efeitos incluem:

- ✔ O que este objetivo fará por você?
- ✔ Qual será a consequência final quando atingir este objetivo?
- ✔ Qual é o objetivo para além do objetivo imediato?
- ✔ Depois que fizer isso, o que vai acontecer em seguida?

Guardar as informações do SCORE

Trabalhar com uma estrutura simples como o SCORE possibilita-lhe quebrar um problema em partes menores e, então, identificar e lidar com aqueles aspectos que terão maior impacto. Você pode usar um formulário de SCORE de várias maneiras: inicialmente, use-o na sessão de *coaching* para apreender informações e dá-las ao cliente. Se ele achar o processo útil, peça que ele mesmo o preencha para outro desafio e o traga para o *coaching* para revisar conjuntamente.

A Tabela 5-1 é um exemplo do formulário preenchido por uma cliente, Amy, que quer um novo emprego. Amy trabalha como cabeleireira em uma pequena comunidade onde é benquista, ainda que ganhe pouco. Se quiser comprar sua casa própria com o namorado, ela precisa ganhar mais dinheiro fazendo algumas mudanças de trabalho. Ela decidiu que quer trabalhar em um escritório, mas precisa atualizar e melhorar seu currículo para que possa atrair possíveis empregadores. Trabalhando com uma *coach*, Amy apareceu com um plano prático para criar um currículo mais bem feito e compartilhá-lo com sua rede de contatos a fim de atrair oportunidades. Contudo, sua *coach* também notou que Amy tem alguns problemas de confiança acerca de sua identidade como cabeleireira e suas percepções sobre mudar para um ambiente de negócios. A *coach* sugeriu que elas tratem desses outros problemas maiores em sessões posteriores. Portanto, Amy e sua *coach* quebraram o resultado de conseguir um novo trabalho em diversos resultados menores, incluindo criar um currículo consistente e aumentar sua confiança em um ambiente de escritório.

Amy tinha um resultado claro na cabeça – ela desesperadamente queria um novo emprego – desta forma, isso entrou na primeira coluna da Tabela 5-1. Se não tivesse um resultado claro em mente, ela teria deixado essa coluna em branco e apreendido todos os sintomas na coluna 2. Leve em consideração que você irá mover-se pelas colunas acrescentando informações na coluna apropriada à medida que elas surjam. O próximo passo na discussão era olhar a consequência de conseguir o resultado a fim de aumentar a motivação de Amy; a *coach* não queria que ela se estendesse de forma demasiada nos sintomas, que ela achava deprimentes. Ela se enaltecia quando pensava sobre os benefícios de atingir o resultado.

Tabela 5-1		Mapa SCORE de Amy		
Objetivo	*Sintomas*	*Causa*	*Efeito*	*Recursos*
Quero um remunerado que me dê satisfação.	Meu cérebro está morto, não ganho dinheiro suficiente e estou entediada.	Meu currículo não está acabado. Estou presa na minha zona de conforto. Estou preocupada que, caso mude de trabalho, eu seja a primeira a ficar desempregada. Não tenho muitos conhecimentos em computação. Trabalho muito perto de casa e tenho uma boa amizade com os donos do meu atual salão.	Irei melhorar a qualidade da minha vida e poderei viver na minha casa própria com meu namorado e alguns filhotes – nós dois amamos gatos.	Sei que trabalho bem e que posso enfrentar desafios porque parei de fumar. Um amigo irá me ajudar com meu currículo. Eu tenho uma boa rede de contatos para procurar por oportunidades. Sei que eu posso fazer isso. Na verdade, eu sou determinada quando quero algo.

Influência nos Níveis Lógicos

Quando os clientes levam vidas cheias e ocupadas, podem descobrir que estão prestando atenção mais a uma área da vida, às custas de outra, e procurar maneiras de mudar tal combinação. O modelo dos *Níveis Lógicos* é uma estrutura clássica de PNL que ajuda você a trabalhar com clientes para rapidamente reajustar a mistura entre aspectos de suas vidas ao identificar exatamente em que ponto a mudança precisa acontecer. Esse modelo ilustra a interação entre sentimentos, pensamentos e ações para criar um sentido de propósito. O modelo é uma ferramenta eficaz que muda as atitudes dos clientes, ajudando-os a sentirem-se motivados e inspirados.

No mundo de PNL, *congruência* descreve o sentido de poder e bem-estar que advém quando você está agindo de acordo com o que sente ser certo em todos os Níveis Lógicos. Você está pensando e agindo com propósito, em um estado de fluidez (siga até o Capítulo 9 para saber mais sobre fluidez).

Capítulo 5: Opção por Sessões de Ganho Rápido

Tente esboçar o gráfico de Níveis Lógicos da Figura 5-2 para seu cliente. O desenho é particularmente útil porque quebra visualmente um problema em suas partes componentes, e a maioria das pessoas é suscetível a visualizações fortes. Ao compartilhar o modelo, você dá aos clientes uma ferramenta que eles podem usar para preparar a si mesmos quando estiverem empacados, no futuro.

Figura 5-2: A pirâmide de Níveis Lógicos.

Os seis níveis em que a mudança pode precisar acontecer a fim de voltar a um sentido de alinhamento são:

- O ambiente no qual você se movimenta.
- Seu comportamento.
- Suas habilidades, capacidades e talentos.
- Suas crenças e valores.
- Seu sentido de papel ou identidade.
- Seu sentido de propósito ou conexão.

Eu exploro maneiras de fazer mudanças em cada um desses níveis com mais detalhes nas seções seguintes.

Imagine que seu cliente Jim acabou de receber uma oferta de emprego e precisa tomar uma decisão sobre se a aceita ou não rapidamente. Como seu *coach*, ele está se voltando para você em busca de ajuda, ainda que somente tenha um rápido telefonema de 20 minutos antes que ele tome a decisão de aceitar ou não. À medida que lê através das seções seguintes, elabore uma lista de perguntas que você sinta que sejam mais valiosas de perguntar a ele e cubra todos os seis níveis lógicos. Enquanto ofereço muitos exemplos de perguntas na seção seguinte, faça com que as suas se adequem naturalmente ao seu estilo de conversa.

Observe se você tem uma tendência a se concentrar mais em um nível de questionamento às custas de outros e pergunte a si mesmo se seu foco limita seu *coaching*. Você, por exemplo, somente olha para valores e não vê como eles são vividos como comportamentos tangíveis? Ou vice-versa? Você já explorou o sentido de propósito dos clientes?

Ambiente

O *nível de ambiente* se refere a oportunidades externas ou restrições: pessoas que você encontra, lugares onde vai, o tipo de organizações e grupos que você frequenta/onde se movimenta.

Algumas perguntas para explorar os fatores ambientais incluem os tipos com *onde, quando e com quem,* tais como:

- Onde você se movimenta melhor?
- Quando está mais contente?
- Com quem você trabalha melhor?

Comportamento

O *nível comportamental* é feito de ações específicas dentro do ambiente e responde às perguntas *o que* e *qual*.

Algumas perguntas para explorar os fatores comportamentais incluem:

- O que você está fazendo nesta situação específica?
- O que não está fazendo?
- O que você precisa fazer de maneira diferente?
- Qual é o comportamento típico aqui?

Aptidões e habilidades

Este nível do modelo se refere a conhecimentos e habilidades, o "como fazer" que guia e dá direção ao comportamento. Perguntas de aptidões e habilidades respondem à pergunta "como?". Elas se relacionam à experiência e às qualidades pessoais bem como a habilidades técnicas formais e conhecimento.

Algumas perguntas para explorar os fatores das *aptidões* e *habilidades* incluem:

- ✔ Como você está usando suas habilidades e talentos?
- ✔ Que novas habilidades você pode precisar?
- ✔ O que está fazendo aqui se adapta a todo o seu conjunto de habilidades?
- ✔ Que habilidades você precisa trazer para fazer as coisas de forma diferente?

Crenças e valores

Crenças e Valores fornecem os reforços (energia subjacente, motivação e permissão) para ajudar ou negar suas capacidades. Esse nível é potencialmente mais desafiador de investigar porque sonda a pergunta *por quê?* As *crenças* são as suposições fundamentais que as pessoas fazem sobre si mesmas, os outros e o mundo a sua volta; elas são tipos de generalizações que podem ou não ser verdade. *Valores* são os critérios inconscientes que guiam as escolhas de um indivíduo, e a relativa importância de valores diferentes para alguém pode mudar ao longo do tempo. Como as crenças, eles são diferentes para cada cliente. Muitas pessoas compartilham os mesmos valores, por exemplo, honestidade ou família, ainda que se comportem de maneiras diferentes para respeitarem esses valores. Examino valores e crenças com mais profundidade no Capítulo 8.

Esteja atento para o fato de que alguém pode nunca ter conscientemente considerado seus valores antes e, por isso, discutir valores e crenças pode trazer alguns conflitos internos de que o cliente não estava conscientemente ciente. Por exemplo, família e trabalho são normalmente valores importantes, e conflitos surgem quando uma pessoa vai ao encalço de um às custas de outro (você pode explorar mais sobre valores no Capítulo 8).

Algumas perguntas para explorar fatores de crenças e valores incluem:

- ✔ O que é importante para você?
- ✔ O que você defende como verdadeiro?
- ✔ Que crenças ou suposições representam você?
- ✔ O que você está assumindo que pode estar te detendo?

Identidade

Você desempenha muitos papéis na vida, e essas identidades ou papéis são fundamentais para a sua autoconsciência. Explorar tais aspectos responde à pergunta *"quem?"*. Muitas vezes, os clientes têm alguns conflitos entre diferentes papéis (por exemplo, pai *versus* trabalhador) ou uma sensação de ser um impostor em um novo papel, em particular se lhes falta experiência ou habilidades específicas.

Algumas perguntas para explorar fatores de identidade incluem:

- ✔ Quem é você nesta situação?
- ✔ Quem você irá se tornar?
- ✔ Que papéis você desempenha? Que papéis você quer desempenhar?
- ✔ Como esta situação em que você se encontra se ajusta ao seu sentido de quem você é?
- ✔ Como você descreve a si mesmo?

Propósito

O nível de *propósito* vai além da autoconsciência para se relacionar com o todo da missão ou visão. Neste nível, você está fazendo as perguntas *"para quê?"* ou *"para quem?"*. Explore o sentido de propósito dos clientes, contribuição e conexão com outros – todos ingredientes essenciais para sentir que a vida vale a pena. Você pode ler um capítulo inteiro sobre o assunto se for ao Capítulo 9.

Algumas perguntas para explorar os fatores de propósito incluem:

- ✔ Que significado extraio desta experiência?
- ✔ Como o que está acontecendo aqui se ajusta ao meu propósito geral?
- ✔ Por que razão eu estou me comportando desta maneira?
- ✔ Como esta situação se conecta com o todo?
- ✔ Como minha experiência se relaciona com outras áreas da minha vida – ou da vida de outros?

Com muita frequência, as conversas de *coaching* nunca se aventuram para além dos níveis do ambiente, comportamento e aptidões porque estes níveis são geralmente bem seguros e factuais. Mas, os *coaches* que estão dispostos a mudar a conversa para os níveis mais altos de valores, crenças, identidade e propósito testemunham uma transformação em seus clientes porque eles estão se reconectando a coisas com as quais as pessoas se importam apaixonadamente. Dito isso, esteja certo de tratar essas conversas de maneira sensível, sem julgamentos e com o máximo respeito pelo bem-estar de seu cliente.

Com o tempo, os *coaches* desenvolvem seu próprio julgamento sobre que níveis lógicos de questionamento parecem mais apropriados para uma situação particular de *coaching*. Se estiver em dúvida, então comece nos níveis lógicos mais baixos e trabalhe em direção ascendente, especialmente com um novo cliente. À medida que desenvolver maior experiência de trabalhar junto, você constrói o *rapport* e a confiança para trabalhar nos níveis mais altos, indo mais profundamente nas crenças e sentido de identidade. Ao ouvir o cliente, preste atenção ao tipo de informação que ele lhe dá e responda entrando no ritmo dele naquele nível, antes de conduzi-lo para um nível mais alto (*compassar e conduzir* são vistos com mais detalhes no Capítulo 2). Por exemplo, faça uma anotação mental se ele fala sobre seu sentido de identidade e suas crenças, e que valores vêm à tona na conversa quando ele diz o que é importante. Você precisa julgar se ele apenas quer trabalhar em um nível comportamental ou se está aberto a falar sobre paixão e propósito.

Impulsionar a Consciência para a Ação

Os modelos SCORE e de Níveis Lógicos ajudam você a libertar o pensamento criativo de seus clientes, levando-os de um lugar empacado a alguma consciência sobre o que os está detendo e o que eles gostariam que fosse diferente.

Mas, consciência do que está acontecendo não é o suficiente para fazer a mudança acontecer. Apenas saber o que está acontecendo não resolve o problema, embora o desenvolvimento desse conhecimento seja uma parte essencial do ciclo de *coaching*. A consciência precisa resultar em ação, o que significa adotar novos hábitos e comportamentos.

Até mesmo a sessão de *coaching* mais curta fica incompleta sem uma conclusão que reforce a necessidade de partir para a ação. Algumas perguntas simples para desenvolver ações incluem:

- O que acontece agora com você?
- O que você fará agora com essa consciência?
- Como você gostaria que eu o responsabilizasse?
- Do que mais precisa para entrar em ação?
- Qual é o primeiro passo? E quando?

Ainda que eu não seja um grande fã de criar longas listas de ação durante uma sessão de *coaching*, você ainda precisa de um mecanismo de segurança para que os clientes não voltem aos velhos hábitos. Ao trabalhar com pessoas, aprende-se de quanta estrutura se beneficiam e quais formatos funcionam melhor para elas. Para muitos clientes, ter um *coach* que possa mantê-los responsáveis por certos prazos é um poderoso motivador para a ação. Mas, algumas pessoas são mais escorregadias do que outras – e, muitas vezes, por uma boa razão! A mudança que elas procuram pode ser muito desconfortável de ser atingida; ela pode desafiar os hábitos de toda uma vida.

Quando os clientes dizem que farão algo, pare e verifique o quão motivados eles estão. Você pode pedir que façam uma contagem rápida da probabilidade de uma ação específica acontecer. Pergunte "Em uma escala de zero a dez, com zero sendo improvável e dez sendo exato, onde você está agora?". Se a resposta que receber for qualquer coisa menor que dez, você pode ter mais problemas para descobrir ou outras pressões para identificar na próxima sessão de *coaching*.

Nunca fique frustrado por uma aparente falta de compromisso porque você pode ter descoberto um sintoma mais profundo ou desafio que seu cliente não discutiu antes. Quando os clientes não fazem o que dizem que farão, fique curioso sobre as informações que está recebendo. Sua reticência pode conduzir a uma nova descoberta.

O poder de uma imagem

Qualquer coisa que lembre os clientes de seus objetivos finais – o último resultado ou consequências de fazer mudanças no modelo SCORE, um sentido de alinhamento intensificado ou congruência no modelo de Níveis Lógicos – pode agir como um motivador poderoso. Esse lembrete pode ser a imagem de um lugar em que eles passarão algum tempo; deles mesmos olhando ou se comportando de forma diferente; ou uma observação de seus objetivos – qualquer símbolo tangível de como as coisas serão diferentes. Os clientes podem carregar esse lembrete em suas bolsas, carteiras, pastas ou sacolas, ou podem querer pregar a imagem perto de onde trabalham. Ao focar nesse lembrete nos momentos livres todos os dias, eles comprometem suas mentes inconscientes a trabalharem para ajudá-los a atingir o que querem.

Capítulo 6

Ganhar uma Clareza Maior

Neste Capítulo

▶ Exposição de pontos cegos
▶ Descubra os mapas mentais – e como entendê-los
▶ Proponha perguntas eficazes
▶ Desenvolva suas habilidades para ouvir

Quando seus clientes chegam para o *coaching*, eles trazem ideias, crenças e experiências do mundo que moldam as suas percepções do que é possível para eles. Você também chega com suas próprias ideias, crenças e experiências do mundo que moldam sua percepção do que é possível para eles. O *coaching* visa reduzir as percepções que limitam a capacidade de uma pessoa de atingir seu pleno potencial.

De acordo com a PNL, todos criam *mapas mentais* do mundo – isto é, as pessoas fazem suas próprias interpretações sobre como o mundo funciona, e cada pessoa tem um mapa diferente. Contudo, na PNL, *o mapa não é o território*. Esses mapas mentais, como o mapa da sua cidade, são apenas imagens construídas; eles não são a coisa real. De fato, qualquer mapa – geográfico ou mental – é uma abstração que omite a riqueza do detalhe.

As pessoas com frequência vêm para o *coaching* quando sentem a vida confusa ou opressiva de alguma maneira. Normalmente, a pergunta que eles procuram responder se concentra em: "Como pode a vida (ou um aspecto dela) ser melhor para mim?". O *coaching* lida com os pontos cegos dos clientes, as coisas que eles não estão conscientes que não sabem. Suas suposições vêm à tona para que eles possam escolher criar novos e melhores mapas. Os clientes questionam se o que eles pensam e o que estão fazendo no momento serve bem a eles para o futuro. Eles começam a reconhecer seus sucessos e defendem seus talentos.

Como *coach*, seu mapa mental se desenvolve graças ao entendimento que você adquire ao trabalhar com cada cliente. Como resultado, o *coaching* pode ser incrivelmente recompensador para o *coach*, bem como para o cliente. Neste capítulo, examino como você pode ajudar seus clientes a adquirirem maior clareza ao explorar como eles criam seus mapas e usam a mente inconsciente como uma ferramenta para expandir esses mapas mentais. Você também descobre como fazer perguntas eficazes e ouvir mais efetivamente as respostas que recebe.

Lidar Conscientemente com os Pontos Cegos

Quando os clientes vêm para o *coaching*, muitas vezes fico perplexo ao ver como escondem seus talentos e ficam à sombra de suas vidas. Apenas raras vezes as pessoas vêm com uma mentalidade de "olhe para mim, eu quero ser famoso"; eles são, muito provavelmente, modestos e contidos.

Enquanto estar lá fora, sob os holofotes o tempo todo, obviamente não for apropriado, ver os clientes adentrar sob seus próprios holofotes no momento certo pode ser muito satisfatório. Como diz meu professor de escrita criativa, David, quando encoraja seus alunos a serem mais aventureiros: "Eu quero que vocês pintem em uma tela maior".

As pessoas têm pontos cegos acerca de seus talentos – e suas fraquezas também. Ao esconder sua luz, esses talentos ficam no escuro. Muitas pessoas têm medo de pedir *feedback*, porque temem ouvir algo que seja crítico demais ou têm medo da vulnerabilidade que vem de revelar informações sobre elas mesmas. Mesmo quando o fazem, se surpreendem com os benefícios positivos que vêm à tona.

Incite os clientes a adquirirem o hábito de pedir a pessoas em cujo julgamento confiam, um *feedback* honesto e imparcial. Ao encorajar seus clientes a solicitarem *feedback* e assumir os riscos acerca de suas vulnerabilidades, eles criam mais autoconsciência e confiança, e os pontos cegos ficam menores. Veja o Capítulo 14 para mais detalhes sobre receber *feedback*.

O *coaching* começa com o encorajamento da autoconsciência, e a *janela de Johari*, ilustrada na Figura 6-1, oferece um modelo útil para compartilhar com os clientes no início de um relacionamento de *coaching* (o nome desse modelo é derivado dos primeiros nomes de seus inventores, Joseph Luft e Harry Ingham).

	Conhecido ao eu	Não conhecido ao eu
Conhecido a outros	Aberto	Cego
Não conhecido a outros	Escondido	Desconhecido

Figura 6-1: A janela de Johari.

O modelo da janela de Johari é uma matriz com quatro quadrantes-chave:

- **A janela aberta** representa o que todos nós conhecemos, os detalhes de domínio público. Por exemplo, todos devem saber que você tem cabelo louro, qual é o seu trabalho, que é uma pessoa confiável. A janela aberta é o espaço no qual se sente livre para ser você mesmo e permitir que os outros vejam quem você é.

- **O ponto cego** é o que os outros sabem sobre você, mas que você não notou em si mesmo. Por exemplo, as pessoas podem saber que você se volta para ajudar os outros e é um fantástico perito em planilhas, mas pode ser cego a essas qualidades (afinal, você assume que todo mundo pode fazer essas coisas). A forma de expor seu ponto cego é pedir *feedback* para ver onde brilha e que hábitos irritantes tem que se metem pelo caminho.

- **A informação escondida** é o que você sabe sobre si mesmo que outros não sabem. Esta informação apenas se desloca para a parte aberta da estrutura se e quando você a revelar. Por exemplo, você pode ter coisas que escolhe manter privadas ou talentos que não pensou em dividir, como minha amiga Judy, que nunca pensou em dizer a seus colegas que ela tinha feito uma prova de fluência em russo, até que foi a uma feira de comércio em Moscou. Eles ficaram chocados com sua capacidade de ler os sinais e traduzi-los para eles; ela subiu no conceito deles naquela semana.

- **A informação desconhecida** contém o que você e outros não sabem sobre você. Você pode não saber, por exemplo, o quão calmo pode ficar em uma crise até que seja colocado na situação, ou que é um *coach* nato.

O *coaching* pode encorajá-lo a pressionar as fronteiras de seus talentos à medida que você se aventura por território desconhecido. Ao começo de uma tarefa de *coaching*, solicite a seus clientes que desenhem suas próprias janelas de Johari, que eles podem revisitar regularmente em momentos posteriores ao *coaching*. Eles podem fazer isso sozinhos, como uma tarefa fora de uma sessão de *coaching*, e trazer de volta para discutir com você. Peça que façam anotações em cada seção instigados pelas perguntas a seguir. As janelas de seus clientes se tornam registros vivos de sua jornada de autoconsciência através do *coaching*, de modo que eles possam seguir a trilha de seu crescimento.

- Na janela aberta: O que todos sabem sobre mim, quem sou e o que quero?

- Na janela cega: O que as outras pessoas sabem sobre mim? O que estou aprendendo ao pedir *feedback*?

- Na janela escondida: O que estou disposto a revelar sobre mim mesmo? O que os outros podem gostar de saber?

- Desconhecido: O que estou descobrindo sobre mim mesmo que ninguém sabia?

Criação e Uso de Mapas Mentais

A PNL oferece uma visão de senso comum da psicologia humana. O modelo de Comunicação de PNL ilustrado na Figura 6-2 explica como as pessoas criam seus mapas mentais.

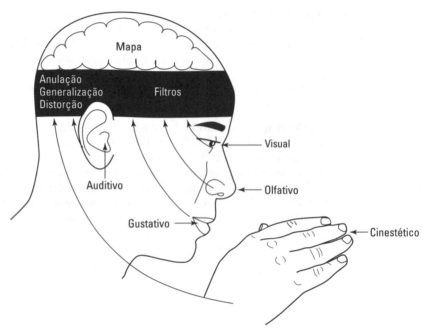

Figura 6-2: O modelo de Comunicação de PNL.

Todas as pessoas, incluindo seus clientes, passam pelo processo que a Figura 6-2 ilustra. Especificamente, eles:

1. **Reúnem tipos específicos de informação sobre uma ocorrência através de cada um dos cinco sentidos:**

    - Visual: visão.
    - Auditivo: audição.
    - Cinestésico: toque/sentimento.
    - Olfativo: cheiro.
    - Gustativo: gosto.

2. **Filtram a informação de três maneiras:**

    - Distorção.
    - Generalização.
    - Anulação.

    Veja a seção mais adiante "Filtragem de informação" para mais informações sobre esses filtros.

3. **Crie uma representação interna, ou *mapa*, do mundo ao redor deles.**

   Uma *Representação interna* se refere às figuras que você vê e aos sons que ouve em sua cabeça ou os sentimentos que são gerados dentro de você em resposta à informação que recolhe do mundo ao seu redor. Essas visões, sons e sentimentos é o que é deixado da informação depois que passa pelos filtros.

4. **Crie um estado de ser que faça uma combinação de seu estado mental com o físico.**

5. **Comporte-se em resposta a esse estado.**

   Por exemplo, se estiver se sentindo ansioso, este sentimento afeta o que você observa, as palavras que diz e o som de sua voz.

Preferência de um sentido em detrimento de outro

Os clientes têm *sistemas representacionais condutores* que determinam ao que eles prestam atenção e como eles preferem pensar. Procure por pistas das preferências de seus clientes nas palavras ditas por eles e na linguagem corporal, como destaca a Tabela 6-1.

Tabela 6-1 Reconhecimento de Preferências Representacionais

Preferência	Pistas de Linguagem	Pistas de Linguagem Corporal
Visual	Isso se parece...	Forte postura ereta
	Eu posso ver...	Olhar para cima, para o céu ou para o teto.
	Minha perspectiva é...	
Auditivo	Isso soa como...	A cabeça para um lado e uma mão no lado do rosto, como se estivesse escutando alguém ao telefone.
	Eu posso escutar...	
	Minha pergunta é...	Ouvindo principalmente com um ouvido quando alguém está falando.
Cinestésico	Tenho a impressão de que...	Postura mais redonda e relaxada, com o foco de atenção ao redor do estômago.
	Posso tocar isso...	
	Minha reação emocional é...	Muitas vezes gostam de segurar alguma coisa, como uma caneta, enquanto estão falando.

Ao prestar atenção aos sistemas representacionais preferidos pelos clientes, formule suas perguntas e sugira atividades de forma a se adequarem a seus estilos naturais. Contudo, não se apoie em apenas um sistema representacional. Desafie seus clientes a irem para fora de suas zonas de conforto. Por exemplo, peça a um cliente auditivo que dê preferência a desenhar uma figura a falar sobre um tema.

Filtragem de informações

Para dar conta da enorme quantidade de informação que chega até você através de seus sentidos, seu cérebro filtra a informação de três formas: apaga, distorce e generaliza a informação. Para ganhar maior clareza, você precisa reconhecer o que especificamente seus clientes estão filtrando e como esta interferência de informação filtrada pode afetar seu potencial.

A fim de assumir o controle do sistema de filtragem, você precisa criar uma consciência para seus clientes, começando com sua linguagem. As palavras que eles usam são de extrema importância, especialmente o diálogo que acontece internamente, selecionando o que eles prestam atenção e o que perdem.

As seções seguintes examinam os sistemas de filtragem principais que seus clientes usam.

Seu tom de voz é muito importante quando faz perguntas a seus clientes. Tenha certeza de que elas saiam em um tom que expresse mais uma curiosidade genuína do que um julgamento.

Distorção

Uma *distorção* é uma falsa representação dos fatos ou má interpretação do que está sendo dito. Uma cliente pode dizer a você que ela tem sido maltratada por seus colegas, ainda que você possa obter um ponto de vista completamente diferente se trabalhar com os colegas dela.

Quando suspeitar que um cliente pode estar distorcendo uma situação, use as seguintes perguntas para desafiar a distorção:

- Isto é verdade?
- Qual é a prova imparcial?
- Como você sabe que esse é o caso?

Generalização

Quando você agrupa uma série de acontecimentos sob um título, está fazendo uma *generalização*. Estas podem se relacionar a coisas e pessoas, bem como a fatos. Esse sistema de filtragem pode oferecer enormes benefícios em relação a dar sentido às informações. Imagine se tivesse que reaprender como digitar em um teclado a cada vez que usasse um computador diferente. Felizmente, você pode aplicar sua habilidade generalizada de digitar a uma variedade de situações e atingir resultados úteis.

Em *coaching*, ouça com atenção a palavras como "todos", "sempre" e "nunca". Preste atenção a afirmações de varredura tais como "Não tenho confiança", "Sou imprestável falando para grupos" ou "Ninguém gosta de mim porque eu sou sul-africano". Em cada um desses casos, os clientes estão, provavelmente, generalizando a totalidade de suas experiências a partir de um ou dois exemplos.

Algumas perguntas para superar generalizações incluem:

- Este é sempre o caso?
- O que é uma exceção para esta regra?
- Dê um exemplo de um tempo quando você conseguia... ser confiante? Falar com um grupo? Ser querido apesar de sua nacionalidade?

Lançar-se a experiências futuras

Planejar grandes mudanças pode parecer intimidador mas, ao se imaginar dando um grande passo no futuro e mobilizando todos os seus sentidos para um objetivo, você pode ter uma noção de como a sua vida pode ser diferente.

Há alguns anos, desenvolvi um *workshop* divertido com o título "Crie o Seu Próprio Amanhã, Hoje". O objetivo era conseguir que as pessoas imaginassem o que elas queriam para as suas vidas e fazer planos com o apoio das ferramentas de PNL. Um dos exercícios mais populares ficou conhecido como "a experiência da flor de lis", e eu ainda utilizo uma variação desta atividade no *coaching* individual.

Para tal atividade, você dá um passo à frente e expressa o que quer no futuro, como se já estivesse lá – o que a PNL chama de *estrutura "como se"*. Faço os participantes pisarem em um pedaço de papel verde, na forma de uma flor de lis, daí o nome do exercício. Neste novo lugar físico, você despende tempo imaginado seu *estado desejável*, o lugar onde quer estar em algum momento do futuro. Este lugar pode explorar muitas coisas: um relacionamento amoroso, uma casa no campo, um corpo mais leve ou uma comemoração familiar divertida – qualquer coisa com que você possa sonhar que pareça fora do alcance hoje em dia.

Para aumentar a intensidade da experiência, você precisa empregar todos os cinco sentidos, identificando visões, sons e sentimentos específicos, bem como os cheiros e gostos do estado desejado. Descreva o estado para um colega ou *coach* o mais especificamente possível, anotando o que você vê, ouve, sente, cheira e prova no futuro, quando atinge o objetivo.

Quando as pessoas experimentam um sentido tão forte das possibilidades futuras, elas encontram a motivação para torná-las realidade, contanto que gostem do que imaginaram. Se não, elas podem fazer ajustes até que estejam contentes com seu futuro perfeito.

Armados com a visão de um futuro atrativo, as pessoas mapeiam uma rota prática em suas linhas do tempo para chegarem onde querem. O poder do exercício se situa no fato de que ele emprega a mente inconsciente para trabalhar no futuro desejado.

Após conduzir esse exercício, muitas vezes eu recebia e-mails sobre seu impacto. Uma cliente me escreveu uma semana depois do *workshop* para dizer que ela havia se mudado da capital para uma cidade menor e estava no processo de renegociar seu emprego e encontrar um novo apartamento, e muitos outros me contaram como eles mudaram trabalhos e relacionamentos que não levavam a lugar algum.

Anulação

A *anulação*, permitindo que a mente consciente ignore um grande número de informações que chegam, tem o benefício de deixar que você enfrente as mensagens restantes. O aspecto negativo é que você pode ignorar informações importantes.

Preste atenção ao que os clientes não estão observando sobre eles mesmos ou em relação às situações. Algumas perguntas para recuperar informações apagadas são:

- ✔ O que você está ignorando aqui, não observando?

- ✔ O que está faltando?

- ✔ Você pode me dizer mais?

Permissão para o inconsciente se envolver

Em termos de PNL, sua mente consciente é aquela parte que está ciente do que está acontecendo a sua volta neste exato momento; o resto é sua mente inconsciente ou subconsciente. Tanto sua mente consciente quanto a inconsciente se sobressaem em coisas diferentes, como mostra a Tabela 6-2. A PNL torna os clientes aptos a usarem todas as suas mentes, não apenas a consciente, para criar mapas mentais proveitosos.

Tabela 6-2 Comparação entre a Mente Consciente e a Inconsciente

A Mente Consciente se destaca em:	A Mente Inconsciente é melhor em:
Trabalhar linearmente	Trabalhar holisticamente
Processar sequencialmente	Intuição
Lógica	Criatividade
Linguagem Verbal	Administrar suas funções corporais (tal como respirar)
Matemática	Cuidar de suas emoções
Análise	Guardar recordações

Uma área do cérebro chamada de Sistema de Ativação Reticular (SAR) desperta-o para a ação consciente. Ela age como uma antena, notando estímulos e alertando seu cérebro para prestar atenção aos dados que são relevantes para seus objetivos. Ele também trabalha como um filtro, prevenindo a mente consciente de se tornar sobrecarregada com as informações que chegam. Ela classifica a informação, decidindo o que deixar passar para a mente consciente e o que armazenar em um nível subconsciente.

Capítulo 6: Ganhar uma Clareza Maior

Em *coaching*, à medida que você consegue que seus clientes decidam onde eles querem chegar e os ajuda a imaginar como pode ser, a mente inconsciente fica livre para trabalhar em ajudá-los a atingir o que querem.

O exercício seguinte emprega a criatividade da mente inconsciente ao criar uma representação do futuro que sua cliente armazena como uma lembrança. Depois que ela cria a recordação, o SAR vai trabalhar para filtrar a informação através de outras partes do cérebro que a ajudam a atingir a meta.

1. **Solicite a seu cliente que expresse seu objetivo ou desejo positivamente.**

    Um exemplo de objetivo pode ser "Eu quero me sentir relaxado quando for para casa à noite" ou "Quero dar a melhor aula que já dei".

2. **Peça a seu cliente para colocar um pedaço de papel no chão e, então, pisar nele.**

    O papel representa um momento no futuro quando seu cliente atingiu a meta.

3. **Enquanto estiver de pé em cima do papel, peça a seu cliente para imaginar estar no futuro, quando o objetivo é alcançado.**

4. **Peça a seu cliente para descrever com detalhes os diversos elementos do futuro.**

    Peça a seu cliente para descrever o seguinte:

    - Os elementos visuais: O que você pode ver? Quais são as imagens ao seu redor?

    - O auditivo: Quais são os sons? O que você ouve?

    - O cinestésico: O que você sente? Quais são as texturas que você toca?

    - O olfativo: Como isto cheira?

    - O gustativo: Que gosto isto tem?

Não se enrede no conteúdo prático de *como* alguma coisa irá acontecer. Simplesmente fique com a informação sensorial e encoraje seu cliente a apreciar o simples fato de criar a experiência futura perfeita para si mesmo Alguns clientes acham mais fácil acessar uns sentidos do que outros. Você pode precisar, dar pistas, tais como: "Se tivesse uma trilha sonora, ela seria barulhenta ou leve?" ou "se você pudesse provar alguma coisa, isso seria apimentado ou suave?". Se um sentido não está presente, então deixe para lá.

5. **Solicite a sua cliente que apreenda a experiência como se ela estivesse em um filme de sua vida e se divertindo.** Ela irá naturalmente manter a lembrança inconscientemente. Pergunte a ela o que irá ajudá-los a conservar a experiência conscientemente para o futuro. Ela pode decidir simplesmente arquivar isso corretamente mentalmente, fazer uma anotação por escrito, desenhar uma figura ou encontrar um objeto pequeno ou uma melodia que a lembre disso.

As pessoas conseguem o que querem na vida de acordo com seus padrões de pensamento existentes e com o sistema de crenças. Ao mostrar deliberadamente à mente inconsciente a mudança que você procura conscientemente, ela possibilita ao SAR filtrar os dados que são úteis para fazer a mudança acontecer. O processo cede ao velho provérbio: "Quer você pense que pode ou que não pode, você está certo!".

Faça Perguntas Eficazes

Perguntas eficazes atravessam a hesitação e a confusão dos clientes para revelar informações necessárias que beneficiam tanto o cliente quanto o relacionamento de *coaching*.

Avalie a eficácia de suas perguntas perguntando a si mesmo se elas:

- Demonstram que você está escutando e entendendo a perspectiva de seu cliente.
- Desafiam as suposições de seus clientes.
- Criam clareza, novas possibilidades e aprendizado para seu cliente.
- Fazem com que seu cliente se aproxime do que quer.

A seção explora como fazer perguntas eficazes durante os encontros, bem como algumas questões maiores que se pode apresentar aos clientes para refletirem entre as sessões.

Encontre a pergunta que cai como uma luva

Uma das suposições de PNL ou *pressuposições* é que "o significado de qualquer comunicação é a resposta que você recebe". Você sabe se a pergunta que fez caiu bem pela resposta que recebe; os clientes dizem a você diretamente, como em "Essa é uma difícil de responder!", ou indicam com sua linguagem corporal que uma pergunta forte interrompeu-os em sua caminhada.

Encontrar formas de formular perguntas eficazes é um processo de tentativa e erro. A pergunta perfeita para um cliente pode não ter efeito nenhum em outro, o que significa que você não pode apenas trabalhar a partir de um *checklist* de perguntas perfeitamente eficazes. Você precisa testar as respostas, ver que efeito elas têm e, então, elaborar sua próxima pergunta ou afirmação de acordo com isso.

Dê a suas perguntas tempo para aterrissarem. Tente a regra dos oito segundos e espere este tempo após fazer uma pergunta antes de considerar dizer qualquer coisa a mais. Conte os segundos em sua cabeça; você pode se surpreender com o quanto oito segundos realmente são. Nada é mais confuso para um

Capítulo 6: Ganhar uma Clareza Maior

cliente do que ser inquirido sobre várias questões sem que tenha tempo para pensar e responder.

Os *coaches* elaboram um repertório de boas perguntas que eles acham úteis. No Capítulo 20, ofereço-lhe dez perguntas particularmente eficazes, com a base lógica por trás de cada uma e, no Capítulo 4, compartilho sugestões específicas sobre perguntas para começar e finalizar sessões.

À medida que você começar com o *coaching*, faça uma compilação por escrito de perguntas para desenvolver sua confiança. Com a experiência, pode confiar em si para formular a pergunta em sua cabeça no momento, sem a necessidade de se reportar a anotações. Chegue ao ponto de confiar em si para espontaneamente encontrar a pergunta certa e, assim, você explora sua habilidade de estar completamente presente com o cliente. Desta forma, se torna um *coach* mais eficaz.

Pegue um caderno e comece a juntar perguntas que você mesmo utiliza, ouve de outros *coaches* ou com as quais se depara em livros e treinamento. Agrupe-as em categorias úteis para si. A Tabela 6-3 lista algumas categorias e perguntas úteis. Encontre outras que signifiquem algo para você.

Tabela 6-3	Exemplos de Perguntas Eficazes
Tipo de Pergunta	*Exemplo*
Ação	O que vem agora?
	Qual é o primeiro passo?
	O que você irá fazer? Quando você faz isso?
Como se...	Se isso já tivesse acontecido e você olhasse para trás, o que perceberia?
	Avance um ano. O que percebe quando está tudo esquecido?
Crenças	No que acredita – ou precisa acreditar?
	Como as crenças de outras pessoas estão ajudando ou prejudicando aqui?
	Como é acreditar em si 120%?
Brainstorming	Aponte dez maneiras de alterar isso?
	Quais são as possibilidades aqui?
	Quais são as opções mais conturbadas?
	O que você faria se não houvesse limites?

(continua)

Tabela 6-3 (*continuação*)

Tipo de Pergunta	Exemplo
Diversão	Se tornasse isso tão divertido que não pudesse resistir, o que você estaria fazendo?
	Como você poderia tornar isso divertido?
	Quem você consegue fazer rir?
Resumindo	Como você resumiria onde você está?
	Qual sua conclusão?
Resultados	O que você quer?
	O que seria um bom resultado para você?

Fazer perguntas é uma habilidade fundamental em *coaching*. Então, enquanto estou na questão das perguntas, aqui vai um lembrete sobre o modo como a PNL acrescenta algumas ferramentas extras ao repertório do *coach*. As perguntas cartesianas são particularmente proveitosas quando um cliente se depara com uma decisão importante, enquanto que a estrutura dos Níveis Lógicos ajuda você a escolher a mais apropriada a ser feita.

Perguntas cartesianas

Os clientes trazem suas decisões e dilemas mais importantes para o *coaching*:

✔ Devo deixar meu emprego? Meu companheiro? Minha cidade natal?

✔ Devo investir neste treinamento? Neste negócio? Neste novo supercelular?

Estas e outras grandes questões possuem respostas pessoais profundas. Como você pode ajudar seus clientes a tomarem as melhores decisões para eles, independentemente do que você faria na mesma situação?

A PNL oferece quatro perguntas-chave, conhecidas como cartesianas, para orientar seu cliente a tomar a decisão, seja se for de mudança de vida ou algo menor.

✔ O que acontecerá se você o fizer?

✔ O que acontecerá se não o fizer?

✔ O que não acontecerá se você o fizer?

✔ O que não acontecerá se você não o fizer?

As quatro perguntas se baseiam na lógica cartesiana. Tudo o que você precisa se lembrar é que elas oferecem padrões de linguística eficazes que possibilitam que você examine um assunto a partir de diferentes ângulos. Fazer tais perguntas concentra a atenção do cliente e desafia seus modos de pensar. Ao chegar à última pergunta, é possível que os clientes digam: "Isso é confuso". Bom. Você está chegando a um ponto para avançar. A confusão é o caminho para a compreensão.

Essas perguntas encorajam as pessoas a olharem para decisões baseadas no impacto no todo de suas vidas, de uma maneira saudável – o que é chamado de *verificação ecológica*. Quando os clientes mudam uma área de suas vidas às custas de outra, é provável que a mudança não dure muito. Por exemplo, uma mudança profissional que põe em risco a vida familiar pode causar problemas de longo prazo para um cliente. Esbanjar em aparelhos e prazeres caros que deixam o cliente no limite de seus recursos financeiros, impossibilitando-o de pagar seu aluguel, pode levá-lo a contrair pesadas dívidas. Como *coach*, você pode segurar um espelho do comportamento de seus clientes para que eles vejam como esta atitude tem impacto nos resultados que eles atingem.

Níveis Lógicos e questionamento

O modelo dos Níveis Lógicos da PNL (o qual descrevo com mais detalhes no Capítulo 5) é uma estrutura valiosa para fazer perguntas em seis níveis diferentes com clientes a fim de adquirir clareza.

Cada nível atrai um tipo particular de pergunta, que orienta o pensamento dos clientes em diferentes direções.

- **Seu ambiente:** Onde, quando e com quem você passa seu tempo?

- **Como eles se comportam:** O que você está fazendo?

- **Suas habilidades, capacidades e talentos:** Como você faz isso?

- **Suas crenças e valores:** O que é mais importante para você? No que acredita?

- **Seu sentido de papel ou identidade:** Quem é você?

- **Seu sentido de propósito ou conexão:** Por que está aqui?

À medida que desenvolve suas questões, observe em que níveis lógicos você está trabalhando (vá até o Capítulo 5 para ver mais exemplos de perguntas). Enquanto amadurece como *coach*, você se vê querendo avançar para além do *coaching*, que somente trata dos níveis mais baixos dos problemas de ambiente, comportamento e habilidades. Grande clareza surge para os clientes quando eles questionam as crenças e os valores que os movem e reconhecem seu sentido de identidade e propósito na vida.

Proponha uma indagação para levar para casa

Uma indagação é uma pergunta particularmente eficaz para finalizar uma sessão e pedir ao cliente para considerar problemas a partir de uma visão da vida maior. As indagações oferecem o potencial para alterar o foco do *fazer* no nível de comportamento do modelo de Níveis Lógicos de PNL para o *ser*, no nível de identidade.

Compile uma lista de indagações que você possa dar a um cliente como um exercício de exploração. Escolha aquelas que chamam a atenção para o sentido de identidade e propósito de seu cliente, tais como:

Identidade: Que tipo de líder sou na minha própria vida? Quem eu gostaria de ser?

Propósito: O que me motiva a ser apaixonado? Como sei quando estou agindo com propósito?

Indagações são perguntas muito complexas sobre a vida para esperar que alguém responda, então, somente pergunte uma de cada vez e deixe para sua cliente ponderar por uma semana ou um mês entre as sessões. Se ela optar, pode anotar suas respostas em um diário para compartilhar na sessão seguinte ou refletir sozinha. Alguns *coaches* sempre terminam uma sessão com a mesma indagação, que os clientes já esperam, tais como: "E como é conduzir uma vida rica e preciosa?". A recém-falecida e muito amada *coach* norte-americana, Laura Whitworth, ficou famosa por concluir sessões com indagações como essa.

Escutar Atentamente

Escutar é potencialmente a mais difícil habilidade da vida, quanto mais em *coaching*. Quantas vezes você não pensou que estava ouvindo cuidadosamente alguém até que percebeu que sua mente estava vagando por aí? Inevitavelmente, uma palavra ou frase de outra pessoa faz uma conexão em seu cérebro, colocando uma trilha de lembranças ou possibilidades em movimento.

A *International Coach Federation* define o *escutar ativo* como "a capacidade de se concentrar *completamente* no que o cliente está dizendo e no que não está dizendo para entender o significado do que é dito no contexto dos desejos do cliente e para ajudar na autoexpressão dele". Que obrigação difícil de ser seguida – escutar o que não está sendo expressado, assim como o que está!

Escutar requer que você saiba quando ficar em silêncio e quando introduzir uma pergunta ou comentário que impulsione o cliente para adiante. Escutar é uma habilidade importante para a criação do espaço para assimilar de seu cliente:

Capítulo 6: Ganhar uma Clareza Maior

- Preocupações.
- Objetivos.
- Valores e crenças.
- Pistas não verbais.

Escutar com empatia

As pessoas escutam com diferentes graus de habilidade. Em seu livro *Como Resolver Problemas Complexos*, Adam Kahane fala sobre o modo como desenvolveu a capacidade de ouvir a partir do ponto de vista de *todo um sistema* a fim de tomar parte em situações de paz internacional. Especificamente, ele diz:

> Não é suficiente escutar racionalmente a fatos inertes e ideias: nós temos que escutar as pessoas de uma forma que as encoraje a perceber seus próprios potenciais e o potencial em sua situação. Este tipo de escuta, não é simpatia (...), é empatia, tomando parte em algo a partir de dentro deles (...). Eu precisei me abrir e sentir subjetivamente desde o fenômeno de dentro que era real mas podia não ser visto objetivamente do lado de fora.

A paixão de Kahane por escutar o levou a se envolver muito em algumas das mais traumáticas situações dos tempos modernos, incluindo a África do Sul do pós-*apartheid* e a reconciliação entre facções na Colômbia, na Argentina, no Oriente Médio e na Irlanda do Norte.

E você deve fazer tudo isso sem julgamentos para chegar ao centro dos desafios e do crescimento de seus clientes.

Escutar em quatro níveis

Nos meus *workshops* de habilidades de *coaching*, ensino o seguinte modelo de escuta, que combina posicionamentos perceptuais de PNL com o trabalho de Adam Kahane (veja o box "Escutar com empatia").

Uma das maneiras pelas quais a PNL encoraja você a construir *rapport* com as pessoas é ao distinguir três pontos de vista, conhecidos como *posicionamentos perceptuais*. O primeiro posicionamento é o seu próprio ponto de vista; o segundo se refere a trocar de lugar com alguém e se colocar em seu lugar; e o terceiro é tomar um posicionamento independente.

Em *workshops* praticamos, em grupos pequenos, os quatro tipos de audição seguintes para que as pessoas possam realmente sentir a forma como elas normalmente funcionam e o que podem precisar para elevar seu nível de escuta. Enfim, os *coaches* precisam encontrar sua criatividade no nível mais elevado de escuta – a de metaposicionamento – para um *coaching* eficaz.

- **Transmitindo.** Quando você transmite, diz o que diz sempre. Você está preso ao que a PNL chama de primeiro posicionamento, no qual apenas expressa seu ponto de vista sem notar a outra pessoa. Nesse nível, basicamente você está descartando dados.

- **Debatendo.** Quando debate, você começa a reconhecer a outra pessoa na interação, escutando abertamente o outro (você está ciente deste segundo posicionamento). Dá tempo ao outro para falar e espera a sua vez, escutando com sua mente racional.

- **Escuta empática.** Neste nível, você abre seu coração para ouvir a partir do posicionamento da pessoa que está contando a história. A qualidade do diálogo melhora à medida que você sente empatia e verdadeiramente chega a um segundo posicionamento, capaz de compreender os problemas dos outros e refleti-los de volta em seu diálogo.

- **Escuta de metaposicionamento.** Neste nível, você toma o terceiro posicionamento perceptual de PNL, no qual escuta a partir de uma postura independente, do tipo "mosca na parede", ainda que esteja conectado com a outra pessoa. Você está testemunhando todo o quadro a partir dos pontos de vista existentes e escutando com todo o seu coração e alma a todos os elementos do sistema no qual seu cliente opera. Este é o nível de escuta em que se pode gerar as mais criativas soluções.

Lembre-se de conversas e encontros que você teve na última semana e reflita sobre em que nível ouviu os outros. Realmente estava escutando, ou meramente esperando por sua vez de falar? Ao longo da próxima semana foque em aumentar a qualidade da sua escuta para o nível de metaposicionamento. Observe como você provavelmente falará menos neste nível, ainda que o que diga seja mais incisivo e interessante.

Escutar para além das palavras

Pesquisas sugerem que somente uma proporção muito pequena da comunicação é afetada pelas palavras realmente ditas – talvez tão pouco quanto 7%. A implicação é que você ouve ainda melhor quando se concentra em suas habilidades não verbais de combinar e espelhar, a linguagem corporal e o tom de voz de seu cliente (veja o Capítulo 2 para saber mais sobre combinar e espelhar).

Em uma aula de *master coaching*, tive a oportunidade de preparar um cliente cuja língua eu não conseguia entender. Embora ele entendesse inglês, o exercício incluía que respondesse em sua língua nativa. A experiência mostrou-se maravilhosamente informativa e provou que a qualidade de escutar é uma parte importante de *coaching*. Eu não conseguia compreender suas palavras efetivas, ainda que tivesse pegado o ritmo de sua conversa, sua fisiologia, e respondi intuitivamente.

Nunca soube qual era o desafio específico do cliente, somente que esse *coaching* sem conteúdo operou uma grande mudança para ele, porque eu me concentrei em escutar no nível mais profundo possível. Se você fosse uma "mosca na parede" documentando a sessão, notaria que minhas perguntas para uma sessão de 20 minutos foram mínimas enquanto que as respostas do cliente foram extensas.

A seguir, um resumo de perguntas e afirmações de *coaching*, feitas pelo *coach* em uma sessão típica de *coaching* sem conteúdo (as respostas foram omitidas porque estão em uma língua que o *coach* não compreende).

Você tem algo para o qual gostaria de ser preparado?

E está bem se eu o preparar em inglês e você responder na sua língua nativa, sabendo que eu não compreendo as palavras?

Você gostaria de me dar alguma compreensão do que está acontecendo com você?

E há algo mais sobre isso?

Posso dizer que isso é muito significativo.

Ah, interessante.

Ok, eu posso sentir isso também.

E o que é verdadeiramente possível para você em tudo isso?

Alguma coisa está bloqueando seu caminho?

O que você mais precisa neste exato momento?

E você sabe onde ter acesso a isso?

Quem você se tornará quando isso estiver resolvido?

E algo mais?

Isso parece com propósito e completo. Nós acabamos?

Obrigada.

Andar em compasso com esse tipo de *coaching* sem conteúdo torna o *coach* livre para dizer muito pouco e manter o espaço para o cliente expressar seus pensamentos e sentimentos. O *coach* precisa se sintonizar e decidir quando a cliente disse o que queria dizer e quando responder. A sessão é como uma dança na qual você sente que seu parceiro se move e você responde somente quando é solicitado a se mover. Aprenda a dança ao sair e experimentar!

Se você tem uma cliente que fala um idioma que você não entende, peça que ela responda em sua própria língua. Você também pode usar esse processo com o cliente dando respostas em jargão sem sentido, o que é uma técnica útil para assuntos delicados, sobre os quais um cliente não se sinta à vontade para conversar.

Capítulo 7

Dê Vida a Seus Objetivos

Neste Capítulo

▶ Verificação de boas condições para a formação de um objetivo

▶ Aumento da criatividade com a ajuda de Disney

▶ Desenvolvimento de novos e convincentes comportamentos

Algumas pessoas sabem o que querem da vida desde muito cedo; elas se sentem compelidas a subir até o topo, entrar no palco ou voar alto para atingir alguma coisa que ambicionam. Por esta razão, ferramentas e métodos para visionar o futuro, criar estratégias e seguir planos podem vir naturalmente para eles. Outras pessoas preferem que a vida se desenrole de uma maneira própria e nunca querem que a fixação de objetivos se intrometa no caminho da espontaneidade.

A PNL sugere que sonhar é uma coisa boa. O *coaching* encoraja as pessoas a começarem a correr atrás de seus sonhos ao atuarem de maneiras adequadas. A fixação de objetivos está, de alguma maneira, no coração do *coaching*, mesmo que o objetivo esteja mais em mudar a abordagem do cliente a cada dia do que em obter resultados rápidos em projetos específicos. Na verdade, um objetivo sensato para um cliente pode ser permitir que ele seja mais espontâneo e que se desprenda de estar sempre no controle de sua vida.

Este capítulo apresenta três ferramentas específicas de PNL que ajudam no estabelecimento de metas. Você verá como conduzir seus clientes habilmente através do clássico processo de resultados bem formados de PNL, da estratégia Disney e do Gerador de Novos Comportamentos.

Verificar se os Objetivos Estão Bem Formados

Coaches compreendem o valor de estabelecer objetivos com os clientes. As metas têm de ser motivantes e realísticas e, ao mesmo tempo, levá-los na direção do que mais desejam. Talvez você já esteja familiarizado com os princípios do S.M.A.R.T. De acordo com o S.M.A.R.T., os objetivos precisam ser Específicos (*Specific* - em inglês), Mensuráveis, Atingíveis, Realísticos e com Tempo determinado (daí o acrônimo em inglês). Esta abordagem inspira uma valiosa concentração e uma disciplina ao processo de fixação de objetivos no qual a PNL se baseia. Ao incluir informações de especificidade sensorial, bem como guiar os clientes através de um processo comprovado, você os ajuda a criar mudanças significativas.

A abordagem da PNL para tornar os objetivos do S.M.A.R.T ainda mais inteligentes é conhecida como *processo de resultados bem formados*. O processo requer que você responda a uma série de perguntas que realmente ajudam a explorar os "como", "por quê" e "para quê" do resultado desejado. Ao seguir esse processo, você começa a entender os verdadeiros motivos de querer alcançar os seus objetivos e pode pesar os prós e contras do sucesso em oposição ao fracasso.

Quando seu resultado desejado atender aos critérios abaixo, ele satisfará às condições "bem formadas". Para cada objetivo ou resultado que você queira atingir, faça a si mesmo as seguintes perguntas:

1. **O objetivo está fundamentado em algo positivo?**
2. **O objetivo foi autoiniciado, automantido e está sob meu controle?**
3. **O objetivo descreve o método das evidências? (Em outras palavras, quando você saberá que atingiu o seu objetivo?)**
4. **O contexto do objetivo está claramente definido?**
5. **O objetivo identifica os recursos necessários?**
6. **Avaliei se o objetivo é ecológico?**
7. **O objetivo identifica o primeiro passo que preciso dar?**

As seções seguintes exploram cada condição do processo de resultados bem formados em detalhes para que você possa preparar qualquer um através desses passos, incluindo a si mesmo.

Siga os dois primeiros passos em ordem mas, depois, pode pular um pouco entre as etapas. Você não precisa compartilhar as perguntas com o cliente, embora, se o fizer, estará dando a ele um *checklist* que pode ser seguido quando estiver sozinho. Sempre tenha certeza de que você concluiu com clareza a atividade necessária, conforme o passo 7.

O objetivo está fundamentado em algo positivo?

Criar objetivos com palavras positivas é uma base crucial para o seu processo de fixação. Ter objetivos negativos tal como "Não quero fazer mais esse trabalho de almoxarifado" pode afetar de forma adversa a chance de sucesso de seu cliente porque ele acaba focando no que não quer. Em vez disso, mantenha a linguagem estruturada em termos positivos ou reestruture objetivos negativos em positivos. É muito libertador quando o cliente expressa pela primeira vez: "Quero um trabalho que tenha a ver com meu interesse em automobilismo".

As perguntas que você pode fazer ao cliente são:

- ✔ O que você quer?
- ✔ O que mais quer ou preferiria ter?

Além de ser positivo, um objetivo também precisa ser específico. Objetivos vagos tais como "Quero ser feliz" ou "Quero uma carreira de sucesso" são difíceis de determinar. As pessoas com esse tipo de objetivo muitas vezes perdem o foco. Objetivos mais específicos tais como: "Quero estabelecer um grupo de amigos locais para os quais eu possa telefonar e convidar para ir ao cinema comigo" ou "Quero trabalhar em uma organização que me pague 50.000 reais por ano e me dê treinamento profissional", são mais específicas e ajudam mais.

Muitas vezes você encontrará pessoas que nunca refletiram sobre o que querem. Os clientes talvez cheguem a você inicialmente sentindo a pressão do que querem abandonar ou se livrar. Com esses clientes, você pode ter que insistir para conseguir que eles explorem o que pode ser melhor. Tente usar palavras que causem efeito, tal como na frase: "Sabendo que você não quer X, que pequena mudança você gostaria muito – para começar?".

O objetivo é autoiniciado, autossuficiente e está sob meu controle?

Em sessões de *coaching* (e na vida, em geral), muitas vezes você ouve alguém falar sobre um problema que outra pessoa quer que seja resolvido, tal como "Minha esposa quer que eu perca peso, pois se preocupa com a minha saúde". Seu cliente tem muito mais chance de ser bem-sucedido se a motivação para alcançar um resultado em particular vier de dentro. Por exemplo: "Quero me sentir em forma e com energia, assim vou ter mais vivacidade – para mim mesmo".

Da mesma forma, se o objetivo é "Eu quero que os diretores me promovam na próxima primavera", seu cliente precisa aceitar que os diretores talvez tenham propósitos diferentes e que este objetivo não está de maneira alguma sob seu controle, o cliente precisa fixar objetivos que o coloquem na melhor situação possível para que seja promovido, sabendo que o resultado final desejado está na mão de outros.

As duas perguntas seguintes levam o cliente a tomar de volta as rédeas da situação:

- ✔ Estou fazendo isso para mim ou para outra pessoa?
- ✔ O resultado depende somente de mim?

Quando Anna veio para o *coaching*, ela estava extremamente estressada por causa de seu trabalho em um departamento do governo que estava fazendo cortes, e pelo fato de estar se divorciando. Sua raiva se concentrou no seu ex-marido, que continuou visitando sua mãe idosa, fazendo trabalhos ao redor da casa da sogra e, no geral, se fazendo de coitadinho. Ela sentiu que a mãe e o ex-marido estavam se unindo contra ela e aumentando a pressão para que voltasse para casa. Ela se sentia extremamente culpada, cansada e confusa.

Através do *coaching*, ela percebeu que o seu programa poderia focar em como ter conversas corajosas com sua mãe e seu ex-marido, bem como com seu chefe. Estas conversas deixariam bem claras suas necessidades e decisões. Ela também trabalhou no sentido de gerir bem seu estado emocional quando encontrasse seu ex-marido e ao se permitir sofrer pela perda do casamento e da vida familiar.

Ao longo de várias sessões de *coaching*, ela dividiu seus problemas em vários pedaços de resultados bem formados que a puseram de volta no controle de seu futuro. Anna disse:

- "Quero me desapegar da casa dignamente".
- "Quero ter conversas com meu ex-marido durante as quais eu permaneça calma e focada nos fatos e decisões".
- "Quero respeitar os bons tempos de diversão que tivemos como casal e como família".
- "Quero dizer à minha mãe que estou cem por cento engajada em terminar o casamento amigavelmente e seguir em frente; e pedirei a ela que aceite isto por amor e respeito por mim".
- "Quero trabalhar em um horário normal, saindo do escritório às dezoito horas".

Leia os objetivos de Anna uma segunda vez e note que ela pode iniciar todas as suas próprias ações em cada objetivo, independente de como os outros se comportam ao seu redor.

O objetivo descreve o método das evidências?

O *método da evidência* é outra forma de perguntar: "Quando você sabe que atingiu seu objetivo?". A maioria das viagens tem um destino pretendido específico, mesmo que o caminho entre os pontos A e B seja desconhecido.

As perguntas de especificidade sensorial a seguir convidam os clientes a ponderar sobre objetivos que estão muito vagos ou com resultados não claros.

- Como você sabe que está conseguindo o objetivo desejado?
- O que você estará fazendo quando o conseguir?
- O que você verá, ouvirá e sentirá quando o tiver?

Na última pergunta, você está convidando os clientes a entrar na experiência ao fazê-los imaginar os aspectos visuais, auditivos e cinestésicos do objetivo atingido. Com essa experiência sensorial fixada na memória, a mente inconsciente começa a trabalhar para auxiliar no objetivo (você pode ler mais sobre detalhes sensoriais e a mente inconsciente no Capítulo 6).

O contexto do objetivo está claramente definido?

Definir o contexto no qual você quer atingir um objetivo possibilita uma maior especificidade. O contexto se refere à escolha do momento, lugares e pessoas. Pergunte a seu cliente "Onde, quando e com quem você quer atingir seu objetivo?". Esta pergunta ajuda a regular com mais precisão o que você quer, ao eliminar o que você não quer.

Por exemplo, se o objetivo é simplesmente mudar de casa, você provavelmente vai encontrar corretores de imóveis bombardeando você com propriedades inadequadas em várias localidades. Você precisa ser mais preciso sobre onde quer se estabelecer. Quer ir morar com sua irmã favorita? Precisa encontrar novas pessoas para dividir a casa ou quer morar sozinho? Quer viver em uma localização específica?

Ao definir *quando* você quer alguma coisa, pode identificar os passos que precisa tomar antes que possa obter isso. Por exemplo, o objetivo "Quero me mudar quando eu puder pagar por uma casa nova deslumbrante na capital", pode fazer com que você perceba que precisa aumentar sua renda antes que possa considerar mudar de residência. Portanto, o objetivo que mais se impõe é refinar seu currículo e contatar algumas agências para encontrar um trabalho mais bem remunerado antes de olhar qualquer casa nova em potencial.

O objetivo identifica os recursos necessários?

As quatro perguntas sobre recursos a seguir ajudam os clientes a identificar quais deles vão possibilitar que atinjam os resultados almejados. As perguntas ajudam os clientes a inspirarem-se em experiências anteriores quando fazem uso dos recursos que podem demonstrar serem úteis dessa vez.

Recursos abrangem uma série ampla de itens, incluindo:

- ✔ Tempo, dinheiro, energia.

- ✔ Habilidades.

- ✔ Fontes de informações.

- ✔ Pessoas que apoiam.

- ✔ Equipamentos, tais como computadores ou maquinário.

- ✔ Mentalidade de positividade e boa saúde.

As respostas às quatro perguntas seguintes são de Nick, um jovem que quer abrir um salão de cabeleireiro.

✔ **Que recursos você tem agora?**

Nick: Sou muito flexível em relação à adversidade. Venho da classe trabalhadora, de tal modo que não ganhei nada de bandeja. Sei como conseguir o que eu quero, posso trabalhar todas as horas que precisar. Estou preparado para ganhar um salário mínimo nos primeiros três anos e completar com minhas economias. Tenho o apoio de minha mãe e de meu pai, que se aposentaram cedo e desejam me ajudar a começar.

✔ **Que recursos você precisa adquirir?**

Nick: Com certeza preciso um pouco de ajuda na parte de contabilidade e impostos. Nunca tive que administrar uma folha de pagamento de empregados antes, trabalhar com contadores ou separar documentos de impostos. Também vou precisar de um faz-tudo de confiança e um bombeiro hidráulico que possa chamar se tiver problemas com o imóvel ou as pias.

✔ **Há evidências de que você já foi capaz de atingir esse tipo de objetivo antes?**

Nick: Bem, trabalhei em salões de outras pessoas por dez anos, então, pude ver o que eles fizeram e como tudo funciona. Também já cuidei de grandes projetos, como comprar e reformar meu apartamento; ele era realmente antiquado quando eu o encontrei e agora ele tem estilo e é atraente – o mesmo tipo de visual e ambiente que eu quero para o salão.

✔ **O que aconteceria se você procedesse como se tivesse os recursos?**

Nick: Então eu simplesmente "iria nessa". Sei que cometerei alguns erros, mas espero que não sejam grandes. Eu aprenderei conforme as coisas se desenrolarem.

A pergunta final sobre recursos – agindo como se os recursos já estivessem disponíveis agora – ajuda o cliente a reconhecer e mudar qualquer crença que o possa estar retendo. Ele também pode experimentar o resultado para calibrá-lo. Pode mudar sua ideia neste ponto, o que o resguarda de investir em um objetivo que não parece bem ajustado.

Se um cliente realmente luta para encontrar recursos, você pode tentar outros ângulos. Aqui vão algumas sugestões:

✔ Prepare-o para encontrar outro momento da vida no qual ele foi talentoso e tirar lições deste momento.

✔ Peça que identifique alguém que ele saiba que é talentoso e o que ele observa sobre tal pessoa.

- Identifique os recursos que definitivamente ele não tem, já que isso pode levar a fixar outros objetivos para obtê-los. Por exemplo, se a pessoa que não tem a experiência necessária para seu projeto, pode decidir obter alguma experiência de trabalho ou fazer um curso de treinamento.

Avaliei se o objetivo é ecológico?

Quando os *coaches* de PNL falam sobre *verificações ecológicas*, eles simplesmente estão fazendo perguntas para ter certeza de que o resultado combina com todos os aspectos da vida de um cliente. Se um deles monta um novo negócio, qual será o efeito na sua saúde ou na família? O que um cliente tem a perder ou ganhar se inscrevendo para uma pós-graduação?

Verificações ecológicas chamam a atenção para qualquer propósito escondido ou *ganho secundário* que o cliente possa não ter considerado quando estabeleceu as decorrências. Um *ganho secundário* ou *subproduto positivo* se refere a um comportamento que parece ser negativo ou causador de problema quando, na verdade, ele supre uma função positiva em algum nível.

Por exemplo, o ganho secundário que um fumante tem dos cigarros pode incluir encontrar paz, tempo para pensar ou relaxamento. Esses ganhos secundários precisam ser reunidos em uma atividade alternativa para que o fumante sustente um novo comportamento de não fumar. Ele pode precisar se inscrever em algum treinamento mental, aulas de meditação ou atividades esportivas para conseguir o relaxamento ou estabelecer uma pausa de dez minutos de crianças barulhentas para conseguir a paz e a tranquilidade de que precisa em casa.

As perguntas a seguir chegam ao centro dos desejos de seus clientes. Ao fazê-las, peça que eles fiquem alerta para qualquer imagem, sons e particularmente sentimentos que suas mentes inconscientes evoquem. Encoraje-os a escutar empaticamente as respostas que recebem, já que suas mentes inconscientes naturalmente querem protegê-los.

Compartilhamento do objetivo de perder peso

A motivação principal para a perda de peso pode ser muito pessoal para cada cliente. Vera queria perder em torno de 12 quilos, e sua verdadeira intenção em relação a isso era se manter saudável à medida que ficaria mais velha: ela queria correr por aí com energia acompanhando seus jovens netos. Logicamente, ela sabia que ganharia em energia e que ficaria bem em suas roupas. Contudo, ela também reconhecia que perderia sua espontaneidade de fazer o jantar de acordo com o que gostava com facilidade. Ela também perderia a oportunidade de devorar pizzas com seus netos.

Para perder peso, ela precisou acompanhar seus hábitos alimentares, fazer refeições mais nutritivas e estabelecer uma rotina de planejar o que ia comer muitos dias antes. Ela sabia que seu marido, que era naturalmente magro, não estava motivado a cozinhar, mas a ajudaria ao fazer as compras de supermercado pela internet. Além disso, ela encontrou uma companheira para tornar o planejamento das refeições divertido e cozinhar um punhado de refeições saudáveis para congelar por dias e comer quando estivessem atarefadas. Ao compartilhar o objetivo, ela ganhou o apoio daqueles ao seu redor para o longo prazo.

- Qual é o verdadeiro propósito pelo qual você quer isto?
- O que você irá ganhar ou perder se consegui-lo?

Após refletir sobre essas questões e permitir que a mente inconsciente atue, os clientes podem precisar ajustar seus objetivos de acordo com isso.

Se um cliente chega com um objetivo que não parece servi-lo bem, desafie-o com relação a o que ele irá perder ou ganhar. Por exemplo, se ele está tomando uma decisão de mudança de vida, como deixar um emprego bem pago, então, o *coaching* fornece o espaço para falar sobre isso e olhar a decisão de diferentes perspectivas, que talvez ele tenha perdido no calor do momento. Finalmente, o cliente faz suas próprias escolhas e, como *coach*, você apenas pode colocar isso sob os refletores.

O objetivo identifica o primeiro passo que devo dar?

Decidir fazer alguma coisa e realmente fazê-la não são as mesmas coisas. Você pode decidir que, a fim de ser um *coach* hábil, precisa estudar com o melhor do mundo, acumular horas de *coaching* e se tornar oficialmente reconhecido. Então, o que acontece se, a cada vez que você pensa em se inscrever em um programa formal, descobre alguma coisa na sua programação que seja prioritária? Seu objetivo provavelmente continuará sendo apenas um sonho.

Para transformar seu sonho em uma realidade concreta você tem que tomar aquele primeiro passo vital, porque sem ele você não constrói força viva suficiente para dar o próximo passo... e depois, o seguinte. O primeiro passo pode não ser realmente se inscrever em um curso de treinamento, mas um passo ainda menor, como verificar as datas de programação e marcá-las a lápis na sua agenda.

Como *coach*, você viaja com seus clientes à medida que eles dão esses passos, encorajando e apoiando-os para agirem de acordo com suas crenças e desejos, fazendo com que se expandam para além da zona de conforto.

Equilibrando Sonhos com a Realidade: A Estratégia da Disney

Do seu estudo sobre o grande Walt Disney, o preparador e fomentador de PNL Robert Dilts criou um modelo de sucesso criativo conhecido em PNL como a estratégia Disney, que se baseia na extraordinária capacidade de Disney de transformar sonhos em projetos reais. Essa estratégia acentua o aspecto de estabelecimento de metas para trazer os objetivos à vida e garantir sua viabilidade. É particularmente útil com projetos grandes e desafiadores para os indivíduos e as equipes.

Conhecimento dos diferentes papéis

Imagineering[1] é o termo que Walt Disney cunhou para descrever o modo com o qual ele elaborava sonhos e os transformava em realidade. Essa maneira única de trabalhar criou o atrativo duradouro de personagens como Mickey e Minnie, o legado do cinema e o império de parques temáticos apreciado por milhões de pessoas por todo o mundo hoje em dia.

O *imagineering* bem-sucedido reúne três estratégias essenciais: os papéis do Sonhador, do Realista e do Crítico, todos necessários para a inovação, a resolução de problemas e o alcance dos objetivos. De fato, os colaboradores de Disney diziam que três diferentes Walts vinham trabalhar, e eles nunca tinham certeza de quem viria para uma reunião. Seria o Sonhador, o Realista ou o Crítico em campo hoje? Sem dúvida que esta incerteza mantinha todos alertas!

Em PNL qualquer coisa é passível de ser atingida contanto que você lide com isso em partes suficientemente pequenas. *Chunking* se refere ao nível de detalhe ou tamanho de uma informação nova. *Chunking up* significa ir para uma visão maior, enquanto que *chunking down* divide a questão em elementos menores.

Por sua vez, como *coach*, você guia seus clientes em cada um dos três modos de pensar, incluindo demonstrar a linguagem corporal que se adapta a cada papel.

---

1 N.T.– Combinação de imaginação criativa com habilidade técnica.

Parte II: Formação de Habilidades Essenciais em *Coaching*

✔ **O Sonhador.** Neste papel, você está olhando para o futuro e pensando no todo. Quer ver cada pedaço da história ou projeto. Para pensar como um Sonhador, sentar em uma postura simétrica e relaxada, com seus olhos voltados para cima ajuda. A pergunta sendo explorada aqui é o que você *quer*. A Tabela 7-1 oferece perguntas relacionadas ao que você quer fazer.

✔ **O Realista.** O próximo papel muda a ideia para um plano executável ao segmentar um nível. Para pensar como um Realista, sente simetricamente e com a cabeça e os olhos olhando diretamente à frente e levemente para adiante. Nessa etapa, você foca nas perguntas relacionadas a *como* o plano irá funcionar. A Tabela 7-1 oferece perguntas relativas a como fazer o plano funcionar.

✔ **O Crítico.** O trabalho do crítico é verificar as falhas no plano, procurar pelo que foi negligenciado ao perguntar o seguinte tipo de questão "O que aconteceria se...". Para pensar como um Crítico, sua cabeça e olhos voltam-se para baixo e estão levemente inclinados, com uma de suas mãos tocando seu queixo. O crítico avalia as *chances* de isso realmente acontecer. A Tabela 7-1 oferece perguntas relacionadas à chance de fazer o plano funcionar.

Normalmente, você começa com o Sonhador, muda para o Realista e, então, para o Crítico. Às vezes acha que um cliente chega com um plano no qual ele já está trabalhando, sendo assim ele já está familiarizado com o papel de Realista, ainda que os papéis de Sonhador e Crítico estejam faltando. Nesta situação, um esforço de equipe pode muitas vezes assumir um projeto e torná-lo muito mais forte e mais inspirador.

Tabela 7-1 Trabalhando Através dos Papéis Estratégicos de Disney

Meu objetivo é:	Respostas:
Sonhador é o "Querer"	
O que você quer?	
Qual é o propósito? Por que você quer isso?	
O que você verá, ouvirá e sentirá quando tiver isso?	
Quais são os benefícios?	
Quando você espera que isso aconteça?	
Onde você quer que isso te leve no futuro?	
Quem você quer ser ou se parecer com, em consequência?	

(Continua)

(Continuação)

Meu objetivo é:	Respostas:
Realista é o "Como fazer"	
Quando este objetivo será completado?	
Quem são as principais pessoas envolvidas?	
Quais são as etapas do planejamento? O primeiro passo? O segundo passo? O terceiro passo?	
Quais são as evidências que você está seguindo?	
Como você saberá quando atingiu seu objetivo?	
Crítico é a "Oportunidade para"	
Quem será afetado?	
Quem pode fazer ou desmanchar essa ideia?	
O que os faria se opor?	
Quais são as suas necessidades?	
Quais são as compensações por manter as coisas como estão?	
Como você pode manter esses benefícios quando implementar a nova ideia?	
Onde e quando você não iria querer isso?	
O que está faltando ou é preciso?	

Coaching através de papéis

Você pode usar a estratégia e os papéis Disney de muitas maneiras para tornar os objetivos mais concretos e passíveis de serem atingidos. Você pode mencionar um papel em uma conversa rápida para conseguir que um cliente pense diferente, ou pode orientar os clientes através de um processo facilitado que dure várias horas. Uso a estratégia Disney com equipes para determinar uma visão para a organização e a utilizo com indivíduos no âmbito dos objetivos.

Uma agência de publicidade escandinava com a qual trabalhei está ciente de que seu trabalho criativo precisa fornecer resultados comerciais e contar com uma variação da estratégia Disney para que isso aconteça. O diretor administrativo organizou três salas na agência para os diferentes processos. O espaço do Sonhador funciona sem assentos, somente para encontros, e as ideias são escritas em uma lousa eletrônica. As cadeiras confortáveis estão alocadas no espaço do Realista, enquanto que o espaço do Crítico se caracteriza por assentos duros e mesas mais formais.

Acho que percorrer os papéis Disney funciona melhor quando você coloca três cadeiras diferentes ou delimita partes de uma sala para que se possa explorar cada papel, um de cada vez. Como mostra a Figura 7-1, o uso de cadeiras funciona muito bem quando você está trabalhando em um espaço público, porque pode se sentar à mesa com quatro assentos com facilidade – um para você e três para seus clientes usarem um de cada vez.

Parte II: Formação de Habilidades Essenciais em *Coaching*

Figura 7-1: Um arranjo de cadeiras para assumir os três papéis Disney estratégicos.

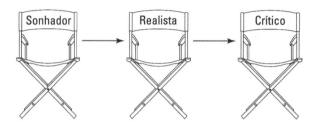

O exercício seguinte encoraja os clientes a experimentarem as diferentes perspectivas dos três papéis Disney.

1. **Convide seus clientes para participarem de uma sessão para trabalhar em alguma coisa realmente importante.**

   Você talvez queira trabalhar sobre a visão pessoal de vida do cliente, um projeto de mudança de vida ou outro objetivo significante. Naturalmente pode usar esse processo para si também.

2. **Coloque três cadeiras em um posicionamento triangular.**

   Sente-se ao lado do cliente em uma quarta cadeira enquanto fala ao longo do processo. A Figura 7-1 sugere uma possível disposição para as cadeiras. Seja lá como você arruma o espaço, mantenha-se fora do espaço criativo do cliente!

3. **Para cada etapa do ciclo criativo, oriente o cliente para sentar em uma cadeira específica e mudar a linguagem corporal para cada papel.** Comece com o Sonhador e, então, mude para o Realista e, finalmente, para o Crítico.

   Descrevo a linguagem corporal para os três papéis Disney na seção anterior "Conhecendo os diferentes papéis".

4. **Faça perguntas relevantes a um papel específico e anote as respostas dos clientes.**

   Utilize as perguntas e formulários da Tabela 7-1 como guia.

5. **Faça o cliente mudar para a próxima posição e assumir o próximo papel.**

   Faça as perguntas apropriadas e registre as respostas relevantes.

6. **Depois que o cliente assumir todos os três papéis, rapidamente repasse cada um deles e pergunte o que está faltando.**

   Por exemplo, eu estava trabalhando com um empresário em um novo empreendimento imobiliário. Através da estratégia Disney, ele percebeu que estava perdendo por não trabalhar com outros investidores que tinham diferentes formações técnicas. Ao envolver outros parceiros comerciais, ele poderia construir um esquema mais sustentável e inovador do que havia pensado originalmente.

7. Quando se está seguro de que seu cliente cobriu todas as posições, revise as respostas reunidas para cocriar um objetivo significativo, com um plano de ação realístico.

Geração de Novos Comportamentos

Mudanças exigem que as pessoas *façam* as coisas de uma forma diferente – coisas que elas talvez achem difíceis ao procurar atingir seus objetivos. O *Gerador de Novos Comportamentos* permite que seus clientes ensaiem mentalmente novos comportamentos aproveitando-se de todos os seus sentidos. Neste exercício, eles dialogam internamente, visualizando-os e verificando suas reações até que sintam que acertaram.

No exercício do *Gerador de Novos Comportamentos*, o *coach* se senta ou fica de pé ao lado do cliente e o orienta para mudar o modo como ele se senta e movimenta seu olhar. Os padrões de movimento dos olhos se conectam com as ideias de *pistas de acesso visual*. Os cocriadores originais de PNL, Richard Bandler e John Grinder, observaram que as pessoas naturalmente movimentam seus olhos de acordo com o que estão pensando em termos de imagens, sons e sentimentos (veja o Capítulo 11 para mais detalhes sobre sugestões de acesso visual).

Neste exercício, como muitos em PNL, você pode trabalhar sem conteúdo, o que significa que os clientes não precisam dizer-lhes especificamente o que eles querem fazer de forma diferente, nem mesmo realmente falar. Trabalhar sem conteúdo possibilita aos clientes permanecerem envolvidos com suas próprias experiências, sem qualquer distração involuntária da parte do *coach*.

Nas sessões seguintes, você pode ver como cada rodada de exercícios funciona separadamente. Pode precisar repetir duas ou três vezes novamente os passos até que o cliente sinta que conseguiu. No primeiro ciclo, as respostas dos clientes podem ser vagas, ainda que elas normalmente se tornem mais precisas na segunda e terceira rodadas.

Depois que você se familiarizar com o exercício e tiver uma ideia dos sistemas representacionais do seu cliente, tente usar uma parte dele para uma averiguação rápida durante uma conversa de *coaching* ou para reforçar uma ação. Por exemplo, convidar um cliente visual para olhar e imaginar a si mesmo fazendo uma ação em particular com a qual ele esteja comprometido, pode ajudá-lo a criar novos hábitos para ter êxito.

Ouvir a trilha sonora

A primeira postura do Gerador de Novos Comportamentos é a auditiva. Peça ao cliente para se sentar e olhar para o lado de sua mão esquerda para possibilitar que ele se conecte com seus diálogos internos. Depois que o cliente assumir essa postura, faça as perguntas concedidas no exemplo adiante.

Neste exemplo, Tim vem adiando escrever e publicar alguns artigos para promover seu negócio de quiropraxia. Seu *coach* foca seus esforços em Tim se dedicar a como seu novo comportamento (escrever e publicar os artigos) irá soar quando ele realmente o estiver fazendo. O *coach* visa conseguir que Tim identifique sons internos, tais como o que ele está dizendo a si mesmo, assim como sons do cotidiano ao seu redor.

Coach: Olhe para baixo e para a sua esquerda. Observe o que você ouve ao se perguntar: "O que você quer fazer?"

Tim: Quero me concentrar *em escrever um artigo que será publicado nas revistas especializadas.*

Coach: E como isso soa?

Tim: Ouço várias conversas ao telefone com editores, meus dedos digitando no teclado, um telefonema para uma amiga minha que é artista que vive dizendo que vai criar algumas ilustrações para mim. Também ouço a mim mesmo dizendo "Oh, não, eu tenho um prazo final para isto!". E provavelmente muitos rascunhos sendo rasgados.

Vendo o filme

A segunda postura no Gerador de Novos Comportamentos é a visual. Peça ao cliente para mudar seu olhar para o lado superior de sua mão direita e imaginar com o que o objetivo atingido se parecerá.

No exemplo de conversa a seguir, o *coach* visa que Tim se comprometa com o que o novo comportamento se parecerá quando ele estiver efetivamente escrevendo o seu artigo ao vivo e em cores – como se ele estivesse estrelando o filme de sua vida!

Coach: Escute os sons e olhe para cima e para a sua direita. Com o que isso se parece, *quando você está se concentrando em escrever um artigo que será publicado?*

Tim: Vejo a mim mesmo no dia em que trabalho em casa, programando o cronômetro no meu relógio e realmente me concentrando, fazendo uma pausa para fazer um lanche e, então, voltando a isso. Posso me ver sentado no meu escritório em frente à tela do computador e enviando o artigo para outro colega que diz que dará uma olhada. Estou com uma aparência bem surrada em meu velho *jeans* e um pulôver quente porque o meu escritório às vezes fica frio.

Sentindo, tocando e sentindo o aroma do resultado

A terceira postura do Gerador de Novos Comportamentos é o cinestésico, que se refere ao toque e aos sentimentos, bem como ao cheiro e ao gosto. Peça a seu cliente para se sentar confortavelmente, olhando para baixo e para a direita para entrar em contato com seus sentimentos.

> **Coach:** Mantendo aqueles sons e imagens na sua mente, olhe para baixo e para a sua direita. Como você se sente, *quando está se concentrando em escrever um artigo que será publicado?*

> **Tim:** A sensação é muito boa, embora faça um pouco de frio no meu escritório. Por esta razão, quero aumentar um pouco o aquecimento. Tenho a sensação de que isso realmente vai acontecer. Posso antecipar o cheiro da revista quando ela é publicada, tirando o seu plástico quando ela chega na minha caixa de correio. Eu me sinto entusiasmado por ter meu nome impresso finalmente e contente porque irá promover de forma positiva o nome da prática também.

Agora que você passou por um ciclo do exercício, peça ao cliente para repeti-lo mais rapidamente por mais dois ciclos, anotando qualquer informação a mais que ele observar no percurso. O cliente agora tem o seu próprio sentido do novo comportamento que deseja. Peça para que ele resuma o que surgiu de diferente e se comprometa com qualquer atitude que venha a ter como resultado do exercício.

Parte III
Aprofundando a Consciência

A 5ª Onda — Por Rich Tennant

"Não sei se nós temos ou não diferenças irreconciliáveis. Nós nunca conversamos."

Nesta parte...

Agora você está pronto para ir além e aprofundar seu *coaching* ao focar em valores que possibilitem que seus clientes sigam suas verdadeiras prioridades. Ao conseguir que eles entrem em contato com sua paixão e propósito através do entendimento do seu estilo de comportamento, você os capacita para serem mais eficazes.

Fique nesta parte para reprojetar estratégias inúteis e seguir o exemplo que funciona para aqueles que se superaram. Você irá conquistar as chaves para criar novos hábitos que estão a serviço de sucessos de longo prazo.

Capítulo 8

Prestar Atenção a Valores

....

Neste Capítulo

▶ Identifique o que motiva você a agir
▶ Superando os *deveres* e as *obrigações*
▶ Tome decisões em que você realmente acredita
▶ Vá mais além em seus valores como orientadores

....

Algumas das maiores perguntas que você pode se fazer estão centradas em valores. O que você representa? O que é mais importante para você? O que o deixa acordado à noite? O que lhe permite dormir em paz? O que você realmente quer?

Valores trazem energia e direcionamento; estes são o núcleo do que edifica uma motivação individual. Quando as pessoas entendem profundamente seus valores, elas podem criar uma maneira de atuar no mundo que as leva a um propósito e a um significado. Quando vivem de acordo com seus valores mais ocultos, se sentem contentes por estarem sendo verdadeiras a suas identidades, genuinamente sendo quem elas são. Ao contrário, quando os valores da pessoa não estão adequados, por qualquer razão que seja, elas se sentem inquietas.

Valores podem mudar ao longo do tempo, dependendo de suas experiências. As pessoas, muitas vezes, vêm para o *coaching* em momentos de transição, talvez de um trabalho para outro e também de um conjunto de valores para um conjunto de valores revisto.

Neste capítulo, você observa como pode possibilitar que seus clientes esclareçam seus valores essenciais. Então, eles podem fazer qualquer ajuste que seja necessário para respeitar aqueles valores em suas vidas diárias. Agir baseado em valores é uma parte muito significativa do trabalho de desenvolvimento pessoal que você pode fazer com um cliente. Ao mesmo tempo, você está encontrando uma bússola para a direção futura da vida e da felicidade de alguém.

Saber o que É Importante

O ato de identificar seus valores essenciais age como o catalisador para mudar para além do que você pensa que *deve fazer* a fim de operar com base em o que você realmente *quer fazer*. Valores essenciais são os motivadores principais por trás de suas decisões e ações, aos quais eu me refiro como *valores finais* neste capítulo.

Separar o "precisar" do "deveria"

A maioria das pessoas vive mais em suas cabeças do que no mundo lá fora, dos acontecimentos. A mente humana é um lugar delicado, cheio de pensamentos, *gremlins* e vozes variadas que zunem em volta da sua cabeça.

A forma como você interpreta um acontecimento e lhe dá significado resulta em prazer ou dor. Por exemplo, quando uma pessoa com quem você se importa não telefona, você pode escolher como reagir: fica feliz porque ele pode estar ocupado e se divertindo – ou triste porque ele provavelmente esqueceu você? Você acha que uma pessoa deveria se comportar de um modo em particular?

O Metamodelo de PNL de linguagem afirma que você está continuamente filtrando informações e fazendo conjecturas utilizando os padrões de distorção, generalização e anulação (consulte o Capítulo 6 para saber mais sobre o Metamodelo).

Em *coaching*, você provavelmente ouvirá os clientes dizerem: "Meu chefe diz que eu *deveria fazer X*" ou "Meu namorado acha que eu *devo fazer* Y". O Metamodelo chama estes tipos de padrões de generalização de *operadores modais de necessidade*. A vida dos clientes parece ser ditada mais por outras forças do que pelo livre-arbítrio dele.

Enquanto o chefe ou alguém querido pode estar com as melhores das intenções, os clientes se tornam incapacitados quando agem sempre a partir de um posicionamento de fazer antes o que eles pensam que deveriam fazer do que o que eles realmente querem. Da mesma forma, eles estão incapacitando os outros ao continuamente forçar suas próprias interpretações mais nos "deveriam" do que em dar às outras pessoas liberdade para decidirem por si mesmas.

Como *coach* de PNL, sintonize seus ouvidos para escutar os operadores modais e ir contra as afirmações, por exemplo, com "O que aconteceria se você não fizesse isso?" ou "Quais outras escolhas existem aqui?". Instigue seus clientes a fazerem escolhas racionais.

Valorizar o trabalho possibilita que as pessoas tomem melhores decisões baseadas no que é mais importante para elas – fundamentadas mais nos "precisam" do que nos "deveriam". Quando os clientes ditam as regras por si próprios, eles mudam para um posto de novas possibilidades. Depois que você tem clareza nos valores, entende por que quer agir de uma determinada forma.

Capítulo 8: Prestar Atenção a Valores

O "deveria" muda para o "querer" e o "escolher". Você talvez ainda faça o que alguém pede, mas quando faz isso por escolha, a batalha interna cessa. Veja o box abaixo, "Trabalhar duro – pelas razões certas", para um ótimo exemplo desse tipo de mudança.

Trabalhar duro – pelas razões certas

- Joe adquiriu um grande empréstimo para comprar um imóvel que o colocou sob enorme pressão para ganhar dinheiro e o deixou encurralado profissionalmente. Quando ele encontrava trabalhos que não queria fazer, como construtor autônomo, fazia afirmações tais como "Tenho que fazer isso porque tenho que pagar minha hipoteca" ou "Tenho que ser o principal provedor". Em consequência disto, o ressentimento foi se configurando em casa com explosões de raiva de Joe quando ele estava trabalhando por muitas horas. Sua esposa, Sam, e a família aprenderam a serem cuidadosos acerca do mau-humor de Joe.

- Ao trabalhar com um *coach*, Joe percebeu que seus valores mais altos estavam em torno de sua família e da segurança. Ele queria assumir um compromisso de proporcionar uma casa bonita na qual ele pudesse relaxar com Sam e suas duas filhas. Ele sentia que estaria fracassando em ser um bom marido e pai se não pegasse cada trabalho para pagar o empréstimo e demonstrasse seu comprometimento ao valor "Amor pela Família".

- Seu *coach* encorajou-o a encontrar outras maneiras com as quais pudesse honrar os valores de "Amor pela Família", bem como ser o principal provedor. Enquanto as garotas gostavam do fato de seu pai proporcionar um lar adorável e cheio de posses materiais, se lhes fosse dada a opção, elas iriam querer um pai mais relaxado que brincasse com elas.

- Junto com seu *coach*, Joe também examinou as estratégias práticas para aliviar sua pressão financeira e criar o tipo de trabalho que ele quisesse levar adiante. Joe disse, "Na verdade, com as taxas de juros baixas, a pressão real não era a hipoteca, mas o medo de que eu não pudesse ser capaz de sustentar a família se me acidentasse".

Com essa compreensão em mente, Joe e Sam fizeram vários ajustes:

- Tanto Joe quanto Sam estavam gastando dinheiro em crédito antes de ganhá-lo. Juntos eles entraram em acordo de que Joe se sentiria mais seguro se eles formassem um fundo amortizador de forma que ele pudesse pagar as contas mesmo que tivesse que ficar sem trabalhar por um ano.

- Sam se ofereceu para desenvolver suas habilidades de decoradora de interiores para acompanhar projetos para outras pessoas.

- Joe percebeu que ele poderia gerar renda através de suas excelentes habilidades com gerenciamento de projetos em trabalhos de construção mais complexos e tendo comerciantes autônomos trabalhando para ele. Além disso, este tipo de trabalho poderia continuar caso ele se acidentasse.

Separar valores de meios e valores de fins

Ao trabalhar com clientes para identificar valores, tenha em vista distinguir entre *valores de meios,* as coisas que são importantes, mas que são meios para um fim, e *valores de fins,* que são as coisas absolutamente essenciais da base que precisam estar no lugar.

A lista a seguir ilustra a diferença entre valores de meios e de fins:

- Dinheiro, casa e trabalho são todos exemplos de valores de meios.
- Dinheiro pode criar valores de fins de segurança, liberdade, paz e diversão.
- Casa pode suprir valores de fins de proteção, espaço e alegria.
- Trabalho pode conceder valores de fins de propósito, energia e liberdade.

Você geralmente experimenta valores de fins como sentimentos: amor, paz, liberdade, autoestima, confiança, poder, honestidade, conhecimento e alegria. Todos são conceitos que você não pode tocar, mas que sabe intuitivamente quando os têm e quando não os têm.

Foco em valores essenciais

O exercício seguinte leva você através do processo de estabelecer a lista de seus valores iniciais. Ele pode ser algo surpreendente tanto para *coaches* quanto para clientes.

1. **Em um pedaço de papel em branco, escreva uma lista de seus valores.**

    Suas respostas às perguntas a seguir podem ajudar a revelar valores:

    - O que é importante para você?
    - O que precisa em sua vida?
    - O que é tão crucial para quem você é que quase teria esquecido de mencionar?

    A Tabela 8-1 oferece uma seleção de palavras para começar uma conversa sobre valores, mas sinta-se à vontade para encontrar aquelas que tenham mais significado para você. Peça a seus clientes para acrescentarem palavras-chave a essa lista.

2. **Depois que você tiver uma lista de cerca de 12 a 15 valores, veja como eles se agrupam e se justapõem; refine a lista de valores para não mais que nove itens.**

    Algumas palavras podem ter um significado similar o bastante para que se possa contá-los como um só valor, tal como integridade/honestidade ou propósito/direção.

Capítulo 8: Prestar Atenção a Valores

3. **Pegue uma palavra por vez e pergunte: "O que este valor me oferece?"**

    Continue fazendo a pergunta até que esteja convencido de que chegou a um *valor de fim* – aquele ponto ao qual você (ou seu cliente) sabe que alcançou uma necessidade fundamental.

    Um cliente, Tony, respondeu inicialmente que sua moto era muito importante para ele. Quando seu *coach* perguntou: "O que a moto oferece a você?", ele respondeu: "Acesso à estrada". Quando seu *coach* foi um pouco mais fundo ao perguntar: "E quando você tem acesso à estrada, o que isso dá a você?", Tony respondeu: "É tudo *liberdade*". Liberdade é o valor de fim de Tony, e sua estimada moto lhe dá isso.

4. **Tome essa lista de valores completamente revista como o importante bloco de construção para futuros planejamentos, fixação de objetivos e atividades de tomada de decisão.**

    Algumas pessoas gostam de manter a lista em suas paredes, outros em suas agendas ou telefones celulares. Encontre algum lugar de fácil acesso para guardar, assim você pode consultá-la com frequência.

Tabela 8-1	Palavras de Valores	
Realização	Aventura	Afeição
Autenticidade	Equilíbrio	Mudança
Proximidade	Comunidade	Conexão
Contribuição	Criatividade	Disciplina
Energia	Família	Liberdade
Amizade	Diversão	Crescimento
Harmonia	Assistência	Honestidade
Independência	Inovação	Integridade
Aprendizado	Amor	Lealdade
Ordem	Paz	Prazer
Poder	Propósito	Reconhecimento
Relacionamento	Respeito	Segurança
Assistência	Espiritualidade	Sucesso
Trabalho em Equipe	Confiança	Riqueza
Sabedoria		

Estabelecimento de Prioridades

Após identificar seus valores essenciais (veja a seção anterior "Foco em valores essenciais"), você tem um projeto para orientar o processo de fixação de prioridades e iniciar o trabalho.

Embora o foco deste capítulo seja sobre os valores de um indivíduo, os princípios de identificação de valores e de vivenciá-los também se aplicam a uma equipe ou organização maior da mesma maneira. Veja o Capítulo 12 para saber mais sobre a preparação de equipes.

Permissão de tempo para refinar valores

Duas pessoas podem ter o mesmo conjunto de valores, mas se comportar de maneiras muito diferentes. Por esta razão, você precisa entender como os valores se traduzem em comportamentos na vida cotidiana e onde se encontram suas prioridades.

José contou sobre um desentendimento com sua família quando seu filho e nora estavam passando por problemas financeiros. A nora acusou José de não amar seu filho porque ele não pagava suas dívidas. José argumentou que era exatamente *porque* ele amava seu filho que não iria tirá-lo do problema financeiro. José acreditava que estava demonstrando amor de uma forma severa, ao mostrar a seu filho que ele precisava assumir responsabilidade por seus gastos. Tanto José quanto a nora estavam agindo a partir de posicionamentos de amor, mas se comportando de maneiras diferentes.

Determinação dos indícios de um valor

Você e seu colega podem ambos dizer que aprender é importante para vocês. Mas, quando perguntados, um pode dizer que aprender diz respeito a obter uma qualificação formal enquanto o outro diz que aprender tem a ver com pôr o conhecimento em prática. Então, quem está certo? Na verdade, ambos estão! A interpretação de um valor não tem resposta certa ou errada.

Faça o exercício seguinte para se tornar mais específico sobre *como* você sabe que está honrando um valor do seu próprio jeito. Pegue cada valor que identificar na seção anterior "Foco em valores essenciais" e pergunte ao cliente as seguintes questões:

- O que especificamente (este valor) significa para você?
- Como você saberá que o conseguiu?
- O que verá, ouvirá e sentirá?
- Como irá se comportar?

Depois que seus clientes sabem como vivem valores específicos de forma pessoal, você também pode explorar como as principais pessoas com as quais se conectam podem ter os mesmos valores, mas expressá-los de formas diferentes. Peça que eles considerem seus parceiros principais (veja o Capítulo 12) e os valores que são importantes para cada um deles.

Trabalho em direção a uma hierarquia

Nem todos os valores são igualmente importantes e, muitas vezes, alguma coisa precisa estar faltando na vida antes que você se sente e preste atenção a sua importância. Por exemplo, se sua saúde decai, ficar bem sobe para sua lista de prioridades. Caso se preparar para uma carreira seja mais importante para você, namorar pode ir para segundo plano.

Uma tensão natural existe entre alguns valores. Além disso, a hierarquia de valores de uma pessoa muda de acordo com as circunstâncias do momento. O poeta David Whyte tem uma maneira útil de pensar sobre essas tensões e mudanças. Whyte sugere que os três relacionamentos principais com os quais você se compromete são: com você mesmo, com um outro significante e com o trabalho (ou atividade com propósito). Manter todos os três relacionamentos é como ter três casamentos simultaneamente (daí o título do seu livro, *The Three Marriages* [Os Três Casamentos]). Cada relacionamento é precioso, e você não quer se ver forçado a ter de decidir colocar um na frente do outro. E, para ficar perfeito, você quer relacionamentos fortes em cada uma das três esferas.

Peça a seu cliente para colocar cada valor em ordem de importância e criar uma hierarquia. Ele deve escrever cada um deles em um cartão ou *post-it* e, então, movê-los ao redor em uma superfície plana. Criar listas lineares se mostra um desafio com clientes que têm uma orientação mais voltada para escolhas! Use um formulário como a Tabela 8-2 para listar sua hierarquia de valores.

Tabela 8-2	Lista de Valores Priorizada
Ordem de Prioridade	*Valor*
1	
2	
3	
4	
5	
6	
7	
8	
9	

Quando o impensável acontece

"A coisa mais difícil para mim foi enterrar minha mãe e minha irmã, com minhas próprias mãos, no gelo", diz Fernando Parrado, coautor de *Milagre nos Andes* e empresário uruguaio de sucesso. Nando, como é geralmente conhecido, é um dos 16 sobreviventes do acidente de avião de 1972 nas montanhas dos Andes, na faixa entre a Argentina e o Chile. O voo estava levando um time de rúgbi de uma escola em Montevidéu para jogar em Santiago do Chile. Com apenas 21 anos na época do acidente, Nando tinha convidado sua mãe e irmã menor para irem torcer por ele.

Durante um período de 72 dias, os sobreviventes se tornaram verdadeiros camaradas que trabalharam em equipes para inovar, tomar decisões de partir o coração em condições de extrema pressão e suportar extraordinárias privações com otimismo e paciência. Apesar de cercados pela morte por dois meses, 16 dos 45 membros da tripulação e passageiros sobreviveram. A história deles tem sido tema de filmes, livros e incontáveis palestras, e os sobreviventes continuam a contar suas experiências ainda hoje e a compartilhar as lições que moldaram suas vidas para sempre.

Em uma palestra inspiradora, Nando falou sobre seus valores em termos da lição mais importante:

Hoje eu posso definir que coisas são importantes e quais não são. Eu gosto dos negócios e quero ser bem-sucedido, mas apenas se os outros aspectos da minha vida estiverem bem. Nós não podemos negar que hoje em dia nossas famílias são a coisa mais importante para nós. Cem por cento das pessoas que estavam nos Andes queriam voltar para suas famílias, não para seus contratos, estudos ou dinheiro. Nós queimamos todo o dinheiro no avião; nós queimamos para conseguir calor. Isso significa que dinheiro somente é importante se as outras coisas estiverem no seu lugar certo. Eu prefiro ter uma vida familiar bem-sucedida do que um negócio bem-sucedido.

Avaliação de decisões fundamentadas em valores

Valores precisam ser vividos todos os dias, deste modo, pequenas ou grandes decisões precisam combinar com estes valores pois, de outra forma, o cliente fica com um sentimento de inquietação. Após os clientes enunciarem uma lista de valores, peça para se pontuarem sobre como estão vivenciando seus valores a partir da Tabela 8-2. Pegue um de cada vez e peça a eles para darem uma pontuação de 0 (mais baixo) a 10 (mais alto) para determinar o quão bem eles estão indo. Quando eles estiverem encarando uma decisão maior como uma troca de trabalho, uma mudança de casa ou um investimento de tempo ou dinheiro, peça para eles olharem para suas listas de valores e ver como essas decisões se encaixam – ou não – com a lista.

Capítulo 8: Prestar Atenção a Valores

Joana gerencia uma consultoria de marketing que inclui várias organizações de *coaching* dentre seus clientes. Ela conta que, bem cedo no seu local de trabalho, encontrou uma pessoa que administrava um negócio de *coaching* e que estava buscando serviços de copiador de anúncios e matérias a publicar. Quando apresentou seus produtos, o homem disse que não tinha nenhuma crença verdadeira no trabalho e que seus clientes serviam como um caminho para ele gerar riqueza. Esta afirmação não soou bem para Joana e ela percebeu o papel vital que os valores desempenham em como ela atrai clientes.

> *Para mim, esse homem não tem nenhuma integridade, e eu sabia que não podia trabalhar com ele. Desde então, decidi somente trabalhar com clientes quando nossos valores têm uma boa combinação, e isso significou que, durante dez anos de gerenciamento deste negócio, eu atraí clientes com a mesma mentalidade e que são divertidos para se trabalhar.*

Confiança é outro valor essencial que influencia o modo como Joana administra seus funcionários e fornecedores. Ela dá um breve resumo e se compromete em apoiar e, então, confia que as pessoas irão levar o trabalho adiante. "Eu assumo que as pessoas são confiáveis, e adivinha? As pessoas raramente me desapontam. Eu sou honesta com as pessoas, e elas são honestas comigo".

Reação a violações de valores

Não satisfazer seus padrões de valores pode causar enormes conflitos emocionais, tanto internamente quanto com outras pessoas. Por exemplo, nem todo mundo que você encontra interpreta a honestidade da mesma maneira. Peça a sua cliente para contar a você sobre seus momentos mais desconfortáveis, as profundezas do desespero, e você pode estar certo que seus valores terão sido violados. Peça a ela para contar resumidamente sobre uma situação ruim e o que aprendeu acerca do que é mais importante para ela. Desta forma, você consegue uma maior clareza nos seus valores mais importantes e como eles podem ser violados, a não ser que seu cliente tome uma atitude para mudar.

André veio para o *coaching* se sentindo pressionado por sua função em uma agência de recrutamento. Ele tinha aceitado o trabalho sabendo que seriam horários fora do normal e trabalho duro, mas estava desejoso de desenvolver novas habilidades e conquistar uma boa vida para si. Ao explorar seus valores, descobriu que dois, que eram essenciais para ele se sentir feliz, estavam faltando.

O primeiro era a diversão. Os colegas de André eram sérios demais e antissociais e ele vinha de um escritório em que gostava da camaradagem e da brincadeira. André percebeu que talvez não conseguisse mais sua dose de diversão da mesma forma no trabalho; então, ele teve que se adaptar para encontrar uma forma de se divertir. Ele começou a colecionar histórias divertidas sobre as peculiaridades de seus colegas.

Contudo, o maior conflito de valores veio quando André percebeu que seu chefe, Mário, era desonesto e que não tinha nenhum remorso sobre seu comportamento. André sentiu seus valores de honestidade serem violados. Ele se sentia cada vez mais desconfortável com as completas mentiras que seu chefe contava com toda a felicidade acerca de progressos em projetos de clientes. O momento decisivo chegou quando escutou seu chefe desonestamente prometendo bônus por desempenho para a equipe inteira e depois estabelecendo metas que eram impossíveis de serem atingidas. As táticas de *bullying* começaram a gerar seus frutos, deprimindo o ambiente de trabalho ainda mais.

Ao planejar uma conversa difícil e desafiadora com seu chefe no *coaching*, André decidiu que seu futuro se situava em encontrar uma organização mais honesta para trabalhar. Ele percebeu que os chefes não agiriam contra ele, então, negociou um pacote de rompimento suave.

Mantenha os Valores Vivos Todos os Dias

Um exercício para revelar valores não é uma atividade isolada. Sentir-se feliz significa que tem de se manter alerta a todos os fatores que são importantes para você e observar o que está mudando.

Quando alguma coisa simplesmente não parecer certa, volte à sua lista de valores essenciais e verifique se alguma coisa saiu do alinhamento ou se um valor escondido está vindo à tona.

Avalie se você está agindo conforme o que diz

A maior parte dos programas de *coaching* com um cliente inclui trabalhar valores na fase inicial (consulte o Capítulo 4). Como *coach*, você está no lugar de preservar os valores dos clientes, da mesma forma que preserva os objetivos e a programação geral dele.

Quando um cliente estiver lutando contra um problema, simplesmente pergunte: "O que aconteceria se você trouxesse mais X para a situação?" – com o X podendo ser qualquer valor que o cliente tenha expressado, da alegria à simplicidade e à energia. Outra pergunta para explorar é: "Como o que você está dizendo aqui se encaixa com os seus valores?".

Como um exercício de autoconsciência, crie estruturas para lembrar seus clientes de prestarem atenção a seus valores dia a dia e semana a semana. Um exemplo pode ser conseguir que eles revisem como vivenciaram seus valores durante o dia a cada noite para decidirem o que gostariam que acontecesse no dia seguinte. Ao desenvolver tais hábitos reflexivos, seus clientes adquirem novos entendimentos para além do *coaching* e deixam essa informação permear suas vidas cotidianas.

Sonhar maior e melhor

A maior parte deste capítulo examina os valores como princípios de orientação geral para auxiliar na direção. O que dizer de situações em que as coisas já estão funcionando bem facilmente? Você também pode usar valores para explorar sonhos maiores e mudar do que o meu próprio *coach* chama de "presente perfeito" para "um futuro perfeito".

A PNL oferece o modo de pensar "como se" para encorajar sonhos maiores. Entre em um futuro imaginário como se já estivesse lá. Explore seu trabalho, vida, relacionamento ou ambiente dos sonhos.

O exercício a seguir encoraja os clientes a sonharem como se qualquer coisa fosse possível. Experimente isso em você mesmo também.

1. **Entre no futuro.**

    Escolha um período de tempo específico – daqui a seis meses, cinco anos ou seja lá o que for mais apropriado. Coloque uma marca no chão e fisicamente entre neste espaço.

2. **Escolha um contexto para a sua visão do futuro.**

    Seu contexto pode ser toda a sua vida, ou um aspecto específico, tal como seu trabalho ou suas atividades de lazer.

3. **Renove a confiança de seu cliente de que ele sempre pode honrar seus valores e peça que ele explore criativamente o que pode fazer o futuro ainda mais perfeito do que hoje.**

    Reserve bastante tempo e espaço para suas explorações. Gentilmente reúna respostas para as seguintes perguntas:

    - O que você gostaria de ter mais?
    - O que você gostaria de ter menos?
    - Pelo que você gostaria de ser mais conhecido?
    - Em um mundo ideal, como é a sua semana típica?
    - O que é mais gratificante para você acerca das escolhas que fez?
    - A que você atribui seu sucesso de atingir exatamente o que você quer?
    - O que é absolutamente essencial e que você conserva?
    - Em seus sonhos mais loucos, o que você realmente gostaria que acontecesse?

4. **O passo final é tomar uma atitude baseada no que o cliente descobriu.**

    Solicite que ele reflita sobre o seguinte:

    - Agora que você teve tempo para explorar, qual é o primeiro passo de hoje que irá causar impacto no futuro?
    - O que você fará que conduzirá a seu sonho?

Parte III: Aprofundando a Consciência

Capítulo 9

Encontre a Paixão e o Sentido

Neste Capítulo

▶ Motive-se com estados de fluxo
▶ Preste atenção às nascentes da paixão
▶ Descubra o propósito pessoal
▶ Una paixão e propósito

*V*ocê já se deparou com pessoas que vão ao seu encontro como se fossem mortos-vivos? Elas parecem carecer de paixão e conexão com o mundo. E se deslocam pela existência cotidiana sem destino em mente, simplesmente andando por aí com o passo pesado, como se a vida fosse um grande esforço.

No dizer de PNL, esses indivíduos estão *dissociados* da riqueza da vida. Eles funcionam mais no *efeito* do que na *causa*, o que quer dizer que respondem antes passivamente aos acontecimentos do que positivamente comprometidos com as experiências de criar as vidas que eles querem guiar (veja o Capítulo 2 para saber mais sobre estar no efeito e na causa). O intuito em *coaching* é capacitar o cliente para estar na causa. Quando no efeito, as pessoas esperam que outros lhe deem oportunidades ou resolvam seus problemas. Quando na causa, as pessoas saem e encontram oportunidades e soluções para seus problemas.

Este capítulo se concentra nas formas de ajudar o seu cliente a reconectar-se com seu sentido de propósito essencial, o que faz com que mudem daquele lugar de mortos-vivos para estarem completamente vivos dentro de suas próprias vidas. Eu também exploro o estado de fluxo como uma fonte de paixão e propósito e, então, investigo técnicas e ferramentas de *coaching* que você pode utilizar para que os clientes entrem em contato com seus verdadeiros sentidos de propósito.

Despertar

Qualquer processo de crescimento ou transformação é normalmente acompanhado de um despertar, tal como na primavera, quando a natureza volta à vida depois da letargia do inverno. O promotor de PNL Robert Dilts fala, em *Coaching com C maiúsculo*, que os *coaches* de PNL funcionam como *despertadores*, trazendo as pessoas à vida para seus espíritos naturais e abrindo-os para conexões que vão para além de suas próprias identidades.

Desperte os clientes daquele estado desconectado de zumbi ao trocar o foco de um sentido do indivíduo de identidade pessoal no aqui e agora para pensar sobre a paisagem maior de sua vida: peça que ele se pergunte com o que realmente se importa, como quer se conectar com os outros, o que vai ser mais significativo para orientar a vida de uma maneira que o faça feliz?

Como *coach*, você precisa estar totalmente desperto a fim de despertar os outros. Você não pode esperar fazer a pessoa se sentir motivada com paixão e propósito a menos que tenha claro seu próprio senso de direção. Como *coach*, você precisa trabalhar no seu próprio desenvolvimento e não apenas ancorar outras pessoas. Além dos exercícios neste livro, o *Personal Development All-in-One For Dummies*, editado por Gillian Burn (Wiley), oferece uma riqueza de ideias.

Sintonizado com Estados de Fluxos

As sessões de *coaching* mais produtivas acontecem quando o cliente e o *coach* podem ter acesso ao *estado de fluxo* do cliente, no qual este reconhece como pode funcionar dando o melhor de si. Até que você libere esse estado de fluxo, seu tempo com um cliente é puramente focado em tarefas e, lógico, carece do diálogo criativo entre o *coach* e o cliente, que é essencial para a transformação real começar.

Em um estado de fluxo, as pessoas se conectam com o que elas realmente se importam – suas paixões e, finalmente, seus propósitos (veja a seção seguinte "Identificação do Propósito da Sua Vida"). Estar em um estado de fluxo é como se seu corpo fosse um piloto automático, inconscientemente sabendo exatamente onde está indo e não tendo que pensar ou se preocupar sobre qualquer coisa; você apenas decola e toca sua vida no momento. Pense em Tom Hanks no filme *Forrest Gump*, quando ele começa a correr e então continua correndo por todo o país com graça e despreocupação. Da mesma forma que corredores de longa distância chegam a um estado de fluxo, a experiência do fluxo traz um sentido de movimento fácil através de seu corpo e mente. Você se sente comprometido, maleável, rápido e flexível.

Muitas vezes você pode detectar um estado de fluxo de um cliente mais por sua ausência do que por sua presença. Quando um cliente não está em um estado de fluxo, alguma coisa está interferindo. Essa interferência pode estar ligada a habilidades; quando algumas pessoas encaram desafios para os quais elas não se sentem competentes para lidar, experimentam ansiedade, e o estado de fluxo não acontece. Em contraste, quando os níveis de habilidades das pessoas excedem o desafio, eles podem se sentir enfadados ou desconectados. Pense no estado de fluxo como o espaço no qual seus clientes florescem.

Capítulo 9: Encontre a Paixão e o Sentido

Seguir o fluxo

Talvez a única maneira de relaxar o bastante para pronunciar o nome húngaro do psicólogo Mihaly Csikszentmihalyi é estar em um estado de produtividade redobrada, felicidade e foco elevado. Em seu livro *Flow: The Psychology of Optimal Experience* (Harper Perennial), ele apareceu com a noção de *fluxo* para descrever o modo como as pessoas experimentam a vida quando estão funcionando com sua melhor capacidade mental.

No estado de fluxo, você não é importunado por enormes desafios; em vez disso, você os leva com um grande senso de bem-estar. Não é surpresa que organizações ao redor do mundo se apaixonaram pela pesquisa de Csikszentmihalyi. Quem não iria querer encontrar a essência do que motiva os funcionários a se envolverem em tarefas difíceis e a trabalhar dando o melhor de si?

Enquanto a maior parte da psicologia se concentra exclusivamente em disfunção humana, Csikszentmihalyi está mais curioso sobre os estados positivos, os momentos quando os seres humanos estão no auge de sua forma. Anos antes de publicar seu trabalho original, ele notou como se sentia bem quando estava fazendo algo árduo, como escalar uma rocha ou estudando.

Sua pesquisa o conduziu a entrevistar e observar pessoas excepcionalmente criativas trabalhando, um vasto conjunto de pessoas, incluindo jogadores de xadrez, compositores de música e pessoas comuns tratando de seus negócios. Em um dos estudos, pessoas carregavam *pagers* que soavam ao acaso por uma semana. Quando os *pagers* soavam, elas anotavam o que estavam fazendo e sentindo naquele momento. Csikszentmihalyi e seus voluntários ficaram surpresos com os resultados: as pessoas ficavam mais felizes quando comprometidas em uma tarefa que as absorvia, muitas vezes o trabalho ou um *hobby*, mais do que relaxar passivamente em frente da TV ou vendo um filme.

Além dos assuntos relacionados a habilidades, seus clientes podem perder o estado de fluxo se estiverem:

- Constantemente fatigados ou passando por momentos de níveis baixos de energia.
- Excessivamente aflitos com as situações cotidianas.
- Sem foco em suas atividades – pulando em diferentes atividades sem se ater a qualquer coisa.

Em contraste, quando os clientes experimentam o estado de fluxo, eles estão:

- Completamente absorvidos em suas atividades e extremamente concentrados.
- Prontos para levar adiante o trabalho a que estão se dedicando porque estão se divertindo muito.
- Alertas, satisfeitos e espontâneos.

Encontre seu estado de fluxo

A paixão é propositada. Você pode experimentar paixão como uma demonstração barulhenta externa do que você acredita, bem como um sentimento interno tranquilo.

Para ver a paixão em ação, sintonize com seu próprio estado de fluxo e com o dos outros ao seu redor. Observe que as pessoas em estados de fluxo não estão sentadas tomando Sol passivamente; elas estão ativamente comprometidas com maneiras que criam a qualidade das suas vidas cotidianas. Enquanto essas pessoas podem estar trabalhando atentamente, elas também provavelmente estão:

- Sentindo-se agradecidas pelos prazeres simples da vida.

- Desistiram da necessidade de estar se esforçando a cada tarefa a fim de impressionar outros ou atingir resultados perfeitos.

- Encontrando espaço para pensar e relaxar sobre assuntos não relacionados a trabalho.

- Apreciando o que acontece no momento.

Quando Jorge me contratou como uma *coach* de carreira, ele estava trabalhando como diretor de marketing para uma empresa de hotelaria. Seu trabalho envolvia cobrir muitos eventos esportivos de fim de semana e viajar pelo país, mas seu coração não estava mais no trabalho. Sua esposa recentemente dera à luz prematuramente gêmeos, o que apressou seu desejo de encontrar uma nova função que o permitisse ficar as noites e os finais de semana com sua família. Enquanto a programação de *coaching* de Jorge se concentrava nos aspectos práticos de como atrair o tipo de trabalho que ele queria (tal como refinar seu currículo e falar com as pessoas certas), o subtexto de nosso *coaching* era mantê-lo em um estado de fluxo de forma que pudesse fazer as melhores escolhas profissionais. Nós examinamos as partes de seu trabalho corrente que não exigiam esforço. Ao se concentrar nessas atividades durante o dia de trabalho, Jorge era capaz de conservar melhor sua energia para a família. Essencialmente, ele reprojetou a função já existente na organização para que se encaixassem em seus talentos e obteve a experiência necessária para fazê-lo mais atraente para seu próximo empregador. Partes do trabalho que Jorge não gostava tanto permaneceram, mas ele se concentrou naquelas em que ele queria melhorar suas habilidades e delegou as tarefas mundanas.

Muito do *coaching* envolve trabalhar mais nas formas em que os clientes se movimentam em suas vidas cotidianas do que determinando tarefas específicas. Pense nisso como trabalhar mais nas maneiras de ser do cliente do que no fazer. À medida que os clientes se tornam mais conscientes sobre como eles funcionam dando o melhor de si e mais confiantes na maior parte do tempo, os detalhes do que e quando eles fazem as coisas se concretizam mais facilmente fora das sessões de *coaching*.

Capítulo 9: Encontre a Paixão e o Sentido

A seguir estão quatro maneiras de ter acesso ao estado de fluxo ao sintonizar com o lugar do ser.

Sinta-se agradecido

Quando você presta atenção ao que é agradecido na vida, não pode fazer nada além de, com o tempo, filtrar mais as coisas ruins. Este princípio é a base das abordagens de *coaching* que focam em soluções, ou *práticas de indagações apreciativas*, que identificam o que está indo bem e então constroem sobre isso. Prestar atenção deliberadamente ao que você tem que ser agradecido é também uma base para muitas práticas meditativas em geral.

Um exercício útil para encorajar o agradecimento e sua consciência de a que você está agradecendo, é realizar um diário de gratidão ao final do dia. Faça uma nota rápida dizendo a que você se sente agradecido e revise-a periodicamente, especialmente quando estiver se sentindo para baixo. Outro hábito bom é fazer uma anotação sobre o que você aprecia em outros e compartilhar isso com eles.

Deixar de se esforçar demais

Minha colega Elizabeth Kuhnke, autora de *Body Language For Dummies* (Wiley), prepara altos executivos em seus impactos pessoais e apresentações em reuniões. Para encorajar melhores desempenhos, ela recomendava que banissem a palavra *esforço* de seus vocabulários. Mas, se esforçar bastante é uma boa coisa, certo? Na verdade, não.

Quando você se esforça muito para fazer alguma coisa, sua face normalmente forma caretas e tensões se acumulam em seus ombros. Manter esse esforço em seu corpo previne sua mente inconsciente de fazer o trabalho de apenas permitir que você atue da melhor maneira possível porque sua mente consciente se entrelaçou em todas aquelas pressões do tipo "precisa se esforçar muito".

Quando você se encontra tentando demais alguma coisa, lembre-se do *princípio de Pareto*, que afirma que 80% dos resultados vêm de 20% de esforço, e que leva quatro vezes o esforço para mudar os 20% restantes e alcançar os 100%. Uma boa lição às custas da perfeição!

Como *coach*, quando você se esforça muito para fazer uma excelente sessão, pode perder contato se ficar focado naquele momento do seu cliente e, assim, diminuir a qualidade da experiência para ele.

Permitir espaço

A sessão de *coaching* em si é um espaço fantástico para um cliente pensar de modo relaxado e sem julgamentos – uma hora ou duas de pura paz e indulgência. Com certeza, encontrar com um *coach* pode ser o único momento que os clientes têm para refletir sobre o que querem para si no entremeio das outras pressões de suas vidas. Ir para longe das atividades de pressão e ter um tempo tranquilo para pensar é essencial para ser mais eficaz em qualquer função, seja como mãe ou diretor executivo.

Encoraje seus clientes a tirarem um tempo para si fora do *coaching*. Eles podem dizer que isto parece egoísta, ainda que seja criando espaço para se revigorarem e se reenergizarem o que, por sua vez, possibilita que ajudem de forma mais eficaz os outros.

Apreciar a experiência no momento

Você já deve ter ouvido o dito popular "O passado é história. O futuro é um mistério. O presente é uma dádiva – e é por isso que se chama presente". Estar presente em suas experiências no aqui e agora é um presente para você mesmo, e uma ótima maneira de despertar para a vida.

Pode soar estranho, mas algo de bom pode sempre ser encontrado em qualquer situação, mesmo que seja a antecipação de um ponto final. Tente encontrar o lado bom em alguma experiência que você realmente não esteja adorando (talvez, na próxima vez que estiver na cadeira do dentista). Decida que quer apreciar a experiência bem agora, mesmo que seja somente a chance de reclinar-se, tirar uma soneca e escutar o rádio ao fundo.

Melhor ainda, faça uma pausa de cinco minutos no ar fresco agora mesmo e olhe para o céu acima de você. Observe sons, visões e sentimentos de conectar-se com a natureza que está sempre a sua volta, qualquer que seja seu ambiente.

Acesso ao estado de fluxo

Use o exercício seguinte para acessar seu próprio estado de fluxo ou ajudar seus clientes a acessarem os deles. O cliente pode levar esse exercício para casa a fim de trabalhar em cima dele, embora você possa fazer algumas das perguntas como parte de uma sessão de *coaching*. Faça cópias das perguntas, sente-se com elas por uma ou duas semanas e volte para fazer uma anotação do que lhe vier à cabeça.

Nenhuma das respostas está certa ou errada. Talvez você queira refletir sobre essas perguntas como uma inquirição de *coaching* ampliada por um período de tempo (veja o Capítulo 6 sobre fazer inquirições).

1. **O que você realmente agradece por ter em sua vida?** Alguns exemplos podem incluir crianças saudáveis, colegas atenciosos, um cargo de confiança, nenhuma dívida de grandes proporções, a oportunidade de viajar para diferentes partes do país ou do mundo, uma cama confortável e quentinha, lâmpadas elétricas e água corrente. Liste seus exemplos abaixo:

   ....
   ....
   ....
   ....
   ....

Capítulo 9: Encontre a Paixão e o Sentido *157*

2. **Quando e onde você cobra muito de si mesmo?** Por exemplo, você fixa padrões muito altos de asseio, limpeza, alvo a ser atingido ou atenção aos detalhes no trabalho? Liste seus exemplos abaixo.

....
....
....
....
....
....

Examine os exemplos que você listou acima e faça anotações sobre em que você pode deixar de se esforçar tanto.

3. **O que permite a você sentir um maior senso de espaço em sua vida?** Por exemplo, você tem algum espaço para chamar de seu – um local onde pode se sentar em casa ou trabalhar com tranquilidade? Você costuma caminhar por um parque, uma floresta ou ao longo de um rio? Liste seus exemplos abaixo:

....
....
....
....
....
....

4. **O que impede você de estar presente?** Por exemplo, você está se preocupando com o que aconteceu ontem ou o que vai acontecer amanhã? Está checando e-mails enquanto poderia estar conversando com sua família? Contraste isso com quando você realmente experimenta estar presente no momento.

....
....
....
....
....
....

5. **Quando ou onde você realmente experimenta estar presente no momento?** Por exemplo, você é capaz de parar e observar as folhas das árvores, o cheiro de pão fresco recém-saído do forno, o rosto do motorista do ônibus, a sensação do chão enquanto corre? Liste seus exemplos abaixo:

....
....
....
....
....
....

Ao se perguntar regularmente sobre esse tipo de questão, você pode começar a mudar para um estado de fluxo mais sintonizado no momento. Quando se encontrar ansioso ou oprimido, volte às suas respostas e determine o que precisa fazer para voltar a ser mais agradecido e apreciar o momento em vez de se esforçar demais.

Manter o fluxo em tempos desafiadores

Quando os clientes estão passando por tempos desafiadores, eles perdem seu estado de fluxo. Talvez eles não queiram ou nem mesmo sejam capazes de falar sobre o que os está desafiando claramente mas, um *coach* com uma boa perspicácia sensorial pode perceber pistas na fisiologia do cliente. Esteja alerta para tensões no pescoço e ombros, mudança de cor no rosto e pescoço e apertar os dedos.

A PNL reconhece que a mente e o corpo estão conectados (a *conexão mente-corpo*). De fato, o corpo é uma das melhores fontes de informação sobre o que está acontecendo com um cliente. Por exemplo, um problema de saúde físico pode ser o sintoma de algum assunto subjacente do qual o cliente ainda não foi capaz de falar.

Paulo estava preparando Daniel, o dono de um negócio familiar de construção, e notou que ele tinha um tique nervoso no olho que piorava a cada vez que falava sobre projetos que envolviam seu irmão. Paulo fez uma observação para Daniel: "Eu percebi que seu olho se contrai musculamente um pouco mais quando você fala sobre seu irmão, e fiquei me perguntando se isso era significativo?". O comentário delicado destacou a observação do *coach* e também deixou o cliente livre para explorar aquele assunto, ou não, caso isso fosse doloroso demais para ser falado. Daniel logo exprimiu algumas preocupações que ele tinha sobre a habilidade de seu irmão com questões financeiras o que, por sua vez, abriu caminho para problemas e crenças verdadeiros que *coach* e cliente não haviam tratado em sessões anteriores.

É claro que, como um *coach* de PNL, Paulo está preparado para trabalhar sobre um assunto em uma sessão de *coaching* sem conteúdo – isto é, sem falar sobre os detalhes específicos de um problema (consulte o Capítulo 2 para uma olhada mais detalhada sobre o *coaching* sem conteúdo). Portanto, se Daniel tem um problema sobre o qual não quer falar, ele pode apenas nomeá-lo "Problema X" ou algo parecido. Paulo pode trabalhar com Daniel imaginando o resultado que ele quer para o Problema X e encorajando seu cliente a prestar mais atenção a seu corpo e como ele se sente quando o problema é resolvido. Paulo poderia, então, pedir a Daniel que refletisse sobre o que precisa acontecer para que seu olho possa ficar mais relaxado novamente e deixar Paulo saber quando ele tiver a resposta.

Como *coach*, você pode ensinar seus clientes a prestarem mais atenção a sua fisiologia, de forma que eles reconheçam os sinais sutis de que tudo está bem – ou quando não está bem. Este processo encoraja a mente inconsciente de um cliente a ajudá-lo.

_____ **Capítulo 9: Encontre a Paixão e o Sentido** *159*

 Se um cliente parece constantemente fraco e incapaz de mudar desse estado com o *coaching*, ele pode estar sofrendo de uma doença física ou de depressão e, se for o caso, sugira que ele procure um médico ou terapeuta e suspenda o *coaching* até que se sinta mais forte. Nunca pressione um cliente a ignorar sintomas físicos quando o corpo estiver disponibilizando valiosas informações.

Encontrar Sentido em Seu Trabalho

Talvez você já tenha ouvido a história dos três pedreiros.

Um homem chega a um canteiro de obras e pergunta aos pedreiros o que eles estão fazendo. O primeiro pedreiro mal olha para cima e responde: "Eu estou lascando a pedra com meu cinzel. Eu faço isto o dia todo, e isto já faz anos".

O segundo pedreiro pede ao homem que segure as figuras de pedra que ele esculpiu e responde: "Eu estou fazendo as gárgulas que irão para cima da porta principal".

O terceiro pedreiro se levantou, sorriu e gesticulou expansivamente antes de responder: "Eu estou construindo uma catedral para a glória de Deus e para as pessoas apreciarem por gerações futuras. Ela vai ser realmente magnífica".

Qual dos três encontrou sentido em seu trabalho?

Em qualquer trabalho, uma forte motivação aparece quando você tem um sentido de estar fazendo algo que valha a pena, alguma coisa que acrescente valor para outros e faça bom uso de seu tempo e talentos. O terceiro pedreiro se conectou com um sentido de significado.

Procure valor enquanto investiga continuamente

O trabalho no qual alguém se empenha hoje pode não ser sentido como gratificante amanhã ou pode não satisfazer a um desejo individual de crescer e se desenvolver. Como *coach*, seu papel envolve possibilitar que os clientes obtenham clareza sobre seus desejos; quanto mais você os conecta para encontrar o valor no que fazem, mais felizes eles vão saltar da cama em uma segunda-feira de manhã, gritando "Oba, é segunda-feira!".

 Elementos de qualquer trabalho podem ficar tediosos e repetitivos mas, como os pedreiros que citei no começo desta seção, uma questão a se considerar acerca de qualquer trabalho é: "Como o trabalho que eu faço faz diferença para outras pessoas, ou se conecta com o que mais importa para mim?".

O cabeleireiro cortando o cabelo do décimo cliente do dia pode se dar conta de que não está somente cortando o cabelo, mas também estimulando a confiança de sua cliente. A contadora, embora verificando outro imposto de renda, pode perceber que ela proporciona segurança para um empresário que, por sua vez, fornece serviços vitais a outros. O vendedor de serviços financeiros ao preencher mais documentos de regulamento diminui as preocupações de aposentadoria de um casal idoso quando ele encontra a melhor forma de pensão para eles.

À medida que você trabalha com seus clientes, agarre-se ao fio que liga uma pessoa no sistema a outra, a fim de ver os benefícios. Enquanto seus clientes fazem ajustes em seus hábitos diários, eles podem concentrar seus esforços onde sofrem maior impacto, escolhendo fazer mais de uma coisa e menos de outra.

Dar sentido a tempos difíceis

Qualquer trabalho tem seus altos e baixos. Há momentos em que você não sente vontade de levantar da cama para encarar tarefas difíceis. Alguns dias, derrotas maiores o abatem – quando você tem que aceitar a morte de um colega, perde um cliente importante, depara-se com uma pane completa do computador, perde inventários em uma enchente ou incêndio, faz corte de funcionários ou diz adeus ao seu trabalho ou negócio dos sonhos.

Em tais circunstâncias, manter-se conectado à paixão que originalmente lhe trouxe para seu trabalho se torna crucial.

Quando o casal, Andrea e Jonas, percebeu que sua empresa de venda de roupas pelo correio precisava ser liquidada, eles trabalharam com um *coach* de PNL com uma programação para minimizar seus problemas financeiros, encontrar novos trabalhos e manter seu casamento protegido ao longo do processo de venda. O *coach* encorajou Andrea e Jonas a pensarem em uma lista de todas as realizações positivas que poderiam ser levadas adiante nos próximos capítulos de suas vidas. Essas realizações incluíam identificar:

- ✔ Todas as habilidades que eles desenvolveram e adquiriram.
- ✔ Como se mantiveram firmes a seus valores essenciais.
- ✔ Benefícios que eles propiciaram a todos os seus empregados, fornecedores e clientes.
- ✔ A força de seu comprometimento um com o outro.

Seu *coach* também os encorajou a reservar um tempo para fazerem um luto pelas coisas de que iriam sentir falta e a ter uma festa de comemoração para agradecer àqueles que trabalharam para eles, que agissem como um fechamento. Fotografias da festa mais tarde funcionaram como uma *âncora* ou ativador para recordar todo o afeto e diversão que eles aproveitaram durante os anos no negócio.

Através do processo de fechamento, Andrea e Jonas vieram a perceber que a força de sua paixão pelo negócio gerou um senso de significado também para as vidas de outras pessoas, além das suas próprias. Eles estavam determinados a manter a mesma energia viva em seu próximo passo profissional. Também experimentaram um sentimento de alívio quando admitiram que seu negócio vinha sendo um enorme dreno em seus recursos; eles preferiram festejar sua nova libertação das preocupações financeiras.

Identificação do Propósito da Sua Vida

Como *coach*, você tem a obrigação para com seus clientes de pedir que eles façam as grandes perguntas da vida, incluindo "Por que estou aqui?" e "Qual é o meu legado?" bem como as mais imediatas e práticas tais como "Em que eu devo trabalhar hoje?" ou "Vale a pena ir a esta exposição?".

Perguntas sobre si mesmo maiores como "O que você é?" ou "O que você está se tornando?" conduzem seus clientes ao reino do questionamento de suas identidades e da exploração sobre que identidade, por sua vez, se relaciona com o propósito da vida. Você está pedindo aos clientes para entenderem como a identidade se relaciona com os sistemas maiores e as comunidades nas quais eles vivem. Está pedindo para se tornarem mais fortes e mais poderosos – da mesma forma que um carvalho que se expande com raízes mais profundas ao mesmo tempo em que cresce em direção ao céu. Essas perguntas elevam seus clientes até o mais alto nível da famosa hierarquia de necessidades humanas do psicólogo Abraham Maslow – o nível de autorrealização, no qual você compreende seu verdadeiro potencial na vida.

Observação de o que o revigora quando o caminho se torna difícil

Os acontecimentos da vida têm um modo misterioso de fazer você reavaliar sua direção e fazer com que se conecte a um sentido de propósito mais sólido. Ter um forte senso de propósito pode ajudá-lo nos momentos mais difíceis da vida, pois possibilita que você se desloque para além da ansiedade ou desconforto da situação vigente e tome uma visão de longo prazo.

Mariana, uma médica cujo marido morreu inesperadamente de uma infecção viral, contou-me sobre a falta de direção que estava vivenciando: "Perdi a minha razão de ser. Toda a minha vida estava ancorada em ser sua esposa. Agora sou uma viúva e não sei mais como agir". Observe na linguagem de Mariana que ela tem um nova *identidade*, não desejada, como viúva, no lugar de seu papel familiar como esposa (veja o Capítulo 5 para mais detalhes sobre identidade). Como esposa, ela sabia como o marido, a família e os colegas esperavam que ela agisse, o que era importante para ela; e como seu trabalho se encaixava ao resto de sua vida. Como viúva, ela de repente se encontrou em um novo território, inexperiente e insegura consigo mesma, e querendo restabelecer seu sentido de estar no caminho certo. Claramente, Mariana precisava de tempo e espaço para chorar a perda de seu amado marido mas, como uma mulher brilhante e determinada, ela também queria estabelecer uma rota clara para si mesma em vez de estender-se em seu luto. Analisamos a identidade que ela queria e como isso poderia ser modelado ao longo do tempo, sem colocá-la sob desnecessária pressão para encontrar sua nova identidade rapidamente.

Mariana finalmente constatou que queria trabalhar curando pessoas em comunidades menos privilegiadas. Originalmente, ela havia estudado medicina para fazer uma diferença no mundo. Esse sonho se realizou somente parcialmente através de seu trabalho, pois ela encontrou seu propósito na vida mais contemplado como esposa e mãe. Agora que seus filhos tinham crescido, ela decidiu mudar seu trabalho para longe da prática geral, que não mais a apaixonava, e se engajar em programas de assistência internacional, que preenchiam sua profunda necessidade de se conectar com comunidades mais pobres.

Seu primeiro passo nesta jornada era contatar um de seus pacientes e oferecer seus serviços como voluntária em um programa local que apoiava um orfanato na Índia. Focar em um compromisso de curto prazo era um ponto de partida seguro, a oportunidade para ver se ela se sentia bem ou mal ao pôr sua nova identidade em teste.

Encontrar e usar sua paixão: O modelo DRTE

Você pode acessar sua paixão – ou ajudar os clientes a acessarem as deles – ao olhar para os altos e baixos das experiências. No meu modelo DRTE (explorado de forma mais completa em meu livro *Live Life, Love Work*, publicado pela Wiley), você explora a paixão dos extremos do que agrada a você e o que o deixa maluco ao fazer aflorar estados emocionais fortes de deleite (D), raiva (R), tristeza (T) e êxtase (E). Utilizo esta ferramenta para preparar pessoas para voltarem a entrar em contato com assuntos emocionais que realmente acendem suas paixões. Pessoalmente, o cliente pode falar com você sobre experiências do passado, mas ele também pode usar o modelo DRTE para reflexões pessoais de preparação para uma sessão de *coaching*.

1. **Divida um pedaço de papel em quatro quadrantes com uma caneta ou lápis.** Etiquete as quatro áreas em Deleitado, Extasiado, Triste e Zangado.

2. **Considere cada quadrante na página.** Pergunte a si as seguintes questões e faça anotações de situações específicas e experiências em que suas emoções estavam tão exaltadas que você ainda consegue lembrar delas.

    • **Deleitado:** Quando esteve em estado de deleite, vivenciando um sentimento suave de alegria e se sentindo abençoado com a vida? Considere momentos em que você observou benevolência e gratidão que o pararam no caminho.

- **Zangado:** Quando esteve zangado ou desgostoso? Considere momentos em que você estava pronto para lutar por seus direitos ou por uma causa cara a seu coração.

- **Triste:** Quando esteve triste, desapontado e se sentindo degradado? O que leva você à melancolia e à sensação de querer desistir e se esconder debaixo do edredom, longe do mundo?

- **Êxtase:** Quando esteve em êxtase, experimentado o auge da exuberância e bem-estar? O que realmente traz você à vida e faz você pular de entusiasmo e cantar em cima do telhado?

3. **Revise tudo o que escreveu em sua página.** Que experiências e episódios você considera os melhores de todos os tempos? E os piores? Que momentos se sobressaem como realmente motivadores de suas paixões?

4. **Procure por temas em suas experiências.** Por exemplo, observe o que faz quando defende aquilo com o que se importa que, por sua vez, faz a diferença para outros. O que acontece quando você fica emocionado? Que impacto isso tem no seu comportamento e daqueles a sua volta?

5. **Considere o sentido de quem você é durante seus momentos mais apaixonados e satisfatórios.** Se fosse se identificar com um papel ou animal, o que seria? Você é naturalmente um caçador ou tigre, um construtor de ninhos ou um esquilo? Deixe que esse papel comunique suas respostas às atividades na seção seguinte, que foca em definir o propósito.

Depois que você entende o que motiva sua paixão, pode dirigir aquela força motriz interior para resultados práticos e bem formados (veja o Capítulo 7 para saber sobre a abordagem bem formada para transformar sua paixão em ação).

Defina o propósito com suas próprias palavras

Organizações de sucesso definem seus propósitos de negócios, sua base lógica para existirem, como parte do seu planejamento. Elas, muitas vezes, criam e compartilham grandes afirmações sobre sua visão, tais como:

- "Para ser a melhor experiência em serviço rápido de lanchonete do mundo... de modo que fazemos cada cliente, em cada lanchonete, sorrir" – *McDonald´s*

- "Para criar felicidade proporcionando a melhor qualidade em entretenimento para pessoas de todas as idades, em toda a parte" – *Disney*

- "Trazendo o melhor para todos que tocamos" – *Estée Lauder*

No entanto, se você se virar para um amigo e perguntar: "Qual é seu propósito?" ou "Por que você existe?", muito provavelmente você vai encontrar um olhar arregalado vazio e ele oferecerá a você uma xícara de chá e pedirá para que você se sente. Você pode quase ver o balão de pensamento aparecendo, como nos quadrinhos: "Será que meu amigo está ficando maluco?".

Poucas são as pessoas que dão muita importância a seus propósitos, além de dizerem que gostariam de fazer uma diferença ou ajudar outras pessoas. Mas você pode definir seu propósito pessoal e, fazendo isto, criar um sentido maior de significado e direção para sua vida. Tal significado lhe é útil nos dias em que a vida parece dura, porque você tem uma razão para levantar da cama pela manhã, sabendo que pode fazer algo que vale a pena.

Como eu exploro no Capítulo 8, seus valores impulsionam você inconscientemente de uma maneira resoluta para causar impacto no mundo, seja trazendo crianças saudáveis e felizes ao mundo ou tomando parte em negociações de paz globais. No contexto do *coaching*, peça aos clientes para explorarem a questão do propósito pessoal de suas vidas.

Uma ótima pergunta para começar a explorar o propósito pessoal é: Quais são as palavras que você utiliza para descrever seu propósito na vida? É claro, esta pergunta pode ser a mais difícil de se responder, então, permita aos clientes sentarem-se com ela por um período de algumas semanas – até meses, se necessário. Volte à pergunta de vez em quando. Acrescente palavras à definição, tire algumas ou substitua algumas palavras por outras mais específicas.

O exercício a seguir também pode ajudar você ou seus clientes no processo de explorar e definir o propósito pessoal.

1. **Escreva uma afirmação de propósito de vida.** Capture seus pensamentos em uma frase simples que comece focando em sua *identidade*, como por exemplo:

    - *Eu sou alguém que...*

    - *Eu sou um alguém que cura...*

    - *Eu sou uma luz...*

    - *Eu sou uma mãe...*

    - *Eu sou uma enfermeira...*

    Observe que sua identidade pode ser metafórica (como em uma luz ou em alguém que cura), bem como real (mãe, enfermeira ou outro papel).

    Para começar, você pode achar mais fácil trabalhar com um papel ou identidade específico. Mais tarde, pode mudar para a abordagem metafórica mais abstrata, que pode abarcar quem você é em mais de uma área da vida. Se você tem uma série de papéis (o que é muito provável), comece com um ou dois que sejam muito importantes em sua vida. Depois, pode refinar esses em uma afirmação.

2. **Acrescente um verbo e um objeto a sua frase que descrevam um pouco mais o que você faz.** Por exemplo:

Capítulo 9: Encontre a Paixão e o Sentido **165**

- *Eu sou um polidor que molda joias humanas...*

- *Eu sou um mago da computação que projeta tecnologia...*

- *Eu sou um especialista em descarte de lixo que protege o meio ambiente...*

- *Eu curo animais e os ajudo a se recuperarem de doenças e ferimentos...*

3. **Acrescente algumas palavras para conectar sua identidade e ações com pessoas, lugares ou situações.** Escolha palavras que se estendam para além de você mesmo e do tempo presente. Aqui estão exemplos de *afirmações de conexão.*

   - *Eu sou um instrutor que cria harmonia e compreensão nas escolas.*

   - *Eu sou um divulgador que projeta serviços de telefone que possibilitam que pessoas não técnicas comuniquem-se com qualquer um que quiserem.*

   - *Eu sou um construtor de casas que cria um ambiente acolhedor no qual a família e seus convidados podem recarregar suas baterias.*

Quando você estiver satisfeito com sua afirmação, coloque-a em um lugar onde possa vê-la todos os dias – em cima de sua mesa, no espelho de seu banheiro, na sua agenda pessoal ou na porta da geladeira. Você pode querer acrescentar isso em seu cartão de visitas ou na assinatura de e-mail.

Construção de uma Visão Compartilhada

A paixão de uma pessoa cria força viva em um projeto ou em uma carreira. Multiplique essa paixão para a família, equipe, grupo, organização ou nação, e ela pode se tornar extraordinariamente contagiante e um poderoso agente para a mudança. Grandes organizações, seja lá qual for seu tamanho, combinam e aproveitam talentos individuais de modo a reconhecer a contribuição individual como parte de sucessos maiores.

Você pode orientar os clientes a construírem suas afirmativas de visões e missão, estratégias e planos que:

✔ Afirmem crenças e valores essenciais.

✔ Reconheçam as contribuições da organização aos funcionários, clientes, público e outros acionistas.

✔ Compartilhe a direção estratégica que a organização está encabeçando.

✔ Apresente um plano de ação sobre como implementar a visão, utilizando os talentos e recursos da organização

Parte III: Aprofundando a Consciência

Por que algumas visões permanecem apenas um conceito frouxo, intangível, enquanto outras criam seguidores entusiasmados que as fazem acontecer? Embora muitos fatores afetem o sucesso dos negócios, grandes visões comprometem e motivam as pessoas quando elas incorporam um sentido de paixão e propósito que possibilita a todos acessar sua própria paixão e propósito (uma ótima afirmação de visão também é provável que atraia as pessoas ao adotar uma linguagem de especificidade sensorial. Você pode ler mais sobre isso nos Capítulos 2 e 6).

Afirmações de visões não se limitam ao mundo dos negócios. Como seria ter uma afirmação de visão de família ou uma para a escola ou clube que inclua um sentido de paixão, valores e propósito? Reflita sobre as afirmações de visão a seguir:

- **Para uma família:** Para verdadeiramente olhar um pelo outro nesta família, escutar e sentir uma profundidade de amor e afeto em tudo o que pensamos, fazemos e dizemos, seja se estivermos fisicamente juntos ou separados.

- **Para uma escola:** Para vir para a escola compartilhar conhecimento com uma paixão que possa ser vista e ouvida em todas as nossas atividades a cada dia e que, finalmente, faça alguma diferença no mundo.

- **Para um clube:** Para criar um ambiente em que todos têm uma função valiosa a desempenhar e se sintam melhor a cada vez que cada membro o visita, ganhando nova energia para favorecer a inspiração de outros.

Tais afirmações de visões fornecem uma base de compromisso compartilhado a todos os membros do grupo, uma mensagem implícita do que vocês defendem e do que faz vocês se juntarem.

União de programações distintas

No final das contas, sonhos e visões sem ações coordenadas permanecem apenas como noções charmosas ou ideais frustrados que ninguém nunca consegue atingir (veja o Capítulo 7 para conhecer a estratégia Disney de PNL e aplicar um *coaching* que transforme sonhos em realidade). A seção a seguir explora maneiras de agregar visões que sejam inspiradoras e executáveis.

Ficar maior, ficar menor: Chunking

Como *coach*, você precisa trabalhar com seus clientes em diferentes níveis, em diferentes momentos para fazer com que visões grandiosas sejam executáveis em uma base cotidiana.

A PNL tomou a ideia de *chunking* do mundo das tecnologias da informação, nas quais programas complexos são divididos em sequências, subsequências, linhas e, finalmente, bits e *bytes*. Os *coaches* de PNL falam sobre *chunking up* para considerar informações do todo em um nível conceitual e *chunking down* para lidar com os detalhes de implementação de qualquer decisão.

O conceito de *chunking* é particularmente útil quando as pessoas se juntam para implementar qualquer programa e chegam com diferentes habilidades, necessidades e programações. Ao chegarem a um acordo quanto à direção e prioridades para qualquer atividade colaborativa ou empreendimento de negócios, as pessoas precisam ser capazes de se conectarem com a visão compartilhada bem como reconhecer o trabalho detalhado no fundo disso.

Coaches que trabalham com equipes encorajam e apoiam a diversidade natural que existe dentro desses grupos para armar-se com uma mistura de habilidades e necessidades que criam os resultados que as equipes estão buscando.

A fim de orientar pessoas diferentes para a ação, gaste tempo construindo relacionamentos e reconhecendo os talentos um do outro. Ser capaz de preparar as pessoas para validarem e ouvirem uns aos outros pode ser extremamente útil. Depois que os indivíduos reconhecem seus próprios talentos e os dos outros, eles podem trabalhar juntos para construir uma programação compartilhada ao formular seus objetivos bem como resultados bem formados (veja o Capítulo 7 para saber mais sobre a fixação de objetivos; e o Capítulo 14 para mais detalhes sobre *chunking*).

Reconheça seus pontos fortes

A atividade a seguir encoraja os indivíduos a reconhecerem seus pontos fortes – e, para outros no grupo, a reconhecê-los também. Essa atividade é muito útil para equipes, comissões, pequenos negócios e departamentos em que as pessoas têm pouco conhecimento uns dos outros e querem estreitar os vínculos. Tente o exercício a seguir para conseguir que o grupo compartilhe, escute e valide uns aos outros.

1. **Divida o grupo em trios, cada um com uma Pessoa A, Pessoa B e Pessoa C.**

2. **Chame a Pessoa A para responder à pergunta "De que maneiras sou incrível?"**

3. **A Pessoa A reconhece seus talentos e habilidades para as Pessoas B e C.**

   Dê à Pessoa A bastante tempo para falar sobre suas capacidades e compartilhar exemplos específicos e histórias.

4. **As Pessoas B e C escutam a Pessoa A e a encorajam a não ser modesta.**

   As pessoas B e C podem inclusive exaltar as virtudes da Pessoa A de maneira confiante, caso ela seja naturalmente reticente.

5. **As Pessoas B e C fazem sugestões sobre como os talentos da Pessoa A podem ser usados com bons resultados no grupo atual e na área de foco.**

6. **Os membros do trio trocam de posições, até que cada um tenha tido sua vez reconhecendo seus pontos fortes para o grupo.**

7. **Após cada um dos membros reconhecerem seus talentos, o trio anota suas ideias por escrito.**

   Ao final, cada membro da equipe deve ter pelo menos três áreas de excelência e um esboço de como usar tais áreas na prática para fazer a equipe avançar.

8. **Por último, traga cada trio para junto do resto do grupo para dar uma olhadinha nos talentos como um todo, reconhecê-los e ver como eles podem ser colocados em bom uso de uma maneira prática no trabalho adiante.**

Saber quando ser flexível e quando se manter firme

Paixão e propósito são coisas maravilhosas, mas eles podem trazer consigo uma tenacidade mental que pode beirar à rigidez, à teimosia e até mesmo à obsessão tacanha, às vezes. Se você estiver focado demais no que quer para si, pode perder contato pelo caminho com o que outras pessoas querem. Uma incapacidade para enxergar as visões e necessidades de outros pode levar a uma perda de outras coisas que são importantes para você (neste caso, tente o exercício de posicionamentos perceptuais, no Capítulo 12).

Durante um *executive coaching*, Iuri me contou que ele não podia entender por que sua esposa o deixou de um modo que seu casamento de 30 anos acabou completa e verdadeiramente. Na visão de sua esposa, sua paixão por carros clássicos ultrapassou a sua paixão por ela, e Iuri era definitivamente apaixonado por carros, trazia o assunto com frequência durante nossas sessões. Com um *coaching* suplementar, Iuri se conscientizou de que, quando ele se apaixona por algo – seja seu trabalho como consultor ou seus carros –, ele filtra a informação que não quer escutar. Enquanto aceitava o fato de que sua esposa não voltaria, ele foi capaz de tomar algumas lições da experiência de seu casamento fracassado e começar um novo relacionamento com uma base mais forte e um sentido claro do que outras pessoas precisam para um relacionamento com ele. Em particular, precisam de seu tempo e atenção, de dividir atividades e sentirem-se reconhecidas e valorizadas.

Felizmente, alguns dos princípios fundamentais de PNL podem ajudar pessoas apaixonadas como Iuri a debater diferenças de opinião e a superar pontos cegos. Como *coach*, você pode ajudar pessoas apaixonadas a desenvolverem um maior *rapport* com outras pessoas, ao trabalhar suas habilidades interpessoais em termos de:

- **Flexibilidade comportamental.** A PNL afirma que a pessoa com mais flexibilidade em um sistema é a mais eficaz. *Flexibilidade* significa ser capaz de fazer alguma coisa diferente quando o que está fazendo atualmente não está funcionando. Como *coach*, pense junto com seus clientes algumas alternativas para resolver certos problemas mais criativamente. Peça a eles para tomarem diferentes *posicionamentos perceptuais* com outros (eu exploro posicionamentos perceptuais no Capítulo 12).

Capítulo 9: Encontre a Paixão e o Sentido 169

> ✔ **Compassar** e **conduzir** **outros.** A PNL nos aconselha a compassar, compassar e compassar novamente antes de orientar. Compassar diz respeito a aumentar suas habilidades de escutar. Você só pode conduzir alguém para seus propósitos quando as encontra pela primeira vez em seu mapa do mundo. O poder de escutar as paixões dos outros, bem como as suas próprias, não pode nunca ser superestimado. Cubro o tema de compassar, com mais profundidade, no Capítulo 2.

Muitas vezes, as pessoas vêm para o *coaching* depois de perceberem que a vida não deveria ser tão difícil e que elas querem torná-la mais fácil. Encontrar o antídoto para o estado de morto-vivo no qual as pessoas estão afastadas e exaustas não necessariamente diz respeito a conseguir mais horas de sono. Tem a ver com se tornar sincero para com a vida. Ao capacitar seus clientes a se reconectarem com um sentido de paixão e propósito, você pode ajudá-los a voltar ao caminho para a vida rica e recompensadora que eles merecem – e ter certeza de que eles tenham muita diversão no caminho.

Parte III: Aprofundando a Consciência

Capítulo 10

Trazer Padrões à Tona

Neste Capítulo
▶ Identificar o que motiva você
▶ Escutar as mensagens vocais
▶ Romper bloqueios
▶ Fazer a mudança durar mais

Você notou como se conecta facilmente com alguns clientes enquanto tem que se esforçar para fazer uma conexão com outros? Os padrões de linguagem de um cliente podem desempenhar um papel essencial na formação de conexões.

A PNL oferece entendimentos da estrutura da linguagem para dar pistas sobre como as pessoas pensam e como esses padrões de pensamento por sua vez afetam o comportamento. A *estrutura* da linguagem é mais o *modo* como seus clientes usam a linguagem do que o *assunto* sobre o qual eles estão falando.

Este capítulo ajuda você a se tornar consciente de o quanto escutar padrões de comunicação das palavras ditas por seus clientes melhora suas habilidades como *coach*. Além disso, você descobre como examinar mais de perto as mensagens não faladas, comunicadas pelas características individuais de uma voz.

Naturalmente, a comunicação é feita em duas vias. O modo como você usa a linguagem e a sua voz tem um efeito em seus clientes tanto quanto o que observou sobre eles. À medida que lê este capítulo, pergunte a si mesmo que lições pode pôr em prática em seu próprio estilo de comunicação.

Padrões de pensamento e comportamento ficam entrincheirados quando você trabalha para mantê-los no lugar. Esses modos de pensamento e atitude podem ocorrer por medo de expressar algo que outros podem não gostar de ouvir, ou talvez um padrão negativo ainda não identificado. Seja qual for o caso, este capítulo também o inspira a ter corajosas conversas de *coaching* no espaço de *coaching*. Para que velhos padrões possam mudar, novos precisam ser enraizados para assumirem seus lugares, por essa razão o capítulo conclui com formas de estabelecer novos hábitos, mais qualificados, que sejam úteis a seus clientes.

Exame dos Metaprogramas

A fim de lidar com a riqueza de informações que assedia seus cinco sentidos ao mesmo tempo, você naturalmente filtra a informação, prestando atenção a algumas coisas e deixando que outras passem adiante. *Metaprogramas* são alguns dos filtros mentais inconscientes que direcionam para onde vai a sua atenção, como processa as informações e, em seguida, se comunica com outros.

Na literatura de PNL (incluindo *Programação Neurolinguística Para Leigos*, publicado pela Alta Books e *Neuro-linguistic Programming Workbook For Dummies*, ambos de autoria de Romilla Ready, publicado pela editora Wiley), você pode ler sobre diversos tipos de metaprogramas que as pessoas põem para funcionar sem estarem cientes disso. Esta seção introduz você em quatro metaprogramas úteis dentro do *coaching* que podem comunicar sobre a qualidade de suas conversas e observações.

Eu exploro quatro metaprogramas nas seções a seguir:

- **Global/Detalhe:** Olhando o todo em contraste com as especificidades.
- **Opções/Métodos:** Trabalhando com escolhas em contraste com os métodos passo a passo.
- **Em direção a/Afastando-se de:** Mudando em direção ao prazer ou para longe da dor.
- **Interno/Externo:** Prestando atenção na experiência própria de alguém ou no que está acontecendo com outras pessoas.

Comece a prestar atenção para descobrir esses padrões ao observar as pistas na linguagem e no comportamento. Por exemplo, quando um cliente fala sobre um assunto, é mais provável que lhe dê o todo (o global) ou encha você com informações (detalhes)?

Outros metaprogramas que não examino em detalhe neste capítulo, mas que você pode procurar nas comunicações e comportamentos das pessoas incluem:

- **Similaridade/Diferença:** Observar o que é igual com relação ao que eles já sabem em contraste com a seleção de informações para o que é novo e diferente.

Muitas vezes Glória se lamentava sobre como ela achava difícil se dar bem com sua sogra, Maria. Esta parecia estar continuamente achando defeitos na forma como Glória administrava sua casa e educava seus filhos. Depois que percebeu que Maria fazia a triagem de informações de acordo com as *diferenças*, enquanto Glória as selecionava por *similaridades*, Glória relaxou e parou de tomar os comentários de Maria como críticas pessoais. O relacionamento delas melhorou profundamente.

- **Perspectiva de tempo:** Olhando o curto prazo em contraste a prestar atenção à perspectiva de longo prazo.

- **Proativo/Reativo:** Trabalhando antecipadamente situações em potencial em contraste a responder às situações.

Metaprogramas não são nem uma coisa nem outra. Uma pessoa não é apenas proativa e nunca reativa, por exemplo. Metaprogramas dizem respeito a *contextos* específicos, então o comportamento das pessoas é diferente em cada situação, da mesma forma que a criança que é barulhenta, turbulenta e que procura atenção em casa pode ser tranquila e reservada na escola. Tente trabalhar com seus clientes explorando contextos diferentes (por exemplo, como eles agem quando vão às compras em comparação a quando estão cuidando de seus filhos ou trabalhando com colegas) para ver como eles se comportam de formas diferentes. Talvez você descubra que eles têm habilidades em uma área que você pode trazer para outro contexto.

Metaprogramas oferecem três benefícios principais tanto para *coaches* quanto para clientes:

- Compreensão de seus próprios padrões.

- Compreensão dos padrões de outros.

- Compreensão acerca de como criar novos padrões.

À medida que você entende como seus clientes trabalham dando o melhor de si, pode ajudá-los das formas que serão mais eficazes. Por exemplo, o cliente que somente enxerga os detalhes e microgerencia seus funcionários pode precisar dar um passo atrás para planejar estrategicamente se quiser uma promoção. A pessoa que está muito focada internamente não está motivada pelo que os outros pensam dela e pode não prestar atenção a relacionamentos importantes. Outro cliente com uma forte orientação seletiva pode valorizar o *coaching* como um tempo para um *brainstorming* criativo e não responder a formulários, processos ou testes psicométricos.

Global/detalhe

As pessoas que funcionam segundo um metaprograma *global* prestam mais atenção ao todo em um nível conceitual, enquanto aqueles que funcionam sob um metaprograma *de detalhe* mergulham direto em tarefas.

Você ouve o padrão *global* em frases tais como:

- *Considerando uma visão mais ampla...*

- *Me dê as manchetes.*

- *Este é o conceito resumido.*

- *Vamos, primeiramente, apenas entrar em acordo e preencher as lacunas em outro momento.*

Você ouve o padrão *de detalhe* em frases tais como:

- O que eu quero dizer especificamente é...
- Se nós pudermos enumerar as tarefas aqui...
- Dar um zoom em um nível...
- Exatamente qual é o acidente?

O que as pessoas precisam perceber é que nem todo mundo quer ou precisa do mesmo nível de informação, portanto, adapte seu estilo de acordo com isso. Clientes de *business coaching* muitas vezes expressam frustrações com colegas que são meticulosos com detalhes ou que não estão conscientes dos detalhes o suficiente.

Como *coach*, você pode proporcionar o espaço para os clientes falarem sobre detalhes e também voltar atrás e ver o todo, desta forma abarcando tanto o âmbito global quanto o de detalhe.

Um só estilo de *coaching* não se adapta a todos. Durante as sessões, você precisa entrar no ritmo de seus clientes como elemento fundamental de ganhar *rapport*. Por exemplo, um *coach* que goste de adotar uma visão holística pode querer ver o todo antes de mergulhar no *coaching* específico, mas essa abordagem pode frustrar o cliente que quer logo entrar em detalhes. Seria útil compartilhar esses conceitos com seus clientes de forma que eles possam experimentar outro padrão, caso queiram obter resultados diferentes.

Opções/métodos

As pessoas que funcionam sob um padrão de *opções* adoram explorar escolhas e podem parecer estar sempre em discussões, enquanto as pessoas que se movimentam segundo padrões de *métodos* são boas em fazer as coisas em uma sequência lógica.

Você escuta o padrão de *opções* em frases tais como:

- Me dê algumas opções.
- Eu gosto de consertar o que não está quebrado!
- Eu acho difícil seguir um planejamento.
- Eu gosto de mudar constantemente e manter minhas opções abertas.

Capítulo 10: Trazer Padrões à Tona *175*

Você ouve o padrão de *métodos* em frases tais como:

- *Vamos repassar os requisitos.*
- *Eu preciso ler o manual primeiro.*
- *Quais são as regras?*
- *Primeiramente nós fazemos isto, em segundo lugar isto e, em terceiro, isto.*

Você pode reconhecer clientes altamente orientados por *opções* já que eles muitas vezes saem pela tangente e mudam o curso de ação. É provável que eles planejem operações e não deem continuidade a elas. Eles podem cancelar o *coaching* inesperadamente. O desafio é fazer com que se comprometam a definir ou fazer algo mas, ao mesmo tempo, permitir que tenham opções! Uma maneira de fazer isso é pedir que façam suas promessas mais em público e escolham com quem mais compartilhar seus objetivos, além de você; alguém que os lembre do que eles dizem que querem fazer.

Indivíduos que são altamente ligados a *métodos* provavelmente vão querer contar suas histórias do começo ao fim e tendem a se sentir tranquilizados se entendem o processo de *coaching*. O desafio é aumentar seu conforto com ambiguidade e perda de controle. Uma proposta pode ser parar de usar o relógio por um dia, deixar de estar totalmente preparado para uma reunião ou para visitas, e simplesmente seguir o fluxo para ver o que acontece.

Em direção a/afastando-se de

De acordo com Freud, seu *id,* que representa seu ímpeto natural, incita você em direção ao prazer e para longe da dor. Pense nisso como o clássico padrão de motivação da "cenoura ou bastão". As pessoas com uma tendência *em direção a* olham para um objetivo que os está chamando e puxando-os para a frente, enquanto que aqueles com uma tendência para *afastar-se de* olham para trás, para aquilo do que eles querem escapulir por temerem a dor disso.

A ênfase da PNL é em resultados, ainda que algumas pessoas estejam de fato altamente motivadas a mudarem através do que eles não querem. Estudos de vendedores de alto desempenho mostram que muitos estão mais motivados pelo medo de não ter dinheiro suficiente para pagar suas dívidas do que pela sedução de bater metas ou ganhar bônus. Alcançar o objetivo os afasta do que eles têm medo.

Quando trabalhei com marketing de computadores no início de minha carreira, a empresa mudou o estilo de linguagem com a qual ela vendia serviços de suporte para manutenção das máquinas. Originalmente, nós vendíamos "Recuperação de Desastre" (*afastando-se*), mas depois mudamos para "Continuidade do Negócio" (*em direção a*), quando pesquisas de mercado sugeriram que essa terminologia era mais atraente para nossa base de consumidores.

Você ouve o padrão *em direção a* em palavras ou frases tais como:

- Vamos lá, olhe para a frente, mantenha seu olho na bola.
- Prazer, diversão.
- Resultado, atingir o alvo.
- Conquistar, realizar.

Você ouve o padrão de *afastar-se de* em palavras e frases tais como:

- Vamos escapar disto, nos livrar disto.
- Dor, problemas, dificuldades.
- Nós não queremos que isto aconteça.

A fim de realmente ouvir se alguém funciona em um padrão *em direção a* ou sob um *afastar-se de,* pergunte a eles "O que é importante para você com relação a [o assunto em questão]?" Especifique três níveis de questionamentos porque no começo você pode observar que os clientes respondem com algo positivo, o que pode esconder seus padrões *de afastar-se de*. No exemplo a seguir, a resposta inicial é *em direção a* dinheiro, embora as respostas posteriores revelem uma prioridade pelo *afastar-se*.

Coach: O que é importante para você em relação a cantar? (nível um)

Cliente: Eu gosto da renda extra.

Coach: Então, o que é importante para você acerca da renda extra? (nível dois)

Cliente: Eu não tenho que me preocupar com o pagamento da minha conta de cartão de crédito.

Coach: E o que é importante para você no que diz respeito a pagar a conta de cartão de crédito? (nível 3)

Cliente: Significa que eu não tenho que pedir a meu marido dinheiro extra para pagar as despesas.

Clientes que têm uma tendência para um *afastar-se de* podem ser negativos ou críticos. Eles sabem o que não querem, em comparação a pessoas com uma motivação *em direção a*. Não desanime por causa disso. Muitos trabalhos precisam de pessoas que podem prestar atenção ao que irá dar errado e que possuem um olhar crítico, particularmente em produtos manufaturados, saúde e segurança, atendimento ao consumidor ou trabalho de aviação.

Você talvez precise trabalhar para equilibrar a voz crítica, associada com as tendências de *afastar-se de,* com a capacidade de sonhar de forma que seu cliente não se transforme em um infeliz, tal como o personagem Bisonho do *Ursinho Puff*, que está sempre olhando para o lado escuro da vida.

Em contraste, pessoas com fortes tendências *em direção a* estão sempre olhando para o futuro e para o que pode ser melhor. Algumas vezes elas ficam esgotadas porque estão sempre assumindo compromissos – cada vez mais e mais – sem reconhecerem seus sucessos e permitindo a si mesmas tempo para celebrar e apreciar a jornada. Elas também podem ignorar os riscos e tomar decisões de estalo das quais acabam por se arrepender mais tarde.

Interno/externo

Pessoas com um alto foco *interno* fazem avaliações baseadas em seus sentimentos e em interpretações dos acontecimentos. Pessoas com um forte foco *externo* são altamente sensíveis às opiniões e necessidades dos outros.

Você ouve o padrão *interno* em frases tais como:

- ✔ Na minha visão...
- ✔ Eu não estou preocupado com a opinião dos outros.
- ✔ Eu sei que estou certo.
- ✔ É a minha decisão.

Você escuta o padrão *externo* em frases tais como:

- ✔ Diga-me o que você acha.
- ✔ Eles dizem que isto irá funcionar.
- ✔ Minha esposa acha que eu deveria.
- ✔ Eu não quero chatear ninguém.

Os clientes que são internamente focados em excesso podem ser fortes e autossuficientes, ou auto-obsessivos e autocríticos. Eles podem caminhar sozinhos e carecer da habilidade de ouvir os outros, receber *feedback*, delegar ou pedir ajuda.

O cliente que é externamente focado pode ser ótimo escutando os outros, ainda que esteja sempre tentando obter consenso e conquistar a confiança da equipe. Em casos extremos, eles querem agradar a todo o mundo e colocam suas próprias necessidades em segundo plano. Fazendo isso, acabam não agradando a ninguém.

No relacionamento de *coaching*, os clientes internamente focados fazem suas próprias avaliações sobre o que eles deveriam estar fazendo. Eles se sentem mais à vontade pensando em suas próprias respostas e sugestões, o que pode levar ao que eles sempre fizeram e pensaram. Contudo, podem não estar abertos a explorar novas possibilidades. Clientes focados externamente têm uma tendência maior a querer agradar o *coach* e obter dele sugestões e ideias: "Você pode me dizer o que eu deveria fazer?".

Em termos de dar e receber *feedback*, cada um tem diferentes necessidades e estilos.

- Pessoas internamente focadas tendem a estabelecer seus próprios padrões e a não ver muitas vezes a necessidade de estímulo por parte dos demais. Eles sabem por si mesmos se estão indo bem.

- Pessoas focadas externamente querem garantias de que estão no caminho certo.

Ter um de cada tipo em um relacionamento, negócio ou família, pode se mostrar desafiador. Em uma equipe de negócios, os funcionários internamente focados podem não estar interessados no *feedback* de clientes enquanto os externamente focados querem escutá-los, então, a tensão pode causar visões conflitantes nos níveis de prestação de serviço. Quando as pessoas entendem suas preferências naturais, elas podem aprender a adaptar seus comportamentos.

Rompimento de padrões inúteis

Grandes *coaches* encontram maneiras de desbloquear objetivos e possibilidades estimulantes na mente de seus clientes a fim de fazer avanços em situações de becos sem saída. Muitas vezes alguns padrões de comportamento se tornaram enraizados e não servem mais aos clientes. Sonhos permanecem como sonhos a menos que eles se traduzam em ação, e procrastinação é uma motivação essencial para contratar um *coach*.

O primeiro passo para começar qualquer trabalho é o mais difícil, então aqui vai um breve exercício para romper com a procrastinação e revigorar a motivação. Tente isto sozinho e depois com os outros.

1. **Escolha uma pequena e incômoda área sobre a qual você procrastina na sua vida.**

    Você não precisa escolher nada muito grande. Talvez algo que você estima que tomará não mais do que uma hora ou duas: reunir os papéis necessários para sua declaração de imposto de renda, arrumar um armário, acabar o dever de casa atrasado da sua aula de italiano, ir atrás de um fornecedor, dar um telefonema difícil, colocar o seu perfil em um site de namoro ou escrever no seu blog ou diário.

2. **Observe o que o está distraindo e lute contra sua própria resistência.**

    Permita-se sentar tranquilamente por 20 minutos para refletir sobre a situação. Que diálogo interior você ouve? Como a resistência faz você se sentir no seu corpo? Quais são as imagens que vêm à sua mente? Como essa experiência de resistência afeta sua motivação geral?

3. **Substitua a voz interior distraída por uma voz firme do tipo "vamos partir para cima disto".**

   Imagine como você se sentirá quando seu projeto estiver pronto. O que você dirá a si mesmo?

4. **Apenas execute a tarefa.**

   Permaneça completamente concentrado no resultado final que você quer até que atinja o que se propôs a fazer. Pode ser que leve mais tempo do que você imaginou a princípio ou o surpreenda sendo mais rápido. Se realmente demorar mais que algumas horas, divida o trabalho em uma série de trabalhos menores para lidar com eles um a um.

5. **Com o trabalho completo, dê um tapinha nas suas próprias costas e então reflita sobre a experiência.**

   O que precisa dizer a si mesmo no futuro quando estiver empacado? Que sentimentos positivos dessa experiência você pode associar depois? Que imagens o encantaram e o motivaram? Que recursos você tem que podem ajudá-lo a atingir mais rápido o seu potencial?

   Parabéns! Você já sabe como preparar a si mesmo para pequenas coisas. Os desafios maiores são simplesmente um conjunto de pequenos passos colocados todos juntos.

Desfazer Conspirações

O dicionário define conspiração como "cooperações secretas entre pessoas a fim de fazer algo ilegal ou clandestino". Conspiração em *coaching* é um pouquinho menos furtivo, mas realmente envolve algum tipo de fuga quando você sente uma área que é desagradável. Como *coach*, você pode estar hesitante ou temeroso para dizer o que está pensando por causa do impacto em potencial que isso pode ter no cliente. Ou pode deter a hesitação de seu cliente para romper com um padrão.

Ao escutar cuidadosamente a voz de um cliente, você pode aos poucos juntar muitas informações, especialmente sobre assuntos que você e ele podem estar evitando. Após identificar a conspiração, você pode corajosamente ultrapassar a barreira e romper um padrão.

Expressar o que observa

A voz desempenha um papel poderoso e muitas vezes negligenciado no *coaching*. Richard Bandler, cocriador de PNL, propôs que todos deveriam ter um *coach* de voz. A história da PNL é cheia de ótimos professores que usam sua voz com flexibilidade magistral, nomeadamente Milton Erickson, o falecido terapeuta de hipnose e, mais recentemente, um dos alunos de Erickson, Stephen Gilligan.

Como *coach*, você pode desenvolver e usar sua própria voz como um convite para se comunicar em diferentes níveis – com leveza, entusiasmo, humor e todas as formas de qualidades atrativas. Quando escuta bem, você também obtém uma enorme quantidade de informações da voz do cliente.

Em seu excelente livro *Voice of Influence* (Crown House Publishing), a preparadora de PNL e *coach* de voz Judy Apps explora o relacionamento entre as vozes das pessoas e seu mundo interior de pensamentos e crenças e sugere que a voz conta algo sobre a história pessoal de quem fala. Ela distingue entre aquelas pessoas que você ouve, que têm vozes que não mudam de maneira alguma e aquelas que mudam suas vozes em diferentes situações. Muitas vezes quando as vozes das pessoas ficam presas em algum ponto, isso pode esclarecer alguns momentos de suas vidas quando eles reprimiram certas emoções.

A discussão de Judy sobre diferentes vozes me faz lembrar de uma cliente de *coaching* que mudou para a voz de uma menininha enquanto falava sobre sua saúde e então abaixava sua voz consideravelmente quando falava sobre seu trabalho em uma instituição de caridade pela qual ela era apaixonada. O contraste das duas vozes era realmente marcado. Descobrimos que a voz de criança remetia a algum constrangimento da infância centrado em não ser boa em esportes e sentir-se tola. A voz adulta profunda era correspondente a sua verdadeira personalidade.

Talvez você tenha tido clientes cuja voz não combinava com a pessoa. Ou aqueles que limpam a garganta e mudam de tom de voz quando falam sobre um assunto em particular. A voz revela muita informação sobre as áreas nas quais as pessoas não são completamente congruentes.

A PNL se refere à congruência como um estado no qual todos os aspectos da pessoa estão alinhados e são autênticos. Você também poderia dizer que alguém age em conformidade com o que diz.

O trabalho de Judy Apps destaca quatro tipos de voz. Reconhecer e ser capaz de ativar cada um pode ser útil durante as sessões de *coaching*. Para cada tipo de voz, uma mensagem subjacente (dada aqui entre parênteses) é transmitida do interlocutor para o ouvinte:

- **A voz da cabeça ("Estou empolgado").** A voz da cabeça repercute cheia de entusiasmo e carrega o ouvinte junto, com sua energia e exaltação. O lado negativo dessa voz vem quando ela soa infantil ou por demais estridente, como uma criança se esgoelando ou gritando pelo quintal.

- **A voz do peito ("Quero dizer o que eu digo").** A voz do peito dá peso ao que você diz. Imagine que você é o Tarzan falando enquanto bate em seu peito. Essa é a voz de uma pessoa que toma decisões firmes e avança com as coisas. Mas mesmo essa voz forte precisa variar às vezes, para evitar que ela fique monótona.

✔ **A voz do coração ("Falo como eu sinto").** Para falar a partir de seu coração, você precisa entrar em contato com seus verdadeiros sentimentos. A voz resultante sai com afeto e carinho. Normalmente é bem baixa, com bordas suaves e uma vibração natural a fim de atrair os outros para a emoção. O acesso a essa voz se perde quando você empurra os sentimentos para baixo, e talvez somente venham à tona de novo quando encontrar a confiança para expressar raiva. Clientes que não estão em contato com seus sentimentos muitas vezes perdem esse aspecto de suas vozes.

✔ **A voz visceral ("Digo isto como isto é").** Esta voz soa como se surgisse da pessoa inteira e tem a mais profunda ressonância. Ela é lenta, utiliza menos palavras e tem seriedade. A voz visceral é associada com a sabedoria, a liderança e a maturidade. O cliente que fala com a voz visceral o faz de um lugar de paixão e propósito que é inspirador para outros.

A atividade a seguir ajuda você a avaliar as variadas vozes de um cliente e a inspirar mais atividades de crescimento.

1. **Com a permissão de seu cliente, use um pequeno gravador ou outro aparelho de gravação para registrar um trecho curto de sua sessão de *coaching*.**

    Peça ao cliente para falar sobre algo que é muito importante para ele por três ou quatro minutos. Se eles acharem isso difícil de início, você pode instigá-los com perguntas tais como "O que realmente importa para você?" ou "Me diga qual foi sua melhor ou pior experiência?"

2. **Compartilhe a descrição dos quatro tipos de voz que eu esquematizei anteriormente nesta seção.**

3. **Ponha a gravação para tocar e escute junto, identificando qualquer momento em que o cliente fala com um dos quatro tipos de vozes.**

    Preste atenção ao alcance vocal do cliente. Que voz é mais confortável para ele? Que voz ou vozes estão ausentes? Quais vozes ele pode querer desenvolver?

4. **Juntos, examine se a voz e as mensagens estão em alinhamento.**

    Por exemplo, você ouve entusiasmo na voz sobre coisas com as quais o cliente diz que se entusiasma? Você ouve a certeza tranquila da voz visceral quando ela fala sobre assuntos significativos? Há decisão e calor – ou sua voz fica presa na garganta?

A qualidade da voz de sua cliente oferece a você valiosas pistas sobre o que realmente está acontecendo. Esse exercício localiza com precisão crenças limitadoras, falta de confiança em certas áreas ou o fato de ela estar fazendo mais o que ela sente que *deve* fazer do que o que *quer* fazer. Ela talvez também possa se beneficiar de algum *coaching* de voz específico ou treinamento de comunicação fora das sessões de *coaching*.

Como *coach*, a forma como você fala pode afetar os resultados que você obtém. Você pode gravar as sessões (com a permissão do cliente) para ouvir sua própria voz e ver que impacto ela tem nas reações dos seus clientes. Sua voz tem variedade e alcance da cabeça às vísceras ou você nota momentos na conversa em que ela fica presa na sua garganta? Se você pode ouvir a necessidade de desenvolver seu alcance, recrute a ajuda de um *coach* de voz para trabalhar com você a fim de libertar sua voz e explorar técnicas de respiração para relaxá-la. Timidez em sua voz também pode revelar pontos no *coaching* em que você precisa trabalhar em uma habilidade específica. (O Capítulo 3 lista as competências essenciais para que você possa desenvolver suas habilidades.)

Ter coragem de manter o espaço

À medida que você cresce como *coach* e eleva o nível de sua habilidade, o *coaching* lhe apresenta dilemas com os quais pode questionar a si mesmo. Às vezes você se encontra pisando em uma linha tênue entre respeitar a privacidade de seus clientes e deixar escapar o que pensa. Quando alcança esse tipo de dilema, está se aventurando em um território no qual pode criar resultados transformacionais para seus clientes. Você pode expressar algo que eles sabem inconscientemente e não foram capazes de ouvir de ninguém. Pise com cuidado para não assustar seu cliente, e preste atenção redobrada a qualquer desconforto que ele possa experimentar.

Confiança é essencial no relacionamento de *coaching*, e você pode construí-la a fim de explorar uma base sensível com coragem e finalmente romper padrões inúteis. As seções seguintes focam em duas habilidades que passam para o primeiro plano ao ajudarem a romper com padrões: pedir permissão e introduzir/dizer alguma coisa como ela é.

Pedir permissão

Quando você sente que atingiu uma área difícil – talvez um assunto ou problema que o cliente esteja evitando –, então pode pedir permissão para explorá-lo. Utilize perguntas simples tais como "Está BEM falarmos sobre isto?" ou " Percebi algo aqui que acho que pode ser significativo. Está BEM compartilhar isto com você?"

Com permissão, você pode escavar mais fundo por causa da mensagem implícita que envia de que o cliente continua no comando da conversa. Contudo, se o cliente diz "não", então você precisa respeitar esse desejo ou arriscar que todo o relacionamento de *coaching* se desmorone. Ao simplesmente destacar o que está observando, o cliente não pode deixar de estar ciente de que está bloqueando algo e pode estar disposto a voltar nesse ponto mais tarde.

Cláudio contratou seu *coach* para explorar o desenvolvimento dos negócios, ainda que este tenha percebido que ele tinha relacionamentos muito problemáticos com suas duas irmãs, oriundos de um problema de herança. Ao pedir permissão para abrir essa linha de questionamento,

Capítulo 10: Trazer Padrões à Tona **183**

Cláudio identificou várias crenças limitadoras que ele tinha com relação a dinheiro, que ele seria capaz de solucionar com o _coaching_. Tratar de seus problemas de dinheiro relacionados à família possibilitou que ele pensasse sobre seu modelo de negócio e em metas financeiras com um sentido maior de liberdade e criatividade.

Entremeter-se

Entremeter-se é a habilidade de ir diretamente ao assunto e dizer o que você descobre. Considere essa habilidade como o momento "casca de feijão no dente". Se você vê alguém com uma casquinha de feijão presa entre os dentes, é melhor para a pessoa que você diga logo o que nota do que ignorar isso!

Como _coach_, desenvolva a coragem de dizer o que sua intuição sopra para você e exclamar isso confiantemente no momento. "O que está chegando para mim neste momento é isto...". Esteja ciente de que o cliente pode não estar pronto para receber suas palavras e pode rechaçá-las. Contudo, agora que você disse o que percebeu, o cliente pode levar esses seus pensamentos com ele e processá-los de qualquer maneira.

Como você se entremete eficazmente? Desenvolva algumas frases que possam suavizar o impacto e fale com as suas vozes do coração e das vísceras (veja a seção anterior "Expressar o que observa").

Trazer preocupações à tona

O casamento, como todos os relacionamentos, requer sensibilidade para com as necessidades um do outro. Luiza sempre adorou aniversários, Natal e festas. Apesar de ser uma gerente de projetos na faixa dos trinta anos, ela fica tão entusiasmada quanto uma menina de seis anos quando o grande dia se aproxima.

No primeiro Natal após seu casamento com André, ela pensou em entrar no espírito festivo e surpreender seu marido decorando a casa de cima a baixo com ouropel[*] e organizando uma festa com o tema "Venha como Papai Noel" para os amigos. Quando André chegou do trabalho, viu todas as decorações e tudo o que podia fazer era se preocupar pelo dano feito à pintura nova, como ele deveria se vestir e se a festa seria divertida. Eles tiveram uma discussão, e Luiza acabou retirando toda a decoração e jurando nunca mais fazer uma festa de Natal novamente.

Ao aprender mais sobre metaprogramas por meio do _coaching_ no trabalho, Luiza percebeu que André tinha tanto uma tendência a _se afastar_ do contexto do entretenimento quanto para uma atenção ao _detalhe,_ embora ele realmente apreciasse muito ocasiões sociais. Ela percebeu que tinha que dar a André espaço para discutir todas as coisas que ele não queria que acontecessem antes que ele se sentisse à vontade para ir adiante.

Nos meses seguintes, Luiza mudou sua linguagem para pedir a André que compartilhasse com ela o que ele não queria, antes de empurrá-lo para o que ela queria. Depois dessa conversa, André ficou feliz em se envolver no planejamento dos detalhes e apoiá-la em suas ideias para comemorações bem como em muitas outras atividades compartilhadas em sua nova vida juntos.

---

[*] N.T.: Lâmina de latão que imita ouro.

- Posso estar completamente enganado aqui, mas tenho a impressão de que isso pode ser sobre...

- Aqui vai algo que ouvi de outros clientes e que acho que poderia ter valor para você neste momento...

O tempo também é uma questão fundamental. Entremeter-se precisa acontecer *imediatamente* ao se ouvir algo que não soa bem, e não ser trazido mais tarde. Se você mantiver o *rapport* e continuar com uma leveza de toque e respeito, seus clientes reconhecerão sua preocupação profunda pelo melhor interesse deles.

Estabelecimento de Novos Hábitos

O *coaching* proporciona o contexto para que as pessoas estabeleçam novos hábitos e relatem seus progressos ao longo de um período de tempo. Como *coach*, você pode dar um *feedback* específico sobre hábitos e comportamentos que observou que não pareciam ser úteis a eles e solicitar que escolham outros melhores. Especialistas dizem que leva-se 21 dias para mudar um hábito. A mudança pode ser instantânea, ainda que alguns padrões enraizados possam levar mais tempo para serem mudados. Daí por que *coachings* de longo prazo, por assim dizer, seis meses, proporcionam um ambiente que ajuda na mudança comportamental muito mais do que uma única sessão de PNL para solucionar um problema.

Finalmente, os clientes são responsáveis por seus novos comportamentos e, como *coach,* você os ajuda a manter esses novos comportamentos para que possam fazer mudanças duradouras, pois você trabalha com eles regularmente, por meio dos altos e baixos da vida. Quando os clientes reconhecem seus próprios padrões, eles ficam curiosos sobre si mesmos em diferentes contextos e espalham seu aprendizado de uma situação para outra (veja o box "Trazer preocupações à tona" para um ótimo exemplo dessa dinâmica).

A fim de mudar padrões no longo prazo, desafie seus clientes a experimentar novos hábitos em uma variedade de contextos. Torne o desafio interessante e divertido e o adapte de acordo com o que descobrir sobre seus metaprogramas baseados nas atividades anteriores do capítulo.

Clientes mais metódicos podem apreciar um sistema que rastreie seus progressos. Encoraje-os a relatar suas histórias de sucesso para você. Permita que clientes de orientação voltada para escolhas tragam seus próprios métodos criativos e que estejam cientes de que o cumprimento de seus planos pode ser bem difícil! Aqueles com um foco externo são mais naturalmente inclinados a comemorar sucessos com você do que aqueles focados interiormente. Veja o Capítulo 11 a fim de achar ideias para começar novos hábitos ao encontrar estratégias melhores.

Capítulo 11

Desenvolver Melhores Estratégias

Neste Capítulo
▶ Análise de onde as mudanças podem acontecer
▶ Seguir o exemplo de pessoas que se sobressaíram
▶ Iniciar novas maneiras de fazer as coisas

*V*ocê gosta de tomar banho de chuveiro ou de banheira? Você gosta de um dilúvio refrescante rápido de água com gel de banho energizante ou uma imersão luxuosa em bolhas e óleos? O que escolher se torna habitual e, antes que se dê conta, você fica sendo uma pessoa de ducha ou uma pessoa de banheira. Seu comportamento se mistura com sua identidade.

Hábitos se desenvolvem ao longo de um período de tempo. Algumas vezes eles dão a você os resultados que quer e outras vezes não são tão úteis. Por exemplo, eu me habituei a trabalhar nos meus livros tarde da noite porque tinha filhos pequenos. O lado bom desse hábito é que escrevi cinco livros e centenas de artigos ao longo dos anos e consegui cumprir os compromissos para com meus clientes de forma consistente. O lado ruim é que eu tendo a preferir ir até altas horas da noite do que desapontar alguém perdendo um prazo. Por trás do meu comportamento se encontra uma intenção respeitável de estar a serviço de meus clientes e leitores. Contudo, um hábito que seja útil a você também pode ter consequências adversas caso seja levado a extremos.

O *coaching* possibilita às pessoas obterem os resultados que querem através do exame dos comportamentos habituais e da decisão se eles são ou não úteis aos clientes. A PNL ajuda nesse processo ao analisar as estratégias, ou os *modelos*, que as pessoas põem em prática e a reprojetá-los para serem mais eficazes. Uma *estratégia* é um modelo de comportamento que alguém pode copiar ou reproduzir. Estratégias não são boas nem ruins, são simplesmente eficazes ou ineficazes. Em geral, o processo de *coaching* implica entender como os clientes operam seus modelos de mundo por meio de suas experiências sensoriais ou sistemas representacionais. (Volte ao Capítulo 6 para saber mais sobre esse tema.)

Este capítulo examina como as estratégias funcionam e como mudá-las para que sejam mais eficientes. O desenvolvimento de estratégias eficazes pode fazer a diferença entre um cliente procrastinar o tempo todo e conseguir fazer as coisas que tem de fazer, tornando-se um palestrante talentoso ou tropeçando sobre as palavras. Você também pode descobrir a utilidade de tomar especialistas como modelos, mentores e estruturas que reforcem novos hábitos.

Descubra a Diferença que Faz a Diferença: Estratégias

Muitas vezes os clientes querem que uma solução mágica seja entregue a eles. "Diga-me como me tornar magro/rico/atraente/empregável", e por aí vão os pedidos implícitos. Os *coaches*, por sua parte, muitas vezes ficam admirados nos momentos "Eureca!", quando os clientes dizem: "Agora eu vejo o que eu posso fazer aqui".

A verdadeira mágica acontece quando os clientes identificam por si mesmos as chaves que possibilitam que atinjam os resultados que querem. Eles observam exatamente o que vêm conseguindo utilizando suas próprias maneiras e concluem o que podem fazer de forma diferente. Eles encontram a diferença que faz a diferença.

Estabelecimento de estratégias

Estratégias são como um colar de miçangas que amarra elementos individuais que criam um padrão de comportamento. Eles começam com um *desencadeador* externo ou interno. Por exemplo, seu alarme soando age como um ativador externo para movimentar sua estratégia de se vestir. O desencadeador prepara você para uma série de processos que podem incluir escovar os dentes, tomar banho, checar sua aparência no espelho e dizer: "Meu Deus, eu fico melhor com maquiagem". Sua estratégia de se vestir termina e pode ativar a estratégia de tomar o café da manhã. Ou você pode pular essa etapa e ir direto para a estratégia de dirigir para o trabalho.

Alternativamente, uma *subestratégia* pode funcionar dentro de uma estratégia. Talvez você chegue a um momento de decisão enquanto está na estratégia de se vestir, quando percebe que hoje é quarta-feira, o dia da corrida no meio da semana, então você pula da cama, engata a marcha, parte para uma corrida de quatro quilômetros, volta e toma um banho e depois segue sua rotina de se vestir e tomar café. Finalmente, você atinge sua estratégia de se vestir, mas pode variar partes dela em dias diferentes.

Os *coaches* de PNL analisam as estratégias dos clientes juntamente com eles ao dividirem-na em suas partes componentes e observar o que acontece passo a passo. Algumas claramente não funcionam de forma eficiente. Se você gasta meia hora experimentando roupas diferentes, vai chegar atrasado todos os dias. Então, pode precisar de uma estratégia distinta que o ajude a desenvolver uma lista de cinco roupas de trabalho que possa colocar rapidamente.

Ao dividir as estratégias com os clientes, você está interessado não somente nos comportamentos externos efetivos, mas também no que os clientes veem, ouvem e sentem a cada passo.

Montagem de suas estratégias

A PNL oferece um modelo simples para explicar como as estratégias funcionam, chamado *modelo TOTS*, cuja sigla significa Teste, Operação, Teste e Saída. Como mostra a Figura 11-1, esse modelo sugere que, quando você sabe que quer que alguma coisa aconteça, movimenta estratégias até que elas atinjam seu objetivo. Mais especificamente:

- Você verifica (Teste) para ver se uma estratégia funciona.

- Se a estratégia funcionar, você segue para a próxima estratégia. (Saída)

- Se a estratégia não funcionar, você aperfeiçoa seu comportamento (Operação) até que seu teste permita que atinja seu objetivo.

- Você fica dando voltas no modelo até que cada objetivo seja compreendido.

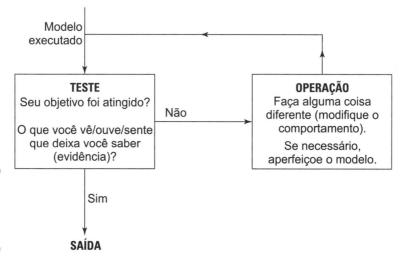

Figura 11-1: O modelo TOTS de comportamento.

Um exemplo do TOTS em ação ocorre quando você está fazendo o jantar e seu objetivo é cozinhar legumes. Você executa sua estratégia de cozinhá-los; seus vários testes para ver se os legumes estão prontos envolvem olhar para eles, cheirá-los e cutucar com um garfo. Depois que o objetivo é alcançado, você

Parte III: Aprofundando a Consciência

cessa a estratégia de cozinhar legumes e muda para a estratégia de lavar a louça do jantar. Contudo, se os vegetais ainda estiverem crus depois de seus diversos testes, você talvez tenha que fazer algo diferente, tal como aumentar o fogo e, então, pôr seu teste em prática de novo minutos depois.

A luta contra estratégias inúteis

Quando os clientes não estão conseguindo os resultados que querem, é hora de criar novas estratégias. Você pode fazer isso de várias maneiras:

- **Desfaça a estratégia, observando o que está faltando ou não está funcionando.** A técnica de notação que descrevo na seção seguinte, "Sequenciamento de estratégias", pode ser uma ferramenta útil. Após sequenciar uma estratégia, ajuste os passos ou acrescente passos extras, à medida que seja necessário.

- **Pegue uma estratégia que já funcione bem em outro contexto e aplique-a à área do problema.** Por exemplo, se um cliente tem uma estratégia útil para motivá-lo a completar seu relatório financeiro mensal do departamento e está precisando de motivação para fazer alguma coisa diferente, tal como fazer o jantar ou remover as ervas daninhas do jardim, você pode ajudá-lo a aplicar a mesma estrutura em situações diferentes. Veja a seção posterior "Reprojete estratégias".

- **Encontre uma estratégia de outra pessoa, copie-a e a experimente você mesmo.** Você pode ler mais sobre isso na seção mais adiante "Encontre Exemplos em Outros: Modelos e Mentores."

Sequenciamento de estratégias

A fim de entender uma estratégia, você precisa extraí-la, dividi-la e descrever seus componentes menores. Quando extrai as estratégias dos clientes durante as sessões de *coaching,* você traz seus processos inconscientes para seu conhecimento consciente.

Você está buscando antes revelar a estrutura das experiências subjetivas de seus clientes do que oferecendo uma alternativa. As perguntas a serem feitas a si mesmo durante o processo de desconstrução incluem:

- O que se passa dentro da cabeça do cliente?

- O que o cliente está pensando ao vivenciar esta estratégia?

- O que o cliente está experimentando ao executar a estratégia?

Capítulo 11: Desenvolver Melhores Estratégias

Entender estratégias é benéfico porque, se você encontrar momentos em que seu cliente está motivado, revigorado, entusiasmado, tomando boas decisões e realmente fluindo, pode usar a mesma estrutura em outras situações nas quais o cliente tem que fazer grandes esforços. Você está moldando a excelência natural de seu cliente.

Extrair uma estratégia implica começar com o pé direito com o seu cliente fazendo perguntas que explorem o *como* do excelente estado atual. Uma boa abertura é "Você faz isto lindamente. Ensine-me como fazer". A fim de fazê-lo sentir-se positivo, você mesmo precisa demonstrar um estado de ânimo positivo sem qualquer julgamento. Você pode ancorar um estado de habilidade utilizando as ferramentas de gerenciamento de estados emocionais no Capítulo 18.

Também pode anotar em um pedaço de papel as estratégias sensoriais de uma pessoa ou usar um bloco de cavalete usando símbolos de PNL tais como:

- V = Visual
- A = Auditivo
- D^i ou Ad= Diálogo interno ou Auditivo digital
- C = Cinestésico
- O = Olfativo
- G = Gustativo

Torne sua notação mais precisa indicando se o diálogo ou o sentimento é negativo ou positivo, por exemplo, C- ou C+. O cliente geralmente sabe se a experiência é negativa ou positiva mas, com algum diálogo interno, o *coach* pode precisar perguntar se esse diálogo interno dá ou não apoio. Você também pode olhar se a fonte dos dados é interna ou externa, e se esta informação lembrada está armazenada na memória ou foi construída, criada na imaginação. Anote esses detalhes pormenorizadamente com os seguinte símbolos:

- + = positivo
- − = negativo
- i = interno
- e = externo
- l = lembrado
- c = construído

Para entender como apreender uma estratégia típica, considere o que vem a seguir. Minha amiga e coautora de *Programação Neurolinguística Para Leigos* (Alta Books), Romilla Ready, adora falar para grupos. Ela e eu discutimos sua estratégia de motivação para prepará-la para suas palestras. Ao extrair sua estratégia, estou prestando atenção ao que está acontecendo em seu processo mental. Estou especialmente curiosa em identificar o que a provoca para pôr

Parte III: Aprofundando a Consciência

em prática sua estratégia de motivação e quando ela sabe que a estratégia está finalizada.

Segue a explicação de Romilla de sua estratégia, junto com as minhas observações entre parênteses:

Com o dia chegando, **eu me sinto com** um pouquinho **de pânico** (C^-) e **digo a mim mesma** (D^i) que preciso me organizar. Então começo a esboçar alguns *slides*, depois saio para conversar com as pessoas sobre o que gostariam de ouvir. Reúno a minha informação até que eu sinta que a minha mensagem **está convergindo** (C^+). Então começo a desenvolver e a praticar o roteiro até que **eu visualize a mim mesma** (V^c) muito bem ensaiada no dia, realmente conectada (C^+) com o público. Depois **digo a mim mesma** que estou pronta (D^i) **e sinto** que será muito **divertido** (C^+).

Observe na descrição de Romilla que preferi destacar a *estrutura* da sua experiência do que listar o que ela faz efetivamente em termos de comportamento. Então, posso focar em sua estratégia de sucesso em motivar a si mesma, em vez de ser apanhada pelos detalhes do conteúdo.

Os passos na experiência dela parecem um pouquinho como álgebra quando eu os anoto em um pedaço de papel:

$$C^- \rightarrow D^i \rightarrow C+ \rightarrow V^c \rightarrow C^+ \rightarrow D^i \rightarrow C^+$$

Apreender a estratégia é um exercício articulado com o cliente. Ele pode se afastar de uma situação para rever o que está fazendo e ver onde pode fazer mudanças para ser mais eficiente. Armado com uma nova estratégia, ele tem um método para mudar outras.

Prestar atenção aos olhos

A seção anterior "Sequenciamento de estratégias" introduz um sistema de notação para estratégias baseado nos sistemas representacionais. A PNL também oferece a ferramenta das *pistas de acesso visual* para dar pistas sutis adicionais sobre o que alguém está pensando, sentindo ou lembrando. Observar o movimento dos olhos pode ser particularmente útil quando você está desfazendo estratégias que os modelos não podem explicar completamente.

A Figura 11-2 mostra como os olhos se movem quando acessam um sistema representacional em particular. Esses movimentos dos olhos dão pistas sobre o que está realmente acontecendo com a outra pessoa. Por exemplo, se um cliente frequentemente olha para cima, é provável que ele esteja acessando imagens e você pode querer usar perguntas que se apoiem em uma linguagem visual, tal como: "Notei que você olhou para cima quando falou sobre isso, e estou curioso para saber o que viu naquele momento?".

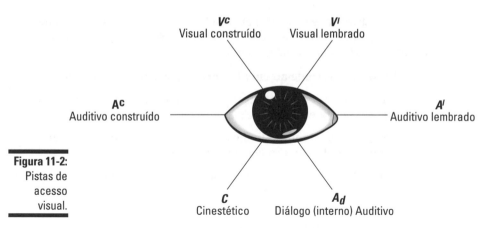

Figura 11-2: Pistas de acesso visual.

As pistas de acesso visual na Figura 11-2 mostram o que você vê quando olha para o rosto de alguém. A figura assume que a pessoa é destra. Indivíduos canhotos podem acessar seus sistemas representacionais da forma oposta. Você pode verificar se os clientes são canhotos ou destros ao pedir que escrevam alguma coisa ou observando onde usam seu relógio de pulso.

A Tabela 11-1 resume atividades comuns e os movimentos de olhos correspondentes. A tabela inclui símbolos de notação em parênteses (veja a seção anterior "Sequenciamento de estratégias" para mais detalhes).

Tabela 11-1	Atividades e Movimentos dos Olhos
Quando o cliente está fazendo isto...	*Os olhos estão fazendo isto...*
Lembrando uma imagem (V^i)	Movendo-se para o lado superior esquerdo do cliente
Criando uma imagem (V^c)	Movendo-se para o lado superior direito do cliente
Lembrando um som ou uma conversa (A^i)	Movendo-se horizontalmente para o lado esquerdo do cliente
Imaginando como um som soará (A^c)	Movendo-se horizontalmente para o lado direito do cliente
Acessando emoções (C)	Abaixando e indo para o lado direito do cliente
Conversando consigo mesmo (A_d)	Abaixando e indo para o lado esquerdo do cliente

Apreender um modelo de um simples processo de estratégia proporciona maravilhosos *insights* para seus clientes sobre como eles fazem o que fazem. Ao focar em um processo simples e não ameaçador, você ensina seus clientes a automodelarem e dá a eles uma ferramenta para compararem suas estratégias com a de outros e fazerem avanços.

Utilize as pistas de acesso visual para revelar mais sobre uma estratégia de seu cliente. Peça a ele para guiá-lo passo a passo através de um processo simples, tal como escolher comida da geladeira.

1. **Sente-se em frente ao cliente para que possa ver seu rosto.**

   Diga-lhe que você está observando e reparando no movimento de seus olhos. Você pode mostrar a ele as imagens da Figura 11-2.

2. **Pergunte ao cliente: "Qual é a primeira coisa que você faz ou pensa quando começa esta tarefa/ação?".**

   À medida que ele responde, preste atenção para onde seus olhos se movem e faça uma anotação sobre o movimento (você pode ter mais de um movimento para anotar).

3. **Pergunte ao cliente: "Qual é a *próxima* coisa que você faz ou pensa?".**

   Registre os movimentos dos olhos dos clientes.

4. **Continue fazendo a pergunta até que o cliente o guie passo a passo através do processo inteiro.**

   Observe e registre o movimento dos olhos do cliente a cada momento.

5. **Ajude seu cliente a voltar e ir adiante ao longo da estratégia, procurando qualquer passo perdido até que ambos sintam que o processo está completamente descrito.**

6. **Crie um modelo de estratégia e sequência.**

   Apreenda a notação em um papel como nos exemplos da seção "Sequenciamento de estratégias". Após ter registrado uma estratégia simples, não ameaçadora, vocês podem trabalhar juntos em reprojetar uma estratégia inútil.

Reprojete estratégias

Os clientes são bem entendidos em seus comportamentos inúteis, então lide com sua exploração com um toque leve e de bom humor. Peça a eles para ensinar-lhe o comportamento inútil. "Você parece ser muito bom nisto. O que acha de me levar passo a passo de modo que eu possa ser tão bom quanto você?", você pode perguntar.

Seus clientes já estão fartos dos resultados que obtêm. Vá com calma com eles e deixe qualquer um de seus próprios preconceitos ou julgamentos para trás. Mantenha-se curioso e torne-se um parceiro disposto a criar estratégias novas e mais úteis com eles.

Martin contou a seu *coach* que ele era preguiçoso e sempre procrastinava. Seu *coach* ficou surpreso, já que Martin acordava muito cedo todos os dias e trabalhava duro como dentista.

Capítulo 11: Desenvolver Melhores Estratégias 193

Coach: É verdade? O que eu teria que fazer para procrastinar tão bem quanto você, Martin? Ensine-me como você faz isto...

Martin: Eu me sinto realmente contrariado comigo mesmo e sei que há alguma coisa que tenho que realizar, mas olho e olho novamente sobre alguma coisa que precisa ser feita. Eu simplesmente a ignoro até que me sinta realmente mal e a pressão esteja se acumulando no meu cangote, então, finalmente começo. Mas não quero me sentir assim – sob essa pressão – o tempo todo.

Coach: Então, sua estratégia para entrar em ação parece estar sendo como o seguinte:

Você se sente mal, olha, olha e se sente realmente mal.

$$C^- \to V^e \to V^e \to C^-$$

Martin: Exatamente, e estou farto com o fato de que não estou fazendo nada.

Coach: Ok, e me pergunto o que está faltando – ou não está funcionando – aqui?

Martin: Estou procurando pelo que pode ser feito por tempo demais. Preciso pensar no que a minha mãe costumava dizer: "Não deixe para amanhã o que pode fazer hoje" e imaginar como será quando eu terminar. Então, ficarei feliz por ter começado.

Coach: Então, deixe-me verificar o entendimento da sua nova estratégia. Você se sente mal, olha para o que precisa ser feito, ouve a voz de sua mãe, imagina o trabalho terminado e depois se sente bem o suficiente para começar? É isso?

$$C^- \to V^e \to D^i \to V^c \to C^+$$

Martin: Sim, é isso!

Coach: Em qual situação, que está acontecendo com você, é possível experimentar essa nova estratégia?

Martin: Venho postergando fazer a minha declaração de imposto de renda, e agora estou preocupado com o prazo final que está chegando.

Coach: O que precisa acontecer para você aplicar a mesma estratégia para acabar de fazer sua declaração de imposto de renda?

Martin: O que posso fazer é colocar todos os papéis para fora a fim de dar uma olhada rápida neles e, então, pôr para ouvir uma pequena voz na minha cabeça com minha mãe me lembrando: "Não deixe para amanhã o que pode fazer hoje". O próximo passo é imaginar os papéis voltando do contador em uma pasta organizadinha, com uma folha em cima digitada e resumida e, então, eu me sinto tão bem que posso tomar uma pequena taça de vinho para celebrar.

Coach: Ah, então você também pode adicionar um toque gustativo ao final! Depois me diga como sua nova estratégia funcionou.

Respeitar as intenções

O mundo ocidental valoriza a aparência, o sucesso e vencer em todas as áreas da vida. Chamar alguém de fracassado pode ser o pior insulto que se possa dizer a alguém. Medições acerca do sucesso tendem a ser externas – como você parece ou o que você possui. Algumas pessoas procuram ter dentes brancos, corpos esguios, rendimentos de seis cifras, carros reluzentes, parceiros inteligentes e empregos de alto *status* para andar com a cabeça erguida entre seus pares e vizinhos.

Como *coach*, você precisa ir além das armadilhas externas para se conectar e aceitar seus clientes, enquanto reconhece o que as medidas externas de sucesso dão a eles em termos de satisfação pessoal. A PNL assume que as pessoas fazem o melhor que podem a qualquer momento, com os recursos que possuem. A PNL procura ver a intenção positiva em qualquer comportamento, mesmo que ele pareça ruim à primeira vista.

As pessoas são tentadas a agredirem a si mesmas quando fazem alguma coisa que não dá certo. Seu trabalho é lembrar a seus clientes que eles escolheram uma estratégia menos útil por uma razão muito boa. Eles podem ajustar essa estratégia com algumas mudanças sutis e passar a uma direção melhor com novos hábitos em seu lugar.

Clientes que desenvolveram estratégias que não estão funcionando podem resistir a mudá-las. Trabalhe com eles no sentido de identificar a intenção positiva por trás dos comportamentos. Faça uma simples pergunta tal como: "O que isso faz por você?". Continue fazendo-a até que o cliente expresse um valor fundamental tal como segurança, liberdade ou amor (veja o Capítulo 9 para mais informações sobre valores).

Quando Anna se casou com Rafael e teve que ficar em casa para tomar conta de seu bebê pequeno, ela se viu se transformando em uma ciumenta sem razão de ser quando seu marido ia trabalhar. Lágrimas frequentes e ataques de raiva acompanhavam as tentativas de Rafael de deixar o apartamento e, depois, ela se sentia culpada por fazer a vida dele tão difícil e arruinar seu casamento. Através de um *workshop* de desenvolvimento pessoal, Anna viu que suas explosões emocionais estavam associadas a temores de abandono que remetiam às suas experiências da infância. Depois que reconheceu a intenção de autoproteção que se encontrava por trás de seu comportamento, ela estava preparada para avançar sem julgar a si mesma como idiota. Seu *coach* chamou atenção para que havia muito mais na identidade de Anna do que esse único tipo de comportamento – ela tinha um vasto repertório de experiências nas quais se inspirar. Juntos eles reprojetaram suas estratégias para se sentir segura quando seu amado estava longe de suas vistas.

Encontre Exemplos em Outros: Modelos e Mentores

As pessoas criam seus próprios mapas mentais do mundo, colocando estratégias em prática que às vezes funcionam e outras vezes não. As bases da PNL se encontram no trabalho de John Grinder e Richard Bandler, que começaram extraindo modelos dos métodos de grandes terapeutas, incluindo Milton Erickson, Fritz Perls e Virgínia Satir, que obtinham ótimos resultados com seus clientes. A partir de seu trabalho de extração de modelos, Grinder e Bandler criaram modelos linguísticos, particularmente o modelo Milton e o Modelo Meta (veja o Capítulo 2 para saber mais sobre eles).

A *modelagem* em PNL é a capacidade de reproduzir inteiramente a habilidade que se deseja de outra pessoa. Ela atua ao chegar aos comportamentos inconscientes por detrás de uma habilidade em particular e codificar os comportamentos de tal maneira a ensiná-lo a outros.

A modelagem é ensinada como parte do *Master Practioner Training*, e é uma habilidade útil de PNL para explorar e trazer para a sua prática de *coaching* (veja o Capítulo 22 para mais detalhes sobre treinamento de PNL). Muitos livros excelentes e fontes na internet falam sobre a modelagem, incluindo um capítulo em *Programação Neurolinguística Para Leigos* (Alta Books), de Romilla Ready e a autora do presente livro.

A fim de desenvolver suas habilidades de *coaching*, siga o exemplo de vários *coaches* que você admira para compreender seus sucessos e ver o que consegue transferir das experiências deles para si.

O mentoreamento pode ser um complemento valioso para o *coaching* de um cliente, permitindo que ele forme habilidades e obtenha conselhos práticos ou apoio moral. Mesmo que seu cliente não tenha um mentor, nesta seção você encontra um exercício prático para imaginar o conselho que ele daria. As seções seguintes demonstram como aplicar alguns dos princípios fundamentais da modelagem para ajudar no seu trabalho de *coaching* bem como o valor de encontrar mentores como guias.

Escolha de modelos

Moldar-se em outros implica encontrar alguém que se sobressaia em um determinado comportamento – um *modelo* – e então estudá-lo. Através de cuidadosa observação, você cria um *exemplo,* uma estrutura que explica como o modelo funciona. Daí, você experimenta o exemplo e verifica se consegue os mesmos resultados.

Criar um exemplo forte, que pode ser reproduzido por outros, é um trabalho sério. A fim de tornar suas primeiras tentativas de modelagem mais fáceis:

Parte III: Aprofundando a Consciência

- ✔ Escolha um modelo que seja acessível e disponível para ser modelado.
- ✔ Identifique uma estratégia específica para modelar em vez de tentar modelar todos os aspectos do comportamento de um modelo.

Então, se o seu cliente quer ser mais saudável, você pode primeiro pedir que ele defina o que significa ser mais saudável em termos de hábitos desejáveis e, então, encontre modelos desses hábitos. Seu trabalho conjunto pode revelar que *mais saudável* implica a estratégia de fazer exercícios ou a estratégia de ir dormir mais cedo.

Desencavar a história secreta

Imagine que você está trabalhando com um cliente que quer melhorar sua habilidade no golfe. Você pode encontrar muitos exemplos de grandes jogadores, pegar DVDs com seus jogos e analisar como eles se movimentam para forçar a passagem na parte lisa do campo de golfe ou se colocam a postos para o lance final – todos comportamentos externos observáveis.

Contudo, a PNL tem mais curiosidade sobre as estratégias de pensamento de uma pessoa. Qual é a estrutura da experiência subjetiva desse grande jogador? O que realmente se passa na cabeça dele quando acerta aquele lance vencedor? Uma vez eu pedi a um jogador de golfe profissional para me contar o que estava se passando dentro da sua cabeça quando ele acertou seu lance vencedor em um torneio. Ele disse:

Estou olhando para o percurso e, enquanto penso no próximo lance, meu diálogo interno está completamente silencioso. Eu me sinto tão relaxado – tanto quanto quando estou passando o dia pescando sem nada para pensar. Eu simplesmente estou em um estado de fluxo.

A maioria das estratégias vencedoras envolvem aquietar a tagarelice interior e permitir que o resultado tome conta de si mesmo (veja o Capítulo 9 para mais detalhes sobre o estado de fluxo).

A modelagem implica olhar para dois aspectos das estratégias dos modelos:

- ✔ **O comportamento externo:** O que a pessoa faz, passo a passo.
- ✔ **O processo interno:** Como a pessoa pensa em termos sensoriais quando está envolvida no comportamento.

A modelagem de PNL está especialmente interessada em *como* o modelo pensa porque essas compreensões são as pistas mais sutis para a excelência – a diferença que faz a diferença. Veja o box "Desencavar a história secreta".

Encontre novas estratégias em modelos de excelência

Às vezes você simplesmente não tem exemplos de alguns tipos de estratégias úteis em sua experiência de vida. Se seus clientes refletiram sobre suas próprias experiências e não encontraram nada, eles podem olhar para além deles mesmos – para as estratégias bem-sucedidas de outros – para se espelharem.

Muitas pessoas contratam um *coach* com uma técnica ou formação profissional específica, e Sheila não era exceção. Ela me contratou como sua *coach* porque queria melhorar suas habilidades de comunicação no trabalho. Ocupando um cargo de chefia no setor público, Sheila queria elevar seu jogo a fim de ter habilidade com documentos normativos que fossem convincentes, participar de reuniões com altos funcionários com mais confiança e apresentar suas ideias com clareza. Ela sabia que uma das minhas áreas de habilidade era a comunicação oral e escrita.

Já que sou entendida em todos os assuntos para os quais Sheila havia procurado ajuda, eu poderia facilmente começar a falar, mas não fiz isso. Os *coaches* querem que seus clientes aprendam as maneiras que se adequem a eles.

Eu e Sheila criamos juntas uma agenda para um programa de *coaching* no qual eu facilitaria seu aprendizado, apenas oferecendo algumas ideias e observações ao longo do caminho. Sheila seria responsável por seu próprio aprendizado ao identificar e tomar um modelo de excelência para encontrar estratégias que funcionassem para ela. Nossa programação acordada de sessões incluía vários assuntos definidos, tais como escrever documentos convincentes, presidir reuniões, planejar apresentações e transmitir mensagens difíceis com confiança.

A tarefa de Sheila para cada sessão era identificar três pessoas cujo trabalho ela admirava e passar um tempo extraindo um modelo deles. Particularmente, ela precisava vir para as nossas sessões preparada com duas partes de informação:

- ✔ Como cada pessoa demonstrava o comportamento externo.
- ✔ Como a pessoa pensava em relação ao trabalho desenvolvido – quais eram os seus pensamentos em diferentes momentos?

Claramente a primeira tarefa é mais fácil. Qualquer um pode observar outras pessoas de longe e notar seu comportamento. A segunda, contudo, é mais desafiadora, e esse aspecto da modelagem encoraja os clientes a se comprometerem pessoalmente com seus modelos e realmente aprender com eles.

Ao final, a conexão com outros teve um impacto enorme na carreira de Sheila. Ela estendeu sua rede de contatos para áreas diferentes ao entrar em contato com pessoas que ela admirava em diversos departamentos de sua organização, bem como algumas redes de mulheres em altos postos. Depois que ela demonstrou interesse por outras pessoas, elas se interessaram em apoiar seu progresso.

Em cada uma de nossas sessões juntas, Sheila tomou a frente apresentando seus modelos de excelência e extraindo o que ela observava sobre as estratégias deles. Nós então comparamos suas próprias estratégias com seus modelos de modo que ela pudesse identificar quais estratégias queria adotar para se superar. Ela construiu seus próprios modelos de hábitos úteis, que depois compartilhou com sua equipe também.

Como tantas outras agendas de *coaching*, o alcance das nossas sessões se expandiu para além dos objetivos originais, particularmente depois que Sheila percebeu que ela poderia tomar exemplos de excelência em qualquer campo. Por exemplo, a princípio, quando nós começamos a trabalhar juntas, ela mencionou que tinha algumas dificuldades financeiras. À medida que se passaram os meses, ela começou a extrair um modelo de um amigo que era consultor financeiro, a fim de elaborar como orçar melhor seus gastos e refinanciar seu apartamento para obter uma taxa de juros melhor.

Imaginar mentores

Ao extrair modelos, os clientes estão se inspirando nas qualidades que admiram em outras pessoas a fim de melhorar suas próprias estratégias. Você também pode encorajar seus clientes a serem mais engenhosos para criarem novas estratégias ao imaginar o que outros lhes aconselhariam a fazer.

Muitas pessoas de sucesso têm a sorte de terem ou terem tido fortes mentores em suas vidas. Os mentores buscam oportunidades para outros e os orientam bem. Outros não se favoreceram com modelos de excelência.

O exercício a seguir "Sabedoria de Mentores" convida os clientes a imaginarem os mentores que eles realmente gostariam de ter agora. Um mentor imaginário pode ser um amigo ou um colega que seu cliente já conhece. Pode ser um membro da família (vivo ou já há muito falecido) ou um completo estranho. Eu fiz esse exercício muitas vezes, e as pessoas escolhem todos os tipos de mentores, desde entes queridos já falecidos a famosos gurus de negócios, de Madre Teresa ao Presidente dos E.U.A.

1. **Peça ao cliente para selecionar uma situação em que ele gostaria de ter orientação.**

   Por exemplo, seu cliente pode estar deliberando sobre uma grande decisão tal como uma mudança de residência, emprego ou relacionamento.

2. **Solicite que o cliente identifique três pessoas que possuam e possam oferecer alguma sabedoria para a situação.**

3. **Peça ao cliente que visualize os três mentores em três lugares diferentes da sala.**

Para ajudar o cliente a imaginar os três mentores, você pode posicionar três cadeiras vazias na sala, ou escrever "Mentor um", "Mentor dois" e "Mentor três" em três pedaços de papel e colocá-los no chão à volta da sala. Posicione uma quarta cadeira ou folha de papel com o nome do cliente no centro da sala.

Pergunte ao cliente se ele gostaria que você fizesse anotações para ele.

4. **Solicite ao cliente que se coloque de pé ou se sente na posição de Mentor número um e peça que ele responda a uma pergunta como mentor.**

Faça uma pergunta simples ao cliente como mentor, tal como "Que conselho ou estratégia você pode oferecer a [o cliente] acerca deste assunto?". Solicite que o cliente, como mentor, direcione o conselho para a cadeira vazia do cliente.

Faça apenas o que somente você pode fazer

Um benefício enormemente recompensador do *coaching* é o quanto você tira proveito das qualidades de seus clientes. Quando você mesmo está se debatendo com um problema, os clientes podem trazer presentes para as sessões de *coaching* ao trabalhar com problemas muito similares aos seus. Você pode tirar modelos das estratégias de seus clientes também.

Minha cliente Liz, uma banqueira de investimento, veio para uma sessão e falou sobre sua enorme carga de trabalho ao mesmo tempo que eu também estava me sentindo sob pressão. Liz estava examinando áreas de sua liderança nas quais se destacava e as comparou com áreas que ela achava mais desafiadoras.

Seu momento "Eureca!" na sessão apareceu quando ela notou que se sobressaía quando concentrava seus esforços em fazer as coisas que ninguém mais na organização podia fazer. A tomada de consciência de Liz pode soar muito óbvia, mas às vezes as pessoas perdem de vista o que é mais óbvio porque alguma coisa se intromete no meio do caminho.

Liz percebeu que gastaria energia demais em áreas nas quais poderia contratar especialistas que tinham muito mais conhecimento que ela. Inconscientemente, ela estava relutante em contratar pessoas que poderiam ser melhores do que ela e, ao final, poderiam passar a ocupar sua posição. Ela definiu que esse hábito de não contratar estrategistas brilhantes não estava mais funcionando e achou que mudar seu diálogo interno fazia toda a diferença na sua eficácia e bem-estar.

Ao extrair suas próprias estratégias para liderar sua equipe com sucesso, ela desenvolveu um mantra: "Faça apenas o que somente você pode fazer". Eu mesma presto atenção a essa afirmação quando me encontro me esforçando com coisas demais para fazer – e convido você a fazer o mesmo!

Se ele tiver dificuldades para conseguir o conselho, dê-lhe tempo e reformule levemente a questão, por exemplo: "O que faria se você mesmo tivesse de encarar uma situação semelhante?".

5. **Repita o passo 4 para todos os mentores.**

6. **Solicite que o cliente volte à sua própria cadeira e adote o conselho ou sabedoria que o cliente sente que é útil.**

Se você fez anotações para o cliente, neste momento pode lembrá-lo do conselho do mentor. Encoraje-o a deixar passar qualquer conselho que não pareça útil ou apropriado.

7. **Peça ao cliente para identificar novos hábitos ou comportamentos dos mentores que ele possa acolher.**

    Ajude o cliente a estabelecer situações nas quais ele possa praticar os comportamentos recém-identificados.

A Criação de Novas Estruturas para Ser Mais Eficiente

As pessoas que anseiam por liberdade e flexibilidade podem se encolher com a simples menção a disciplina e estrutura. A imagem de um professor com uma tarefa amarrada ou um instrutor militar com uma vara pontiaguda podem saltar à mente.

Contudo, estruturas adequadas ou métodos a serem seguidos podem criar autodisciplina e liberdade dos hábitos e estratégias que não sejam úteis a você. Essas estruturas o lembram de observar seus impulsos e reações viscerais; elas desligam o poder de tais reações sobre você. Em vez de desistir de alguma coisa por causa da rotina, as novas estruturas o lembram de encontrar outras opções. As estruturas fornecem o apoio para fazer mudanças e alcançar seus sonhos ao canalizar suas reações impulsivas para onde elas podem ser mais eficientes.

Nesta seção, introduzo diversos tipos de estrutura que podem apoiar os clientes para conseguirem os resultados que desejam.

Dizer um sonoro sim ou um não definitivo

Dizer sim para uma coisa significa dizer não para outra. Como você gasta seu tempo, dinheiro e esforços constitui uma equação simples. Se você o gastar em x, você não pode gastá-lo em y.

Suzana administra uma consultoria de RH e, como muitas mães que trabalham, se supera executando várias tarefas diferentes. Ela me contou como estava decorando sua casa nos intervalos das entrevistas que estava fazendo com candidatos para a empresa de um amigo e os períodos de longas viagens rotineiras para seu próprio trabalho de consultoria. Ela teve um momento de "Eureca!" quando questionei se uma razão pela qual estava lutando para encontrar tempo de qualidade para passar com seus filhos e marido estava associada ao fato de que ela estava gastando muito do seu dia de trabalho prestando consultoria gratuita a amigos e passando seus finais de semana em tarefas domésticas das quais não gostava.

Capítulo 11: Desenvolver Melhores Estratégias 201

Listas de sim/não fornecem uma estrutura prática para olhar para os comportamentos que se tornaram habituais. Ao escrevê-los em um papel, você pode ver qual seria a situação ideal e então trabalhar em direção a isso.

1. **Pegue uma folha de papel em branco e desenhe uma linha vertical para baixo no meio, dividindo-a em duas colunas.**

   No topo da coluna da esquerda, escreva o título "SIM!" e no topo da coluna da direita, "NÃO!".

2. **Determine uma área da sua vida na qual gostaria de mudar alguma coisa.**

   Alguns exemplos de coisas que você pode querer mudar incluem: as atividades domésticas, uma tarefa de negócios ou um projeto, um relacionamento ou sua saúde e alimentação.

3. **Explore a situação atual e compile uma lista especificada com:**

   - As coisas específicas a que você está dizendo "sim".
   - As coisas específicas a que você está dizendo "não".

Quando Suzana fez sua lista de Sim/Não, percebeu que estava simplesmente dizendo sim – e consequentemente fazendo – demais. A Tabela 11-2 mostra a lista de Sim/Não de Suzana na esfera doméstica.

4. **Revise suas listas e decida o que você quer que seja diferente.**

   Pergunte a si mesmo:

   - Ao que eu preferiria dizer sim?
   - Ao que eu preferiria dizer não?

5. **Troque os itens através das colunas até que você se sinta satisfeito de que a lista reflita o que você quer atingir.**

6. **Com uma lista revisada no lugar da outra, trabalhe com seu cliente para focar no que precisa acontecer para alcançar a lista desejada.**

   Quando Suzana analisou sua lista, percebeu que precisava de ajuda. Ela negociou a divisão de trabalho em casa com seu marido para que cada um deles se apropriasse de atividades específicas de que gostassem e contratassem ajuda para aquelas que não gostavam de fazer. Da mesma forma, ela reviu a abordagem empresarial para ver em que ponto poderia ser mais generosa consigo mesma.

Tabela 11-2	Lista Doméstica de Sim/Não de Susan
SIM!	**NÃO!**
Fazer o jantar às terças e quintas-feiras.	Lavar e passar as roupas da família.
Ler para o Ben na hora de dormir.	Fazer compras de supermercado pela internet.
Ajudar o Tom com a matemática.	Decorar a casa.
Comprar roupas e sapatos com os meninos nas férias escolares.	Organizar a manutenção do carro.
Fazer compras de alimentos básicos, como leite ou pão, na vizinhança, caso fiquemos sem.	Receber visitas quando eu estou ocupada com o trabalho.
Levar o Tom para o tênis no sábado.	Cozinhar nas sextas-feiras e sábados.
Receber visitas por três fins de semana em um ano.	Fazer reservas de férias.
Preparar a refeição da família no domingo à noite.	Colocar os latões de lixo para fora.

Inevitavelmente, pessoas ocupadas colocam mais coisas em suas listas do que elas realmente têm tempo para cumprir. Como uma verificação da realidade, peça a seus clientes para destinar uma estimativa de tempo para todas as atividades, indicando quantos minutos ou horas por semana eles planejam gastar fazendo isso. Depois, peça para acrescentarem o tempo e ver como isso se encaixa na programação real deles. Alguma coisa a mais pode precisar ser trocada de um lado da página para a outra.

Contagem dos dias

Os hábitos se desenvolvem ao longo do tempo. Uma boa quantidade de tempo para incrustar um novo hábito diário de modo que se transforme em um ritual é de 21 dias. Faça o exercício a seguir para enraizar um novo hábito:

1. **Pegue um pedaço de papel A4, vire-o no sentido de paisagem e desenhe um gráfico com dias ao longo do topo, numerados de 1 a 21.**
2. **Liste as atividades no lado da mão esquerda do gráfico.**

    As atividades podem ser tão diversas quanto gastar 50 minutos todas as manhãs em estratégia, fazer 30 minutos de exercícios, terminar seu diário, beber oito copos de água, limitar seu café a uma xícara, gastar uma hora arquivando e jogando papéis fora, tomar vitaminas no café da manhã, ter oito horas de sono, afagar o animal de estimação da família, fazer verificações com cada pessoa da equipe ou desligar o telefone do seu trabalho às 18:15 h.

3. **A cada dia, assinale sua lista quando você completar o ritual.**

    Em sessões de *coaching* futuras, o cliente e o *coach* podem compartilhar o progresso.

Programações e diários com códigos de cores

Quando estava trabalhando com Geraldo, dono de um pequeno negócio de manufaturados, ele me contou que gostava de ir para o trabalho todas as manhãs, cumprimentar todos os funcionários e perguntar a eles sobre os problemas que tinham. Não era de se admirar, portanto, que ele gastasse todos os seus dias resolvendo panes e problemas, sem tempo para atividades estratégicas. Ele priorizava os problemas.

Em um dia de trabalho normal, você precisa estar consciente de como o tempo é distribuído. Eu encorajo os clientes a manterem um registro desses dias por algumas semanas e então identifico tarefas e atividades como:

- **Panes e problemas** são os trabalhos importantes direcionados pelos prazos em que precisam ser entregues e que, se planejados, não acabam em pânico, meramente em problemas com os quais você tem de lidar.

- **Planos e oportunidades** são as atividades importantes de longo prazo. As pessoas são mais eficazes se elas gastam tempo fazendo atividades importantes antes que se tornem urgentes.

- **Pontos urgentes** são as coisas sobre as quais outras pessoas estão fazendo pressão, mas que não estão no topo da sua lista pessoal de tarefas. Estes pontos são aqueles para se perguntar se você deveria mesmo se envolver, e delegar o que for possível.

- **Assuntos de associação em comum** incluem coisas tais como os papos com os amigos e atividades mais triviais. Essas atividades podem fornecer um pouco de espaço para revigorar, mas elas também podem se tornar perdas de tempo habituais.

Um sistema de códigos de cores simples pode ajudar as pessoas a observarem para onde o tempo está indo e se o estão gastando nas atividades importantes e urgentes ou se apenas o estão dispersando ineficazmente. Usar diferentes canetas coloridas de marca-texto é fácil em uma agenda de papel e a cor destaca bem o trabalho na tela das agendas eletrônicas.

Depois de identificar e classificar as diversas tarefas e atividades, pergunte a si mesmo:

- Quanto tempo você está gastando em cada uma destas áreas?
- A proporção está funcionando para você?
- Qual poderia ser uma proporção melhor?
- Quando é o melhor tempo do dia/da semana para gastar neste tipo de atividade?

Checando o cliente

Quando você é responsável por alguém na forma de um *coach*, suas atenções se tornam extraordinariamente focadas.

Em momentos em que estou sob pressão, reservo tempo para frequentes conversas curtas por telefone com meu *coach* a fim de me manter responsável a me ater às coisas mais importantes da minha agenda em vez de me deixar desviar. Apenas 30 minutos de *coaching* por semana pode fazer uma diferença enorme na minha eficácia.

O *coaching* funciona porque você sabe que é responsável por uma pessoa externa de uma forma que se escapa quando você tenta ser responsável por si mesmo. Para os clientes, o simples ato de saberem que vão contar a outra pessoa se eles fizeram o que disseram que queriam fazer proporciona uma estrutura eficaz e ajuda na construção de novos hábitos. Esse compromisso não tem que acontecer em uma sessão de *coaching*. Com e-mail e mensagens de texto, os clientes facilmente podem enviar notas rápidas sobre o progresso.

Parte IV
O Trabalho por Meio de Dramas, Decisões e Dilemas

"A razão pela qual acho que o estresse pode ser um fator na sua vida é por causa das pesquisas, das estatísticas e pelo fato de você ter endireitado uma caixa inteira de clipes de papel durante a nossa conversa."

Nesta parte...

*V*ocê irá explorar os assuntos da vida real que chegam ao espaço do *coaching*, incluindo relacionamentos complicados e dilemas difíceis na vida e no trabalho. Você descobre que pode ajudar seus clientes a adaptarem suas abordagens e a terem conversas corajosas quando eles se sintonizam com as pessoas à sua volta com uma consciência maior. Aqui você também irá encontrar maneiras de preparar equipes de pessoas para estabelecerem laços e atuar dando o melhor de si.

Com o mundo do trabalho se transformando, você irá encontrar maneiras práticas para a construção de carreiras autoconfiantes – que mantêm as pessoas inspiradas, capazes de reinventar a si mesmas e se sentirem apaixonadas para com suas vidas no trabalho.

Capítulo 12

Fortalecimento de Relacionamentos em Tempos Difíceis

Neste Capítulo

▶ Ligar-se às pessoas certas
▶ Adaptar seu estilo a diferentes tipos de pessoas
▶ Formar equipes coesas

*Q*uando você passa por tempos difíceis na vida, a pressão cresce e inevitavelmente tem um impacto nas pessoas ao seu redor. Sob pressão você pode retroceder para comportamentos que não têm utilidade para si, tal como focar em uma tarefa imposta às custas dos relacionamentos ao seu redor. Talvez o motor da rapidez se faz sentir ou a necessidade de procurar por alguém para culpar quando as coisas dão errado. As emoções podem se intensificar ao mesmo tempo em que a confiança diminuir.

Além disso, suas percepções mudam sob pressão porque você não está funcionando a todo o vapor. Alguns sentidos são acentuados em detrimento de outros. Você pode cada vez mais filtrar informações usando os padrões de distorção, generalização e apagamento que introduzi no Capítulo 6.

Neste capítulo, examino o planejamento de relacionamentos com *parceiros* – aquelas pessoas com quem você quer ou precisa se comunicar. Depois investigo as ferramentas de PNL que ajudam a ter uma compreensão melhor entre as pessoas. Este capítulo também explora formas para trabalhar com equipes e construir relacionamentos que ajudem estes grupos em tempos difíceis.

Você não está sozinho

Contratar você como *coach* durante tempos difíceis significa que seus clientes não navegam sozinhos por águas turbulentas.

Iuri estava preparando Marcelo, um psiquiatra mais velho. Um dos pacientes de Marcelo recentemente tinha cometido suicídio, mesmo estando sob observação quase constante em um hospital de segurança. Naturalmente, Marcelo estava extremamente angustiado como consequência do acontecido, e as sessões de *coaching* concentraram-se em ajudá-lo a reconhecer que tinha feito todo o possível em sua capacidade profissional para proteger seu paciente.

Iuri disse:

> Marcelo estava se sentindo culpado, mesmo tendo tomado todas as medidas de segurança que podia. Ele é um homem de uma integridade e profissionalismo inacreditáveis: seu trabalho é o centro da sua identidade. Então, vi que meu papel como coach era possibilitar que ele colocasse este acontecimento triste mais em um contexto maior de seu trabalho para milhares de outros pacientes do que como um fracasso pessoal. Marcelo precisava ser capaz de controlar seu estado pessoal e encontrar apoio para poder encarar os parentes e as perguntas que foram feitas, e antes trabalhar colaborativamente com seus colegas do que se isolar.

Por um período de vários meses, Iuri preparou Marcelo para se aferrar a estados emocionais fortes e explorar diferentes posicionamentos perceptuais, especialmente ao entrar na terceira posição de um observador imparcial no qual ele mentalmente se distanciava da situação. Iuri lembrou Marcelo para manter-se longe de um estado de pensamento de culpa e manter relações estreitas com sua família. Ele utilizou um trabalho de linha do tempo para deixar que emoções negativas fossem embora ao longo dela. Através do *coaching*, Marcelo foi capaz de voltar à sua perspectiva profissional natural para trabalhar de forma eficaz com outros pacientes.

Identificação dos Parceiros que Importam

Em qualquer comunidade na qual viva ou trabalhe, você se conecta com pessoas diferentes – amigos, família, colegas e outros. Ter relacionamentos fortes com outras pessoas atua como um tremendo recurso em tempos difíceis.

No mundo dos negócios, *parceiros* são aqueles que têm uma *participação* no negócio ou no projeto. Parceiros de negócios podem incluir:

- Clientes – tanto internos (se você fornecer serviços de suporte tais como computadores, finanças, recursos humanos ou facilidades) quanto externos (quando você entrega seus produtos ou serviços).
- Funcionários, patrões, pares, parceiros comerciais, colegas.
- Fornecedores de serviços e produtos.

Capítulo 12: Fortalecimento de Relacionamentos em Tempos Difíceis

- Investidores e acionistas com interesses financeiros.
- Membros da mídia, incluindo jornalistas e analistas industriais.
- Agências externas e oficiais, tais como corporações regulatórias ou diretores não executivos.
- Membros de grupos profissionais.

Parceiros se estendem para além de um contexto organizacional e incluem todas as áreas das vidas de seus clientes, incluindo conexões pessoais. Os clientes podem não ter considerado amigos e família como parceiros antes, mas você pode encorajá-los a considerar seus relacionamentos pessoais, tais como:

- Esposa ou cônjuge.
- Membros da família.
- Amigos.
- Apoiadores profissionais, tais como médico, advogado, consultor financeiro e *personal coach*.
- Grupos comunitários focados em *hobbies,* esportes, escolas, afiliação política específica ou voluntários e atividades de igreja.

Mapeamento da rede

Quando estou preparando altas lideranças empresariais, eu os encorajo a construir um mapa de relacionamentos dos seus parceiros-chave. Esse processo é particularmente útil quando eles estão administrando programas complicados ou desafiadores ou têm sob sua responsabilidade a reestruturação ou fusão de empresas com múltiplos grupos de acionistas. O mesmo exercício de mapa funciona bem para outros clientes em um contexto pessoal.

Seus clientes precisam identificar os indivíduos com os quais eles precisam estar em contato, bem como lembrar de pessoas que eles podem ter deixado passar, mas que poderiam apoiá-los. Com muita frequência, a construção de um relacionamento é vista como uma atividade "boa de ter". Mas, sem relacionamentos fortes no lugar certo, as pessoas sofrem de uma falta de apoio quando mais precisam.

O exercício de mapeamento de relacionamentos a seguir também destaca em que ponto os clientes estão gastando seu tempo e se eles estão prestando atenção suficiente à construção de relacionamentos fortes.

Para criar um mapa de relacionamento, pegue uma folha de papel grande – um bloco de cavalete (*flip chart*) é o ideal – e alguns blocos de *post-its* e siga estes passos:

1. **Estabeleça o contexto para identificar os relacionamentos – trabalho/profissional, casa/pessoal ou ambas as esferas da vida.**
2. **Pergunte à sua cliente: "Quem é importante para você neste contexto?".**

    Escreva nomes de pessoas nos *post-its*.

3. **Separe os *post-its* em grupos que você possa colocar em uma parede ou folha de papel.**

    Os grupos podem se formar naturalmente com base em funções ou áreas de atividades. Exemplos de grupos podem incluir amigos, colegas, fornecedores e assim por diante.

4. **Examine os nomes em cada grupo e verifique se ele está completo ou se há pessoas faltando.**

    Crie *post-its* adicionais caso seja necessário.

5. **Revise os nomes de cada grupo e avalie a força do relacionamento.**

    Pontue o relacionamento em uma escala de 1 a 10, sendo 10 o mais forte, mais satisfatório e eficaz.

    Para ajudar a determinar a força de um relacionamento, pergunte à sua cliente: "Olhando para estes nomes e pensando sobre estas pessoas, com quem você pode contar para ajudá-lo caso precise?". Os nomes que vierem à mente primeiro estão entre os mais fortes.

6. **Após revisar todos os grupos, peça à cliente para considerar com quem ela precisa passar mais tempo – e com quem gastar menos tempo.**

    Algum relacionamento está falhando em ser útil à cliente? Pergunte a ela o que mais observa acerca dos diversos grupos e indivíduos.

7. **Encoraje a cliente a voltar ao mapa em intervalos regulares e a revisá-lo.**

    Mapas se desenvolvem e mudam ao longo do tempo, mas os clientes precisam manter os parceiros ativamente em seus radares.

O exercício utiliza os núcleos visuais, auditivos e cinestésicos (volte ao Capítulo 6 para ler mais sobre os sentidos em PNL). Sua cliente está olhando para os nomes das pessoas, falando através de relacionamentos e escrevendo em *post-its*, e trocando-os nos diversos grupos.

Informando – ou influenciando?

Você se comunica de maneiras diferentes com as pessoas a fim de aprofundar os relacionamentos ou atingir os resultados que mais importam para você.

Capítulo 12: Fortalecimento de Relacionamentos em Tempos Difíceis

Nem todos os relacionamentos são iguais. Obviamente, algumas pessoas nutrem sua alma enquanto outros são meros conhecidos que só estão passando. Mas o interessante acerca de relacionamentos é que eles não existem isoladamente; um se conecta ao outro.

Passe um tempo em uma rede social tal como LinkedIn ou Facebook, e logo perceberá que, se você se conecta com uma pessoa, também se conecta com todos aqueles que a conhecem na sua rede, assim você forma um grupo de novos e aleatórios relacionamentos.

Uma das maiores distinções na construção de relacionamentos é perceber a quem você quer transmitir informações sem um envolvimento estreito e a quem você realmente quer influenciar a fim de suprir uma necessidade. A Tabela 12-1 oferece meu Modelo dos Quatro Níveis de Comunicação, que são:

✔ **Informar.** Fornecer informações factuais para as pessoas.

✔ **Envolver.** Criar um diálogo no qual você solicite as opiniões dos outros.

✔ **Influenciar.** Quando está procurando persuadir outras pessoas do seu ponto de vista.

✔ **Inspirar.** Elevar os níveis de motivação em outros.

Tabela 12-1   O Modelo dos Quatro Níveis de Comunicação

Nível de Comunicação	Comportamento	Pergunta a ser feita a si mesmo
Informar	Passar instruções; informar os fatos	A quem eu preciso dar informação?
Envolver	Fazer perguntas; reunir informações, *feedback* e pontos de vistas.	De quem eu quero obter informações ou pedir um *feedback*?
Influenciar	Persuadir; apelar para as emoções.	Com quem eu preciso me conectar em um nível emocional a fim de que eles ajam?
Inspirar	Motivar	Qual é o grupo mais amplo que eu poderia causar impacto por meio da minha comunicação e comportamento?
		Quem pode me escolher como um modelo de exemplo?

Peça a seus clientes para olharem as pessoas em suas redes para determinar o nível apropriado de comunicação para cada pessoa ou grupo de pessoas (veja a seção anterior "Mapeamento da rede"). Seus clientes estão interagindo com pessoas que apenas precisam de informação ou eles precisam aumentar suas atividades para inspirar ou influenciar pessoas-chave?

Mudança nos níveis de comunicação

Quando a irmã de Maria, Janete, se casou e mudou para o sul, a realidade de se manterem em contato mudou, o que significou que as irmãs se viam menos do que gostariam. À medida que seus pais envelheceram, Maria assumiu o papel de assisti-los, ajudando-os nas visitas a hospitais e no tratamento das doenças que culminaram com a morte de sua mãe. Maria manteve Janete pouco *informada* do que estava acontecendo até que percebeu que não podia aguentar sozinha a responsabilidade de cuidar de seu pai idoso, Pedro.

O *coach* de Maria perguntou se *envolver* mais Janete nas decisões ajudaria a fortalecer o relacionamento delas. Maria decidiu fazer uma experiência com a *webcam* de seu laptop.

Em seu trabalho acadêmico na universidade, Maria era boa em montar equipes e delegar trabalho para os pesquisadores. Ela decidiu trabalhar para construir uma equipe de apoio forte dentro da sua família. Ela convidou seus sobrinhos bem como sua irmã e cunhado para algumas palavrinhas regulares da família pela *webcam*, com Pedro incluído também quando ele vinha para as refeições. Ela também reservou tempo para conversas regulares via internet com sua irmã para dividir suas preocupações e perguntar sua opinião. Seu nível de *influência* aumentou.

Janete estava grata pelos esforços de sua irmã e se ofereceu para pesquisar na internet as opções de asilos para seu pai. Assim, a família inteira viajou para apoiar Pedro quando ele se mudou para um estabelecimento de cuidados assistidos, transformando a viagem em férias.

Maria sentiu que aplicar lições de seu trabalho também fez uma diferença em sua casa. Ela disse: "No trabalho, meu lema com a equipe é 'Comunicação nunca é demais'". Eu me vi tão envolvida com os aspectos práticos de ajudar meu pai que esqueci como o meu lema de comunicação é tão verdadeiro também com relação à minha família."

Em termos do modelo de Comunicação, Maria mudou de informar para implicar, então, influenciou sua família ao aumentar suas conexões emocionais. Ela não estava ciente de que sua delicadeza e compromisso para com sua família também *haviam inspirado* seus colegas de trabalho, até que eles lhe deram um *feedback* em um processo de avaliação de pares no qual disseram que ela era um modelo de exemplo muito positivo porque eles viam como ela se importava com sua família, além de seu alto comprometimento com o trabalho.

Estabelecimento de prioridades de comunicação

Comunicação eficiente envolve planejar o que você quer comunicar e a quem, além dos resultados que busca. Especificamente:

- **Público.** Com quem você precisa se conectar? Uma pessoa, várias pessoas ou um grupo?

- **Resultado.** O que quer atingir? Lembre-se de que *você* precisa iniciar e liderar o resultado, baseado no processo de resultados bem formados (veja o Capítulo 7 para mais detalhes).

- **Mensagem.** O que você quer comunicar em termos do título da mensagem, bem como os pontos principais?

Capítulo 12: Fortalecimento de Relacionamentos em Tempos Difíceis

> ✔ **Método.** Qual é a melhor maneira de comunicar sua mensagem? Por escrito, telefonema, pessoalmente ou através de uma reunião de grupo; pela rede profissional, e-mail, mídia da internet ou social; cada uma dessas opções são potencialmente apropriadas.

A Tabela 12-2 resume essa estrutura simples e fornece um exemplo que deu certo para você exercitar seus planos de comunicação.

Fred é prioritariamente introvertido e não tinha dado muita atenção a desenvolver uma rede de contatos, para além das pessoas do seu clube de golfe. Contudo, quando ele pediu demissão de sua função em uma instituição de caridade, devido ao estresse, e queria estabelecer um trabalho local como decorador e faz-tudo, sabia que teria de conversar com pessoas para atrair clientes. Seu *coach* o encorajou a sair de sua hibernação e fortalecer suas conexões. Com a ajuda de um quadro como a Tabela 12-2, ele desenvolveu um plano de comunicação para ativamente voltar a estabelecer ligações com amigos, vizinhos e ex-colegas. Em decorrência disso, Fred combinou de se encontrar com amigos em seu clube, distribuiu panfletos em sua vizinhança e enviou um folheto por e-mail para divulgar às pessoas que ele estava disponível para trabalhar. Em cada instância, ele ofereceu exemplos específicos de projetos maravilhosos que ele havia feito em sua própria casa e jardim.

Tabela 12-2   Plano de Comunicação Efetivo

Com quem preciso me comunicar?	Qual é o resultado desejado?	Qual é a mensagem principal?	Quais são os pontos-chave que quero expressar?	Qual é a melhor maneira de comunicar?
Amigos e vizinhos.	Criar uma lista de clientes potenciais para decoração e trabalhos de manutenção.	Entre em contato se precisar de decoração ou fazer manutenção, para que você possa curtir seus fins de semana sem ter que fazê-los	1. Você pode confiar em mim como um amigo em sua casa enquanto está no trabalho. 2. Cotação de preços fixa. 3. Decoração rápida e limpa e serviços de jardinagem.	Boca a boca. E-mail. Facebook e redes sociais em geral. Distribuição de panfletos.

(continua)

Tabela 12-2 (*continuação*)

Com quem preciso me comunicar?	Qual é o resultado desejado?	Qual é a mensagem principal?	Quais são os pontos-chave que quero expressar?	Qual é a melhor maneira de comunicar?
Colegas de trabalho	Informar os colegas dos novos serviços que estou oferecendo.	Eu estou disponível para apoiar mudanças de escritório bem como decoração privada e manutenção doméstica.	1. Deixe-me solucionar trabalhos de faz-tudo no escritório quando você deslocar mesas ou posições. 2. Disponível para mudanças em fins de semana. 3. Posso fazer manutenção doméstica necessária enquanto você está ocupado no trabalho.	E-mail direcionado. Reunião com equipe de instalações. Site interno da empresa.

Entendimento de o que Motiva os Outros

Em *coaching* você encoraja seus clientes a compreenderem como eles se relacionam com outras pessoas, não apenas consigo mesmos. Como Stephen Covey, autor de *Os 7 Hábitos das Pessoas Altamente Eficazes* (editora Best Seller) coloca: "Busque primeiro entender, depois ser entendido". Nesta seção exploro o valor de se colocar no lugar de outra pessoa, bem como algumas técnicas de PNL para fazer isso.

À medida que você lê as seções seguintes, pense em uma pessoa que você gostaria de conhecer melhor, talvez um cliente, um colega, um amigo ou um membro da família. Ter uma pessoa específica em mente ajuda as atividades a ganharem vida.

Capítulo 12: Fortalecimento de Relacionamentos em Tempos Difíceis 215

Regras da Escassez

Na história clássica de Mark Twain, *As Aventuras de Tom Sawyer,* o malicioso Tom se encontra pintando a cerca como punição de tia Polly por seu comportamento malandro. Contudo, constantemente ele é distraído por outros meninos que estão indo desfrutar de sua liberdade e repetidamente falha em suborná-los para que façam seu trabalho em troca de seu pequeno suprimento de brinquedos e bolas de gude.

Assim, Tom desenvolve uma nova estratégia de influência: ele finge para outro garoto, Ben, que na verdade gosta de pintar a cerca, a ponto de Ben ser levado pelo estratagema de Tom e perguntar se ele quer que tome o seu lugar. Tom finge relutância, já que tia Polly é tão exigente com relação à cerca. Logo Ben está subornando Tom com

uma maçã para deixá-lo pintar. Ao final Tom concorda, tomando cuidado para não demonstrar sua alegria.

Vendo Ben apreciando sua posição privilegiada de pintor, vários meninos chegaram e entregaram seus tesouros a Tom a fim de que pudessem ter a sua vez pintando a cerca. Tom acaba com uma pilha de tesouros, uma cerca perfeitamente pintada e a companhia de outros garotos em vez de fazer seu trabalho sozinho. Além de uma lição de comunicação bem-humorada, as atitudes de Tom mostram como o *princípio da escassez* influencia outros: "A fim de fazer um homem ou menino cobiçar alguma coisa, só é necessário fazer a coisa difícil de ser obtida".

Tomar posições perceptivas

As *posições perceptivas* de PNL ajudam você a imaginar como situações difíceis se parecem quando percebidas com uma nova visão proveniente de outros. O termo se refere à capacidade de imaginar o que os outros estão percebendo ao fingir que você é aquela outra pessoa. Em PNL isso se associa com a afirmação de que o mapa não é o território, e oferece uma forma de enriquecer o mapa de mundo de um indivíduo, que pode estar limitando sua experiência.

- ✔ **A primeira posição** é sua perspectiva natural, na qual você está completamente consciente do que pensa e sente, independente daqueles que estão à sua volta. Os clientes acham esse lugar o mais familiar. Eles vêm para o *coaching* porque já têm uma consciência de sua própria perspectiva e dos problemas que enfrentam.

- ✔ **A segunda posição** refere-se a imaginar como é ser outra pessoa. Alguns indivíduos são muito bons em considerarem as necessidades e preocupações dos outros; para clientes mais focados em si mesmos, imaginar a segunda posição é uma noção completamente alienígena.

- ✔ **A terceira posição** é uma posição independente na qual você age como um observador afastado, notando o que está acontecendo no relacionamento entre duas outras pessoas. Bons *coaches* naturalmente entram nesse papel imparcial. No *coaching*, encoraje o cliente a tomar essa posição a fim de ganhar uma compreensão imparcial de uma situação, especialmente para examinar um relacionamento que o cliente tem com outra pessoa.

Introduza posicionamentos perceptuais para os clientes ao movimentá-los fisicamente por diferentes cadeiras ou lugares em uma sala à medida que você descreve e discute os três posicionamentos, pedindo que eles observem o que experimentam enquanto ficam de pé ou se sentam em cada posição.

A PNL oferece vários exercícios nos quais os *coaches* pedem aos clientes para se movimentarem em diversas posições perceptuais, incluindo vários de meus favoritos nas sessões seguintes. Depois que os clientes dominam assumir as três posições anteriores, eles têm a flexibilidade para se imaginarem se colocando no lugar de qualquer outro parceiro no sistema. Ao fazer esses exercícios, eu poderia perguntar "Quem mais poderia dar a você um *insight* aqui?". Exemplos de outra perspectiva poderiam ser de um membro da família, um guru dos negócios, uma personalidade da TV ou um líder espiritual. Eles podem ser pessoas que o cliente não conhece, mas também figuras familiares.

Olhar para o metaespelho de PNL

O *metaespelho* é um exercício que junta várias perspectivas diferentes ou posições perceptuais. O objetivo é segurar um espelho para o problema que a cliente está confrontando. Os clientes encontram respostas ao perceberem que seus problemas são mais reflexos deles mesmos do que sobre outra pessoa. Essa técnica permite que a cliente volte atrás e veja o problema sob uma nova luz – daí a ideia do espelho.

O metaespelho ajuda os clientes a se prepararem para, ou rever, situações desafiadoras, conversas e negociações. Quando as pessoas estão sob pressão, essa técnica possibilita que elas se afastem de suas emoções e ganhem novos *insights* sobre como podem lidar com uma situação.

O exercício do metaespelho assume quatro posições perceptuais. Como *coach*, peça a sua cliente que escolha um relacionamento ou situação que ela queira explorar e então coloque quatro pedaços de papel no chão para representar quatro posicionamentos (veja a Figura 12-1).

Assegure-se de que sua cliente faça um intervalo no estado entre cada posição ao mover-se fisicamente entre cada um. Você não quer que ela fique presa em uma única perspectiva! Peça a ela para sacudir seu corpo um pouco ou olhar para fora de uma janela e dizer a você como está o tempo.

Guie sua cliente através dos quatro posicionamentos tal como se segue:

1. **Coloque a cliente na *primeira posição*.**

    Peça que ela assuma seu próprio ponto de vista para, então, olhar para a outra pessoa na segunda posição.

    Pergunte à cliente: "O que você está experimentando, pensando e sentindo ao olhar para esta pessoa?".

Capítulo 12: Fortalecimento de Relacionamentos em Tempos Difíceis

Figura 12-1
As quatro posições do metaespelho.

Conceda alguns minutos à cliente para que fale o que está acontecendo, até que você sinta que ela teve uma chance de expressar seus sentimentos sem estender-se em qualquer emoção negativa por muito tempo.

2. **Depois que sua cliente deixar a primeira posição, faça-a mover-se para a *segunda*.**

   Peça à cliente para imaginar que ela é aquela pessoa olhando de volta para o cliente na primeira posição.

   Pergunte à cliente:"O que você está experimentando, pensando e sentindo ao olhar para esta pessoa?".

   A cliente irá achar isso mais difícil do que estar na primeira posição, então dê mais tempo para que fique neste espaço. O exercício é para que ela imagine estar no lugar e estado de espírito da pessoa com a qual ela quer se conectar. Tenha certeza de ela está realmente assumindo a ideia de *ser* a outra pessoa, não apenas sendo ela mesma falando sobre aquela pessoa. Se necessário, chame-a pelo nome da outra pessoa e diga:"Ok, realmente sendo Flávia agora, o que você está experimentando como Flávia olhando para a Kelly?". Espere que ela diga coisas tais como:"Ela olha para mim como se não estivesse segura de como irei reagir" ou "Ela é uma pessoa decente, apenas difícil de se conversar" ou " Realmente não sei o que ela quer de mim".

3. **Faça com que a cliente mude para a *terceira posição*, aquela do observador independente, olhando para ambas as pessoas nesse relacionamento imparcialmente.**

   Pergunte à cliente:"Olhando para você mesma na primeira posição, como responde àquele 'você' aqui?".

   A esta altura, a cliente já terá a ideia de deixar de ser ela mesma. Ela está no espaço em que pode obter alguma compreensão. Dê-lhe tempo para observar aqui, e você pode acrescentar perguntas tais como: "Quais são as percepções sobre Flávia e Kelly de uma perspectiva independente?".

Espere ouvir respostas tais como: "Estas pessoas não deram umas às outras tempo para se conhecerem.", "Elas precisam sair para tomar um café e simplesmente conversar.", "Seria uma pena se as coisas entre elas desmoronassem sem nenhuma razão efetiva.", "Ambas realmente querem que isso seja bem-sucedido, elas apenas têm estilos diferentes.".

4. **Faça a cliente ir para a *quarta posição*.**

   Peça à cliente para pensar sobre como foram seus pensamentos no terceiro posicionamento se comparados com suas reações na primeira posição e troque-as de lugar. Quaisquer que sejam as reações que ela tenha tido na terceira posição, faça com que troque mentalmente para a sua primeira posição. Não ofereça nenhuma explicação lógica neste momento.

5. **Faça com que a cliente revisite a *segunda posição*.**

   Pergunte à cliente:"Como esta posição lhe parece agora? O que mudou?".

   Neste momento, você pode esperar que a situação tenha mudado no sentido de que o relacionamento tenha melhorado.

6. **Peça à cliente para vir para a casa da *primeira posição*.**

   Pergunte à cliente:"Como esta posição lhe parece agora? O que mudou?".

   Neste momento, você pode esperar que quaisquer pensamentos e sentimentos que estavam presos na discussão original na primeira posição tenham sido substituídos por ideias mais criativas para melhorar o relacionamento e haja uma compreensão maior das outras pessoas.

Débora, uma *executive coach*, reconheceu que estava fisicamente exausta de trabalhar com um cliente em particular que estava passando por dificuldades no casamento e tinha uma batalha legal iminente. Quando Débora percebeu que estava ficando envolvida demais com a história de seu cliente, absorvendo a ansiedade dele, levou a situação para sua sessão de supervisão de *coaching*. A supervisora a guiou através das quatro posições do metaespelho para obter um sentido do sistema maior no qual o *coaching* estava acontecendo e como ela poderia servir melhor a seu cliente. Débora percebeu que ao ouvir o cliente falar sobre os detalhes de seu casamento infeliz, isso trouxe recordações de seu próprio primeiro casamento abusivo. Ela estava tão empática que inadvertidamente encorajava um transbordamento de emoções de seu cliente – emoções que a própria Débora depois levou para casa e a preocupou entre as sessões. Em vez de ser empática demais, ela precisava permanecer racional e imparcial a fim de trabalhar com efetividade.

Escutar metaprogramas

Quando as pessoas estão sob pressão, comunicar de maneiras que elevem as chances de que suas palavras sejam entendidas e transformadas em ação é especialmente útil. Isso significa usar padrões de linguagem similares para aprofundar a *rapport*.

Capítulo 12: Fortalecimento de Relacionamentos em Tempos Difíceis 219

No Capítulo 10, você pode ler muito mais sobre *metaprogramas*, a explanação da PNL sobre como fazer previsões acerca do comportamento das pessoas a partir do modo como elas usam a linguagem.

A fim de aprofundar a *rapport*, você deve dar um passo atrás e ouvir não apenas o que alguém está dizendo, mas também *como* ela está dizendo. A Tabela 12-3 resume os metaprogramas mais comuns e fornece uma estrutura para ajudar a prestar atenção em como seu parceiro usa a linguagem.

A terceira coluna da Tabela 12-3 é particularmente útil se você puder iniciar um telefonema com alguém e marcar na terceira coluna quando ouvir frases similares. Ao entender os padrões dos metaprogramas de outra pessoa, você pode então formular como responder.

Tabela 13-3 Apreensão de Metaprogramas

Padrão	Frases de Exemplo	Frases Típicas do Parceiro
Pró-ativo	Vamos nessa.	
Reativo	Eu gostaria de esperar para ver.	
Opções	Quais são as opções?	
Procedimentos	Oriente-me através das coisas, passo a passo.	
Rumo a	Isto é o que eu quero.	
Longe de	Eu não faria isto se fosse você.	
Interno	Na minha opinião...	
Externo	Vamos descobrir o que o mercado quer.	
Global	O título da história é...	
Detalhe	Dê-me toda informação.	
Semelhança	Isto é o mesmo que fizemos da última vez.	
Diferença	Vamos ver o que podemos mudar.	

Como *coach*, preste atenção aos metaprogramas de seus clientes. Você pode descobrir muitas pistas sobre como apresentar da melhor maneira novas ou difíceis informações para ajudá-los a atingir melhores resultados.

Metaprogramas são altamente *contextuais*, quero dizer, você pode se manter em um nível global de informação dentro de um contexto (enquanto discute estratégia de negócios, por exemplo) mas, ao mesmo tempo, chafurdar os detalhes em outro contexto (orgulhosamente exaltando as virtudes de seu filho). Para escutar detalhadamente os metaprogramas, você precisa escutar seu parceiro falando sobre o tipo de assunto que é relevante para a sua necessidade de comunicação.

Além disso, a maioria das pessoas tem uma mistura de padrões; procure escutar o estilo para o qual uma pessoa se inclina normalmente.

Adaptação de sua abordagem

Como é tentador andar pela vida desejando e esperando que outras pessoas se adaptem ao seu estilo e necessidades! Infelizmente, a vida não funciona dessa forma. Um pensamento para oferecer a seus clientes é: "Para que as coisas mudem, eu preciso mudar." ou, como dizia Gandhi: "Seja a mudança que você quer ver no mundo".

A PNL supõe que a pessoa com a maior flexibilidade no sistema é aquela que vence. Essa afirmação não significa que você precisa ser alguém que se deixa convencer facilmente ou que se curva diante das necessidades dos outros. Em vez disso, você precisa encontrar maneiras criativas para chegar às situações com outros olhos e parar de perpetuar comportamentos que não estão funcionando.

Situações que precisam de pessoas para negociar com outras apresentam uma necessidade de flexibilidade. Miguel é um *coach* que se especializou em negociar contratos complexos e orienta seus clientes a desarticular o estilo de palavras dos outros a fim de negociar. Por exemplo, quando uma parte está argumentando logicamente, ele recomenda tomar um rumo emocional. Quando a outra parte vem com um argumento emocional, contraponha isso com uma abordagem racional. "Flexibilizar o estilo desta maneira prova ser a mão vencedora", diz ele.

A Preparação de Equipes para Formarem Vínculos

As seções anteriores deste capítulo examinam as situações de *coaching* individuais. Contudo, todos os princípios da preparação de indivíduos se aplicam à preparação de equipes e grupos também – incluindo negócios, esporte, família e outros conjuntos.

Capítulo 12: Fortalecimento de Relacionamentos em Tempos Difíceis *221*

Equipes extremas

Em agosto de 2010, o trabalho de libertar 33 mineiros presos a um quilômetro abaixo do chão em uma mina chilena iniciou a mais complicada missão de resgate na história da mineração. Os mineiros enfrentaram meses debaixo da terra em uma área do tamanho de um apartamento pequeno. Inicialmente, o único acesso era através de dois poços de 8 cm de largura através do qual a comunicação e suprimentos passavam.

O Ministro da Saúde do Chile, Jaime Manalich, disse: "se eles perderem seu equilíbrio mental, isto pode criar uma situação de pânico e violência que seria uma enorme catástrofe". Uma equipe de diferentes profissionais se reuniu para prestar assistência aos mineiros:

- Médicos e equipes de paramédicos concentraram-se em manter os mineiros física e mentalmente bem durante sua provação. Muitos dos homens eram grandes fãs de futebol e assistiam a partidas ao vivo usando um projetor pequeno enquanto esperavam para serem resgatados nas profundezas da mina.

- Uma equipe de psicólogos encorajou os mineiros a desenvolverem uma rotina diária que incluía cantar e jogar cartas para se manterem mentalmente alertas. Eles também foram orientados a seguir uma rotina cotidiana de luzes desligadas durante a noite.

- Falar com entes queridos por telefone provou ser um enorme auxílio moral. Os mineiros se sentiam conectados às pessoas que eles sabiam que eram as que mais se importavam com eles e ouvir notícias de casa manteve seus espíritos elevados.

O mundo inteiro assistiu à operação de resgate com a respiração suspensa e se alegrou com a vinda à superfície, um a um, dos mineiros em segurança, em outubro de 2010, 69 dias depois de eles terem ficado presos. Posteriormente, a história de sobrevivência dos mineiros vem inspirando outras equipes em muitos campos. Os mineiros foram chamados para ir ao Reino Unido como convidados de Sir Alex Ferguson, diretor do time de futebol do Manchester United. Os mineiros assistiram o Manchester jogar e ganhar o jogo contra o Arsenal. Um dos mineiros disse aos repórteres: "Estou muito orgulhoso de saber que Sir Alex usou nossa história para motivar seus jogadores".

Grupos em condições menos extremas podem tomar alguns exemplos dos mineiros e suas equipes de apoio ao prestarem atenção ao bem-estar físico e emocional e encorajar os indivíduos a terem relacionamentos de apoio fora da equipe. Uma boa saúde física e emocional pode manter um grupo sob pressão.

Muitas vezes, equipes se juntam para lidar com assuntos difíceis e, uma equipe que não tenha fortes relacionamentos e uma boa comunicação cai muito rapidamente sob pressão (veja o box "Equipes extremas"). Inversamente, a equipe que demonstra sua firmeza em tempos difíceis cria relacionamentos poderosos para levar adiante em outras situações.

Nesta seção, mostro como você ajuda equipes através de todas as etapas clássicas de desenvolvimento, incluindo formação, conquista, padronização, desempenho e, finalmente, dissolução.

Formação: Adoção da mentalidade para o sucesso

Na etapa da *formação*, a equipe precisa ter uma mentalidade que foque no sucesso.

As pressuposições de PNL a seguir oferecem um ótimo ponto de partida para qualquer equipe. Em qualquer montagem de equipe, o *coach* pode encorajar seus membros a experimentarem as seguintes pressuposições para dimensionar e discutir o que eles representam para a equipe, caso elas sejam adotadas como princípios essenciais desde o começo.

- **O mapa não é o território.** As pessoas reagem de acordo com seus próprios mapas de mundo, e todo mundo na equipe tem um mapa diferente. Consulte o Capítulo 2 para descobrir mais sobre o assunto.

- **Não existe fracasso, somente *feedback*.** Essa pressuposição dá permissão para que os membros da equipe possam se arriscar a cometer erros.

- **O significado da comunicação é a resposta que você obtém.** Cada membro da equipe deve adaptar seu estilo de comunicação a fim de que os outros o entendam.

- **Se o que você está fazendo não está funcionando, faça algo diferente.** O clássico sinal de insanidade nas equipes é a inflexibilidade! Vá até o Capítulo 14 para saber mais sobre como trabalhar com equipes.

- **Você não pode não se comunicar.** Mesmo que você não diga nada, as pessoas atribuem um significado ao seu silêncio e às pistas não verbais.

- **Os indivíduos têm todos os recursos que precisam para atingir os resultados desejados por eles.** Ninguém precisa "consertar" ninguém.

- **Todo comportamento tem uma intenção positiva.** Cada pessoa age de uma maneira específica por uma boa razão. Portanto, empenhe-se em entender a intenção de uma ação a fim de mudar comportamentos.

- **As pessoas são muito mais do que seus comportamentos.** Separe a pessoa do seu papel e do que ele ou ela faz. Então, você libera a criatividade natural inata da pessoa inteira.

- **A mente e o corpo estão interligados e afetam um ao outro.** Preste atenção ao bem-estar físico e mental. Eu falo sobre isto no Capítulo 18.

- **Ter escolha é melhor do que não ter.** Dê opções às pessoas se você quiser que elas se sintam motivadas e interessadas.

- **Seguir exemplos de desempenhos de sucesso leva a uma qualidade superior.** Encontre outras pessoas que tenham percorrido um caminho semelhante e aprenda com eles. Veja o Capítulo 11 para saber mais sobre como adotar modelos.

Conquista: Desenvolvimento de um futuro compartilhado

No começo de sua carreira, a médica Marcela cobriu uma vaga de licença-maternidade em um movimentado hospital da cidade, o que acabou sendo uma experiência bastante desagradável. Ela descobriu que o relacionamento entre os médicos era frio, em seu melhor momento, e cheio de culpa e negatividade, em seu pior momento. Ela disse à sua *coach*:

> Foi o exercício da medicina mais angustiado e disfuncional que eu já tinha visto. Não havia qualquer tipo de direcionamento entre os colegas afora fazer dinheiro e se aposentar cedo. Quando cheguei, eles deixaram claro para mim que não havia socialização entre os médicos, então, não era para esperar ser convidado para jantar. Infelizmente, eles não investiriam em qualquer apoio para transformar a situação ao redor, o que era realmente uma vergonha. O impacto na saúde dos médicos era pesado, e a moral era muito baixa entre as equipes de enfermagem e funcionários da administração também. A única coisa boa que veio da experiência foi que jurei prestar completa atenção ao aspecto de trabalho de equipe de uma prática médica, quando eu mesma me tornasse uma companheira de trabalho.

Por meio do *coaching*, Marcela aprendeu que experiências difíceis são extremamente úteis se você souber tirar lições delas para que sejam aplicadas no futuro.

Quando uma equipe entra na etapa de conquista, diferentes ideias se tornam proeminentes, e seus membros precisam concordar sobre os problemas que eles têm que resolver e as teorias e modelos que seguirão. Essa etapa pode ser carregada de conflitos, colocando à prova os relacionamentos existentes. Aqui, o *coach* pode concentrar a energia da equipe em três atividades principais:

- **Estabelecer objetivos comuns claros.** O processo de resultados bem formados no Capítulo 7 encoraja as equipes a constituir objetivos que sejam específicos, inspiradores e passíveis de serem atingidos – aqueles que dão à equipe opções e colocam os membros firmemente no assento do motorista. A partir desses tipos de objetivo, as pessoas então desenvolvem clareza no que elas precisam fazer.

- **Articule e respeite um conjunto de valores comuns.** Equipes fortes sabem o que é importante para seus membros e identificam e vivenciam os comportamentos que refletem os valores comuns em uma base cotidiana. O princípio de entender valores individuais também se aplica a equipes e simplifica a tomada de decisão.

- **Descobrir crenças limitadoras e desenvolver as fortalecedoras.** Quando todos acreditam na capacidade da equipe de alcançar seus objetivos, ela pode sair na dianteira. (Veja o Capítulo 17 para saber mais sobre crenças fortalecedoras.)

O exercício a seguir capacita equipes (e indivíduos) a serem curiosos acerca de suas crenças. Crie uma lista com cerca de dez afirmações e peça à equipe para se dividir em pares para explorá-las.

Utilize afirmações tais como as a seguir para iniciar as conversas:

- *Esta equipe é como... porque ela...*
- *Seremos mais bem-sucedidos se nós...*
- *As três coisas que se meterão em seu caminho são...*
- *O assunto mais importante que nós devemos considerar é...*
- *Uma equipe de alto desempenho pode...*

À medida que cada par dá uma olhada nas afirmações, peça aos membros para dizerem a primeira coisa que vier às suas cabeças. Depois que o par se exercitar, peça a toda equipe para se reunir e pergunte ao grupo:

- Que crenças poderiam limitar esta equipe?
- Que crenças poderiam fortalecer esta equipe?

Encontre alguém do grupo para anotar as crenças mais fortalecedoras e depois circulá-las para os membros da equipe consultarem mais tarde.

Padronização e Desempenho: A defesa de ótimas formas de operar

Através da *padronização* e nas etapas de desenvolvimento de alto *desempenho*, o *coach* da equipe os encoraja a criar processos e formas de agirem uns com os outros que possibilita à equipe se manter no caminho do desempenho. A padronização é a etapa em que as pessoas adquirem planos comuns e deixam os seus de lado a fim de fazer a equipe funcionar. Se ela sobreviver tempo suficiente para chegar à etapa de desempenho, terá encontrado maneiras de fazer as coisas suavemente sem a necessidade de uma supervisão constante: a equipe toma decisões facilmente, embora talvez encontre-se regredindo à etapa de conquista, especialmente se novas pessoas se juntarem à ela com ideias diferentes.

O princípio de *coaching* do influente *coach* Tim Galwey, $D = p - I$, significa que o *Desempenho* é igual ao *potencial* menos a *Interferência* (veja o Capítulo 1 para uma explicação mais aprofundada). As sessões de *coaching* de equipes fornecem o espaço no qual os seus membros tratam de assuntos que interferem na performance.

Equipes de alto desempenho desenvolvem profunda confiança, segurança, abertura e respeito um pelo outro. Os seus membros demonstram comportamentos que:

- ✔ **Solucionam conflitos** ao despersonalizar problemas e expressar uma disposição comum de discordar construtivamente a fim de encontrar as melhores soluções.

- ✔ **Comemora sucessos** tanto de formas pequenas quanto de maneiras grandes, tal como ir para casa cedo ou comer fora juntos para marcar uma etapa alcançada.

- ✔ **Mantém a força viva** ao agarrar-se aos objetivos e recordar o efeito quando eles são atingidos.

- ✔ **Evita a complacência** ao regularmente refletir sobre o que os membros das equipes estão fazendo e pedindo *feedback* uns dos outros e dos parceiros externos principais.

Ao criar modelos de habilidades essenciais de *coaching* como escutar verdadeiramente e fazer perguntas eficazes, o *coach* da equipe demonstra o valor das atividades anteriores da equipe.

Quando Ben foi trabalhar no Reino Unido vindo da África do Sul, percebeu quanto tempo sua nova equipe gastava em formar relacionamentos. Trabalhando com um *coach*, ele mudou sua abordagem de dirigir reuniões de equipe para uma maneira mais colaborativa. Ele despendia mais tempo escutando cada membro da equipe, reconhecendo seus sucessos e, depois, fazendo perguntas para ir mais adiante, do que estipulando o que acreditava que precisava acontecer.

Dissolução: Indo adiante positivamente

Finalmente, até mesmo as melhores equipes vivenciam a etapa da *dissolução*, quando os indivíduos seguem por caminhos distintos. O projeto que a equipe tinha conjuntamente pode estar finalizado ou a organização é reestruturada.

Quando estiver preparando uma equipe através das suas etapas finais de existência, construa um espaço para que eles reconheçam e comemorem seus sucessos, além de apreender as lições que querem levar adiante para suas próximas equipes.

Capítulo 13

Sobrevivendo às Decepções

Neste Capítulo

▶ Manter-se confiante independentemente dos acontecimentos externos

▶ Estabelecer uma tenacidade pessoal em tempos difíceis

▶ Desapegar-se do drama

▶ Extrair coisas boas da perda

Decepção é um fato da vida. A decepção tem duas partes: suas percepções subjetivas de um acontecimento quando o resultado que você desejava não se torna realidade, e como você resolve isso. Controlar os acontecimentos é impossível; administrar suas expectativas e como você reage aos acontecimentos é mais passível de ser alcançado.

Se você olhar para os últimos meses, provavelmente perceberá que encarou diversas decepções; algumas menores, outras mais desafiantes. Enquanto escrevia este capítulo, tive a sorte de as desilusões na minha vida terem sido de pouca importância: o fim de umas férias adoráveis, alguns documentos que se perderam, uma oferta de trabalho que não foi bem-sucedida e uma obturação que se soltou de meu dente. (Advertência: balas de menta suaves não são nada macias.) Tudo foi facilmente reparável, e segui em frente sem demora.

Outras situações com as quais você tem contato na vida causam mais traumas. Quando se depara com doença, divórcio, problemas financeiros, violência ou morte, muito provavelmente experimentará fortes sentimentos de perda ou fracasso caso as coisas não saiam como planeja ou deseja. Como você se ergue, aprende a lição e segue em frente? A resposta óbvia é contratar um *coach* para acompanhá-lo na jornada!

Neste capítulo, você descobre mais sobre ritmar os clientes através de sentimentos de perda e fracasso sem que seja pego no drama da situação. Você também examina os papéis no Triângulo do Drama e no processo de PNL de luto e perda.

> ### *Coaching* através da tempestade
>
> O papel do *coach* é dar apoio aos clientes durante os tempos difíceis, não resolver seus problemas. Você encoraja seus clientes a manterem-se inventivos, ajudando-os a encontrarem ferramentas e estratégias que façam uma diferença para eles. Respeitosamente os desafia a encontrar lições para situações difíceis, evitar repetir atitudes e lidar mais facilmente com situações similares no futuro.
>
> Em particular, você pode aumentar a consciência de seu cliente de que:
>
> - A mudança é um processo de altos e baixos.
> - O fracasso é informação e parte de vivenciar novas abordagens. (A PNL sugere que não existe tal coisa como fracasso, apenas *feedback*.)
> - A autoestima individual está separada de uma situação em particular.
> - A confiança se forma quando você amplia seus horizontes.
>
> Muitas ferramentas do conjunto de ferramentas do *coach* de PNL podem ajudar os clientes a elevar a autoconsciência ao encontrarem situações difíceis, incluindo as pressuposições de PNL, metaprogramas relacionados a motivação e estilo de trabalho, que se baseiam em técnicas para administrar estados emocionais, curas de fobias e muito mais.

Sentir-se Bem Quando as Coisas Claramente Não Estão Bem

Quando as coisas vão seriamente mal, muitas vezes as pessoas entram em um e stado de negação ou choque, ou se sentem sufocadas. As emoções podem ir longe. Compreensivelmente, as pessoas se sentem fora de controle porque as situações em que elas se encontram não são bem-vindas; elas estão enormemente decepcionadas com o resultado. Nesta seção, investigo como se mover a uma velocidade adequada em vez de fingir que todos estão bem, quando claramente não estão.

Quando as desilusões acontecem, não somente são dolorosas por si mesmas, mas também podem se associar a outras situações difíceis do passado do cliente, armando uma reação em cadeia. Alguns incidentes aparentemente secundários podem desencadear fortes reações inesperadas. Quando um cliente de negócios perde um cliente, a experiência pode se conectar inconscientemente a perdas profundas, não resolvidas. Da mesma forma, quando um cliente particular fracassa em uma entrevista de trabalho, a experiência pode desencadear sentimentos associados a situações de fracasso e rejeição em outras áreas de trabalho.

Manter-se com sentimentos

Os *coaches* trabalham com os clientes através de seus altos e baixos – quando eles estão sob enorme pressão, não se saindo tão bem a ponto de se esgotarem, altamente estressados ou quando suas confianças foram derrubadas.

O ideal seria ter a chance de trabalhar com os clientes antes que as decepções aconteçam. Desta forma, você pode ajudá-los a construir mecanismos de segurança e estruturas para administrar situações desafiadoras antes que elas ocorram e não quando elas se complicam.

Independentemente se você e seu cliente tiverem anteriormente desenvolvido estratégias de segurança, a chave é permanecer com grandes sentimentos e aceitá-los como normais. Depois que os sentimentos se normalizarem, você pode então possibilitar que os clientes estabeleçam objetivos realísticos e lidem com as situações em etapas em vez de esperarem que tudo se resolva de uma hora para outra.

Você verá que as pessoas são boas em suprimirem emoções negativas das quais elas não se sentem à vontade para falar, tais como medo, raiva, culpa, aversão, inveja ou tristeza. Seu corpo sabe instintivamente o que você está sentindo e muitas vezes produz sintomas físicos para desacelerar e ajudá-lo.

Donna se sentiu confortável o suficiente durante uma série de sessões de *coaching* para contar sobre seus sentimentos de raiva negada para com seu marido, sentimentos que ela acreditava serem inaceitáveis de serem expressados durante seu longo casamento. Ela falou sobre um tempo por volta de seus trinta anos, quando queria transformar o escritório na parte de baixo em um lugar para seus filhos pequenos brincarem. Seu marido insistia para que o cômodo se mantivesse intocado para as raras vezes em que ele queria trabalhar em casa. A cada vez que ela sugeria fazer mudanças, ele se recusava a conversar sobre isso. Ao final, ela parou de questionar qualquer uma de suas ideias ou oferecer sugestões. Conforme relatou:

> Ao longo dos anos, simplesmente decidi que ele era muito mais importante do que eu; afinal ele era o grande provedor do sustento. Gota a gota, encontrei minha confiança vazando de dentro de mim, não apenas em casa, mas em situações sociais e no trabalho também; eu geralmente me sentia desigual também em relação a meus amigos e colegas, e tenho certeza de que isso desencadeou meu eczema recorrente.

Ir mais fundo

Clientes que continuamente suprimem emoções negativas acerca de decepções frequentemente experimentam sintomas físicos.

O psicoterapeuta e professor de yoga, Stephen Cope, do Centro Kripalu, em Massachuetts conta a história de uma cliente cujo marido idoso foi para um lar da terceira idade. Ela começou experimentando ataques de pânico quando deveria visitar seu marido. Através do trabalho terapêutico conjunto, Stephen descobriu que sua cliente estava envergonhada por seus sentimentos, de que seu marido a tinha abandonado, apesar de claramente ele não ter feito isso intencionalmente. Os sintomas físicos dos ataques de pânico da cliente encobriam seus sentimentos mais profundos de frustração diante da situação da qual ela não sentia que fosse permitido reclamar.

O trabalho de Cope aponta para a importância de entrar em contato com todos os aspectos de si mesmo, incluindo as partes de que você não gosta ou não está particularmente orgulhoso. Somente depois que reconhece todas as partes de sua personalidade pode se tornar inteira e ficar bem. (Vá até o Capítulo 19 para saber mais.)

Querido Diário

Simplesmente pressionar o botão de anulação quando está se sentindo para baixo não funciona a longo prazo. Antes que os clientes possam seguir adiante, eles precisam de meios para reconhecerem seus sentimentos. Uma forma de se apropriar das emoções é escrever esses pensamentos no papel.

Encoraje os clientes a pegar algumas folhas de papel em branco e simplesmente escrever sobre o que estão sentindo – totalmente sem censura – por 10 a 20 minutos. Não se preocupe com a grafia e a gramática e em ser apropriado. Apenas escreva o que está sentindo.

Por exemplo, Madhuri escreveu o seguinte registro, após perder uma oportunidade de trabalho:

Hoje recebi um e-mail dizendo que eu não consegui o emprego. Estou me sentindo frustrado com o tempo enorme e esforços que coloquei para me candidatar, refinando meu currículo, comparecendo a três entrevistas, incluindo uma por telefone quando eu estava de férias. E também o lustrar dos sapatos e passar as roupas da entrevista. Sem falar no cansaço! Estou, na verdade realmente exausto por ter voltado à estaca zero. Eu podia estar fazendo coisas realmente interessantes. Tudo bem as pessoas dizerem que há muitos outros trabalhos por aí, mas como eu tenho de volta o tempo que eu coloquei nisso? Eu estou preocupado acerca de quanto tempo isso está levando, e minha conta no banco está com um saldo bem baixo. Eu devo admitir que há um toque de alívio porque todas aquelas viagens não seriam divertidas. Mas isso está misturado com dúvidas. Eu fico olhando para as outras pessoas na rua e me pergunto se elas são muito mais inteligentes do que eu porque têm empregos e eu não. Todos no mundo parecem estar trabalhando a não ser eu. Isso é um golpe para mim e eu realmente gostaria de me esconder debaixo das cobertas. Eu sei que irei me levantar hoje, mas parece difícil.

Depois que os clientes tiram esses pensamentos e sentimentos para fora de suas cabeças e os escrevem no papel, eles têm um rico material para se ocupar após as sessões de *coaching*. Eles podem revisar o que escreveram com uma consciência afastada e chegar com maneiras de lidar com a realidade atual trazendo os temas ou os detalhes específicos do que escreveram para uma sessão de *coaching*.

Como *coach*, você é útil a seus clientes ao lhes dar permissão, espaço e ferramentas para discutirem seus verdadeiros sentimentos. O *coaching* pode ser o único lugar em que eles sentem que podem revelar suas verdadeiras identidades. Encontre meios criativos e atividades nas quais os clientes possam se conectar a seus verdadeiros sentimentos. Fazer música, dança, teatro, escrever ou desenhar podem permitir aflorar a mente inconsciente criativa para desbloquear sentimentos enterrados. O box "Querido Diário" oferece um ótimo primeiro passo para começar a libertar emoções reprimidas.

Aumentar o cuidado consigo mesmo

A ideia de cuidado consigo mesmo pode parecer indulgente, mas nada está mais longe da verdade. O *autocuidado* cria confiança para tomar atitudes. Os clientes precisam ser saudáveis e fortes por si mesmos, especialmente quando a pressão aumenta. O autocuidado implica em prestar atenção à sua energia pessoal de quatro maneiras:

- **Fisicamente,** através de uma dieta saudável e exercícios.
- **Mentalmente,** através de atividades que expandam, estimulem e combinem com seus talentos.
- **Emocionalmente,** através de relacionamentos compreensivos consigo mesmo e com os outros.
- **Com determinação,** através do estabelecimento de um sentimento de propósito em sua vida.

Em cada uma dessas áreas, desenvolva hábitos que alimentem suas energias todos os dias – tanto dos clientes quanto dos *coaches*. Aqui estão apenas alguns exemplos de hábitos:

- **Energia física**
    - Planeje e prepare um jantar saudável.
    - Beba oito copos de água ou chá de ervas diariamente.
    - Exercite-se por 15 minutos.
    - Mantenha um diário para seguir uma rotina de alimentação.
- **Energia mental**
    - Concentre-se em um projeto atentamente por 50 minutos e, então, se permita 10 minutos de descanso.
    - Leia um texto inspirador ou ponha músicas inspiradoras para tocar todos os dias.
    - Programe um limite de tempo para as horas de trabalho.

- **Energia emocional**
  - Diga "não" a pedidos que não se encaixem nas suas necessidades pessoais.
  - Passe tempo com pessoas que estimulem você.
  - Encontre algo de positivo em cada pessoa com quem você se conecta durante o dia.
  - Medite por dez minutos antes de se deitar.
- **Energia de propósito**
  - Guie seu trabalho ou atividade para o benefício de outra pessoa ou para a comunidade.
  - Passe tempo apreciando a natureza ou fazendo atividades ao ar livre.
  - Escolha um valor para focar e viver no dia de hoje.

Como deveriam ser seus hábitos e sua rotina para assegurar que você cuida de si mesmo? Crie uma lista de quatro ou cinco rituais diários que podem ajudar você a se manter com energia ainda que sob pressão. Tente pensar em uma mistura de rituais que se conecte a todas as quatro energias. Tenha sua lista sempre à mão.

Expirando os problemas

Quando você precisa elevar seus níveis de energia, ter um entendimento de técnicas de respiração é útil. *A respiração consciente* possibilita que a energia flua livremente para dentro e para fora, permitindo a você deixar que a tensão acumulada em todas as partes do seu corpo se vá. Você literalmente respira nos átomos e moléculas do universo ao tomar ar fresco e libera a pressão desde a parte de trás do seu pescoço até a ponta dos dedos dos seus pés.

John Grinder, cocriador da PNL, observa que respirar muda como o seu corpo sente e reage, que então muda seu estado emocional e afeta seu desempenho em qualquer atividade, como a Figura 13-1 ilustra. Essa interconexão é a razão pela qual lembrar de respirar é crucial. Respirar afeta como você muda seu pensamento e seu comportamento, especialmente sob pressão.

Respirar acontece inconscientemente enquanto você dorme, ainda que você possa conscientemente mudar a forma como respira e, fazendo isso, alternar entre estar altamente alerta e sob estados relaxados.

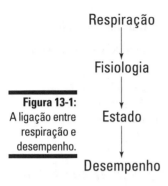

Figura 13-1:
A ligação entre respiração e desempenho.

Muitas pessoas não sabem como respirar conscientemente. Quando elas respiram fundo, tensionam seus corpos desnecessariamente, contraindo seu abdômen e tensionando a parte superior do peito. Observe os bebês contentes para ter exemplos visuais de boas respirações profundas. Veja como eles naturalmente expandem suas barrigas e diafragmas na inspiração enquanto as contraem de volta em direção à espinha dorsal na expiração.

Uma vez compartilhei a simples ligação entre respiração e desempenho com um cliente de *coaching* que estava se preparando para uma reunião importante. Minha intenção era de que ele conseguisse uma voz alta e clara ao respirar bem. Ao olhar minhas palavras no caderno, ele pôs as mãos na garganta e disse: "Oh, meu Deus, é por isto que eu preciso parar de fumar. Eu simplesmente não consigo respirar". Que eu saiba, desde então, ele não tocou mais em um cigarro sequer – a cura para parar de fumar mais rápida que eu já fiz!

Para mudar sua respiração instantaneamente, você simplesmente tem que tomá-la sob controle consciente. Um maneira suave de fazer isto é contar macacos:

1. **Exale todo o seu ar.** Solte com vontade o ar para fora como se você o estivesse empurrando para fora de uma boia de praia. Você pode pôr suas mãos no seu diafragma para perceber como ele se retrai.

2. **Inspire devagar, contando até quatro macacos ("um macaco, dois macacos, três macacos, quatro macacos").** Desta vez, seu abdômen se estende para fora, seu diafragma se move para cima e seu peito se expande sem se elevar. Mantenha seus ombros e pescoço completamente relaxados.

3. **Segure sua respiração por quatro macacos.**

4. **Exale por quatro macacos.**

5. **Segure sua respiração com seus pulmões vazios por quatro macacos.**

Se este último passo faz com que você se sinta tonto, reduza a contagem para dois macacos, até que você fique mais acostumado com o exercício e possa confortavelmente segurar seus pulmões vazios pela contagem de quatro macacos.

6. **Repita este padrão de respiração por cinco minutos, inicialmente.**

   Fique à vontade para voltar aos macacos seja lá quando você achar que a tensão está se formando.

Você pode achar esta maneira de respirar consciente estranha em um primeiro momento. Como com qualquer exercício, você melhora com a prática. Continue fazendo-o já que ele irá acalmá-lo à medida que seu corpo efetivamente elimine os neuroquímicos que deixam você agitado.

Encontre o que é bom e deixe o resto ir embora

Um dos benefícios de respirar bem (veja a seção anterior) é que isso ajuda você a se manter calmo e relaxado, colocando-o na melhor posição possível para se manter positivo e, então, largar da negatividade. Veja a seção mais à frente "Tire Algo dos Tempos Difíceis" para saber mais sobre como encontrar o positivo em uma situação difícil.

Conforme você respira, permita-se perguntar: "O que é realmente bom acerca desta situação neste momento?" Esta pergunta também é útil tanto para concluir uma sessão quanto para refletir nas sessões seguintes. Encontrar o lado bom em uma situação muitas vezes é mais fácil quando você sai de onde está, pega um ar fresco e olha para o céu, faz uma caminhada ou alguns exercícios que elevam seu nível de energia. O Capítulo 19 faz referência à reestruturação de situações para conseguir uma outra perspectiva.

Você pode desafiar a si mesmo a ter sessões de *coaching* perfeitas com cada cliente, a cada vez. Embora admirável, esse objetivo não é realístico. Em vez de se estender nas decepções e o que você e seu cliente podiam ter feito melhor, observe o bom aprendizado que emergiu e permita que o resto desapareça de vista.

O mau tempo é o número um na lista de decepções dos britânicos

Segundo uma pesquisa recente, a coisa que mais coloca os britânicos em profundo desespero é, surpreendentemente, – espere só para ver – o mau tempo nos feriados.

Segue a lista dos dez mais:

1. Ter tempo ruim nos feriados.

2. Andar pensando que é domingo quando na verdade é segunda-feira.

3. Quando seu namorado ou namorada esquece seu aniversário ou a celebração de alguma coisa.

4. Quando sua série de TV favorita acaba.

5. Esquecer o passaporte.

6. Perder as malas.

7. Terminar um bom livro.

8. Tentar entrar em uma velha calça jeans que não cabe mais.

9. Manchar as outras roupas de vermelho ao lavar roupas.

10. Preparar uma xícara de café ou chá e descobrir que o leite acabou.

Evitar o Triângulo do Drama

Um dos modelos mais úteis e simples que encontrei para ajudar clientes em situações altamente carregadas é o Triângulo do Drama de Stephen Karpman, que se encaixa perfeitamente aos exercícios de PNL que envolvem posicionamentos perceptuais – vá até o Capítulo 12 para saber mais sobre posicionamentos perceptuais. (Agradeço à minha colega Barbara que me apresentou a eles pela primeira vez como forma de empreender um trabalho de mediação desafiador em escritórios de advocacia.)

Quando você entra no mundo de um cliente, ou *sistema*, também pode ser arrastado para dentro dos jogos do inconsciente psicológico dele. Com certeza, em algum nível, os clientes querem que seus *coaches* também joguem.

O trabalho de Karpman é construído com base nas observações de Eric Berne e suas famosas ideias de Análise Transacional nos anos de 1950. Berne falava sobre os jogos que todas as pessoas interpretam inconscientemente e que fazem diferença na maneira como interagem com os outros. Um *jogo*, neste caso, é uma crença inconsciente que direciona a ação para um caminho específico e que, por sua vez, executa o *roteiro* do que está se passando em sua mente.

O Triângulo do Drama é um jogo com três posições acerca das dinâmicas de poder, responsabilidade e vulnerabilidade. Muitas vezes, o jogo acontece inconscientemente entre duas pessoas regularmente alternando as posições. Grandes números de pessoas em grupos de família, equipes e grandes organizações também podem ser pegos em jogos de dramas. O Triângulo é um bom lembrete de que qualquer um – incluindo *coaches* – podem ser enredados no drama de uma situação que somente conduz a mais problemas.

O mais importante é ficar longe do drama ao tomar uma *meta posição* – ficar em um lugar em que você observe o que está acontecendo de uma maneira afastada e ofereça entendimentos a partir do espaço imparcial. Os clientes que são apanhados no drama precisam de apoio para ver os papéis que eles estão representando e, então, pensar em soluções que, de preferência, os mude para fora de *todos* esses papéis, que é melhor do que continuamente se moverem de uma posição para outra.

As três posições do Triângulo do Drama são:

- Vítima.
- Salvador.
- Perseguidor.

A Figura 13-2 mostra os três papéis que um cliente pode representar, e as seções seguintes examinam cada uma em maior detalhe. A fim de que o cliente possa sair do Triângulo, concentre-se no papel tomado por outra pessoa com quem ele está em conflito. Por exemplo, se outra pessoa está desempenhando o papel de vítima, o *coach* pode perguntar ao cliente para verificar se ele está salvando ou perseguindo a vítima e, se sim, o que ele precisa fazer diferente para interromper o jogo.

Figura 13-2: Os três papéis do Triângulo do Drama.

Bancar a vítima

A *vítima* é a posição no jogo em que você se sente vulnerável, impotente e não assume responsabilidade. A fala para este papel é "Você pode me ajudar?". Contudo, quando as vítimas não podem mais ser resgatadas e têm de ser responsáveis, elas mudam para a perseguição de seus salvadores (veja a seção a seguir "Salvar o dia"). Se você, na posição de *coach*, encontra-se no papel de vítima, precisa deixar de se envolver demais nos problemas dos clientes, e a supervisão é um bom lugar para encontrar estratégias para ajudá-lo (veja o Capítulo 1 para mais detalhes sobre a supervisão).

Os clientes que, involuntariamente, desempenham o papel de vítima querem que seus *coaches* os resgatem das situações difíceis. Nas sessões, o cliente desesperadamente procura por soluções vindas de você: "Diga-me o que eu deveria fazer porque não consigo ajudar a mim mesmo". Você pode ficar fora do jogo ao manter o cliente focado em seu próprio comportamento através de perguntas eficazes tais como "O que você precisa fazer de forma diferente para essa situação mudar?". (O Capítulo 6 explora perguntas eficazes.)

Salvar o dia

O papel do *salvador* descreve pessoas que muitas vezes procuram valentemente salvar aqueles que veem como vulnerável. A fala deles é "Eu ajudarei você". Com frequência elas fazem mais do que sua parte do trabalho e mudam para o modo de Vítima ou Perseguidor quando já estão fartos.

Coaches que procuram resgatar os outros são bastante aconselhados a fazerem algum trabalho de desenvolvimento pessoal sobre suas próprias necessidades. Pergunte a si mesmo o que há em você que faz com que queira resgatar os outros.

Clientes que estão salvando podem querer estar no controle de uma situação; normalmente, nos negócios, esses indivíduos microadministram e são incapazes de delegar responsabilidades. Mas, depois de um tempo, salvar fica cansativo, e o salvador para de ser legal e prestativo, frustrado com a falta de responsabilidade tomada pela outra parte. Você pode salientar um padrão de resgate que observe no cliente, o qual pode estar associado a alguns medos subjacentes que valem a pena serem resolvidos. A estrutura superficial do comportamento indica uma estrutura de necessidade mais profunda.

Perseguição de outros

O papel de *perseguidor* é o mais desagradável e indesejado. Nele você também pode identificar o *bully*. Os perseguidores não se dão conta do próprio poder e, na verdade, se sentem como vítimas ou salvadores que estão sendo perseguidos por outros. É interessante que a fala do perseguidor que vem à tona é "Você não está fazendo isto direito" enquanto que, por dentro, ele possa estar sentindo "Eu já estou cheio disso".

Algumas pistas, como *coach,* de que você pode estar escorregando para o papel de perseguidor se mostram quando as coisas não estão avançando e você fica cada vez mais frustrado pela falta de compromisso com a mudança de um cliente. Você pode empurrá-lo para ir mais rápido e com mais força do que ele queria, deixando-o apreensivo sobre fazer mudanças e demonstrando decepção caso ele não coopere. Você pode entrar nesse comportamento com boas intenções a fim de sentir que está fazendo o melhor trabalho e conseguindo resultados.

Uma pergunta para um *coach* é: "Quem é a pessoa mais motivada na sala?". Se a resposta for o *coach,* é preciso fazer uma reestruturação séria no relacionamento, voltando atrás e renegociando os termos de como trabalharem juntos.

Clientes que são perseguidores, com frequência, são indivíduos mandados ao *coaching* devido a maus comportamentos em suas organizações. Eles são notoriamente desafiadores se não estão abertos a *feedback* sobre sua atitude. Gerentes que perseguem culpam a todos antes de olharem para si mesmos. Você pode apontar para o comportamento que observa e fazer perguntas sobre o impacto que isso tem ao final para o cliente (por exemplo, ser demitido, perder um relacionamento importante, prejudicar sua saúde). Finalmente, você precisa estar disposto a se afastar do cliente *bullying* que não estiver interessado em mudar, porque ele irá culpar o *coach* pela ausência de resultados.

Tire Algo dos Tempos Difíceis

Você se lembra do velho ditado: "O que não te mata te faz mais forte"? Quando se depara com tempos difíceis, a experiência é intensa e afeta coisas que são importantes: sua saúde, dinheiro e felicidade. À medida que atravessa a experiência e extrai uma nova sabedoria, você cria tenacidade para quando as coisas acontecerem de novo. Da próxima vez, você reage de forma diferente. Contudo, a jornada através dos tempos difíceis pode ser extremamente desafiadora.

Nesta seção, exploro o trabalho clássico de PNL para resolver o luto, que oferece uma compreensão sobre o que acontece com seus clientes de *coaching* quando eles vivenciam perdas.

Seguir o processo de luto e perda

Em meados dos anos de 1980, dois proeminentes líderes no campo da PNL, Steve e Connirae Andreas, começaram a ensinar o *processo de resolução do luto*. Eles se basearam no exemplo das experiências de pessoas que eram particularmente inventivas nas formas com as quais lidavam com perdas significativas em suas vidas. Outros profissionais de PNL subsequentemente adaptaram esse processo e o ensinaram como parte do treinamento de *Master Practitioner* de PNL; você escuta referências a isso como *padrão de perda* ou *luto* ou *processo de perda*.

A definição de *luto* descreve um sentimento de tristeza e vazio e pode se referir tanto a sensação de perda, bem como a perdas *reais*. Eu preparei várias altas executivas que colocavam a carreira à frente do casamento e da família. Mais tarde, elas vivenciaram em suas vidas um sentido profundo de perda quando percebiam que não tinham mais potencial para construírem uma família. Outras pessoas chegavam a uma encruzilhada quando o sonho que eles estavam perseguindo claramente não iria acontecer. Eles estavam perdendo algo que perceberam como uma possibilidade em vez de realmente estarem perdendo filhos ou empregos.

O processo de luto e perda também incorpora o trabalho de Richard Bandler nas *submodalidades,* as delicadas qualidades que definem a estrutura de uma experiência subjetiva. (Veja o Capítulo 17 para saber mais sobre as submodalidades.) Submodalidades são as qualidades distintas que você observa nos principais sistemas representacionais visuais, auditivos e cinestésicos. (Eu discuto sistemas representacionais no Capítulo 6.)

O processo de luto e perda de PNL é uma ferramenta eficaz adequada para *Masters Practicioners* de PNL e *coaches* qualificados em PNL de acordo com os contratos que eles estabelecem com seus clientes. Programas de *Masters Practioners* de PNL ensinam o processo de luto e perda. Sempre obtenha permissão e faça uma verificação ecológica antes de uma intervenção de PNL deste tipo.

Os métodos de PNL que trabalham com submodalidades mudam a forma como os clientes vivenciam as recordações e, portanto, os efeitos delas neles. Por exemplo, se penso em meu pai, que já não está mais vivo, eu podia me sentir muito triste. Contudo, graças à minha experiência de PNL, posso trazê-lo para mais perto de mim em meus pensamentos ao considerar a cor dos seus cabelos, o som da sua voz, seus braços me abraçando. Desta forma, sinto sua presença mais do que a perda. Em contraste, se eu penso em uma pessoa com a qual não me importo muito – um ex-chefe que era desagradável no trabalho – prefiro pensar nele como uma vaga e distante memória, como uma fotografia desbotada em preto e branco em um álbum antigo. Dessa maneira, eu me mantenho afastada da conexão emocional negativa com aquele relacionamento.

A procura da perda

Por que é útil para os *coaches* entenderem sobre luto e perda quando eles não estão oferecendo terapia para tratar a morte? Duas razões surgem à mente:

- ✔ Seu cliente vivenciará a perda de um ente querido em algum momento de sua vida, com o acompanhamento natural do luto, e alguns serão infelizes o bastante para experimentarem múltiplas perdas.

- ✔ Seu cliente irá encarar outras perdas na vida que criam reações similares, tais como a perda de um emprego ou posses, o fim de um caso de amor ou de uma viagem maravilhosa, ou a mudança para um novo país.

É de se esperar que um luto profundo possa causar doenças e depressão, condições que anseiam por intervenções médicas ou terapêuticas. Contudo, Steve e Connirae Andreas também notaram que o *luto não resolvido* aparece como uma falta de motivação ou pode antecipar uma crise de meia-idade – cenários típicos que aparecem no *coaching*.

Quando os clientes demonstram falta de motivação, procrastinação ou comportamentos obsessivos tais como microatenção aos detalhes ou excesso de trabalho, tente descobrir se eles estão em luto. Seja curioso para saber se eles perderam alguma coisa ou alguém importante. Esteja alerta de que a perda pode ser muito antiga, nem sempre é uma perda recente. Você pode precisar ajudá-los em assuntos que aparentemente não estão relacionados com o trabalho, a fim de obter um fechamento, seguir adiante e voltar a seu comportamento normal.

As pessoas reagem à perda de um ou dois modos contrastantes:

- ✔ **Perda não resolvida,** na qual eles são apanhados por emoções negativas acerca da ausência de seus entes queridos ou experiência – a perda.

- ✔ **Perda resolvida,** na qual eles se tornam conscientes dos aspectos positivos de estar com um ente querido ou experiência – a presença.

O processo de luto e perda de PNL trabalha ao restaurar o sentido de presença à perda, como as seções seguintes examinam.

Corrida no vazio

As pessoas que têm um *luto não resolvido* são incapazes de acessar os aspectos positivos da pessoa ou experiência que se perdeu. Os clientes com lutos não resolvidos podem:

Parte IV: O Trabalho por Meio de Dramas, Decisões e Dilemas

✔ Expressar fortes sentimentos de vazio e tristeza e, como resultado, serem incapazes de seguir em frente com suas vidas.

✔ Ruminar mais sobre os acontecimentos difíceis acerca do término efetivo do relacionamento do que experimentar a conexão adorável que caracterizou o relacionamento.

✔ Recordar o relacionamento com um senso de separação ou ausência. Por exemplo, eles podem somente ser capazes de acessar a pessoa ou a memória como uma imagem vaga ou podem não ser capazes de ouvir a voz da pessoa.

✔ Demonstrar resignação controlada. Por exemplo, eles podem dizer que estão bem, quando claramente sua linguagem corporal é para baixo e sua voz é plana, portanto transmitindo uma mensagem oposta.

✔ Perder a própria identidade e talvez ganhar uma nova. Por exemplo, um trabalhador aposentado pode agora chamar a si mesmo de pensionista e não mais de líder empresarial ou motorista de ônibus. As pessoas perguntam quem eles são quando eles não têm mais um papel que dê sentido a suas vidas.

Acessar bons sentimentos

As pessoas que *resolveram seus lutos* são capazes de acessar aspectos positivos da pessoa ou experiência que agora está perdida. Os clientes com lutos resolvidos podem:

✔ Expressar fortes sentimentos de afeto e amor e ver a perda como parte do todo da sua jornada de vida.

✔ Focar mais nas qualidades positivas do relacionamento do que na conexão afetuosa que caracterizou suas experiências.

✔ Lembrar do relacionamento com um sentido de presença. Por exemplo, eles podem se sentir em contato com as pessoas ao preparem suas refeições, fazer jardinagem ou atividades diárias.

✔ Demonstrar aceitação. Por exemplo, quando eles dizem que estão bem, sua linguagem corporal é relaxada e seu tom de voz tem movimento.

✔ Demonstrar um forte sentido de identidade. Eles são positivos acerca de si mesmos independente dos papéis que assumem.

Manter o subproduto positivo

Quando as pessoas estão de luto, elas estão pensando sobre sua perda, como se fossem experiências separadas e distintas – o que a PNL chama de *dissociados*. A fim de resolver tal sentimento, o processo de luto e perda de PNL se divide em duas partes:

Capítulo 13: Sobrevivendo às Decepções

✓ **A primeira parte** visa recuperar o sentido de presença na perda. Esta parte reassocia o cliente com recordações positivas da pessoa ou coisa perdida e dissocia da experiência de perda (tal como o momento da morte).

✓ **A segunda parte** visa preservar as qualidades positivas da perda. Esta parte possibilita ao cliente acessar todas as qualidades positivas do que eles perderam, não apenas neste exato momento, mas também no longo prazo.

Durante o processo de luto e perda, os *coaches* de PNL orientam os clientes passo a passo através de um processo detalhado que pode levar uma hora ou duas. Eles fazem um trabalho de submodalidades enquanto fazem a verificação ecológica – ou seja, verificam se qualquer coisa não parece certa ou aterrissa bem com o cliente. Nesse sentido, o cliente apreende todos os subprodutos positivos da perda e deixa a dor ir embora. O box "Amando, crescendo – e seguindo em frente" ilustra os principais passos do processo, os quais você pode adaptar em uma conversa de *coaching* para descobrir o que os clientes realmente apreciaram no que eles perderam.

Para *coaches* qualificados em PNL que querem criar consciência para seus clientes mais através de conversas do que de um processo de PNL formal, aqui vão algumas áreas de exploração para cobrir na sessão com o objetivo de resolver o luto:

✓ Permita que os clientes descrevam suas perdas e reconheçam seus sentimentos.

✓ Encoraje os clientes a acessarem outro contexto no qual eles sejam bem habilidosos e, então, observe a diferença, de forma que eles saibam como é possível ser.

✓ Descubra quais benefícios eles estão obtendo ao não deixar que a perda se vá.

✓ Extraia as qualidades positivas da experiência ou pessoa que não está mais com eles.

✓ Imagine como o futuro pode ser com essas qualidades positivas em seu lugar.

✓ Explore como as crenças fortalecedoras irão ajudá-los a seguir em frente.

Amando, crescendo – e seguindo em frente

Durante um longo verão de trabalho em outro país, Leonardo teve um caso com Amanda, uma colega casada, que deixou claro logo de início que não tinha nenhuma intenção de se separar de seu marido. Ela ansiava pela afeição de um homem atraente, mas não queria perturbar sua organização familiar. Mesmo com Leonardo entendendo esse contrato em teoria, no retorno ao seu país de residência, sentiu uma grande tristeza e achou difícil se estabelecer de volta à sua vida de negócios. Ele também não acreditava que encontraria alguém mais com quem pudesse se importar no futuro. Como parte de nosso relacionamento de *coaching*, ele me convidou para guiá-lo através do processo de luto e perda, no qual nós enveredamos para um nível estrutural. Como *coach*, eu não precisava de nenhum assunto detalhado sobre o tempo que passaram juntos.

O processo envolvia primeiro acessar sua memória da perda de Amanda. Seu último encontro era o mais forte na memória de Leonardo. Então, pedi que acessasse outra pessoa que se sentisse presente e acessível a ele, embora essa pessoa não estivesse com ele correntemente. Leonardo escolheu seu irmão, Júlio, que vivia a cerca de 160 quilômetros de distância.

Nós mudamos a experiência de perda para uma de presença ao trocar as submodalidades. Isso significa que trabalhamos com qualidades, tais como uma localização, mudança ou mesmo fotos, ou um sentido de associação e dissociação (veja o Capítulo 17 para mais detalhes sobre trabalhar com submodalidades). Essa atividade possibilitou que Leonardo pensasse sobre Amanda e capturasse um sentido positivo de sua presença de forma bastante eficaz, podia senti-la próxima a ele com uma voz clara e a pele quente.

A partir desse primeiro passo de recuperação de um sentido de presença, ele foi capaz de falar sobre o valor que extraiu da experiência de seu curto caso amoroso. Para ele, o relacionamento tinha a ver com "diversão, risadas, bom senso e conexão". Ele decidiu representar a experiência inteira e todas as suas qualidades em uma imagem de um pôr de sol.

O processo foi concluído colocando essa representação na linha do tempo do futuro. Leonardo achou que podia olhar adiante para futuros relacionamentos e acessar as qualidades positivas do relacionamento sem o sentido de perda se intrometendo no caminho.

Capítulo 14

Coaching Através do Conflito

. . . .

Neste Capítulo

▶ Resolva discordâncias enquanto evita a violência

▶ Mudanças para longe da culpa

▶ Aumento da coesão da equipe

▶ Dar e receber *feedback* de forma eficaz

. . . .

Conflito – o estado de oposição de ideias e interesses – é um fato cotidiano da vida que aparece de diferentes maneiras. Do lado positivo, a energia de repercutir ideias diferentes para trás e para frente permite que soluções criativas surjam; a colaboração entre dois estilos diferentes gera resultados maravilhosos. Do lado negativo, os conflitos conduzem a confrontações dramáticas, violência física e até mesmo guerras devastadoras.

A vida seria insípida sem nenhuma tensão criativa, e esperar paz, alegria e harmonia o tempo todo não é natural. Na verdade, isso soa como algum tipo de terra "lá-lá-lá" ocupada por brinquedos de crianças como os Teletubbies. Mas, quando as batalhas decorrentes das visões e interesses opostos disparam fora de controle, elas não somente colocam as partes envolvidas em perigo, mas também trazem espectadores inocentes para a luta.

Os clientes trazem histórias de conflitos de todos os aspectos de suas vidas para suas sessões de *coaching*: lutas de poder, problemas de dinheiro, desafios de relacionamento, diferenças intelectuais, mal-entendidos interculturais e batalhas com fornecedores ou clientes. O *coaching* proporciona um espaço seguro para explorar soluções criativas que podem emergir através do conflito. As batalhas que você ajuda seus clientes a resolver podem ser:

✔ **Internas,** envolvendo pensamentos, decisões e dilemas que se passam nas mentes dos clientes.

✔ **Externas,** envolvendo as tensões entre as necessidades, os interesses e as preocupações dos clientes e as de outros com quem o cliente interage.

Neste capítulo, eu me concentro em maneiras de solucionar conflitos externos. Ao mesmo tempo, cada situação de conflito levanta questões sobre os conflitos internos dos clientes. (O Capítulo 19 oferece maneiras de tratar dos conflitos internos.)

Reconhecimento de Comportamentos Sob Pressão

O primeiro passo para preparar clientes através do conflito é ajudá-los a se tornarem conscientes de seus próprios padrões e de suas reações típicas às situações de conflito. Em seguida, explorar formas de trabalhar através das diferenças e emergir com mais criatividade e inventividade para o futuro.

Convide seus clientes a serem curiosos sobre como eles naturalmente reagem sob pressão quando as emoções estão aguçadas. Qual é a abordagem inata deles aos conflitos com os outros? Como eles lidam com qualquer frustração subjacente aos conflitos e às inevitáveis mudanças de poder e controle? Eles naturalmente querem fugir e se esconder, ou eles querem lutar a qualquer custo?

Um conto de ira no trânsito

Eu estava sentada junto à janela de uma cafeteria quando a motorista de uma Range Rover estacionou desajeitadamente do lado de fora e acabou acertando a traseira de uma Mercedes daquelas bem caras, saiu do carro e caminhou pela rua aparentemente inconsciente do dano que causou.

Ela voltou para o carro no exato momento em que o motorista da Mercedes. Nesse ponto, uma cena de confrontação e negação se desdobrou num potencial assassinato entre dois adultos de aparência respeitável. Ele habilmente anotou o número da placa do carro e tirou uma foto em seu telefone celular. Ela começou a gritar e esbravejar para ele. Ele se colocou feito um urso na frente do veículo dela. Ela ligou o motor e começou a dirigir com ele deitado no capô agarrando os limpadores de para-brisas. Ela queria fugir, e ele queria brigar.

"Meu Deus, ele vai ser atropelado", eu pensei, ainda assistindo da janela da cafeteria. As pessoas correram para fora para ver a cena, o trânsito ficou paralisado e uma multidão de pedestres se amontoou. Diversos espectadores começaram a repreender a dupla para que ficassem calmos à medida que a raiva agravava-se, e alguns barravam suas possíveis rotas de fuga. Ainda mais gritaria ocorreu, já que nenhuma das partes recuava, e claramente não era seguro para mim, intervir pessoalmente.

Minha visão final do conflito foi a motorista da Range Rover ganhando a estrada em alta velocidade com o motorista do Mercedes dependurado na janela do passageiro.

Quão melhor teria sido para os dois motoristas se eles tivessem trabalhado através do conflito com uma conversa civilizada. Com alguma compreensão das estruturas de conversas não violentas, de que eu trato mais à frente neste capítulo, eles poderiam ter evitado se colocar em grande perigo pessoal. Eles podiam até mesmo ter conduzido uma conversa enquanto tomavam uma xícara de um bom café no ambiente aquecido da cafeteria.

A PNL afirma que mente e corpo estão irremediavelmente ligados. Situações de estresse colocam o corpo humano em alto estado de alerta. Essa resposta natural à ameaça invoca o que é conhecido como *luta* ou *reação de fuga*. Nesse estado provocado, a adrenalina é liberada na corrente sanguínea, e uma pessoa experimenta mudanças fisiológicas naturais concebidas para aumentar a capacidade de lutar contra o inimigo ou escapar.

Seus clientes podem mencionar qualquer um ou todas as seguintes mudanças fisiológicas em situações de conflito, independentemente se eles querem fugir ou lutar:

- Os batimentos cardíacos aumentam.
- A respiração fica mais rápida.
- Transpiração.
- Aumento da sensibilidade a visões e sons.
- Frio na barriga.
- Hiperventilação conduzindo a tonturas e formigamento nos dedos.
- Sensação de exaustão depois de uma ansiedade prolongada.

Um ataque de pânico não é apenas uma explosão de nervos ou raiva. Em um ataque de pânico, uma pessoa pode apresentar qualquer um dos sintomas anteriormente descritos e ainda outros, incluindo sensações de asfixia, formigamento e perda da realidade, já que o sistema nervoso simpático entra em ação. Em particular, o encurtamento da respiração e as palpitações cardíacas aumentam a ansiedade quando as pessoas vitimadas temem que estejam sofrendo de falência cardíaca e, portanto, a ansiedade prolonga o ataque.

O *coaching* joga uma luz sobre os pontos cegos das pessoas, um processo que nem sempre é agradável. Não se surpreenda se os clientes que estão encarando situações de conflito abandonarem o *coaching* ou entrarem em confrontos com você. Os clientes podem escolher correr ou lutar porque acham os problemas em discussão desafiadores demais para serem trabalhados. Apenas considere: ao dar espaço para que eles possam criticar você como *coach*, você está prestando um serviço a eles ao permitir que expressem uma raiva e ansiedade que eles não conseguiram pôr para fora em nenhum outro lugar!

Busca de padrões

Depois que os clientes se tornam conscientes de como lidam com o conflito por meio de conversas de *coaching*, eles podem desenvolver novas estratégias para trabalhar isso. Se o conflito é um problema em particular, sugira a seus clientes que mantenham um diário dos relacionamentos difíceis e o que desencadeia os conflitos deles.

Tratamento de ataques de pânico

Adriano, diretor-presidente de uma instituição de caridade internacional, recebeu um *coaching* de PNL para ajudá-lo quando começou a sofrer de ataques de pânico no trabalho. Primeiramente, ele experimentava dores alarmantes no peito e pensou que estivesse sofrendo um ataque do coração. Mas, quando seu médico e um especialista o examinaram, ambos o diagnosticaram como em forma e saudável.

Seu *coach* o encorajou a manter um diário dos momentos do dia e os dias da semana quando ele se sentia mais e menos ansioso. O objetivo era ressaltar as atividades que estavam desencadeando os ataques. Eles também fizeram um trabalho de linha de tempo (explicado no Capítulo 16) para identificar as causas mais profundas dos ataques.

No ano anterior ao começo dos ataques, Adriano tinha passado por um divórcio e agora fazia parte do grupo de pais solteiros, levava seus filhos para as diversões locais e lanchonetes de *fast-food* aos domingos. Ele odiava estar longe de seus filhos e somente vê-los nos fins de semana.

Através do *coaching*, um padrão de evitar o conflito ao longo de sua carreira e em sua vida privada emergiu. Seu casamento tinha acabado em divórcio porque ele não conseguia confrontar a insistência constante de sua esposa em modernizar a casa deles, e ele se refugiava em seu escritório e mergulhava nas demandas de trabalho. Ao final, ele simplesmente parou de falar com ela por medo do conflito. Mas essa falta de comunicação levou ao desmoronamento do casamento.

Através do programa de *coaching*, Adriano trabalhou sobre sua capacidade de conversar sobre problemas com as pessoas nos pontos em que ele tinha diferenças de opinião. O desenvolvimento dessa capacidade reforçou suas credenciais no trabalho, melhorou as relações com sua ex-esposa e acabou com seus ataques de pânico.

Enquanto os clientes estão vivenciando os intensos sintomas físicos de pânico durante o conflito, pensar claramente pode ser difícil. Os seguintes simples passos possibilitam que eles possam encarar o conflito, sem lutar ou fugir.

- **Pare.** Não lute contra o conflito ou os sentimentos – e não fuja de nenhum dos dois. Apenas observe os sentimentos de pânico, observando as imagens, sons e sentimentos que você estiver experimentando no momento.
- **Confie.** Saiba que sentimentos de pânico são simplesmente um caso extremo da reação normal ao "lute ou fuja".
- **Aceite o presente.** Cada experiência é uma oportunidade de praticar como passar pelo conflito e desenvolver novos e úteis mecanismos para lidar com ele.
- **Concentre-se no agora.** Fique presente no momento, sabendo que você está seguro e que suas sensações de pânico irão passar.
- **Comemore.** Depois que as sensações passarem, faça uma reverência por ter se mantido na situação.

Compartilhe esses passos com o seu cliente. Algumas pessoas gostam de ter um pequeno cartão com os passos escritos como um lembrete. Outros preferem um objeto pequeno ou uma imagem natural tranquila, como um bonito pôr do sol, para ajudá-los a parar de ter pânico.

Conflitos com os demais muitas vezes surgem apenas através dos pensamentos; o conflito pode não ter qualquer fundamento na realidade. Por exemplo, você pode assumir que um colega não está disposto a trabalhar com você ou que ele apenas quer causar problemas. A PNL oferece técnicas específicas para mudar esse pensamento. Você pode ajudar os clientes a trocar de submodalidades, que são as maneiras com as quais eles representam suas experiências em imagens, sons e sentimentos, para desativar emoções negativas. (Abordo essas técnicas no Capítulo 17.) Você também pode ajudá-los a ganhar novas perspectivas ao colocá-los para assumir o ângulo da pessoa com a qual eles estão vivenciando o conflito, como discuto na seção mais adiante "Conheça bem o inimigo".

Retenha com firmeza os melhores resultados

Nos relacionamentos com os outros, o cenário ideal é uma situação de benefícios mútuos, onde ambas as partes conseguem o que querem. Contudo, em um conflito, uma parte sempre perde, e o mais provável é que ambas as partes se tornem perdedoras. Em um conflito, você se vê preso a um quadro de culpa no qual você critica outra pessoa e espera que ela mude.

A fim de preparar seus clientes para os melhores resultados, verifique se suas perguntas os mantém explorando seus problemas ou os transformam para buscar resultados positivos. As seções seguintes lidam com conjuntos específicos de perguntas que você pode fazer durante as sessões de *coaching*.

Perguntas para notar perspectivas de culpa

Quando as pessoas se encontram apanhadas em culpar os outros, o tipo errado de perguntas mantém os clientes presos e se sentindo mal consigo mesmos.

No diálogo seguinte, note como as perguntas de culpa do *coach* fazem com que o cliente continue preso em seus próprios pensamentos.

> **Coach:** Qual é o seu problema?
>
> **Cliente:** Os funcionários estão ameaçando abandonar seus postos por causa dos cortes.
>
> **Coach:** Há quanto tempo vocês estão com isto?
>
> **Cliente:** A coisa está iminente já há alguns meses, mas as pessoas estão ignorando.
>
> **Coach:** Onde está o erro?
>
> **Cliente:** É o representante do sindicato que vem inflamando o ressentimento entre os funcionários por aqui.

Coach: Quem é o culpado?

Cliente: Bem, em parte o Estado, que nos força a cortes massivos de financiamento, e em parte o último governo por gastar demais.

Coach: Qual é a sua pior experiência com este problema?

Cliente: Eu tenho passado noites sem dormir preocupado sobre o que vai acontecer.

Coach: Por quê você ainda não resolveu este problema?

Cliente: Eu não sei o que posso fazer. O que você acha que eu deveria fazer?

Mudança para perguntas de perspectivas de resultados

Quando as pessoas se concentram mais em resultados do que em problemas, o seu pensamento se torna construtivo. Se o *coach* muda para perguntas de quadro de resultados, um novo pensamento se abre e encoraja o cliente a começar a resolver o problema.

No diálogo a seguir, observe a mudança no pensamento do cliente para assumir a responsabilidade em seguir adiante.

Coach: O que você quer?

Cliente: Eu quero resolver esta disputa trabalhista amigavelmente.

Certifique-se de que seus clientes exprimam o que querem em termos positivos. Utilizar linguagem positiva conjuga o poder da mente inconsciente.

Coach: Como você saberá que conseguiu? Qual é a evidência?

Cliente: Eu nos verei preferivelmente tendo discussões sensatas do que sendo chantageados. Nós teremos uma série de consultas e comunicações, oferecendo ajuda prática àqueles que estamos despedindo e sentindo que fizemos o melhor possível com o orçamento.

Coach: O que mais irá melhorar quando você conseguir isto?

Cliente: Eu serei capaz de dormir novamente à noite. Eu terei mais energia e estarei mais bem-humorado no trabalho – e em casa.

Coach: Que recursos você já tem que podem ajudar a atingir este resultado?

Cliente: Eu tenho acesso a muitos especialistas na minha rede, e normalmente eu sou um pensador muito calmo e racional, alguém que é empático às outras pessoas.

Coach: Em que outra coisa similar você foi bem-sucedido fazendo?

Cliente: Uma vez trabalhei em um projeto de aquisição hostil, e eu planejei toda série de consultas e comunicações, incluindo assistência na busca por novos empregos.

Coach: Qual é o próximo passo?

Cliente: Eu convidarei o representante do sindicato para tomar um café e um papo informal comigo para preparar algumas consultas.

Mais flexibilidade é bom para todos

A PNL afirma que a pessoa ou equipe com maior flexibilidade sob pressão ao final fica com a carta vencedora. As pessoas que lutam para conseguir as coisas de suas próprias maneiras apesar de tudo – bem como as pessoas que estão sempre dizendo que as situações não são justas – ao final perdem.

Tomás trabalha para uma organização de consultoria global e é o único membro de sua equipe com base no Reino Unido. Ele contou como no último ano teve dois colegas, Rafael e Thiago trabalhando com ele. Um encontro internacional para o qual os três foram convidados, aconteceu na Índia, mas eles precisavam da aprovação do diretor-gerente do Reino Unido para viajar. Os formulários de aprovação não foram homologados a tempo, e por isso todos os três perderam a viagem.

Rafael e Thiago fizeram uma reclamação formal. Tomás afastou-se da situação e definiu que o comparecimento ao encontro de equipes não era um grande problema para ele. "Toda a empresa estava sob pressão para manter os custos baixos", disse Tomás. "Eu percebi que o gasto não era realmente necessário, embora eu quisesse estar lá."

Do trio, Tomás foi o único que continuou na empresa, os outros dois perderam seus empregos em uma das reduções de pessoal. Tomás disse, "Eu escolho minhas lutas, e esta não valia a pena o aborrecimento".

Trabalho Através das Diferenças

O conflito surge quando duas partes ficam entrincheiradas em suas próprias ideologias. Nesta seção, exploro abordagens práticas de PNL que oferecem formas de mudar através do conflito com muita facilidade.

Conheça bem o inimigo

O famoso comandante militar britânico, Marechal Montgomery, conhecido com "Monty", tinha uma foto de seu oponente alemão, Rommel, a Raposa do Deserto, na parede do quartel-general de campanha no deserto durante a Segunda Guerra Mundial. Ao planejar a estratégia para a guerra, ele queria focar em seu inimigo a fim de analisar a tática de batalha através dos olhos dele.

Quando negociar por meio de conflito, o conceito de PNL de *posicionamentos perceptuais* pode fornecer uma compreensão sobre pontos de vista opostos e ajudá-lo a separar-se de suas emoções a fim de atingir uma perspectiva independente. As três posições de PNL mais úteis são as seguintes:

> ✔ **A primeira posição** é sua perspectiva natural, na qual você está completamente consciente do que pensa e sente, mas não dos pensamentos e sentimentos dos outros à sua volta.

Parte IV: O Trabalho por Meio de Dramas, Decisões e Dilemas

> ✔ **A segunda posição** diz respeito a imaginar como é ser a outra pessoa. (Monty estava adotando o *segundo posicionamento* de PNL para com seu inimigo, Rommel.)

> ✔ **A terceira posição** é uma posição independente na qual você age como um observador imparcial notando o que está acontecendo no relacionamento entre duas outras pessoas.

Volte ao Capítulo 12 para saber mais sobre posicionamentos perceptuais.

Conflitos – e soluções de equipe

Equipes e outros grupos podem se arruinar sob pressão. Felizmente, o *coaching* de equipes pode pôr o conflito sob controle antes que ele dispare. Algumas fontes que com frequência geram conflito em grupos são:

✔ **Falta de objetivos.** Equipes que não têm objetivos – ou possuem objetivos confusos ou contraditórios – normalmente vivenciam discordâncias e insatisfação. Como *coach*, você pode ajudar a trazer clareza ao auxiliar no estabelecimento de objetivos como resultados bem formados ou objetivos S.M.A.R.T. utilizando uma metodologia comum. Volte ao Capítulo 7 para saber mais sobre ferramentas e ideias a esse respeito.

✔ **Confusão de papéis.** Quando as pessoas não sabem quem está fazendo o que e por que, os membros do grupo assumem que outra pessoa está fazendo algo que não acontece! Como *coach*, você pode trabalhar para assegurar que todos os membros da equipe entendam o papel de cada um, tenham definições claras de trabalho e identifiquem quaisquer áreas obscuras em que dois papéis se sobrepõem e causam mal-entendidos em potencial.

✔ **Expectativas confusas ou vagas.** Equipes precisam de um processo de comunicação claro, de forma que os membros possam expressar suas expectativas e alertar a equipe quando algo não as está atendendo. As equipes podem contar com reuniões formais ou sistemas de relatório para manter um ao outro informados e compartilhar expectativas. Como *coach*, você pode examinar o processo aplicado e trabalhar com a equipe para estabelecer ou melhorar processos a fim de encorajar comunicações de melhor qualidade. (Veja o Capítulo 12 para ideias sobre como ajudar equipes a mudarem por meio das etapas clássicas de desenvolvimento.) Considere sentar-se em reuniões e dar *feedback* sobre como os membros da equipe interagem uns com os outros.

✔ **Estilos diferentes.** Conflitos surgem quando diferentes tipos de personalidades e maneiras de trabalhar se juntam. (O Capítulo 10 explica como as pessoas trabalham de formas diferentes.) Eles podem ser uma mistura de extrovertidos e introvertidos, tendências dominadoras ou colaborativas, bem como possuir talentos e conhecimentos diferentes dentro do grupo. Administrar ferramentas psicométricas tais como Myers-Briggs e perfis LAB oferecem entendimentos sobre como diferentes estilos podem respeitar as diferenças uns dos outros e aproveitar essas distinções para atingir resultados positivos.

✔ **Discordâncias sobre métodos.** Conflitos surgem quando a equipe pode alcançar o mesmo resultado de mais de uma maneira. O *coach* da equipe pode lembrá-los que todos estão caminhando em direção ao mesmo objetivo e que essas diferenças agregam determinação.

Capítulo 14: *Coaching* Através do Conflito 251

Oriente sua cliente através do seguinte exercício para que ela trabalhe melhor com qualquer um com o qual esteja em conflito. Ela precisa identificar alguém com quem gostaria de se entender melhor, talvez até mesmo alguém com quem teve problemas no passado, caso ela queira ter um entendimento melhor.

1. **Coloque três pedaços de papel no chão para representar os três posicionamentos perceptuais de si mesmo, do oponente e do observador independente.**
2. **Peça que a cliente assuma cada posição, uma de cada vez.**

    Quando sua cliente se posicionar em um pedaço de papel, pergunte: "O que você está pensando e sentindo nesta posição?".

    Esteja certo de que a cliente faça um intervalo entre o estado de entrar em cada posicionamento. Você pode distrair a cliente com uma pergunta cotidiana, tal como "Como está o tempo lá fora hoje?".

3. **Peça à cliente para entrar nas três posições, anotar qualquer pensamento e ideias em um papel.** Cuidado para não interpretar as informações ao parafraseá-las: apenas registre o que é dito.
4. **Peça à cliente para voltar à primeira posição e retransmita o que você ouviu na segunda e terceira posições.** Dê uma opinião sobre o que ouviu e peça para que ela dê um sentido a isso.
5. **Pergunte à cliente quais ideias ela tem agora sobre seu oponente.**

    Ajude-a a identificar alguns primeiros passos para melhorar o relacionamento com esta pessoa.

Negociar com pedaços do melhor tamanho

Corresponder a outra pessoa com o tamanho certo de informações facilita a comunicação. Se você dá um nível apropriado de informação, a outra pessoa pode processá-la facilmente. Dê um pedaço grande demais – isto é, uma imagem muito grande do todo ou informações generalizadas – e ela é deixada no escuro. Quebre-a em demasiados detalhes específicos e ela ficará assoberbada.

Suzanna estava reclamando do apoio administrativo fraco da assistência pessoal do escritório para sua *coach*. Quando questionada especificamente como sua assistente não a ajudava, Suzanna continuou respondendo de forma generalizada: ela não resolvia as coisas, ela não assumia responsabilidade pelo financeiro. Suzanna é uma executiva apressada, que não gosta de se envolver com detalhes de papelada e pagamentos. Sua *coach* rapidamente percebeu que, nesse contexto específico de delegar trabalho, Suzanna operava mais em um nível global do que no de detalhe, em termos de seus metaprogramas de PNL (veja o Capítulo 10 para saber mais sobre metaprogramas). Suzanna e sua *coach* trabalharam em como ela podia desacelerar e pacientemente fazer seus pedidos de forma precisa para a assistente no que dizia respeito aos detalhes do trabalho administrativo.

A PNL toma emprestado o conceito de *chunking* do campo da computação. *Chunking* se refere a apreender a informação e quebrá-la em pedaços menores, os *bytes*. A PNL também fala sobre:

- ✔ **Chunking up.** Ir do detalhe para o conceito geral.

- ✔ **Chunking across.** Tomar uma ideia de um contexto para outro, normalmente usando metáforas e histórias em um nível similar de detalhes.

- ✔ **Chunking down.** Obter detalhes mais específicos.

Quando se está negociando através de posicionamentos opostos, repartir ideias aos pedaços pode ser muito útil. *Chunking up* possibilita que as pessoas concordem em certos princípios mesmo que eles se diferenciem sobre como sejam implementados.

Considere o exemplo a seguir de dois diretores de empresas de manufatura, Clóvis e Sara, que estão discutindo sobre estratégias de negócios. Clóvis argumenta que eles deveriam estar investindo na China, e Sara defende o investimento na Índia.

- ✔ **Quando eles *chunk up*,** ambos chegam a um campo comum. Nesse caso, ambos veem a necessidade por investimentos no exterior. Nesse nível, eles também podem explorar outros princípios essenciais com os quais estejam de acordo.

- ✔ **Se eles *chunk across*,** Clóvis e Sara poderiam vencer um ao outro ao contar histórias de outras empresas de sucesso que investiram nos seus respectivos territórios.

- ✔ **Se eles *chunk down* nas especificidades,** e ouvirem os planos um do outro por sua vez, eles poderiam explorar os benefícios relativos e desvantagens das diferentes áreas de investimentos em vez de desqualificar a área categoricamente.

Chunking up e *down* entre duas pessoas não é fácil sem um esforço determinado por ambas as partes. As pessoas tendem a ser apanhadas por seus próprios detalhes específicos e a acharem difícil chegarem a uma base comum, que é o ponto em que um *coach* independente pode facilitar a negociação.

Expressar o que Precisa Ser Dito

Um dos benefícios subjacentes ao conflito é que as coisas aflorem e que cada parte possa crescer com base nas novas informações. As conversas podem finalmente expressar pensamentos e sentimentos que vêm envenenando o espírito sob a superfície por anos.

Capítulo 14: *Coaching* Através do Conflito 253

A janela Johari é uma ferramenta que ilustra que todos têm pontos cegos (veja o Capítulo 6 para saber mais sobre a janela de Johari). Conflitos podem contornar uma história de conspiração e informações ocultadas. Mesmo assim, as mensagens precisam ser transmitidas com respeito e apreciação das diferenças de forma que as pessoas possam ouvi-las.

As seções seguintes exploram técnicas para obter informações difíceis de formas úteis e não incendiárias.

Desenvolvimento de um vocabulário não violento

Para mudar através do conflito, seus clientes precisam ser capazes de se comunicarem sem lutar ou fugir. A fim de fazerem isso, eles devem ser persistentes e manter a calma quando outros não o fazem.

Praticar uma estrutura simples tal como o modelo de quatro etapas a seguir, em uma sessão de *coaching*, dá aos clientes uma ferramenta fácil que pode ser reproduzida em outras situações de conflitos. Use esta atividade para ensaiar uma conversa difícil na qual seu cliente precisa dar um *feedback* desafiador.

Os quatro passos seguintes são baseados no modelo de Marshall Rosenberg de comunicação não violenta.

1. **Quando eu vi/ouvi você...**

    Descreva o comportamento específico, observável ou atitudes que você notou.

    Por exemplo: "Quando eu ouvi você levantar a sua voz e me xingar".

2. **Eu senti/o impacto em mim foi...**

    Descreva seus sentimentos objetivamente, incluindo o impacto que o comportamento ou as palavras de outras pessoas tiveram em você.

    Por exemplo: "Eu fiquei ansioso" ou "O impacto em mim foi querer tapar meus ouvidos".

Não atribua culpa a outra pessoa. Evite uma linguagem tal como "Eu me senti diminuído/acusado/sufocado", o que implica uma ação negativa da parte de outra pessoa. Em vez disso, encoraje seus clientes a se apropriarem de seus próprios sentimentos.

Por exemplo: "Eu fiquei preocupado" ou "Senti que precisava de mais tempo para explicar".

3. **Eu preciso...**

    Descreva sua necessidade subjacente nessa situação. No caso de um conflito relacionado a trabalho, você talvez precise dos requisitos específicos do trabalho.

    Por exemplo: "Eu preciso prestar um bom atendimento ao consumidor".

4. Eu posso perguntar a você...

Termine fazendo um pedido específico da pessoa e/ou dê orientação sobre como a outra pessoa pode abordar a situação de maneira diferente a fim de atender à necessidade.

Por exemplo: "Se você tem uma reclamação, por favor, pode me dizer quais são os fatos com relação a isso calmamente".

Refinamento do feedback

A PNL diz que não existe tal coisa como fracasso, somente *feedback*, e coloca um grande valor no *feedback* de aprendizado. Aqueles que sofrem com gerentes fracos no trabalho podem associar *feedback* a serem reprovados e receiam acolhê-los. Mas *feedback* é informação que ressalta tanto pontos fortes quanto áreas que precisam ser melhoradas. *Feedback* é crítico tanto em casa quanto em ambientes de trabalho, e é uma parte essencial do relacionamento *coach*-cliente. Como você sabe como está indo a menos que peça a outra pessoa para lhe dizer?

A fim de dar *feedback* com respeito:

- Dê *feedback* positivo bem como crítico – quanto mais positivo, melhor, já que as pessoas tendem a focar nas negatividades.

- Traga um espírito construtivo. Evite dar *feedback* quando você está com raiva ou cansado, por exemplo.

- Fixe-se nos fatos. Lide somente com o que observou e o que outros reconheceram.

- Fale sobre comportamentos claros, específicos e esteja preparado para dar exemplos específicos.

- Evite fazer pressuposições sobre as razões e os sentimentos das pessoas.

- Não culpe a outra pessoa. Você é responsável por suas reações às outras pessoas; reconheça suas reações e aceite sua responsabilidade.

A fim de receber *feedback* com elegância:

- Não discuta ou tente convencer quem dá a opinião de que eles não viram o que eles disseram que viram.

- Não tente explicar seu comportamento a quem dá a opinião, apenas admita o *feedback*. Discutir as opiniões *mais tarde* pode ser apropriado se você sentir que quer aprender mais sobre isso.

- Peça a quem deu a opinião para fornecer exemplos específicos de comportamentos claros, observáveis. Por exemplo, pergunte a quem deu a opinião algo como "O que eu fiz que fez parecer que eu estivesse com raiva?".

- Se quem deu a opinião não consegue situar o *feedback* em termos claros de comportamento com exemplos específicos, agradeça a ele, mas faça seu próprio julgamento sobre a validade da opinião.

- Escute cuidadosamente o que os outros têm a dizer e agradeça a eles por suas informações. Seu trabalho é determinar o que significa o *feedback* para você e como você intenciona utilizá-lo.

- Pare quando estiver farto. Diga a quem está dando a opinião que você entende o que eles estão dizendo ou que você quer algum tempo para pensar sobre isso.

Se o *feedback* vier como parte de uma reclamação ou processo disciplinar, você está certo em questionar e desafiar qualquer coisa que considere injusta e exercer seus direitos legais.

Construção da voz mais confiante

Quando as pessoas estão dispostas a ficar em um espaço em que o conflito está acontecendo, elas estabelecem a autoconfiança para expressar o que realmente importa para elas em vez de fugirem. Com uma abordagem construtiva que procura que ambas as partes vençam, os participantes podem aumentar a paixão, o propósito e liberar energia positiva.

Como muitos empresários que alçam voo sozinhos (empreendedores individuais), vendendo pela internet para mercados globais, a empresa de Raquel tem sua base em um escritório em sua casa. Durante alguns meses, ela se tornou cada vez mais frustrada com sua fraca conexão de internet, reclamando que, embora ela vivesse no equivalente ao Vale do Silício, ela podia conseguir um acesso de internet melhor em áreas remotas do mundo desenvolvido.

Depois de reclamar por seis meses com seu provedor e não obter nenhum progresso, Raquel sentiu que seus valores essenciais – integridade, profissionalismo e liberdade – não estavam sendo mostrados nos seus relacionamentos de negócios. Em vez de enfiar a cabeça na areia ou ficar com raiva, ela decidiu tomar uma atitude. Ela se baseou nos seus recursos inatos para perguntar: "O que eu posso fazer?" e "O que eu posso aprender disso?".

Então, ela começou uma campanha positiva via internet para tomar atitudes com relação às conexões de banda larga. Ao tomar o primeiro passo de montar um blog e site dedicados ao assunto, o interesse na campanha projetou uma bola de neve, tomando força própria para a mudança. Ela se tornou a representante local, atrelando-se ao poder das mídias sociais, da imprensa, de deputados, da autoridade local, de lideranças empresariais e parceiros-chave na indústria.

Seis lições emergem da campanha de Raquel que podem ser aplicadas por qualquer um que procura transformar o conflito em ações positivas:

- **Administre seu estado emocional.** Manter a calma e a curiosidade possibilita que você trabalhe através das interações negativas confiantemente de modo a manter-se em um estado de fluxo (veja o Capítulo 9 para saber mais sobre fluxo).

- **Concentre-se em um resultado positivo.** Saber o que você quer e então planejar e implementar a estratégia para chegar lá com persistência (veja o Capítulo 7 para saber mais sobre fixação de objetivos).

- **Desbloqueie recursos.** Faça o melhor com sua própria criatividade, sentido de diversão e contatos. Procure outras pessoas que funcionem como modelos de exemplo.

- **Desenvolva crenças fortes.** Lembre a si mesmo com frequência que "Eu posso fazer isto" ou "Eu estou fazendo isto para um bem maior".

- **Respeite valores.** Preste atenção e respeite tanto seus próprios valores quanto os das outras pessoas.

- **Trabalhe com paixão e propósito.** Essas forças podem orientá-lo a tomar uma atitude considerável.

Desenvolvimento de hábitos elogiosos

O que se perde durante o conflito é a apreciação fundamental das pessoas, aquela diversidade das visões e culturas que enriquecem a experiência dos seres humanos. Em particular, escutar em um nível profundo bloqueia a raiva e a frustração.

Como *coach*, você está em uma posição privilegiada para sentir empatia por seu cliente enquanto toma uma visão mais imparcial de toda a situação. Exercícios ou atividades que engendrem uma apreciação da pessoa, grupo ou organização com a qual seu cliente está em conflito podem atenuar a situação e fazê-lo ficar mais flexível.

Peça a seus clientes para refletirem sobre as pessoas com as quais eles discordam. Faça perguntas tais como:

- Quais são cinco coisas boas que eles fizeram?

- Quais são suas melhores qualidades? Quais são seus pontos fortes ocultos?

- O que você está feliz por descobrir nesta situação que não teria descoberto se não fosse por essa oportunidade?

Capítulo 14: *Coaching* Através do Conflito

Deixe seus clientes trabalhando por meio de situações de conflito com inquirições de longo prazo para matutar fora das sessões de *coaching*. Faça perguntas que mudem seu modo de pensar, tais como:

- Como você pode ser o catalisador de empatia e compreensão aqui?
- O que você está disposto a deixar ir embora? Em que poderia se tornar mais flexível?
- Como você e outros poderiam se beneficiar quando você busca similaridades com a outra parte?
- Quem você pode se tornar através deste conflito?

Finalmente, quando você proporciona espaço para seus clientes elevarem a qualidade do seu modo de pensar e escutarem para poderem refletir sobre outras perspectivas, cria o potencial para transformar o conflito em cooperação. Para além da situação problemática em particular, tais lições mudam a forma como seus clientes se comportarão em interações futuras.

258 Parte IV: O Trabalho por Meio de Dramas, Decisões e Dilemas

Capítulo 15

Suavizando os Altos e Baixos da Carreira

··

Neste Capítulo

▶ Assuma a responsabilidade por sua carreira
▶ Planeje tendo em vista o inesperado
▶ Adquira uma reputação profissional atraente
▶ Conecte-se com os outros online e no mundo real

··

O trabalho sempre foi um fator definidor da identidade das pessoas: a primeira pergunta que surge ao conhecer uma pessoa, depois de cumprimentá-la, é inevitavelmente "O que você faz?". Enquanto a natureza exata do trabalho é diferente para cada geração, mudanças e incertezas sempre preocuparam qualquer um que tenha uma vida de trabalho. Agora mesmo, os níveis de imprevisibilidade no trabalho são os mais altos em décadas. Cortes e demissões tanto no setor público quanto no privado levaram a fusões e terceirização como um esforço para reduzir custos. Tais medidas têm enormes impactos sobre os empregos, serviços e nos que apenas estão entrando no mercado de trabalho.

Como *coach*, você ajuda clientes cujas vidas de trabalho provavelmente se estenderão por muito mais tempo do que muitos esperariam quando começaram suas carreiras. Além disso, a tecnologia e a globalização estão fazendo do mundo um lugar menor e, nesta era digital, todos estão continuamente disponíveis, em movimento e online. Provavelmente você está preparando clientes para suas carreiras tanto em Bangalore ou Buenos Aires, como em Birmingham ou Brighton. A mudança traz extraordinárias oportunidades em seu despertar.

Esse contexto econômico e social afeta os desafios específicos que seus clientes trazem para o *coaching*, especialmente no que diz respeito a assuntos da carreira. Empregos para a vida inteira não existem para a maioria das pessoas, de forma que seus clientes provavelmente passarão por uma série de lugares com os desafios inevitáveis das transições frequentes. Eles talvez entrem e saiam do trabalho autônomo e abram e fechem empresas, além de mudarem dentro e entre diferentes organizações.

Parte IV: O Trabalho por Meio de Dramas, Decisões e Dilemas

O contrato psicológico entre empregadores e empregados está assumindo uma nova forma ao longo do tempo. Uma coisa certa é que os indivíduos precisam assumir completa responsabilidade e se apropriar de suas vidas de trabalho e carreiras porque ninguém mais está assumindo esse compromisso. Ter um *coach* ao lado torna o processo inteiro muito mais fácil.

Neste capítulo, você entende como pode ajudar os clientes a tornarem seus pontos fortes mais claros, administrar suas próprias carreiras e atrair oportunidades que sejam mais adequadas para eles.

Jogar com os Pontos Fortes

Nem todo mundo quer fazer o mesmo trabalho. Um mundo só de carpinteiros e nenhum eletricista, ou atores de cinema e ninguém para administrar os cinemas, seria uma loucura, com certeza. Sorte nossa que o sonho de trabalho de uma pessoa seja o pesadelo de outra. Mesmo assim, quantas vezes você não encontra pessoas que estão à deriva em suas vidas no trabalho, suportando o que estão fazendo porque têm a sensação de não terem escolha e de que seus trabalhos atuais são o que eles deveriam estar fazendo? Para muitos, seus empregos são o que o mundo e as outras pessoas esperam deles. Eles estão satisfazendo o sonho de outra pessoa e não o seu próprio.

Quando você ouve a língua dos *deveria*, *precisa* e *tem de*, está sintonizado com um padrão de linguagem que a PNL se refere como *operadores modais de necessidade*. As contraperguntas para esse tipo de pensamento são: "Quem disse que você deveria/tem obrigação/tem de?" ou "O que aconteceria se você não fizesse tal coisa?". Veja o Capítulo 8 para saber mais sobre como lidar com os *deveria* e *precisa*.

Para muitos trabalhadores, seus empregos dos sonhos sempre permanecem lá fora, em algum lugar distante, sem que eles ao menos pudessem encontrá-los. O real emprego dos sonhos ganha vida quando as pessoas moldam e perseguem suas próprias carreiras jogando com seus pontos fortes e ouvindo sua intuição. O *coaching* com PNL ajuda as pessoas a chegarem a esses sonhos, articulá-los claramente e então tomar atitudes que os façam avançar na direção do alcance de seus objetivos.

Empregos dos sonhos nem sempre têm a ver com ser o próximo chefe executivo, uma figura de destaque ou um artista. Mais propriamente, eles têm a ver com a criação de um trabalho com propósito e que traga satisfação. Quando as pessoas estão alinhadas a seus valores pessoais e habilidades, elas agem com confiança e integridade e desfrutam de um sentido de realização.

Criação de uma receita de carreira

Como com a comida, os gostos no trabalho são extremamente pessoais, e é por isso que bons cozinheiros gostam de adaptar receitas para paladares diferentes. Grandes receitas começam com despender tempo para explorar uma mistura de ingredientes e sabores e assim fazer com que coisas

Capítulo 15: Suavizando os Altos e Baixos da Carreira

surpreendentes aconteçam. Uma abordagem similar se aplica na construção de uma grande carreira.

Vida no *The Office*

Um programa de TV britânico sobre o cotidiano de funcionários de escritório no século XXI, *The Office* (2001-2003), tornou-se premiado e o preferido internacionalmente por sua dolorosa precisão na representação do estilo de vida morto-vivo acinzentado e insípido de seus personagens. Embora o programa seja uma ficção roteirizada e dirigida por Ricky Gervais e Stephen Merchant, ele se utiliza de uma filmagem em estilo de documentário na qual os personagens atuam diante das câmeras como se estivessem em um *reality show*.

The Office é estrelado por Gervais como o insignificante, pomposo e mal comportado David Brent, gerente-geral da empresa de papel Wernham-Hogg, situada na região comercial de Slough. Brent vê a si mesmo como um filósofo e intelectual com um senso de humor agudo. Ao lado de Brent, Tim Canterbury (interpretado por Martin Freeman) é o simpático representante de vendas que faz um trabalho que considera completamente sem sentido e tenta namorar a recepcionista do escritório, Dawn Tinsley. Enquanto isso, Dawn também é perfeitamente consciente de seu trabalho insatisfatório; ela desistiu de sua verdadeira paixão de ilustrar livros para crianças e está comprometida em um relacionamento "melhor do que nada" com o empregado do armazém, Lee. Outra caricatura familiar é Gareth Keenan, que é obcecado por cargos insignificantes e aborrece a todos com seus comentários bobos e pretensiosos. Ele é o clássico personagem "não me pagam o suficiente", com poucas qualidades cativantes.

Por meio dos episódios, um desfile de personagens da vida no escritório proporciona o interesse e o humor. Eles vão desde um punhado de profissionais dinâmicos e capazes até os empregados cheios de vivacidade, os *bullyings* e os absolutamente chatos: todos integrantes da vida de escritório contemporânea. Se você está procurando por lições sobre o que evitar fazer como gerente, funcionário ou em sua carreira, esse programa está recheado de grandes exemplos – dolorosamente reconhecido como o que realmente acontece em um escritório perto de você!

O programa se tornou um dos maiores sucessos britânicos de exportação de mídia, com a reprodução de versões locais nos Estados Unidos, na França como o *Le Bureau*, na Alemanha como o *Stromberg*, no Brasil como *Os Aspones* e no Canadá (em francês) como *La Job*. Tal é o apelo internacional que a série foi vendida para ser exibida em mais de 80 países, claramente tocando um ponto sensível nos espectadores que reconhecem as experiências ocas da vida no escritório.

O exercício criativo a seguir ajuda os clientes a explorarem os tipos de trabalho que os atraem. Você pode usá-lo para complementar testes psicométricos mais convencionais de descoberta de pontos fortes e inventários de talentos. O cliente pode fazer isso sozinho ou com um *coach* anotando as respostas para ele em um caderno.

262 Parte IV: O Trabalho por Meio de Dramas, Decisões e Dilemas

Reserve bastante tempo para esse exercício. Coloque seu cliente em um lugar tranquilo e relaxante que permita pensar com tranquilidade fora do ambiente normal de trabalho.

1. **Conduza uma exploração inicial.**

   Escreva as respostas para as perguntas a seguir em um caderno.

   - Que atividades o interessavam quando você estava crescendo e que talvez tenha colocado de lado, mas ainda adore fazer?

   - O que você gostaria de ter mais no seu trabalho?

   - O que você tem de ter impreterivelmente para ser feliz no trabalho?

   - O que você sempre achou fácil que outros acham difícil?

   - O que o motiva e dá a você muita satisfação?

   - O que você pode dar aos outros ao mesmo tempo que a si mesmo?

   - O que você gostaria de descartar que não representa o que você é de verdade?

   - Em seus sonhos, o que você realmente adoraria estar fazendo?

   A partir das respostas, peça que o cliente destaque cinco ou seis palavras-chave que se sobressaiam como os elementos que ele quer incluir em sua receita pessoal de carreira. Anote essas palavras.

   Pode ser que seu cliente aponte palavras que representem valores tais como colaboração, desafio, tecnologia, inovação, espaço ao ar livre, liderança ou qualidade superior. Ou talvez ele seja bastante específico em termos das pessoas, coisas ou lugares que ele quer incluir na receita de carreira. O mais importante é apreender o próprio linguajar do cliente, não as palavras do *coach*.

2. **Analise uma experiência anterior.**

   Peça a seu cliente para tentar se lembrar do momento em que tenha sido mais feliz no trabalho. Encontre um momento que ele possa descrever como estando em um estado de *fluxo* – esforçando-se sem ficar ansioso, usando suas habilidades sem se entediar. Veja o Capítulo 9 para saber mais sobre fluxo.

   Depois que o cliente identificar um momento específico, faça as seguintes perguntas e anote as respostas para ele:

   - Que tipo de lugar era esse, e que tipo de pessoas estavam com você (ou talvez você estivesse sozinho)?

   - De que atividades você estava se ocupando?

   - Quais de suas habilidades específicas você utilizou?

   - O que era mais importante para você?

- Como você estava? Como era a percepção que tinha de si mesmo?
- Qual foi sua contribuição para os outros?

A partir das respostas, peça ao cliente para ressaltar cinco ou seis palavras-chave que chamam a atenção dele. É possível que haja alguma justaposição com a primeira lista, mas o objetivo é apreender vários elementos para incluir na mistura.

3. **Crie a receita para sua carreira.**

    Este exercício pode ser feito em uma sessão de *coaching* longa ou ser dividido em duas sessões menores com o cliente trabalhando nele como uma tarefa a ser feita entre as sessões. Com seu cliente, analise as duas listas de palavras que foram criadas. Pergunte a ele que sons, imagens e sentimentos as palavras evocaram. Conceda tempo suficiente para que o cliente absorva e desfrute dessas sensações.

    Dê a seu cliente um pedaço de papel em branco e peça que escreva "No meu trabalho, eu realmente quero..." no topo da folha.

    Encoraje o cliente a escrever livremente uma descrição de como esse trabalho deverá ser. Peça que considere o tipo de lugares onde quer estar, as pessoas envolvidas, as atividades regulares, as habilidades de que se utiliza e o que ele irá aprender.

    Peça que reflita sobre como esse trabalho se encaixa em seus valores e que diferença o cliente pode fazer para os outros ou para si mesmo através do trabalho.

    Trabalhe com seu cliente para que a descrição seja específica, de modo que qualquer um que leia possa seguir a receita. Quais são os elementos absolutamente essenciais? Como eles se misturam? Qual é o resultado final? Descreva como a situação cheira e que gosto tem.

Depois que seu cliente cria sua receita pessoal, a mente inconsciente naturalmente começa a trabalhar para atrair o resultado desejado. Seu papel como *coach* é encorajar ações práticas para transformar o sonho em realidade: checando se os resultados estão bem formados, superando a interferência que os clientes colocam em seu próprio caminho e tomando o primeiro passo para avançar.

Prepare-se para perder um emprego

Até mesmo os planos mais bem concebidos para as carreiras nem sempre funcionam como se espera. Qualquer um que já tenha sido demitido pode falar sobre os sentimentos iniciais de choque e perda, mesmo que a mudança fosse inevitável.

As pessoas que vivem no momento – a PNL os chama de *indivíduos "no tempo"* – são menos propensos a terem planos alternativos para pôr em prática, se comparados com os que têm uma visão de longo prazo; esses *indivíduos "através do tempo"* podem ter planos de contingência à mão. (Vá até o Capítulo 16 para saber mais sobre PNL e tempo.)

Assim como a maioria das pessoas sensatas tem algum tipo de apólice de seguro para carros ou posses, ter um plano B de carreira adequado, no caso de a carreira falhar, oferece uma segurança a mais e, por fim, liberdade de escolha para seus clientes.

Um bom plano B de carreira inclui:

- Um currículo atualizado.
- Uma lista de instituições e possíveis empresas para pôr em sua mira.
- Testemunhos e evidências de carreiras de sucesso.
- Uma rede de contatos pessoais para informar sobre disponibilidades.
- Uma poupança para cobrir custos básicos de sobrevivência.

Para algumas pessoas, o plano B também inclui um programa para novos negócios que possam iniciar ou uma função que eles adorariam ocupar se tivessem a oportunidade.

Moldando uma nova carreira

Ana não desenvolveu um plano B para o caso de perder o emprego. Ela já tinha o que considerava ser seu emprego dos sonhos na compra de acessórios para uma cadeia de lojas de departamento. Ela adorava o trabalho, especialmente as viagens internacionais, selecionar mercadorias e lidar com os fornecedores. Esperava que seu trabalho fosse eterno porque sentia que era popular e muito boa no que fazia.

Após uma viagem à Índia, ela adoeceu e precisou se ausentar por seis semanas para se recuperar. Quando voltou, descobriu que sua função havia sido eliminada. Uma parte de seu trabalho foi dividido entre um grupo de recém-formados que se encontravam com os fornecedores online em vez de cara a cara e as negociações sobre preços e entrega eram centralizadas. Sua vasta experiência de repente parecia não servir de nada.

"Aqueles foram tempos decisivos para mim", diz Ana. "A verdadeira alegria do meu trabalho era encontrar com os produtores locais em seus países e sentir que eu estava proporcionando um meio de vida para eles, mas também dando aos consumidores produtos bonitos e exóticos."

A princípio, Ana retornou à empresa e assumiu o trabalho administrativo que lhe foi oferecido como alternativa. Durante esse tempo, trabalhou com um *coach* que a ajudou a montar um novo negócio. Ela reforçou suas habilidades com programas de computação (em particular comércio online) e, um ano depois, saiu da empresa para poder lançar um negócio pela internet, tirando proveito de seus relacionamentos de longa data com sua base de fornecedores. Ela também está complementando sua renda dando aulas de línguas para executivos. "Às vezes é assustador ser autônoma, mas estou usufruindo a liberdade fazendo o que eu mais sei", diz ela. Ao mesmo tempo que Ana ainda está trabalhando na indústria da moda, ela está usando uma série de habilidades estabelecidas (línguas e gerenciamento da cadeia de fornecedores) e aprendendo novas (vendas de varejo online, administração de empresas e desenvolvimento de site), que podem criar novas oportunidades no futuro.

A Conquista de uma Boa Reputação

Pessoas que parecem ir de um trabalho a outro sem fazer esforço atraem oportunidades com base em sua reputação de fazerem um bom trabalho. Quando você está procurando por um encanador para pôr as instalações hidráulicas de seu banheiro, provavelmente primeiro pergunta a seus amigos "Quem você conhece que tenha feito um bom trabalho?".

O mesmo acontece no local de trabalho. Seja se você estiver buscando um novo chefe executivo, um gerente de projetos ou um assistente, é mais provável que confie nas recomendações de boca a boca do que em qualquer candidato de entrevista que não tenha sido posto à prova. Muitos empregos nunca foram anunciados, mas *criados* para a pessoa certa. Mesmo que a função seja anunciada, é muito mais provável que as pessoas que selecionam sejam mais influenciadas pela reputação do que por um currículo que impressione.

Cada indivíduo, goste ou não, tem uma reputação, ou uma *marca pessoal*. Qualquer *coach* que trabalhe os clientes em suas carreiras precisa friamente ajudá-los a administrarem suas reputações profissionais. Você pode simpatizar muito com seus clientes, mas precisa olhá-los objetivamente a partir de um posicionamento independente. O processo de consciência da marca pessoal começa estabelecendo-se como os outros percebem seus clientes, ajudando-os a desenvolver as histórias que querem que os outros ouçam sobre eles e a transmitirem essas histórias com confiança por meio de sua rede de contatos.

Obtenha uma visão clara a partir do feedback de outras pessoas

O *coaching* possibilita que seus clientes descubram detalhes sobre si mesmos. Esse processo começa com ficar curioso e aberto ao modo como as pessoas veem você.

No *coaching* de negócios, alguns clientes chegam com pastas cheias de avaliações de desempenho de diversos gerentes. Talvez eles tenham sido submetidos a um questionário de *feedback* de 360 graus em que colegas de todos os níveis na hierarquia de uma organização deram um *feedback*.

Independente de você estar trabalhando com clientes particulares ou corporativos, é importante que eles saibam como os outros realmente os percebem. As pessoas naturalmente filtram a informação dos outros, tanto deixando passar seus pontos fortes quanto os fracos.

Angela era uma analista de negócios altamente qualificada em um banco internacional, ainda que lhe faltasse autoestima e sempre evitasse obter *feedback* de seus colegas. Ela vinha de uma família em que seu pai lhe havia dito que ela nunca seria tão brilhante quanto sua irmã mais velha, que se tornou médica. Quando seu *coach* solicitou que ela obtivesse algum *feedback*

de uma série de colegas, Angela ficou verdadeiramente impressionada e tocada pelas afirmações positivas que leu. Com o *feedback,* ela notou que era extremamente perspicaz com as informações de sua empresa e com a estratégia de negócios e, portanto, que deveria enveredar sua carreira para a parte da organização especializada em fusões e aquisições.

Utilize as perguntas seguintes para ajudar seus clientes a adquirirem *feedback* de outras pessoas. Peça para escolherem cinco ou seis pessoas em suas redes de contato e fazerem estas perguntas cara a cara, por telefone ou e-mail. Pode ser que eles escolham conhecidos, o chefe, colegas de equipe, amigos, família ou membros de times esportivos ou grupos comunitários.

Lembre seu cliente de simplesmente aceitar o *feedback* com um agradecimento e não tentar justificar qualquer coisa que ele receba nem pedir justificativa aos outros. (Veja o Capítulo 14 sobre dar e receber *feedback*.) Prepare-o para o fato de que pode não gostar do que ouvir e que está tudo bem quanto a isto: o exercício é antes sobre estar aberto a opiniões subjetivas do que para se sentir bem.

Cinco perguntas de *feedback*:

1. Quais são meus pontos fortes?
2. Quais são meus pontos fracos?
3. Com o quê você pode sempre contar comigo?
4. Com o quê você nunca pode contar comigo?
5. O que todo mundo sabe sobre mim?

Depois que o seu cliente recolher o *feedback,* analise-o para decidir onde colocar os pontos fortes de seu cliente de uma forma melhor para o desenvolvimento de sua carreira. Pergunte se seu cliente realmente quer ou precisa trabalhar nos pontos fracos ou se ele pode simplesmente permitir a si mesmo deixar de tentar ser algo que ele não é.

Desenvolvimento de histórias pessoais

O desafio e a alegria de uma reputação profissional é você poder continuar a obter oportunidades originadas pelo seu bom trabalho anterior. Esse fenômeno pode ser ótimo para ter segurança no emprego, mas a experiência também pode ser muito mais como um ator que é escalado para atuar como o herói corajoso ou o vilão dissimulado nos filmes, mas gostaria de estar fazendo outra coisa.

Capítulo 15: Suavizando os Altos e Baixos da Carreira

Se o seu cliente quer escapar de um molde e encontrar novas oportunidades profissionais, precisa ficar seletivo com relação às histórias que conta sobre o trabalho. É necessário que ele pare de falar sobre qualquer coisa que não queira fazer no futuro e se concentre no que quer fazer. Veja a seção anterior "Criação de uma receita de carreira" para saber mais sobre como tornar claro o trabalho que seu cliente quer fazer no futuro.

Além disso, todo mundo se beneficia de falar mais sobre sucessos e experiências positivas do que sobre fracassos. Algumas falhas fazem com que a pessoa pareça real mas, quando são muitas, também não favorecem. Uma pessoa em meio a constantes lutas e conflitos pode parecer incapaz ou uma reclamona.

Trabalhe com seus clientes no sentido de elaborar miniestudos de caso de seus sucessos de trabalho, sendo cuidadoso ao escolher o tipo de trabalho que ele gostaria de mostrar mais. Utilize a estrutura a seguir para moldar essas histórias:

- Descreva o tipo de pessoas ou organizações com as quais você trabalha completando a frase:

  - Eu trabalho com...

- Descreva os tipos de trabalho que você faz melhor ao completar a frase:

  - O que eu faço é...

- Descreva os benefícios que outros obtêm ao trabalhar com você, completando a frase:

  - De modo que...

- Descreva como você traz seus talentos únicos para a situação completando a frase:

  - O que me faz diferente é...

Preparação

João era o vice-diretor de uma escola em Santa Catarina quando me contatou para um *coaching* por telefone. Ele estava extremamente apreensivo acerca de uma roda de entrevistas que deveria enfrentar quando fosse para sua primeira chefia e solicitou uma série de três sessões curtas de *coaching* por telefone a fim de se preparar para a entrevista.

Por meio das sessões, analisamos o resultado que João esperava da entrevista e como ele pareceria, soaria e se sentiria caso se apresentasse com o máximo de confiança.

✔ Exploramos os valores e as motivações de João para o cargo, mais especificamente o que ele seria capaz de alcançar na diretoria se a conseguisse, de modo que João pudesse falar com paixão sobre seu trabalho atual e objetivos futuros. Separadamente, João praticou contar casos sobre as realizações de sua carreira para sua esposa em casa.

✔ Utilizando as técnicas de ancoragem da PNL, nós nos fixamos em diversos estados positivos para que ele pudesse controlar seus nervos e se sair da melhor maneira possível. Um estado positivo ajudou-o a se manter calmo, um outro encorajou-o a ser firme e direto na forma de falar. (Eu discuto técnicas de ancoramento no Capítulo 18.)

✔ Nós passamos para os três posicionamentos perceptuais de PNL ao entrar no lugar de seus membros da roda de entrevistas e imaginando o que estava se passando com eles, bem como aceitando o conselho do posicionamento de observador da terceira pessoa. (Volte ao Capítulo 12 para saber mais sobre posições perceptuais.)

Quando finalmente João foi para sua entrevista, ele estava completamente preparado, mas também filosófico a respeito do resultado final. Ele acreditava que, se esse trabalho não fosse o certo, pelo menos poderia atrair muitas outras oportunidades. Ele conseguiu o emprego e vem alegremente trabalhando para a escola já há dois anos.

Combine todas as quatro frases anteriores para formar uma única afirmação. Você terá o começo para uma ótima história que os clientes podem compartilhar dentro de suas redes de contatos.

Imagine que você está preparando Ana (veja o box anterior "Moldando uma nova carreira") para que ela encontre um outro emprego que adore, em uma nova empresa após sua demissão. As histórias dela poderiam ser da seguinte maneira:

> *Eu trabalho com… empresas de varejo que querem vender uma série de acessórios interessantes, de boa qualidade e bom preço para seus clientes.*

> *O que eu faço é… viajar pela Índia, América do Sul e Ásia estabelecendo relacionamentos com produtores locais confiáveis e conseguindo que eles elaborem e produzam bens que tenham um apelo para os consumidores europeus.*

Capítulo 15: Suavizando os Altos e Baixos da Carreira 269

De modo que... o varejista tenha lucro, os fornecedores sejam bem tratados e os consumidores fiquem felizes.

O que me faz diferente é... eu tenho dez anos de experiência no mercado e falo francês, espanhol e português fluentemente. Eu sou particularmente boa trabalhando com culturas diferentes.

Além do mais, você pode preparar Ana para desenvolver histórias específicas sobre seu trabalho utilizando a mesma estrutura básica. Por exemplo, ela pode desenvolver outras histórias sobre países específicos onde trabalhou ou sobre os tipos de acessórios que ela conhece – bolsas, echarpes e bijuterias. À medida que ela desenvolve seu próprio negócio online e sai à procura de novos consumidores, sua história pode evoluir para a promoção da maneira como ela trabalha online e os tipos de consumidores que ela atende. Da mesma forma, se ela quiser reforçar a parte do setor de sua carreira que oferece aulas de idiomas, precisa de casos que expliquem o tipo de pessoas com quem ela trabalha e que diferença ela faz ao ensinar-lhes outras línguas.

Comunicação com confiança

Comunicadores confiantes não apenas ensaiam suas palavras, eles estão conscientes de como suas histórias são compreendidas de acordo com o convincente modo que as contam. O tom da voz e a linguagem corporal também são levados em consideração.

Entrevistas de emprego podem deixar pessoas muito confiantes tremendo porque estão muito concentrados em conseguir o emprego que querem. A arte de comunicar com eficácia em uma entrevista deve ser bem preparada e também ser autêntica. Essa combinação começa com respirar bem e usar todo o corpo, observando sua fisiologia e o efeito do corpo em seu estado emocional.

Reconhecer o Poder das Redes para Ajudar o Crescimento

O simples pensamento de estabelecer redes coloca alguns clientes em pânico: ou as pessoas adoram fazer conexões com os outros ou odeiam. As redes de contatos representam uma parte importante no gerenciamento de carreiras, especialmente em momentos cruciais de transição. Quando pessoas com oportunidades de trabalho para oferecer estão procurando por bons profissionais, elas naturalmente acessam suas redes de conselheiros confiáveis. Candidatos com redes fortes veem as oportunidades vindo para eles quando menos esperam, e também estão em uma boa posição para pedir ajuda quando precisam dela.

Felizmente para os clientes mais introvertidos, as redes online são extremamente poderosas. Aqueles que têm dificuldade de encontrar pessoas na multidão podem iniciar conversas virtuais e atingir um público muito maior do que é possível cara a cara. Na verdade, toda a ideia de rede mudou enormemente nos últimos dez a vinte anos; ela costumava ter a ver com comparecer a festas formais e jantares nos quais você queria ser visto para parecer bem e conversar trivialidades com contatos úteis. Hoje em dia, você ainda precisa ser profissional e estar preparado, mas conectar-se com pessoas que pensam da mesma forma através de uma grande área é muito mais fácil. Ufa! Graças a Deus que a forma de se relacionar em rede mudou!

Conectar-se

O mundo das comunidades online e da mídia social – desde montar um blog até se juntar a grupos tais como o LinkedIn, o Twitter e o Facebook – é bem conhecido de alguns e assustador para outros, dependendo da faixa etária de seu cliente e níveis de familiaridade com a tecnologia. Além dos sites de redes públicos, muitas grandes organizações têm seus próprios grupos internos de redes sociais, que são importantes para contatos profissionais.

Comunidades online se expandem à medida que a tecnologia se propaga, o que as transforma em poderosos recursos para as pessoas encontrarem oportunidades profissionais – e também espaços em potencial para causar danos à sua preciosa reputação.

Para clientes novos no mundo das redes sociais online, aconselho a primeiro escolherem apenas um site para começarem a se acostumar, para depois se aventurarem em muitos de uma só vez. O LinkedIn tornou-se uma rede profissional popular para formar contatos que podem ajudá-lo no desenvolvimento de sua carreira. O Facebook é normalmente usado para amizades e relacionamentos de negócios menos formais, mas pode ser um primeiro passo útil para fazer outros contatos, mais profissionais.

Depois que você estiver familiarizado com uma rede de contatos, pode começar a se movimentar mais e a ir mais fundo, juntando-se a grupos de especialistas, estabelecendo seus próprios grupos e postando perguntas para formar uma comunidade de indivíduos que pensem da mesma forma.

As pessoas que colocam informações pessoais online precisam proteger a reputação e a privacidade delas. Tal como qualquer mensagem de e-mail pode se tornar pública depois que você clica no botão de enviar, você deve presumir que depois que posta qualquer coisa – incluindo fotos ou comentários curtos – isso se torna parte do domínio público, portanto todos podem ver. Então, não importa quanta diversão teve nas suas férias ou saindo com os amigos no último fim de semana, nunca envie nada que não queira que um provável cliente ou empregador veja ou leia sobre você.

Ficar conhecido

Independente de o seu cliente estar buscando redes de contatos online ou cara a cara, explore as perguntas a seguir junto com ele para ajudá-lo a obter o melhor de cada uma das oportunidades de entrar em uma rede e avançar em sua carreira.

- **Qual é o resultado que você procura nesta rede?** Os clientes precisam manifestar claramente seus objetivos pessoais. Você está buscando construir ou compartilhar conhecimento ou formar um grupo de apoio entre indivíduos que pensam da mesma forma? Você está procurando encontrar novas oportunidades de carreira e negócios, ou oferecê-los a outros? Ou simplesmente quer ter alguma diversão saindo e encontrando gente nova para ver o que acontece? Alivie a pressão sobre si mesmo ao se juntar preferivelmente a uma rede com uma mentalidade do tipo "O que eu posso oferecer?" do que a uma com um perfil de "O que eu posso obter?". As pessoas naturalmente acolhem melhor a generosidade do que a necessidade.

- **O que você quer comunicar?** Ir para um encontro de rede do mundo real ou evento pode deixar as pessoas mudas. Então, ajude seus clientes a se sentirem preparados com histórias. Veja a seção anterior "Desenvolvimento de histórias pessoais" para uma estrutura de conteúdo útil que mande uma mensagem clara e simples quando solicitada.]

    A comunicação é uma via de duas mãos. Com frequência, as pessoas se aventuram em situações de rede pensando que têm muito a dizer. Contudo, antes estar interessado nos outros do que ter interesse é o nome do jogo.

- **Com quem você quer se encontrar?** Escolha as pessoas no grupo que pareçam interessantes e diferentes de você – pessoas que possam dar a você uma compreensão diferente sobre alguma coisa ou conectá-lo a um mundo diferente. Você não pode se conectar com todo mundo, então empurre-se para fora de sua zona de conforto para encontrar pessoas que ainda não conheça.

- **Que imagem você quer transmitir?** Seja se você está pessoalmente ou online, você tem a sua reputação para proteger e sua marca para projetar. Sua imagem deixa uma marca, desde o modo como você se veste, fala ou transparece em mensagens online. Considere o que gostaria que os outros dissessem sobre você. Como você pode se sobressair em meio à multidão e ser memorável?

À medida que os clientes adquirem o hábito de se relacionar em rede sem tentar impressionar, eles constróem a marca de sua reputação e atraem com mais facilidade oportunidades profissionais que podem ser úteis através dos altos e baixos que naturalmente ocorrem.

Pedro descreve a si mesmo como bastante tímido e reservado, mas fica muito animado quando fala sobre sua paixão por aeronaves que atingem altas velocidades. Há alguns anos, ele se ofereceu como voluntário no clube de aviação para organizar palestras regulares de figuras interessantes da área e passeios a outros clubes que ele estava interessado em conhecer. Quando foi inesperadamente demitido, ofereceram-lhe um trabalho temporário no clube de aviação que acabou levando-o a assumir a função de gerente geral do clube por quase dez anos. Sobre o rumo que sua carreira tomou, Pedro declarou:

> *Não diria que sou uma pessoa de redes de maneira alguma, eu apenas me interesso pelas pessoas. Ser conhecido no grupo significou que o clube me deu uma oportunidade que eu nunca teria pensado caso contrário. As pessoas sabiam que eu realmente me importava com a aviação e somente queria o melhor para o clube e seus membros, então, minha carreira tomou um caminho inesperado por si só.*

Agora, Pedro participa de diversas redes de empresas locais em nome do clube. Ele se concentra em estar interessado nas outras pessoas nestes eventos e descobriu que esta mudança no foco desfaz sua timidez natural.

Parte V
Melhore Seu Repertório de *Coaching* com PNL

A 5ª Onda
Por Rich Tennant

"Eu ressignifiquei os problemas dele para eliminar o pensamento negativo, remapeei as suas percepções sensoriais e lhe dei um chute no traseiro."

Nesta parte...

Nesta parte, você irá descobrir como trazer ferramentas de PNL comprovadas para o espaço do *coaching*, incluindo trabalhar com diferentes conceitos de tempo. Os que gostam de planejar descobrirão a espontaneidade, enquanto os menos organizados irão encontrar uma rotina. Você verá como exercícios clássicos de PNL em submodalidades e ancoragem conferem poderes a seus clientes para uma atitude confiante. Você irá aprofundar ainda mais a mudança para além das crenças limitadoras que atrapalham o progresso. Aqui você descobre como solucionar batalhas internas que puxam seus clientes para mais de uma direção ao mesmo tempo com algumas hábeis integrações de partes e exercícios de ressignificação.

Capítulo 16

Transforme o Tempo a Seu Favor

Neste Capítulo

▶ Entenda seu relacionamento com o tempo
▶ Jogue com linhas de tempo
▶ Livre-se de experiências negativas
▶ Crie um futuro empolgante

*V*ocê é do tipo de pessoa para quem dias ou semanas inteiras passam despreocupadamente, ou você gosta de contar cada minuto de seus horários e se programar para tudo sem perder um minuto sequer? O tempo pesa sobre seus ombros ou escorre por seus dedos como se fosse areia?

Você está sempre fazendo escolhas sobre como gasta seu tempo e como se relaciona com ele: as horas que passa em um lugar comparadas com outro, os momentos que passa com uma pessoa comparada com uma outra. Tornar-se consciente de como sua abordagem do tempo difere das de outras pessoas é interessante. Por exemplo, se você vivenciou uma experiência que ameaçou sua vida, pode achar cada momento mais precioso do que as pessoas a sua volta.

Quando começa no *coaching*, você pode se surpreender com como o tempo toma uma dimensão diferente. Você está trabalhando com o arco do tempo que abarca desde o começo de uma conversa de *coaching*, passando pelo próprio *coaching* e chegando até a conclusão. Uma mudança substancial acontece em minutos. Um telefonema de apenas 30 minutos pode ajudar um cliente que estava andando em círculos a saber como chegar onde ele quer. O tempo investido por ambas as partes estando completamente presente e atento no espaço do *coaching* rende resultados.

> ## Contemple o tempo
>
> - A linguagem que você adota quando reflete sobre o tempo direciona a atenção para diferentes sentidos. Considere a diferença entre duas perguntas básicas de *coaching* que podem parecer similares inicialmente:
>
> - **O que você conseguiu fazer?** Esta pergunta é sobre o gerenciamento de tempo. Ela vem da perspectiva de *chronos*, na qual os antigos gregos definiram o tempo como linear e sequencial. Aqui se encontra o mundo da atividade e do fazer, você é apanhado na eficiência e nas realizações.
>
> - **Como tem passado?** Culturas inteiras – tais como a africana e a do Oriente Médio – adotam a perspectiva *kairos*. *Kairos* é outra palavra do grego antigo e descreve um período indeterminado de tempo no qual algo especial acontece. O tempo é um conceito existencial que as pessoas experimentam. Você nota a qualidade e o valor do seu tempo baseado em como você *está* no momento.
>
> Normalmente, o cliente de *coaching* do mundo ocidental chega com a perspectiva *chronos*, focado em conseguir fazer as coisas, enquanto que o *coaching* pode abrir a perspectiva *kairos* para alcançar um forte senso de bem-estar. *Chronos* é análogo ao mundo "no tempo", enquanto aqueles com uma perspectiva *kairos* estão mais naturalmente no tempo.

As pessoas muitas vezes se voltam para o *coaching* quando o ritmo de suas vidas lhes cobra, chegando às suas sessões iniciais com demandas para resolverem o gerenciamento do tempo. Mas, aumentar a eficiência – fazer mais em menos tempo – não é a resposta para a satisfação pessoal na vida. Em vez de fazer as coisas mais rápido, você precisa fazer as coisas certas, as que dão a você ímpeto, que se encaixam em seus valores, suas necessidades e no verdadeiro sentido de si mesmo. Você também precisa ter a coragem para deixar ir embora todo o resto.

Neste capítulo, você descobre como trabalhar com dois aspectos de PNL de tempo conhecidos como *no tempo* e *através do tempo*, e como moldar vidas com as ferramentas eficazes das linhas de tempo.

A Criação de uma Linha de Tempo Pessoal

Você pode ver a forma como as pessoas retêm suas memórias como um padrão baseado tanto em tempo quanto em direção. Pistas sobre como seus clientes conceitualizam o tempo afloram na linguagem que usam. Afirmações tais como "Tudo ficou para trás agora" ou "Estou ansioso pela próxima semana" sugerem que eles detêm as memórias do passado atrás deles e os pensamentos do futuro à frente deles. Eles também podem olhar ou indicar uma direção em particular quando falam sobre um acontecimento.

Quando entender como as pessoas organizam seus conceitos de tempo, você pode trabalhar com eles mais facilmente de acordo com seus padrões naturais. Também pode ensinar maneiras para que sejam mais flexíveis em suas abordagens, separar as recordações dolorosas e fazer seus sonhos de futuro mais atrativos.

Visualização do tempo

Para ajudar seu cliente a sentir o modo como vivencia o tempo, ajude-o a identificar o seu conceito de tempo.

1. **Peça a seu cliente para pensar em um acontecimento passado.** Por exemplo, alguma coisa que ele fez mês passado ou no ano passado ou um evento em que esteve.

2. **Peça ao cliente para apontar qualquer lugar na sala para sinalizar o acontecimento identificado.**

3. **Peça-o para pensar em um acontecimento que irá acontecer no futuro.** Por exemplo, uma reunião que está chegando ou algo que planeje fazer no mês seguinte.

4. **Peça, em seguida, para apontar para esse segundo acontecimento em qualquer lugar da sala.**

5. **Solicite que o cliente aponte para onde ele vê o "agora".**

6. **Trabalhem juntos para refletir sobre os três pontos – passado, presente e futuro – e desenvolva os conceitos do cliente para uma linha de tempo pessoal.**

   Compartilhe com ele as duas posições típicas de linha de tempo "no tempo" e "através do tempo". Pergunte se seu cliente sente que está se colocando de pé olhando para a linha estendida da esquerda para a direita em frente a ele ou se a linha o atravessa. A maioria das pessoas têm um tipo de conceito linear, que pode não ser direto, e muito ocasionalmente seu tempo está se alternando à sua volta.

   - **Uma linha "através do tempo"** se estende na frente dos clientes. Eles têm de voltar suas cabeças para a esquerda ou para a direita a fim de olhar em direção ao passado ou futuro. Veja a seção mais à frente "Trabalhar com clientes 'através do tempo'" para saber mais.

   - **Uma linha "no tempo"** corre através do corpo. Os clientes têm que voltar seus corpos fisicamente para olhar para o passado atrás ou em direção ao futuro. Veja a seção adiante "Trabalhar com clientes 'no tempo'".

Parte V: Melhore Seu Repertório de *Coaching* com PNL

Bem a tempo

Quando Marcos foi para a universidade, ele repetiu seu primeiro ano por ser altamente desorganizado e não conseguir fazer suas tarefas a tempo. Ele veio de uma casa onde sua mãe era muito organizada, sempre lhe lembrava dos prazos e acompanhava seu trabalho. Na universidade, com uma falta de estrutura, Marcos simplesmente vivia o momento, acordando quando bem entendia e desfrutando de uma vida social de shows até tarde e noites em bares.

A mãe de Marcos tinha um amigo de *coaching* que falou a Marcos sobre as linhas de tempo e convidou-o a trocar sua linha de tempo para ver seu período futuro bem em frente a ele. Marcos viu que, a menos que ele prestasse mais atenção ao futuro, a cerimônia de sua graduação não aparecia na linha de tempo e ele não conseguia um trabalho decente. O amigo também o ajudou a trabalhar com uma grande programação em papel para cada período no qual podia marcar aulas essenciais e seminários e dividir os trabalhos semana a semana de modo que pudesse ver o que precisava fazer e ainda deixar tempo para socializar.

---

7. **Peça a seu cliente para fazer um desenho ou demonstrar para você com as mãos como é a sua linha pessoal de tempo.**

   Seu cliente pode não visualizar a linha de tempo efetivamente como uma linha mas como uma série de símbolos em um padrão (anéis ou espirais, como uma galáxia de estrelas). Se esse for o caso, peça a ele para descrever com os conceitos de "no tempo" e "através do tempo", como proposta do exercício, como se ele pudesse pensar e trabalhar com esses conceitos facilmente.

Trabalhar com clientes "no tempo"

A Figura 16-1 mostra uma linha "no tempo" reta. Este tipo de linha de tempo também pode aparecer em forma de V, aproximando-se do passado por um lado e do futuro por outro. A principal coisa para se verificar é se a linha realmente passa através de alguma parte do corpo.

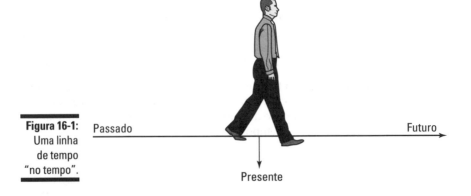

Figura 16-1: Uma linha de tempo "no tempo".

Clientes "no tempo" normalmente:

- ✔ São despreocupados com relação ao tempo.
- ✔ Têm aversão a programações e planos.
- ✔ Seguem seus corações no momento.
- ✔ Vivem um dia de cada vez.
- ✔ Facilmente deixam o passado e o futuro irem embora.
- ✔ Mantêm suas opções abertas para se decidirem mais tarde – frequentemente no último minuto.
- ✔ Deixam as pessoas "através do tempo" malucas!

Eficácia através das horas

Em seu trabalho clássico *Os Sete Hábitos das Pessoas Altamente Eficazes* (Ed. Best Seller), Stephen R. Covey diz aos leitores para despenderem algum tempo nas atividades do Quadrante II – coisas que são importantes, mas não urgentes. Essas atividades são as coisas estratégicas da vida, como planejar suas finanças, empreender grandes projetos, investir em aprendizado e na construção de relacionamentos. Apesar de importantes, essas atividades são todas do tipo que podem esperar até que você tenha mais tempo.

A PNL afirma que qualquer coisa é possível de ser feita em partes suficientemente pequenas. Para as pessoas "no tempo", as partes proporcionam mais foco em vez de ir de acordo com o fluxo do momento. Para as pessoas "através do tempo", o processo fornece algum ímpeto para progredir e fazer algo no momento em vez de esperar até que o tempo se torne disponível miraculosamente.

Uma das maneiras mais eficazes de despender tempo nas atividades do Quadrante II é alocar horas eficazes durante o dia, no qual você foque unicamente nessas áreas importantes. Tente o seguinte:

- ✔ Determine quando é seu tempo mais produtivo e reserve esse tempo para si mesmo, para se concentrar na sua prioridade máxima. Reserve apenas uma hora para começar com isso.

- ✔ Encontre um lugar onde ninguém possa perturbá-lo e você não possa se afastar para navegar na internet ou se envolver com alguma outra coisa. Instale-se com sua xícara de chá favorito ou um copo d'água.

- ✔ Concentre-se sobre sua atividade de maior prioridade sem nenhuma distração no seu trabalho por 50 minutos, então pare e dê a si mesmo um tapinha nas costas. Você pode resolver apenas um pedaço de um projeto, mas isso pode estar te levando em direção à sua finalização. Recompense a si mesmo com uma pausa de dez minutos.

Depois que você pegar o ritmo de trabalhar desta maneira, pode programar mais horas eficientes durante o dia ou semana. De pedacinho em pedacinho, você pode resolver suas finanças, escrever seu livro, aprender uma língua ou formar uma rede de contatos.

A fim de que clientes "no tempo" consigam uma noção do que seja operar de outra forma, solicite que eles se imaginem saindo de sua linha de tempo e colocando o passado de um lado e o futuro de outro. Dê-lhes tarefas para desempenharem em um estilo "através do tempo". Por exemplo, esboce conjuntamente uma programação de atividades para planejar uma festa, com uma lista de tarefas colocadas em ordem da data de conclusão para cada etapa. Alerte-os para que talvez fiquem levemente desorientados ao experimentarem um estilo de trabalho "através do tempo". Encoraje-os a observar quais melhorias a nova linha de tempo traz.

Trabalhar com clientes "através do tempo"

A Figura 16-2 mostra uma linha "através do tempo" reta , com a pessoa de pé, fora desta linha. Como o que ocorre com a "no tempo", esta linha pode aparecer como um desenho em forma de V – somente neste caso, ela se alonga para fora, da esquerda para a direita em frente à pessoa e não passa através do corpo dela. Aqui, o cliente está assistindo ao tempo passar de fora. O box mais à frente "Espontaneidade programada" explora a experiência de um indivíduo fortemente "através do tempo".

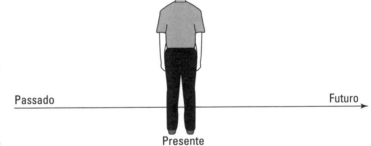

Figura 16-2: Uma linha de tempo "através do tempo".

Clientes "através do tempo" normalmente:

- Valorizam a pontualidade.
- Gostam de ver um planejamento de tempo, uma programação e uma agenda.
- Pensam logicamente.
- Têm a vida planejada e então seguem seus planos.
- Lembram-se do passado e estão sempre buscando melhorias futuras.
- Têm uma grande necessidade de fechamento.
- Deixam as pessoas "no tempo" malucas!

A fim de que clientes "através do tempo" possam ver o que é operar "no tempo", peça para eles se imaginarem saindo de suas linhas do tempo de modo que passem através de seu corpo. Dê-lhes tarefas para desempenharem em um estilo "no tempo", com uma ênfase maior na espontaneidade do que em um planejamento elevado à enésima potência. Um exemplo realmente desafiador é dizer a um cliente para se permitir ter um dia em que acorde a hora que quiser e não tenha nada planejado para aquele dia. Ele simplesmente deve fazer exatamente o que sentir vontade, de acordo com seu humor. Alerte-o para que talvez fique levemente desorientado enquanto experimenta um trabalho no estilo "no tempo". Encoraje-o a observar que melhorias a nova linha de tempo traz.

Tornar-se um Viajante do Tempo

Depois que os clientes tiverem um sentido de suas linhas de tempo (veja a seção anterior "A Criação de uma Linha de Tempo Pessoal"), eles podem colocá-las para funcionar em diversos exercícios de *coaching* envolvendo tempo.

Espontaneidade programada

Andréa vive como escrava do relógio, sob um padrão clássico "através do tempo". Idealmente, ela teria sua vida traçada pelos próximos dez anos – pelo menos. Planejada, organizada e com todos os detalhes sob controle até o último minuto, ela tem sucesso organizando complexas feiras comerciais e eventos corporativos. Ela odeia perder um minuto sequer sem fazer nada e contratou um *coach* de PNL quando começou a sofrer de leves ataques de pânico depois que foi demitida e começou a se preocupar em encontrar seu trabalho seguinte.

Um aspecto positivo de perder seu emprego foi que, agora, Andréa tinha tempo de levar seu cachorro para passear na floresta local em vez de ter de pagar alguém para fazê-lo, como acontecia quando trabalhava no centro da cidade. Contudo, ela se sentia culpada porque deveria estar dando mais duro procurando emprego o dia inteiro do que ficar se divertindo.

O *coach* de Andréa começou com uma sessão de linha de tempo a fim de trabalhar através de emoções negativas inúteis que talvez possam ter causado seus ataques de pânico; eles também trabalharam em deixar de ter ansiedade, culpa, raiva e medo do passado.

Andréa também trabalhou para trocar sua linha de tempo de "através do tempo" para "no tempo". O *coach* de Andréa sugeriu que ela experimentasse estar "no tempo" por pelo menos a metade de cada dia, apenas permitindo que os dias se desenrolassem e reagindo espontaneamente aos acontecimentos e pedidos para os quais ela normalmente estaria ocupada demais para aceitar. Pelo resto do dia, ela podia voltar ao seu padrão "através do tempo", de estar altamente focada e organizada com relação à sua busca por emprego.

Com mais espontaneidade programada, Andréa parou para ajudar um vizinho idoso a varrer as folhas de outono de sua rua. Eles ficaram conversando e dois dias depois o filho do vizinho contratou Andréa para trabalhar em sua empresa como sua nova organizadora de conferências.

- Uma abordagem é expor uma linha de tempo do cliente espacialmente no chão com pedaços de papel que representem passado, presente e futuro. (Eu descrevo uma técnica similar em "Criação do Futuro Desejado", mais à frente no capítulo.)

- Outra abordagem é subir aos céus (de forma metafórica), à frente de uma máquina voadora imaginária tal como um balão ou um Tardis feito sob medida, como na popular série de TV *Doctor Who*.

As seções seguintes tomam a abordagem da máquina voadora, permitindo aos clientes aterrissarem em suas experiências ou arrancarem e se afastarem das emoções ao redor.

A PNL define estar no momento como *associação* e manter-se afastado de um momento como *dissociação*. Ambos os termos aparecem com frequência nas seções seguintes, e explicá-los aos clientes de modo que eles possam estar conscientes de suas próprias experiências é útil.

Sair quando bem entender

No exercício seguinte, você ensina os clientes a serem viajantes do tempo.

- **Pessoas "no tempo"** vivenciam a dissociação a partir das emoções do momento a fim de obter uma perspectiva mais ampla. Essas pessoas podem obter os aspectos construtivos de fortes experiências emocionais, tais como raiva para com um ente querido.

- **Pessoas "através do tempo"** chegam mais perto do momento, parando mais para observar seus sentimentos sobre uma situação em particular do que mantendo seu estilo normalmente afastado.

Para ajudar um cliente a viajar através do tempo:

1. **Peça a ele que se sente confortavelmente com seus olhos fechados, inspirando e expirando lentamente cinco vezes até que se sinta relaxado.**

2. **Guie-o lentamente através das instruções seguintes, verificando se sua velocidade se encaixa com a de seu cliente.**

    Utilize o seguinte roteiro para orientá-lo através do tempo:

    Comece a se sentir flutuando. Imagine-se indo para cima, acima de si mesmo. Observe como você pode voar muito mais alto que este edifício a fim de ver os telhados... e então flutuar através das nuvens... e agora muito além das nuvens.

    Você está no espaço. Sua linha de tempo está muito abaixo de você, como uma faixa. Olhe mais de perto e você também pode ver a si mesmo lá embaixo na linha de tempo.

Agora, flutue de volta para a sua linha de tempo até que esteja diretamente acima de um acontecimento que ocorreu na semana, no mês ou no ano passado. Paire por lá pelo tempo que quiser.

Flutue adiante para cima do "agora" e para o futuro até que esteja diretamente em cima de um acontecimento que você saiba que vai acontecer.

Você pode pairar aqui pelo tempo que quiser e se movimentar entre seu passado e seu futuro, sabendo que pode viajar para baixo da linha de tempo seja lá para onde desejar e, então, voltar de novo.

Quando estiver pronto, flutue acima de seu tempo até que esteja diretamente acima do "agora".

Volte suavemente para o presente e para seu próprio corpo na sala.

3. **Diga ao cliente que ele agora é um viajante do tempo capacitado e que pode acessar essa habilidade a qualquer momento em que encontrar uma situação desafiadora.** Peça-lhe para pensar em um momento no futuro quando essa técnica será útil e dizer a você o que fará de maneira diferente.

Livre-se da negatividade

Técnicas de terapia de linha de tempo sugerem que emoções negativas tais como culpa, tristeza, raiva e medo têm um elemento de tempo associado a eles. Se alguém no passado lhe disse: "Não faça isto, garota burra", você pode estar retendo essa recordação inconscientemente, o que pode impedir que você atinja seu potencial.

Se você se lembrar de muita raiva na sua infância, essas recordações podem ainda estar afetando você. As memórias podem evitar que você entre em conflito ou podem, talvez, encorajá-lo a lidar com os problemas com raiva porque esse é o modelo no qual você foi educado.

Coaches treinados com PNL possuem um repertório de técnicas de linha de tempo e a experiência de lidar com emoções fortes e traumáticas. Somente use técnicas que você sinta que estejam em seu nível de capacidade como *coach*. Se estiver em dúvida, converse sobre suas preocupações e técnicas em potencial com um supervisor de *coaching* ou *Master Practitioner* de PNL em vez de fazer experiências com um cliente.

Se você alguma vez entrar em dificuldade durante uma atividade de linha de tempo, faça com que seu cliente se distancie de emoções dolorosas ao elevar-se cada vez mais alto acima da linha dele.

Em uma conversa normal de *coaching*, uma intervenção simples e segura de se trabalhar com uma linha de tempo é ensinar a seus clientes como viajar no tempo (veja a seção anterior "Sair quando bem entender"). Feito isso, solicite que viajem ao longo de suas linhas até um momento quando se sentiram presos. Então, identifique os recursos que eles precisam naquele momento. Vá até o Capítulo 18 para saber mais sobre estados de recursos.

Por exemplo, a cliente que diz: "Minha mãe me disse que eu era preguiçosa quando eu tinha quinze anos, então eu sempre trabalhei para provar que ela estava errada", está se atendo a uma decisão limitadora daqueles anos que talvez não sejam mais úteis a ela como uma adulta que trabalha duro. Peça à sua cliente para descer até esse acontecimento e verificar os recursos que teriam feito a diferença naquele tempo (tal como mais diversão ou compaixão) e, então, imagine irradiá-los para a situação do passado. Ela pode voltar aos seus 15 anos de idade e aceitar os recursos de seu ser mais velho e sábio, incorporando a experiência de seus anos adultos.

É possível que você queira fazer muito trabalho de limpeza com seus clientes com relação às decisões limitadoras que eles podem ter feito sobre si mesmos ao longo dos anos. Eles podem ter tido diversas experiências desagradáveis com as quais se sentiram mal consigo mesmos e ainda se atêm a essas recordações, que os restringem.

Criação do Futuro Desejado

Linhas de tempo oferecem uma maneira eficiente de criar um futuro empolgante, assim como superar limitações do passado. Esta seção apresenta uma exploração mais longa para trabalhar com seus clientes a fim de que possam criar o tipo de vida que eles querem no futuro.

Em especial, você pode possibilitar que eles definam como gostariam de ser:

- Fisicamente.
- Socialmente e emocionalmente.
- Intelectualmente.
- Espiritualmente ou em termos de seus propósitos.

Visitar vários aspectos, em diversos momentos do tempo

Você pode dispor fisicamente de uma linha de tempo com seu cliente, identificando três espaços distintos onde eles vivenciem:

- O passado: cinco anos atrás.
- O momento atual: agora.
- O futuro: daqui a cinco anos.

Faça essa atividade em um cômodo claro, onde você possa colocar pedaços de papel no chão ou usar cadeiras diferentes para o cliente se sentar. Se o espaço é restrito, peça aos clientes para imaginarem que eles têm um tapete mágico que estendem para levá-los a momentos diferentes no tempo.

Para cada uma das atividades a seguir, tenha um caderno e uma caneta à mão para anotar as respostas de seus clientes. Você pode trabalhar através das atividades nas seções seguintes uma de cada vez ou pular de seção em seção, como achar mais adequado.

Ajuste do corpo

Investigue a saúde física de seus clientes nos três momentos de tempo (passado, presente e futuro), movendo-os pelos três espaços distintos na linha de tempo, observando como a abordagem deles em relação à saúde estava no passado, como está agora e como eles gostariam que estivesse no futuro.

Faça as seguintes perguntas sobre o passado, o presente e o futuro:

- Como você vivencia sua saúde?
- O que você faz para cuidar de si fisicamente?
- O que é essencial para o seu bem-estar físico?

Anote as respostas de seus clientes, prestando uma atenção maior aos ajustes que eles querem fazer agora para salvaguardar seus futuros ao perguntar: "Quais são os ajustes, se é que há algum, que você gostaria de fazer para proteger sua saúde no próximos cinco anos?".

Avaliação das ligações sociais e emocionais

Examine o bem-estar social e emocional de seus clientes em cada um dos três momentos, nos três espaços diferentes na sua linha de tempo, observando como sua abordagem a esses aspectos de suas vidas estava no passado, como está agora e como gostariam que estivesse no futuro.

Faça as seguintes perguntas sobre o passado, o presente e o futuro:

- Como estão seus relacionamentos neste momento do tempo?
- Como você está emocionalmente?
- O que é essencial para o seu bem-estar social e emocional?
- O que você faz para cuidar de si socialmente e emocionalmente?
- Quais são os ajustes que você quer fazer nos próximos cinco anos?

Anote as respostas de seus clientes, prestando maior atenção aos ajustes que eles querem fazer agora para salvaguardar seus futuros.

Desenvolvimento de habilidades intelectuais

Explore o bem-estar intelectual de seus clientes nos três momentos ao deixar que eles se coloquem de pé em três espaços diferentes na linha de tempo, observando como suas abordagens a esse aspecto de suas vidas eram no passado, como é agora e como eles gostariam que estivesse no futuro.

Faça as seguintes perguntas sobre o passado, o presente e o futuro:

- O que você faz para cuidar de si intelectualmente? E quanto a aprender?
- O que é essencial para o seu bem-estar intelectual?
- Como você se considera intelectualmente hoje em dia?
- Quais são os ajustes que você gostaria de fazer ao longo dos próximos cinco anos?

Anote as respostas de seus clientes, dando maior atenção aos ajustes que eles querem fazer agora para salvaguardar seus futuros.

Eleve o sentido de conexão espiritual

Examine o sentido de propósito e bem-estar espiritual de seus clientes nos três momentos diferentes ao deixá-los de pé nos três espaços na linha de tempo, observando como suas abordagens a esses aspectos de suas vidas eram no passado, como são agora e como eles gostariam que fosse no futuro.

Alguns clientes podem ficar melindrados ao explorar o domínio espiritual, então, verifique se eles concordam em compartilhar isso. Eles podem achar mais aceitável falar sobre a ideia de vivacidade e o que os fazem se sentir mais vivos ou entusiasmados.

Faça as seguintes perguntas sobre o passado, presente e o futuro:

- Como você se considera espiritualmente hoje em dia? Como você se conecta com a totalidade de sua vida?
- O que você faz para alimentar esse sentido de si mesmo?
- O que é essencial para você conectar com o seu ser espiritual ou ser mais determinado?
- Quais são os ajustes que você gostaria de fazer nos próximos cinco anos?

Anote as respostas dos clientes, prestando uma atenção maior aos ajustes que eles querem fazer agora para salvaguardar seus futuros.

Explorar a dimensão espiritual pode ser muito desafiador para os clientes porque eles estão mudando para questões mais existenciais acerca do propósito de suas vidas. O Capítulo 9 fala mais sobre viver com propósito e relacioná-lo com a experiência cotidiana.

Jogar mais pó

Depois que você anotar as informações da seção anterior nas dimensões física, mental, emocional, intelectual e espiritual do futuro desejado por seus clientes, pode trabalhar com eles para tornar suas visões do futuro ainda mais atraentes.

Peça a seus clientes para entrarem na linha de tempo do futuro. Leia de volta para eles como eles descreveram a maneira que querem estar daqui a cinco anos. Deixe-os observar as imagens, os sons e os sentimentos que aparecem e envolva-os em uma única imagem, palavra ou sentimento que eles possam reter ou se lembrar. Então, peça-lhes para salpicarem essa experiência com um pó mágico.

Seus clientes naturalmente se lembram dessa experiência inconscientemente sem que você precise prescrever qualquer ação adicional. Se eles quiserem encontrar um símbolo ou fazer um desenho para relembrá-los conscientemente de como serão no futuro, também está ok.

O futuro do tempo?

A maioria das pessoas tem uma visão mecânica do tempo, na qual a vida faz tique-taque da mesma forma que os ponteiros de um relógio. Por exemplo, se você entra em um trem na estação de *St. Pancras* em Londres, espera chegar a *Gare Nord* de Paris menos de três horas depois.

Mas, do ponto de vista de um físico, o tempo depende da estrutura de referência do observador. Tome, por exemplo, um astronauta viajando pelo universo em sua espaçonave, acelerando perto da velocidade da luz. Ele não envelhece na mesma marcha que seu colega no planeta Terra.

A Teoria do Quantum investiga o comportamento de objetos muito pequenos e energias muito altas, demonstrando a imprevisibilidade de conceitos como tempo e espaço. Até mesmo os mais eminentes cientistas de hoje em dia como Stephen Hawking e Roger Penrose debatem modelos cosmológicos para decidirem se o tempo tem um começo ou um fim. O tempo começou com o Big Bang? O universo irá se expandir para sempre ou tudo se reduzirá a nada?

Enquanto *The Origins of the Universe For Dummies,* de Stephen Pincock e Mark Frary (Wiley), aborda estas (e muitas outras) grandes questões, mentes brilhantes sempre têm procurado – e sempre procurarão – a verdade sobre as estruturas mais profundas do tempo.

Capítulo 17

Modificação de Experiências com Submodalidades

Neste Capítulo

▶ *Coaching* além do conteúdo das histórias

▶ Explorar mais profundamente os sentidos

▶ Lidar com problemas através do acesso a recursos internos

▶ Transformação de crenças limitadoras em fortalecedoras

*V*ocê já conheceu alguém que o desapontou muito? Um fornecedor, um amigo, um colega ou amor que o deixou abandonado? Observe quanta energia emocional se altera através do seu corpo ao se lembrar da decepção original. Pensamentos e emoções se confundem à sua volta e interferem no seu bem-estar.

Eu mesma quando me sentei para começar a escrever este capítulo, observei o quanto estava irritada com um designer de sites que faltou com seu compromisso em um projeto na semana passada. Furiosa com seu comportamento descuidado, senti uma queimação no estômago. Eu queria expô-lo à vergonha no Facebook para que todo o mundo visse. Felizmente, o meu botão de pausa foi acionado com lógica oportuna. Eu me perguntei como meus esforços podiam atingir qualquer resultado positivo. Quando fui incapaz de pensar em qualquer possibilidade positiva, percebi que precisava resolver a situação com um esforço para obter um novo entendimento para mim mesma.

A PNL possibilita mudar uma experiência de choque ou raiva para uma postura de aceitação e seguir em frente, colocando você no lugar do carona. No meu caso, ao fazer minha imagem da situação com o designer cada vez menor na minha cabeça. Eu posso eventualmente encolhê-la para um documento em preto e branco e então arquivá-lo, tal como faço com velhas receitas.

> **Estrutura, não conteúdo**
>
> A PNL vai além da superfície dos detalhes da vida para revelar a base estrutural das experiências.
>
> De fato, o cocriador da PNL, John Grinder, diz que ele não precisa ouvir os detalhes das histórias de seus clientes para que possa ajudá-los. Se o diretor-executivo de uma corporação global acha que seus colegas são fraudulentos e quer discutir a situação com Grinder durante uma sessão de *coaching*, ele normalmente interrompe o cliente e, no lugar disso, trabalha para resolver os problemas sem saber do assunto (veja o Capítulo 8 para perguntas sem embasamento).
>
> O perigo de permitir que os clientes despejem histórias detalhadas durante as sessões de *coaching* é duplo: os clientes serem apanhados em sua própria teia circular de casos, e os *coaches* muitas vezes caírem na armadilha, relacionando suas próprias experiências similares. "Que horror. Isso me lembra do tempo em que aconteceu comigo também" - você acha que se torna parte do problema de seu cliente. Veja a seção mais à frente "Mudança de Posicionamentos", para mais ferramentas úteis a fim de evitar ser puxado para dentro das experiências de seu cliente.

Reestruturar experiências dolorosas ajuda os clientes a romperem com seus padrões inúteis. As ferramentas e técnicas neste capítulo são rápidas e divertidas como ter o seu próprio controle remoto para a vida. Mais importante ainda, elas lhe dão liberdade para trabalhar em assuntos delicados sem compartilhar muitos detalhes íntimos ou se atolar em muito drama.

Entender as Submodalidades

Em sua imaginação, tente recordar algo que aconteceu ontem. Você não precisa pensar em um grande acontecimento, apenas lembre-se de alguma comida que apreciou, um filme que viu ou uma conversa que teve com um amigo. Observe as imagens, sons e sentimentos que vêm à sua mente. Que sentido é mais forte para você? Imagine que tenha seu próprio botão de controle para mudar a qualidade das imagens, sons e sentimentos. Pegue a imagem e crie uma cor diferente, aumente o volume ou abaixe-o, altere seus sentimentos para uma emoção diferente, transforme qualquer textura ou sabores. Observe que efeito cada uma dessas mudanças causa. Você pode pensar em um elefante rosa, um dia ensolarado ou o som do vento sem vivenciar isso no momento. Jogar com seus sentidos demonstra o fantástico poder de sua mente brincalhona.

A PNL sugere que tudo o que você experimenta é resultante das informações que recebe através dos sentidos. Visual (V), o que você vê; Auditivo (A), o que ouve; Cinestésico (C), o que toca e sente emocional e fisicamente; Olfativo (O), cheiro; Gustativo (G), gosto. Estes sentidos são as *modalidades* e são referidas como o *sistema representacional* de VACOG (leia mais sobre isso no Capítulo 2 sobre sistemas representacionais).

Cada modalidade tem um nível de aperfeiçoamento chamado de *submodalidade*. Por exemplo, uma foto pode ser brilhante ou embotada, preto e branca ou colorida. Um som pode ser alto ou suave e ter um ritmo em particular. Quando se prepara alguém com submodalidades, você presta atenção às experiências visuais, auditivas e cinestésicas predominantes de seus clientes para com a estrutura sem que seja necessário saber o conteúdo.

As três seções seguintes examinam detalhadamente como alguém armazena uma experiência específica no VAC principal das submodalidades. Cada submodalidade tem uma pergunta que você pode fazer no *coaching* a fim de sondar a estrutura da experiência de seu cliente.

Se seus clientes não estão familiarizados com explorar submodalidades, o processo pode parecer estranho. Você pode informá-los de que gostaria de chegar à estrutura mais profunda de seu pensamento através de perguntas diferentes daquelas que eles já conhecem, e veja se estão de acordo com isso. Diga que está tentando obter um sentido para o tipo de imagens, sons e sentimentos associados às suas experiências porque seus clientes conseguem bons resultados quando eles aprendem como ver, ouvir ou sentir as coisas de uma forma diferente. Dar um exemplo pode ajudar.

A seção mais adiante "Mapear através de outros recursos" mostra como juntar – ou *mapear* – essas três submodalidades utilizando uma análise de contraste.

Sandra veio para um *career coaching* enfurecida com a atitude de seu antigo patrão em uma concessionária de carros, na qual a cultura machista beirou o assédio sexual. Ela havia deixado uma empresa principalmente para se manter longe dele e, então, seis meses depois ele apareceu no novo trabalho e, mais uma vez, ela estava tendo que se reportar a ele. A presença dele parecia enorme na sua cabeça. Eu pedi que ela retivesse o sentido deste homem em sua imaginação, imaginar-se colocando uma moldura em uma fotografia dele e fazê-lo ficar cada vez menor, até que chegasse a ser apenas um pequeno ponto e então observasse se seus sentimentos de raiva se alteraram. Sem que eu a influenciasse, ela disse que agora o via como uma aranha incômoda e que estava fazendo-o escorrer pela pia na sua imaginação. Que magia da mente! Depois disso, ele nunca mais apareceu como um problema. Você pode encontrar mais exemplos desse tipo de mágica em *Programação Neurolinguística Para Leigos* (Alta Books) e *Neuro-linguistic Programming Workbook For Dummies* (Wiley), ambos de Romilla Ready e Kate Burton (eu mesma!).

Quando os clientes exploram suas submodalidades no *coaching*, você os empodera com ferramentas para lidar com outras experiências no futuro.

Enxergar as distinções

Nesta seção, você começa a identificar as submodalidades visuais de uma experiência. A Tabela 17-1 resume as diferentes perguntas.

Se quiser tentar uma intervenção visual simples em uma conversa sem fazer uma exploração aprofundada das submodalidades visuais, solicite ao cliente mudar a cor e o brilho de sua experiência. Pergunte "O que acontece com o

Parte V: Melhore Seu Repertório de *Coaching* com PNL

que você pensa sobre esta situação quando acrescenta luzes brilhantes ou a torna vaga e escura?".

Tabela 17-1 Perguntas para Identificar Submodalidades Visuais

Submodalidade	Pergunta a ser feita
Localização	Aponte para onde a imagem está. Ela está próxima do seu corpo, em outra pessoa no local ou fora da sala?
Brilho	Ela é clara ou escura?
Bi ou tridimensional	A imagem está em duas ou três dimensões?
Tamanho	A imagem é pequena ou grande?
Distância	A imagem está perto ou longe?
Enquadrada ou panorâmica	Há uma margem ao redor da imagem ou ela é como se você estivesse no topo de uma montanha olhando ao seu redor?
Colorido/preto e branco	A imagem é colorida ou em preto e branco?
Movimento	É um filme ou uma imagem imóvel?
Orientação	A imagem está na horizontal ou na vertical?
Associado/Dissociado	Você está olhando de seus próprios olhos ou está observando a imagem como se estivesse em uma televisão?

Escutar sinais auditivos

Nesta seção, você explora as submodalidades dos sinais auditivos de uma experiência. A Tabela 17-2 oferece algumas perguntas para identificar submodalidades auditivas. Uma intervenção auditiva simples durante uma conversa de *coaching* é perguntar ao cliente que tipo de trilha sonora acompanha a experiência. Pode-se explorar o que acontece se ele muda a trilha sonora.

Tabela 17-2 Perguntas para Identificar Submodalidades Auditivas

Submodalidade	Pergunta a ser feita
Localização	O som está dentro ou fora da sua cabeça?
Intensidade	O som está com alta ou baixa intensidade?
Volume	Ele está alto ou baixo?
Duração	Ele é curto, rápido, com intervalos ou contínuo?
Ritmo	Ele é rápido ou devagar?
Mono/estéreo	O som está vindo de uma única direção ou de todas as partes?
Batida	O som tem uma batida?

Um mundo cinzento

O mundo tem poucos prazeres quando as pessoas sofrem de depressão. Os cientistas da Universidade de Freiburg, na Alemanha, descobriram que pessoas que têm depressão são menos capazes de detectar o contraste entre preto e branco. Como resultado, elas veem tudo, bem literalmente, cinzento.

A pesquisa, que teve suas informações divulgadas na revista *New Scientist*, mediu impulsos elétricos para estimar a atividade na retina de 40 indivíduos depressivos e em voluntários que não estavam em depressão. Detectou-se que os pacientes depressivos eram menos capazes de perceber o contraste que os outros voluntários, mesmo que estivessem tomando antidepressivos.

Os pesquisadores também descobriram que, quanto mais depressivo o indivíduo, menos capaz ele era de perceber o contraste. Eles até mesmo propuseram os eletrorretinogramas como testes em potencial para diagnosticar a depressão.

Como *coach*, se você achar que seu cliente é incapaz de acessar submodalidades em cores, isso pode ser um indicador de que ele está deprimido e seria bom se fizesse um *check-up* médico.

O maratonista Marcos ouve sua música favorita várias vezes enquanto está praticando. Quando chega a um impasse em uma corrida, ele aumenta o volume da música clássica do Queen *A Kind of Magic* para afastar sua voz interior que diz o quanto ele está cansado. Ele se imagina na linha de chegada batendo na letra "One dream, one soul, one prize, one goal". Sua estratégia lhe serviu bem por 20 anos de competições, possibilitando que ele levantasse muito dinheiro para a caridade.

Sentir as diferenças cinestésicas

Elaine pediu para entrar em um *coaching* de uma semana dizendo que estava destroçada pela incerteza de não saber onde seria o próximo posto internacional de seu marido. Ela estava experimentando seus sentimentos como extensões frias de nuvens a envolvendo. Depois de fazer uma breve verificação em suas submodalidades cinestésicas, determinou que, ao fazer com que a névoa ficasse mais quente e imaginando um cilindro contendo a nuvem, ela podia apreciar estar apenas com a incerteza. Fazer essas alterações de submodalidades deu a ela tempo para explorar as várias opções de lugares racionalmente com seu marido.

Nesta seção, você explora as submodalidades cinestésicas de uma experiência. Lembre-se de que cinestésico se refere tanto a toque quanto a sentimentos. As perguntas na Tabela 17-3 orientam você através da identificação de diversas submodalidades cinestésicas. Uma intervenção simples de submodalidades em uma conversa de *coaching* serve para que o cliente permita um sentimento agradável que faça uma limpeza através de seu corpo, do topo de sua cabeça até as pontas de seus dedos dos pés. O exercício é proveitoso quando um cliente está se sentindo um pouco ansioso e se beneficiaria em deixar as preocupações de lado para se sentir mais calmo.

Parte V: Melhore Seu Repertório de *Coaching* com PNL

Tabela 17-3   **Perguntas para Identificar Submodalidades Cinestésicas**

Submodalidade	Pergunta a ser feita
Qualidade	A sensação é de formigamento ou insensibilidade, relaxada ou tensa? Há alguma textura associada com a percepção?
Intensidade	Quão intensa é a percepção?
Duração	A percepção é contínua?
Localização	Onde está a sensação em seu corpo?
Imóvel ou com movimento	A percepção está em um único lugar ou se movimenta por seu corpo?
Tamanho	Qual é o tamanho da sua percepção?
Temperatura	A percepção é quente ou fria?

Mapear através de outros recursos

Mapear é uma técnica de *coaching* que trabalha encontrando as qualidades de submodalidades específicas da área de problema de um cliente e contrastando-as com outra área em que ele seja bem-sucedido. Depois que você e seu cliente observam as diferenças, podem fazer ajustes para ver como a experiência muda quando o cliente pensa sobre a situação de maneira diferente. Veja o box mais adiante "Bem-vindos, grandes designs!" para saber mais sobre a minha própria experiência com o mapeamento através das submodalidades.

A seguir estão apenas algumas áreas nas quais você pode mapear através dos recursos de um lugar para o outro.

- ✔ **Ação *versus* procrastinação.** Quando os clientes estão presos, identifique exemplos de quando e onde eles tomaram atitudes.

- ✔ **Bom humor *versus* mau humor.** Quando emoções negativas estão interferindo no bem-estar ou na capacidade de seguir adiante, identifique as áreas em que os clientes estão satisfeitos e felizes.

- ✔ **Diversão *versus* seriedade.** Faça com que tarefas chatas ou difíceis, como a declaração de imposto de renda, sejam mais divertidas ao acessar momentos em que os clientes tenham se divertido.

- ✔ **Compreensão *versus* confusão.** Cria formas de fazer o aprendizado mais fácil ao aproveitar as experiências nas quais os clientes entenderam algo novo.

Os passos a seguir ajudam você a orientar um cliente através de uma *análise contrastante* que verifica as submodalidades visual, auditiva e cinestésica a fim de mapear através de uma experiência positiva até uma em que o cliente deseja mudar.

Capítulo 17: Modificação de Experiências com Submodalidades 295

Antes de tentar o exercício seguinte, assegure-se de estar familiarizado com as perguntas de submodalidade específicas nas três seções anteriores. Quando fizer esse exercício com um cliente de *coaching*, ter as perguntas à sua frente para ajudar a se lembrar é perfeitamente aceitável.

1. **Peça que o cliente identifique o problema e um estado de recursos que possa ser útil neste contexto.**

   Por exemplo, se o cliente não conseguir se motivar por um projeto, encontre um momento quando ele esteve motivado para fazer alguma outra coisa quando em um estado de recursos. (Veja o Capítulo 18 para saber mais sobre estados de recursos.)

2. **Utilize a Tabela 17-4 como guia, contraste as submodalidades de cada contexto.** Pegue uma pergunta de cada vez para cada uma das três submodalidades no intuito de apreender um perfil completo de modo que você tenha duas listas, uma para um espaço de recursos e uma para um espaço de problemas. Contudo, se o cliente realmente tiver problemas em uma área, não force essa pergunta. Talvez ele tenha um sentido mais forte em uma área do que em outra, e você não precisa ter cada submodalidade preenchida na lista.

   Você pode contrastar as duas situações sem saber de nenhum conteúdo. Simplesmente faça referência aos contextos como A e B, ou espaço de recursos e espaço do problema.

3. **Mapear através das submodalidades.**

   Manter o cliente pensando sobre o assunto muda as submodalidades de um estado de recursos para um estado de problemas.

   Trabalhe através da lista com um de cada vez, pedindo a ele que pense sobre o problema e o guie através de cada uma das submodalidades do espaço de recursos que ele elaborou. Por exemplo, "Pensar sobre a imagem, trazê-la para perto de você, torná-la brilhante, vê-la em 3-D ou colorida. Observe que os sons são delicados e tranquilos agora, e você tem percepção de um líquido quente e suave fluindo dentro do seu corpo". Esse processo pode acontecer muito rapidamente, levando pouco mais de um minuto.

4. **Teste.**

   Verifique como o cliente pensa sobre o assunto depois de um mapeamento através das submodalidades. Pergunte "O que você percebe com relação ao problema agora?".

   Normalmente, você esperaria que o cliente dissesse que isso é muito melhor, e que ele se sente com bastante recursos. Se for esse o caso, o trabalho está feito. Se o resultado não for tão bom, você pode verificar essa lista mais lentamente e fazer alguns ajustes, tornando-a melhor ou pior. Mude de volta qualquer submodalidade para a lista original, a menos que as do espaço de recursos melhorem a situação.

   Se você alguma vez já fez um exame de olhos, pense na mudança de modalidades como sendo o oftalmologista testando que lentes são melhores ou piores. Você apenas está fazendo ajustes à experiência.

Parte V: Melhore Seu Repertório de *Coaching* com PNL

Faça cópias da Tabela 17-4 e escreva as submodalidades à medida que você trabalhe através destas etapas com seu cliente. Dê a tabela preenchida no final da sessão de modo que ele possa se lembrar de como acessar recursos sozinho no futuro, caso surja outro problema.

Tabela 17-4   Análise Contrastante de Espaço de Recursos e de Problemas

Submodalidades	Espaço de Recursos	Espaço de Problemas
Visual: Que aspectos das imagens são importantes?		
Localização		
Brilho		
Bi ou tridimensional		
Tamanho		
Distância		
Enquadrado ou panorâmico		
Colorido/preto e branco		
Orientação		
Movimento		
Associado/Dissociado		
Auditivo: Que aspectos dos sons são importantes?		
Localização		
Intensidade		
Volume		
Duração		
Ritmo		
Mono/Estéreo		
Batida		
Cinestésico: Que aspectos das percepções são importantes?		
Qualidade		
Intensidade		
Duração		
Locação		
Imóvel ou em movimento		
Tamanho		
Temperatura		

Bem-vindos, *Grandes Designs*!

Quando trabalhei como executiva de marketing responsável pelos estandes de minha empresa em feiras comerciais, um projetista de exposições geralmente me dava planejamentos para a construção de estandes caríssimos. Os desenhos me deixavam espantada e atordoada. Eu me esforçava particularmente para associar mentalmente como a planta baixa em preto e branco funcionaria em três dimensões no mundo real, por exemplo no Centro Nacional de Exposições, com milhares de visitantes passando por ela todos os dias.

Inicialmente, não querendo parecer ignorante, colocava minha confiança nos projetistas experientes e deduzia que as coisas funcionariam no dia da exibição. Mais tarde, como eu tinha que me entender com os desenhos, pedi um modelo em escala dos projetos maiores para ajudar no meu entendimento. Do mesmo modo, quando fiz um curso de design de jardins, tive problemas para criar 20 planos de construção em preto e branco e desenhos de plantas, embora eu adorasse criar esboços em aquarela de plantas de jardim em papéis de arte espessos.

Dez anos atrás em uma oficina de submodalidades, Suzi Smith, fomentadora e orientadora de PNL, convidou os participantes a trabalharem junto com seus parceiros explorando assuntos que eles achavam confusos. Eu estava prestes a embarcar em um trabalho de redecoração da minha cozinha, então escolhi minha frustração em traduzir 2D para uma visualização em 3D.

Meu momento mágico de "eureca!" apareceu no estágio de mapeamento do exercício (veja a seção anterior "Mapear através de outros recursos" para saber mais sobre essa técnica). Primeiro, eu e meu parceiro olhamos para as submodalidades de lugar do problema, no qual eu tinha que me esforçar para entender os desenhos em duas dimensões. Depois, em contrapartida, nós apreendemos as submodalidades de um lugar de recursos, em que eu realmente achei o aprendizado fácil e divertido em um contexto diferente, dessa vez praticando design. Depois, meu companheiro mapeou as submodalidades de que falei acerca de projetar *workshops,* onde eu podia planejar alguma coisa e então imaginar isso ganhando vida.

Eu percebi que me inclinei no sentido de ver um desenho plano na vertical (como se eu o pregasse a uma parede ou a um quadro de cavalete) e, depois, eu mesma tomei nota dos desenhos com canetas coloridas, e de repente visualizei na minha cabeça o design final. Eu poderia melhorar ainda mais a experiência ao imaginar que o papel era texturizado, e não suave. Agora eu estava realmente comprometida com o design; isso era saboroso e empolgante. Eu me senti mais competente para me apropriar do design do que permitir que outros ditassem suas ideias para mim. A partir daquele dia, o trabalho de design ganhou vida.

À medida que você se familiariza com as distinções de submodalidades, desenvolve suas favoritas com as quais trabalhar. Tente alimentar perguntas acerca de submodalidades em uma conversa de *coaching* sem fazer uma lista completa de submodalidades. Perguntar se alguém vê um assunto em cores ou em preto e branco ou onde o problema está localizado no corpo age como um catalisador para deixar seus clientes curiosos sobre suas experiências.

Mudança de Posicionamentos

Alguma vez você chorou com uma história triste por se identificar com o personagem? Uma coisa é derramar lágrimas sozinho no sofá em frente a um filme sentimental, outra é chorar incontrolavelmente em um evento público.

- **Associação** é a capacidade de realmente vivenciar uma experiência no momento e revivê-la como se estivesse acontecendo novamente agora. Por exemplo, a capacidade de desfrutar estar no alto de uma montanha admirando as vistas deslumbrantes à sua volta e acessar essa recordação quando quiser.

- **Dissociação** é a capacidade de assistir a si mesmo com visão de fora da experiência, como um observador imparcial. Por exemplo, desenvolver a competência para se dissociar de episódios emocionais salva você do constrangimento de ficar com olhos vermelhos quando, na verdade, quer parecer calmo e profissional.

Como *coach*, você precisa ser capaz de ambos: entrar nas situações e depois sair delas e encorajar os clientes a fazerem o mesmo. Ser empático para com as experiências de seus clientes é apropriado para você a fim de entender o que eles podem estar vivenciando. Mas o *coaching* também requer que você mantenha seu distanciamento profissional a fim de manter seu espaço e permanecer objetivo.

Associar-se ao momento

Estar presente no momento e prestando atenção total à sessão de *coaching* é absolutamente essencial: ficar imaginando o que está sendo preparado para o jantar não ajuda em nada. A fim de conseguir que seu cliente associe-se com o *coaching*, escolha um momento e um lugar para a atividade, quando e onde ele possa se concentrar em estar no espaço de *coaching*, especialmente pessoas de negócios – se você prepará-las em seus escritórios, é provável que se distraiam. Quando estiver preparando alguém, ao entrar no mundo de seus clientes, você realmente deve entrar em contato com o que está acontecendo com eles. A PNL encoraja você a colocar-se no lugar da outra pessoa através de uma estreita modelagem da linguagem corporal verbal e não verbal.

Para se associar a um contexto, entre nele. Esteja lá e observe todas as cores, texturas e sons. Intensifique isso enquanto reduz a velocidade para a metade de modo que você realmente saboreie o momento como se estivesse em câmera lenta. (Veja o Capítulo 7 para dicas para empregar os sentidos.)

Dissociar-se do momento

Durante uma sessão de *coaching*, você entra e sai mentalmente do mundo do cliente para ajudá-lo a encontrar as respostas que busca. Após uma sessão, você deve se distanciar dele e não passar o filme de sua vida ou nunca terá

Capítulo 17: Modificação de Experiências com Submodalidades **299**

uma vida só sua! (Envolver-se de modo demasiado na história de seu cliente é um bom tema para levantar em uma supervisão de *coaching*; veja o Capítulo 1 para mais detalhes sobre supervisão.)

Crie em sua mente um filme do contexto do qual você precisa se dissociar. Imagine-se em cores e o contexto ou pano de fundo desaparecendo em preto e branco. Rode o pano de fundo ao dobro da velocidade, indo adiante do começo do filme até o final. Rode as imagens coloridas de si mesmo à metade da velocidade, voltando para trás. Leia mais sobre dissociar o que você vê do que sente em *Programação Neurolinguística Para Leigos* (Alta Books), de Romilla Ready e eu, Kate Burton.

Mudança de Crenças Através dos Sentidos

A PNL considera as crenças fundamentais para a mudança porque elas direcionam comportamentos de uma forma poderosa. (O Capítulo 5 demonstra a ligação entre crenças e condutas com o modelo de Níveis Lógicos de Robert Dilts.) A estrutura profunda das crenças aparece na articulação da superfície do discurso e na ação cotidiana. Um de meus clientes mais bem-sucedidos de *coaching* de negócios acredita que "o dinheiro está em todos os lugares para onde olho". Esta crença o conduziu a montar e vender negócios rentáveis da Escandinávia ao Báltico, da China à Europa; ele está sempre encontrando oportunidades.

Distinção entre limitar e fortalecer crenças

Crenças são pressupostos que podem ou não ser verdadeiros; contudo, você age como se eles fossem verdade. *Crenças limitadoras* restringem os clientes, enquanto que as *fortalecedoras* os mudam em direção a seus objetivos.

Como *coach*, desafie pressupostos ou limitações que você escute nas conversas de seus clientes e apoie aquelas que enriquecem suas vidas. Mas esteja ciente de que as crenças mais influentes estão retidas a um nível inconsciente.

A PNL oferece diversos processos para desfazer a estrutura de crenças limitadoras e gerar outras mais proveitosas que empoderem os clientes. Na seção a seguir, você descobre o papel que as submodalidades podem desempenhar na formação de crenças.

Um cliente se agarra a uma crença limitadora por uma razão. Descobrir o benefício que ele obtém de uma crença dessas e respeitar sua intenção subjacente à crença (por exemplo, precisar sentir-se incluído, seguro ou estar no controle) é um prelúdio importante para o trabalho nesta seção.

A seguir estão algumas crenças limitadoras comuns:

- Ninguém gosta de mim por aqui.
- Eu não sou boa para delegar.
- Eu tenho medo demais de deixar meu emprego.
- Este é o tipo de coisa que pessoas ricas podem pagar.
- Eu nunca serei capaz de dirigir.

Quando você ouvir esse tipo de afirmação, indague sobre o que o cliente ganha com a crença primeiro e, depois, peça que ele reflita sobre qual seria uma crença mais fortalecedora para se desenvolver e seguir adiante.

Ir além das aparências e fortalecer o potencial do cliente

Dado que crenças não são sempre lógicas ou verdadeiras, elas demonstram ser resistentes ao questionamento convencional e às abordagens baseadas em evidências para refutá-las.

Criar uma mudança requer mudar a estrutura da crença – através das submodalidades – de modo que ela não mais se sustente. Depois que as submodalidades mudam, o cliente não pode mais manter a velha crença da mesma maneira; o processo de trabalhar com as submodalidades desestabiliza a estrutura.

O exercício de *coaching* a seguir cria crenças fortalecedoras através da mudança das submodalidades. As etapas se apoiam em submodalidades visuais porque pesquisas mostram que as pessoas processam imagens mais rápido do que sons e sentimentos. Se você tem um cliente que responde melhor com abordagens auditivas ou cinestésicas, pode adaptar o exercício para adequar-se melhor a ele, fazendo anotações dos sons ou sentimentos em seu lugar. Você pode fazer cópias de quadros em branco da Tabela 17-5 para levar para as sessões do *coaching*.

1. **Identifique uma crença limitadora**

    Trabalhe com seu cliente na verbalização da crença que o retém. Escreva isso na lista de crenças limitadoras na Tabela 17-5. Faça uma anotação da imagem que vem à mente quando o cliente considera a crença. Ele pode manter a imagem para si ou compartilhá-la com o *coach*.

    Por exemplo, as crenças "Eu nunca vou ser um bom apresentador" ou "Eu sou irresponsável financeiramente" podem ser representadas por uma imagem de dar uma palestra fraca ou de contas de cartão de crédito que se acumulam.

Capítulo 17: Modificação de Experiências com Submodalidades

2. **Identifique uma crença antiga na qual o cliente não acredite mais.**

   Divirta-se um pouco com isso. Crenças antigas nas quais você não acredita mais podem ser tais como "A fada do dente que deixará uma moeda à noite" ou "Minha vida será sempre perfeita". Permita que uma imagem apropriada apareça na cabeça. Novamente, escreva isso nas listas de crenças antigas na Tabela 17-5.

3. **Reflita sobre uma crença que seu cliente considere como uma certeza absoluta.**

   Precisa de ajuda para encontrar uma nova crença? Tente o seguinte: você sabe que o Sol se levantará mesmo que hoje o dia esteja cinzento e nebuloso. Imagine o Sol se levantando atrás – e talvez espiando por detrás – das nuvens escuras.

4. **Peça a seu cliente para pensar em uma crença que ele queira no lugar de uma limitadora ou que ele tenha imaginado no Passo 1 – uma crença desejada que seja mais fortalecedora.**

   Essa crença pode ser o oposto das crenças limitadoras do Passo 1, afirmada de maneira positiva. Por exemplo: "Eu posso ser um palestrante confiante e divertido" ou "Eu estou cuidando bem das minhas finanças".

   Peça a seu cliente para observar a imagem que acompanha a nova crença desejada e escreva na lista de "crenças desejadas" na Tabela 17-5.

5. **Identifique as submodalidades das crenças limitadoras do Passo 1, a crença antiga do Passo 2 e a crença dada como certa no Passo 3.**

   Anote os detalhes das submodalidades do cliente na Tabela 17-5. Consulte as perguntas das submodalidades visuais na Tabela 17-1 para se lembrar das perguntas que você precisa fazer. A coluna das "crenças desejáveis" ainda está em branco.

6. **Mude as submodalidades das crenças limitadoras do Passo 1 para as das crenças antigas do Passo 2.** Faça isso da mesma maneira que no exercício de mapeamento da seção anterior "Mapear através de outros recursos". Peça a seu cliente para pensar sobre a crença limitadora ao guiá-lo através das submodalidades visuais da antiga crença.

7. **Mude as submodalidades de determinada crença sobre o que o cliente preferiria ter (do Passo 4) para àquelas as quais o cliente está absolutamente certo (Passo 3).** Faça isso solicitando que ele pense na crença desejada e guiando-o através das submodalidades visuais daquela dada como certa, de modo que ele possa agora criar seu próprio sentido da nova crença.

   A sequência do exercício é importante. O cliente chega com uma crença limitadora que o impede de atingir o que quer. Ele precisa deixar que a crença limitadora se vá primeiro antes que possa se sentir empoderado acerca da crença desejada.

Parte V: Melhore Seu Repertório de *Coaching* com PNL

8. **Observe a diferença.** Pergunte ao cliente no que ele acredita agora ser verdade, o que está diferente para ele? Você pode esperar encontrá-lo agora com uma nova crença empoderadora na qual confia. Trabalhe com ele para fazer qualquer ajuste nas submodalidades que fortaleçam sua crença desejada. Anote as submodalidades finais na coluna das "crenças desejadas" da Tabela 17-5 e peça que ele detenha uma nova imagem em sua imaginação para recordá-lo da sua crença.

O exercício pode revelar outras crenças limitadoras. Se for esse o caso, trabalhe através delas repetindo o mesmo processo.

Tabela 17-5	Transformando Crenças Limitadoras em Crenças Fortalecedoras com Submodalidades Visuais				
Submodalidades	*Crença Limitadora*	*Crença Desejada*	*Crença Antiga*	*Crença Certa*	*Novas Crenças Fortalecedoras*
Visual: Que imagens são importantes?					
Localização					
Brilho					
Bi ou tridimensional					
Tamanho					
Distância					
Enquadrado ou panorâmico					
Colorido/preto e branco					
Orientação					
Movimento					
Associado/ Dissociado					

Isso é verdade?

Em seu livro, *Ame a Realidade* (Best Seller), Byron Katie compartilha quatro simples perguntas conhecidas como *O Trabalho*, que moldam a forma como ela se movimenta através de sua própria dor e sofrimento pessoal. Ao mudar a maneira como *pensava* sobre sua própria situação, ela mudou radicalmente sua própria clareza e perspectiva da vida. Katie agora ensina esse processo ilusoriamente simples a outras pessoas.

Ela tem quatro perguntas principais que faz aos clientes para refletirem sobre qualquer situação difícil que questione o modo como eles pensam os dilemas atuais que estão passando, se os pensamentos deles são verdadeiros, que efeito têm e como poderiam ser diferentes se não pensassem desta forma. As perguntas são as seguintes:

- Isto é verdade?

- Você tem absoluta certeza de que isto é verdade?

- Como você reage quando tem tal pensamento?

- Quem você seria sem este pensamento?

A seguir, como a abordagem de Katie funciona no *coaching*: um cliente faz uma afirmação que não parece ser útil para ele. Um exemplo é uma reclamação de que outra pessoa está sendo indelicada, tal como "César é injusto comigo".

Explorar delicadamente essa afirmação com as duas primeiras perguntas dá ao cliente a oportunidade de descobrir a verdade e refletir sobre ela. Isso é realmente verdade ou apenas uma história que o cliente está contando para si mesmo?

Com a terceira pergunta, peça ao cliente para explorar a especificidade de seu comportamento. O que o cliente faz especificamente quando pensa que César está se comportando de maneira injusta? Faça uma lista e investigue isso.

Com a quarta pergunta, solicite a seu cliente que imagine quem ele seria se não pudesse ter aquele pensamento. Observe o que o cliente vê, ouve e sente. Não dê ao seu cliente a possibilidade de culpar César pelo problema. Sugira que ele possa se libertar deste gancho também.

A atividade final de Katie é *mudar a direção* da afirmação original para reescrevê-la. Utilizando uma série de técnicas de reviravoltas (similares às de reestruturação de PNL), você reformula os pensamentos originais de diversas formas diferentes. Seguem alguns exemplos:

- César não é injusto comigo.

- Eu sou injusta com César.

- Eu estou disposta a ser justa com César.

- Eu preciso ser justa comigo mesma a fim de ser justa com César.

Em seu estilo próprio, esse processo transforma crenças limitadoras através de simples conversas exploratórias. Como Katie observa:

> *O poder da mudança de direção jaz na descoberta de que tudo o que você pensa, que você vê do lado de fora é, na verdade, uma projeção da sua própria mente. Tudo é uma imagem espelhada do seu próprio pensamento. Ao descobrir a inocência da pessoa que se julga, eventualmente você chega a reconhecer a sua própria inocência.*

304 Parte V: Melhore Seu Repertório de *Coaching* com PNL

Capítulo 18

Administração de Estados Emocionais

Neste Capítulo

▶ Manter os clientes inventivos mesmo sob pressão

▶ Trabalho de dentro para fora

▶ Livrar-se das interferências

▶ Defesa do potencial natural

▶ Vencer medos e fobias

---

*F*inalmente, as pessoas dentro das organizações estão começando a ser capazes de falar sobre emoções no trabalho em vez de tentar (e muitas vezes falhar) deixá-las no estacionamento. Os líderes sabem que as pessoas precisam ser emocionalmente inteligentes, bem como fortes intelecto e tecnicamente. A inteligência emocional envolve a habilidade de se harmonizar com suas próprias emoções e as daqueles a seu redor.

Neste capítulo, exploro estados emocionais e como você encoraja seus clientes a ancorar estados positivos e ideais e a lidar com os *gremlins* irritantes que podem interferir no uso dos recursos das pessoas. Eu também aprofundo em como lidar com o medo e aumentar a confiança.

Acolhimento de Estados Emocionais

As quatro emoções principais de raiva, alegria, tristeza e medo podem, cada uma delas, desencadear um *estado emocional*. E este abrange pensamentos, sentimentos e sensações no corpo. O *estado* descreve um modo de ser, seja este infeliz ou tranquilo, aterrorizado ou eufórico. No *coaching*, você deve encorajar os clientes a prestarem atenção a estados emocionais, tomando-os como uma informação útil sobre o que está acontecendo com eles em um nível profundo. Por exemplo, se alguém está andando à noite conversando com outro alguém na maior transpiração, ela claramente está ansiosa com alguma coisa sobre a qual seria bom investigar. As emoções conduzem as ações e afetam a saúde; elas direcionam a atenção e o comportamento. Se você está se sentindo triste ou com medo, as emoções podem bem levar você a fazer algo que não faria em outra situação.

> ### *Coach*, considera-te a ti mesmo
>
> Como *coach*, você precisa de consciência emocional tanto acerca das emoções de seu cliente quanto das suas próprias, porque seu estado afeta o de seu cliente e vice-versa. Estados mudam com frequência durante um dia – até mesmo durante uma sessão de *coaching*. Quando você está falando sobre os assuntos que seus clientes trazem para o *coaching*, precisa estar ciente de como ele reage emocionalmente e se suas reações são úteis ou atrapalham o progresso do seu cliente.
>
> À medida que ler este capítulo, reflita sobre como está se sentindo hoje. Furioso, mal, contente ou triste? Tudo isto? Você ao menos notou como *estava* ou estava mais absorvido com o que estava *fazendo*? Que emoções você expressou ou suprimiu?

Esteja atento quanto a rotular emoções, sejam elas boas ou más; elas são o que você sente no momento e precisa investigar para onde estão te levando. Por exemplo, um toque de ressentimento cheio de raiva pode ser o que alguém precisa para desencadear uma mudança que vem evitando. Em contraste, uma pura alegria pode levar outra pessoa a tomar uma decisão com toques cor-de-rosa da qual ela pode se arrepender mais tarde.

Emoções negativas persistentes têm seu preço sobre seus clientes, drenando energias e criando níveis de estresse nada saudáveis. Se alguém está continuamente com raiva ou triste, aconselhe-o a discutir isso com seu médico, que pode encaminhá-la para um trabalho terapêutico ou lhe dar alguma medicação.

Altos e baixos emocionais são naturais: eles demonstram apenas que você é humano. Algumas pessoas adoram andar pela vida em uma montanha-russa emocional em que seus humores são imprevisíveis aos demais, somente sentindo-se vivos quando estão aos extremos, enquanto outros preferem uma abordagem mais contínua. Enquanto humores e estados são parecidos, um estado é mais duradouro do que um humor. Estados são altamente contagiantes, afetando seus relacionamentos, desempenho e saúde.

Você já parou para pensar quantas pessoas seu estado afeta em um único dia? Sua ação individual pode ter um efeito de onda imenso nos outros. João se lembra da aflição de seu filho quando ele o pegou na escola em uma sexta-feira no final da tarde. Ele podia sentir as vibrações ruins quando seu filho de oito anos, Daniel, veio correndo com um horrível enfurecimento. "O diretor foi malvado o dia inteiro", reclamou seu filho. "O diretor estava de mau humor e, por isso, ninguém pôde praticar esportes à tarde". "Em vez disso, todos nós tivemos que ficar no corredor e arrumar os equipamentos." Depois que algumas crianças se comportaram mal, a punição se estendeu para todas as outras crianças da escola. O *estado* infeliz do diretor afetou 120 crianças pequenas e meia dúzia de funcionários, e depois se espalhou para suas famílias.

Mudança de Estados Emocionais

A boa notícia é que você pode mudar um estado quando sente que fazer isso é adequado. Em particular, as seções a seguir cobrem a abordagem clássica de PNL conhecida como *ancoragem,* que possibilita que você acesse os estados precisos que lhe são mais úteis, independente do que está acontecendo no mundo à sua volta.

Para que o *coaching* seja mais eficiente, tanto o cliente quanto o *coach* devem estar em *estados de recursos*. Você pode descrever um estado de recursos como sendo alerta, presente, calmo, claro, curioso e criativo – quaisquer que sejam as palavras que sintetizem o melhor estado para você.

Verificação do estado de base

Para mudar um estado, você precisa primeiro se sintonizar com a sua *base,* que é o seu modo normal, com o qual está mais familiarizado, de passar o dia.

O seguinte exercício de autoconsciência ajuda os clientes a apreenderem informações sobre o estado de base e a observar como ele muda através do dia.

1. **Peça a sua cliente para se autoexaminar por sete dias, observando percepções pela manhã, ao meio-dia e à noite.**

    Seus clientes podem escolher escrever sobre o estado de base com palavras em um quadro, pôr um código de cores em sua agenda, soltar pedrinhas em vários frascos, afixar *post-its* coloridos em um calendário ou desenhar símbolos tais como uma carinha sorrindo e carinhas tristes. Seja tão criativo quanto consiga ao cocriar esse banco de informações.

2. **Depois de reunir bastante informação, analise os dados.**

    Peça a seu cliente para que reveja os dados antes da sessão de modo que possa responder ao seguinte:

    - Que atividades específicas afetam os estados de base para melhor ou para pior?
    - Como os estados dele desencadearam os comportamentos?
    - Que efeitos as diferentes pessoas ou situações têm sobre seus estados?
    - Quando ele está em seu melhor e pior estado no cotidiano?

3. **Em uma sessão subsequente, faça perguntas sobre as observações de seu cliente e o que ele poderia *querer* que acontecesse de maneira diferente no futuro.**

   Se ele identificou que regularmente se sente deprimido, por exemplo, então, o *coaching* poderia focar em formas de se elevar acima daquele lugar tão solitário.

   Ou, se ele acha que determinadas atividades o fazem sentir realmente bem, ele pode querer refletir sobre como reservar mais tempo para essas coisas.

4. **Elabore atividades conjuntamente que deem ao cliente a oportunidade de experimentar novas maneiras de se comportar e ser.**

   Talvez ele estabeleça suas ações em celebrar sucessos à medida que acontecem e ter mais diversão. (O Capítulo 5 oferece conselhos úteis sobre tomar atitudes.)

Quando os clientes estão cientes de seus estados de bases naturais, eles têm um ponto de referência no qual podem conscientemente mudar a forma como operam. Na próxima sessão, exploro a mudança de estados através do processo de *ancoragem*.

Ancorar estados positivos

Uma *âncora* é um estímulo externo que desperta um estado interior em particular ou uma reação. Você responde a âncoras o tempo todo; você sabe checar seu telefone quando ouve um alerta de mensagem de texto ou seguir para a cozinha quando sente o cheiro do jantar sendo preparado. Você pode inadvertidamente ter estabelecido âncoras negativas como gritar ou franzir a testa quando alguma coisa o desagrada. Você armazenou esses estímulos e respostas no seu banco de memória por um período de tempo, à medida que desenvolveu hábitos.

Recordações oferecem poderosos recursos para desencadear uma mudança positiva no estado emocional, e a PNL explora esses recursos com a ancoragem. Diversas técnicas de PNL possibilitam que você estabeleça uma âncora para criar um estado em particular. Na maior parte das vezes, os *coaches* de PNL encorajam os clientes a fixarem uma âncora, tal como um movimento de mão distintivo para desencadear um estado em particular. Alguns clientes preferem usar sons e imagens como âncoras. Veja o box a seguir, "Sucesso de Círculo de Excelência", para um exemplo.

O exercício de Círculo de Excelência a seguir trabalha ao ancorar uma experiência positiva que foi apreciada em um contexto a um movimento de mão. Depois que uma experiência é ancorada, os clientes podem, então, basear-se nessa âncora para mudar o estado quando estão em situações desafiadoras.

Descreva os seguintes passos e o processo de ancoragem para os clientes antes de repassar os passos efetivos. Seria bom mostrar aos clientes alguns movimentos de mão geralmente usados na ancoragem.

Capítulo 18: Administração de Estados Emocionais

As coisas sugeridas a serem ditas ao cliente através dos passos a seguir aparecem em itálico.

1. **Peça à cliente para descrever uma situação que ela ache desafiadora e em que ela gostaria de mudar seu estado emocional.**

Sucesso de Círculo de Excelência

Heloísa sabia que queria conduzir oficinas de gerenciamento de projetos em uma empresa de alta tecnologia com uma energia contagiante. Contudo, ela achava difícil criar um estado de alto desempenho, especialmente nos dias em que deixava o trabalho cedo, então, ela pediu à sua *coach* para ajudá-la a criar o estado desejado. Heloísa também queria ser capaz de criar alguns estados calmos e meditativos para momentos mais à frente no treinamento, durante os quais ela pudesse encorajar pessoas a refletirem calmamente sobre seu projeto de trabalho.

Sua *coach* a conduziu através do exercício do "Círculo de Excelência" para ancorar uma série de estados positivos. Primeiro, Heloísa se lembrou de um dia quando estava cansada, mas que mesmo assim tinha encontrado energia para jogar um jogo de tênis duro. Ao reviver a experiência, ela viu suas mãos naturalmente movendo-se como se estivessem segurando sua raquete de tênis. Isso gerou sua âncora de alerta e energia que poderia ser evocada quando ela desse sua introdução no *workshop*. Ela acessa esse estado repetindo a mesma empunhadura em sua raquete de tênis imaginária.

Para seu estado calmo e meditativo, Heloísa se lembrou do trecho de uma música em particular que ela cantarola na cabeça quando tudo está calmo. Ela ancorou essa experiência ao tocar um CD imaginário na palma de sua mão esquerda enquanto o dedo indicador de sua mão direita fez movimentos circulares sobre o disco. Ela ativa a âncora da mão discretamente sem que ninguém note.

Sua *coach* repetiu o exercício com Heloísa, acessando diversas recordações para cada um dos estados de recursos, até que ambas estivessem confiantes de que a moça podia mudar seu estado quando quisesse. Subsequentemente, Heloísa descobriu que podia desencadear uma mudança em seu estado para conscientemente elevar seus níveis de energia para os momentos de sua oficina quando ela achasse que sua energia estava submergindo um pouco e pudesse mudar rapidamente para um estado de calma e reflexão quando quisesse resolver ficar calma e meditativa também.

Pense na situação em que você gostaria de ser diferente e imagine um círculo no chão à sua frente de um metro de diâmetro.

Este círculo imaginário é o "Círculo de Excelência" da cliente.

2. **Fique de pé fora do círculo com a cliente e peça que ela identifique o estado positivo que quer criar.**

Identifique seu melhor estado. Diga-me que estado é este nas suas próprias palavras.

310 Parte V: Melhore Seu Repertório de *Coaching* com PNL

> Dê tempo para que a cliente descreva o estado positivo. Tudo o que você está procurando aqui são algumas frases de descrição ou algumas palavras-chave.

3. **Faça com que a cliente experimente o estado positivo novamente.**

> *Lembre-se de um momento quando você estava* [repita de volta as palavras usadas pelo cliente]... *volte a isto firmemente... Veja o que viu então. Ouça o que ouviu.*

> Peça à cliente para entrar no círculo e vivenciar o estado positivo ainda mais vividamente.

> *Reviva aquela experiência. Faça-a vívida: esteja lá na experiência com todos os seus sentidos. Sinta o que suas mãos estão fazendo. Agora, retenha ou ancore este estado com um movimento de mão no momento em que a recordação seja mais vívida.*

> Após a cliente ancorar a experiência, peça que ela saia do círculo.

4. **Repita o exercício com uma segunda experiência de um estado positivo, ancorando a experiência mais vívida do sentimento com o mesmo movimento de mão.**

5. **Peça à cliente que descreva o momento no futuro em que ela quer ter acesso a esse estado.**

6. **Depois de identificar o acontecimento futuro, peça à cliente para entrar no círculo de novo como se estivesse entrando no acontecimento real e faça o movimento de mão ancorado.**

> *Com sua mão na posição ancorada, movimente-se dentro do círculo. Olhe, ouça e sinta como a experiência pode ser para você agora.*

> Dê à cliente tempo para desfrutar e se integrar ao sentimento de estado positivo.

7. **Após o cliente experimentar o passo positivo, peça que ele saia do círculo.**

> *Relaxe... você conseguiu!*

Encoraje os clientes a praticarem utilizando esse movimento de mão algumas vezes entre as sessões de *coaching* para que se recordem da técnica.

Permitir que estados negativos se afastem

Historicamente, a avaliação anual de desempenho que os gerentes davam para os seus subordinados focava em negatividades, utilizando uma abordagem do tipo "coisas que você poderia fazer melhor". Felizmente, a postura está começando a mudar já que cada vez mais gerentes são treinados em *coaching* e entendem que a transformação pessoal acontece quando você defende os pontos fortes e sucessos das outras pessoas a fim de aproveitar seus potenciais.

Capítulo 18: Administração de Estados Emocionais

À medida que as pessoas são encorajadas a prestarem mais atenção naquilo em que são boas, as negatividades se afastam. Os clientes mudam para os *estados de fluxo*, encontrando um sentido de facilidade e autoconfiança. (Leia mais sobre estados de fluxo no Capítulo 9.)

Quando se está trabalhando com equipes, o melhor cenário é reconhecer e celebrar os pontos fortes dos indivíduos e as qualidades diferentes que cada membro da equipe traz. O poder da equipe é maior do que a soma dos indivíduos nela. Ao observar o que está funcionando, as negatividades se afastam e as conexões emocionais positivas crescem.

O exercício a seguir é baseado em um outro exercício usado pela *coach* norte-americana Jan Elfline, em suas *master classes*. Eu apresento o exercício como uma atividade de equipe, mas você pode adaptá-lo para uma sessão de *coaching* individual ao solicitar a seus clientes para falarem ou escreverem sobre seus êxitos.

1. **Peça a cada membro da equipe para identificar privadamente três êxitos pessoais e três sucessos profissionais e faça uma breve anotação sobre eles. Prepare-os para serem entrevistados sobre seus sucessos.**

2. **Peça que cada membro da equipe entreviste os colegas, pedindo que compartilhem um sucesso.**

    Peça que cada membro da equipe entreviste até seis colegas. Se a equipe for de seis indivíduos ou menos, deixe que todos compartilhem um exemplo, cada um, em uma série de rodadas.

3. **Complete seis rodadas de entrevistas, permitindo a cada membro da equipe compartilhar uma história por rodada.**

    Recomenda-se que cada pessoa conte uma história apenas uma vez.

4. **Reúna todos novamente em um círculo e destaque os sucessos de cada membro da equipe.**

    Dê uma volta no grupo, pessoa a pessoa, e peça aos outros para compartilharem uma história de sucesso que se relacione a ela.

Lidar com a Interferência de Gremlins

Gremlins são os aspectos das identidades das pessoas que podem se meter no meio do caminho de sua inventividade natural prejudicando seus estados emocionais. *Gremlins* restringem sua ação ou criticam o que você faz. Eles são como pequenos duendes incômodos que dançam à sua volta e fazem maldades, incomodando seus clientes e amplificando suas inseguranças.

Gremlins jogam com suas emoções de um modo negativo e assumem diversas formas. As seções seguintes examinam três exemplos de *gremlins* que surgem com frequência.

- O *gremlin* que mantém a paz evita a confrontação a todo o custo.
- O *gremlin* **perfeccionista** é impossível de agradar porque a perfeição é inalcançável.
- O *gremlin* **procrastinador** quer adiar a tarefa de hoje até amanhã.

Muitos outros *gremlins* estão por aí, então, esteja vigilante a eles nas conversas de *coaching* e aponte-os para seus clientes se você sentir que um *gremlin* está escondido. Enquanto alguns modelos de *coaching* se livram dos *gremlins*, a abordagem de PNL é respeitá-los como uma parte importante de sua identidade. Quando você trata os *gremlins* como fornecedores de informações úteis, pode obter sabedoria dos dons que eles oferecem. Eu prefiro tratá-los como membros da equipe interna que trazem uma qualidade diferente para os objetivos de meus clientes. Estes podem tirar os *gremlins* de suas caixas quando necessário e mantê-los em seus lugares se não forem solicitados. No Capítulo 19, examino as diferentes partes integrantes da identidade de uma pessoa, observando cada uma delas como um propósito positivo para o todo. O desafio é encontrar o aspecto positivo de um *gremlin* perverso mantido longe a não ser que seja útil.

Sacudir o gremlin que mantém a paz

O *gremlin* que mantém a paz tem medo de tomar qualquer atitude que possa sacudir o barco e quer acenar com a bandeira branca ao primeiro sinal de um batalha. Seu trabalho é manter uma pessoa seguramente fora de perigo. Portanto, "suportar e calar" é a mensagem implícita do *gremlin* que mantém a paz quando levado a extremos:

- Por que entrar com um pedido de divórcio quando você pode suportar um casamento tóxico?
- Por que dizer a uma amiga que ela permaneceu mais tempo do que era bem-vinda se ela eventualmente irá embora?
- Por que disciplinar um empregado quando você vai mesmo trocar de emprego?
- Por que dizer à sua chefe que ela está sendo insensata se você pode apenas calmamente ignorá-la?

A paz, em si mesma, é um objetivo nobre, mas medo de qualquer conflito ou de estar disposto a discutir uma visão diferente significa que você se acomoda a uma vida do tipo "melhor que nada".

Aos 19 anos, Alessandra se casou com um homem muito mais velho com quem teve quatro filhos. Seu marido tinha um emprego responsável de médio gerenciamento e se recusava pura e simplesmente a apoiar o desejo de Alessandra de ir para a faculdade, estudar, conseguir um emprego e ter um dinheiro que ela pudesse chamar de seu. Ele queria uma esposa linda em casa, responsável por cozinhar, limpar e tornar a casa atraente para entreter os clientes dele. Lá pelos seus trinta e poucos anos, Alessandra decidiu que o divórcio era a única maneira de criar uma vida melhor para si mesma porque seu marido nunca discutiria qualquer problema com seu casamento. (E realmente ele nunca mais falou com ela ou com as crianças desde que se separaram.) Alessandra reconheceu que seu forte desejo de manter a paz veio na forma da voz de sua mãe lhe dizendo para ficar quieta e não fazer estardalhaço. Sua mãe, que também tinha seu próprio casamento controlado, acreditava que Alessandra tinha sorte de ter uma casa confortável e filhos. Alessandra reconheceu que seu *gremlin* mantenedor da paz lhe serviu bem, mas já era tempo de ser mais desafiadora e enfrentar confrontações. Quando ela se viu sentindo que não podia discutir suas visões, aprendeu a estacionar o *gremlin*. Hoje em dia, Alessandra é professora em uma unidade de cuidados especiais, mora em uma casa menor e mais caótica, mas é muito feliz por ser independente.

Uma forma de domar o *gremlin* mantenedor da paz é aprender a ter conversas corajosas. Os clientes podem se preparar para isso emocionalmente com as técnicas de ancoramento descritas anteriormente na seção "Ancorar estados positivos" e ao planejar as palavras para dar opiniões sem confrontação (O Capítulo 14 oferece uma estrutura útil.) Quando os clientes estão em contato com seus valores, escolhendo em que batalhas eles querem lutar, respeitar esses valores é mais fácil.

Desarrumar o gremlin perfeccionista

Muitos clientes reconhecem seus *gremlins* perfeccionistas e percebem que eles tomam uma enorme quantidade de energia. Não apenas a perfeição é impossível, mas faz com que você se preocupe demais e enverede por tarefas e projetos de uma forma que nunca se completam. Nada realmente é bom o suficiente quando você busca exemplos de vidas perfeitas retratadas por revistas de estilo resplandecentes ou perfis de celebridades de brilho.

Uma forma de contrapor o perfeccionismo de seus clientes é compartilhar o princípio de Pareto ou a regra 80/20. Esta afirma que 80% dos seus resultados vem de 20% de seus esforços. O custo da perfeição é que ela toma 80% mais tempo para espremer os 20% restantes do resultado. Este princípio leva você a prestar uma atenção maior aos custos da oportunidade de ir a todo vapor o tempo todo.

Certamente, o perfeccionismo também pode ter suas raízes no passado, quando uma pessoa percebeu que seus esforços não eram bons o suficiente para agradar um pai ou uma mãe, um professor, um namorado ou chefe. Nesse caso, você pode revelar as crenças limitadoras e apoiar seus clientes para criarem crenças novas e mais fortalecedoras para si. (O Capítulo 17 dá algumas ideias a você.)

Demitir o gremlin procrastinador

O *gremlin* procrastinador prospera ao criar distrações, fazer barulho e em atividades que desvie você de seu foco principal. *Gremlins* procrastinadores podem ser bem divertidos e até mesmo proporcionar muito relaxamento necessário ou tempo para pensar. "Vamos ao shopping em vez de fazer aquele trabalho agora" ou "Vamos apenas tomar mais uma xícara de chá e bater papo" são algumas versões interessantes desse *gremlin*.

A tática de contrapartida para o *gremlin* procrastinador é introduzir mais estrutura e deixar o tempo focado em atividades identificáveis.

Peça a seus clientes para identificarem especificamente como o procrastinador os distrai. Que tentações esse pequeno *gremlin* oferece? Uma oportunidade para ir às compras? Tomar café fofocando? A satisfação temporária de um ataque à geladeira, ler uma revista ou navegar na internet? Então, peça aos seus clientes para:

- Medir o tempo gasto em distrações.
- Decidir que benefícios você quer manter e o que quer deixar ir embora.
- Atribuir um custo às suas distrações em termos de dinheiro ou oportunidades perdidas em outro lugar.
- Identificar maneiras de reduzir as distrações.

Quando os clientes estão procrastinando, peço que eles reservem apenas uma hora de eficácia a cada dia para uma tarefa crucial que tenham em mãos. Não é nem mesmo uma hora inteira de trabalho; apenas um comprometimento de passar 60 minutos de tempo dedicado e, então, fazer um intervalo de dez minutos. Clientes que seguem essa técnica têm permissão para, após uma hora, parar ou continuar. Na maioria das vezes, depois de começar, as pessoas gastam mais tempo na tarefa e se envolvem com a rotina, deixando sua procrastinação para trás.

Desenhar seus gremlins

O exercício seguinte pode ajudar os clientes a identificarem um grupo de *gremlins* que esteja causando problemas e decidir como conseguir que essas criaturas traquinas trabalhem para garantir seu sustento.

1. **Dê a seu cliente uma grande folha de papel em branco e várias canetas coloridas.**

2. **Peça-o para identificar seu elenco de *gremlins* com desenhos e palavras.**

    Encoraje seu cliente a dar nomes e personalidades aos *gremlins*. Comece com os três principais, e pode ser que ele apareça com mais dois ou três.

3. Discuta com o cliente cada um dos atributos dos *gremlins*, observando todos os possíveis benefícios que eles trazem.

4. Peça ao cliente para decidir que papel positivo atribuir a cada *gremlin* e encontrar uma maneira de cada um estar a serviço da programação de *coaching*. Uma cliente, Teresa, que chamou um *gremlin* de Assustado, diz que esse personagem está encarregado de enfatizar os riscos quando grandes decisões se assomam.

5. **Identifique como cada *gremlin* pode andar furtiva e indesejavelmente e liste as estratégias para manter cada um em xeque.** O *gremlin* Assustado pode impedir que Teresa vá a festas, então, ela imagina colocar o *gremlin* em uma gaiola em eventos sociais, quando ele pode ser inconveniente.

Ao personificar *gremlins*, você tem uma forma estenográfica de identificá-los e discuti-los. Ser capaz de dizer algo como "Ah, é como se a Penélope Perfeccionista tivesse aparecido de repente" ou "Aí está Peter, o que conserta tudo, falando de novo" ajuda você a reconhecer quando o *gremlin* está se intrometendo em uma situação sem ser convidado a isso e diminui a autocrítica não produtiva.

Superação do Medo

O medo é centrado na expectativa de que alguma coisa desagradável ou indesejada irá acontecer no futuro. O medo pode paralisar seus clientes em um local ou desencadear uma ação furiosa para se livrar dele. O medo é um motivador comprovado, mas é um motivador que deixa as pessoas se sentindo com suas energias esgotadas e operando abaixo de seus potenciais.

Algumas vezes, o medo não é tangível ou até mesmo racional o suficiente para ser articulado – é uma sensação de que algo não está bem. Embora ele possa afastá-lo de alcançar alguns objetivos, também pode servir como um mecanismo útil de alerta.

Quando José estava de férias com um grupo de amigos, vários deles decidiram por uma atividade de aventura – balançar-se em cordas pela floresta – mas, quando chegou a vez de José pular de uma base no alto, ele sentiu algo por dentro como que dizendo que ele não deveria fazer isso e se recusou a seguir em frente, não sabendo bem por quê. No dia seguinte, teve problemas para enxergar com um de seus olhos e acabou no hospital com um deslocamento de retina. O especialista lhe disse que, se ele tivesse pulado, talvez tivesse perdido a visão permanentemente. Depois que isso aconteceu, ele presta muita atenção a seus sentimentos instintivos.

Para deixarem o medo de lado e se tornarem confiantes, os clientes devem reconhecer a sensação de medo e encarar o que pode estar deixando-os nervosos. Alguns dos medos mais comuns que as pessoas trazem para *coaching* incluem:

- **Finanças e posses.** Tenho dinheiro suficiente? Tenho como comprar o carro, a casa, as roupas, os luxos certos? O que vai acontecer se eu perder meus preciosos pertences?

- **Solidão e rejeição.** Alguém gostará de mim ou me amará? Alguém se importa comigo? Vou perder meu emprego?

- **Conhecimento.** Será que sei o bastante? Sou suficientemente inteligente? Os outros irão me aceitar?

- **Juízo.** Vou ouvir alguma crítica sobre mim que não vou gostar?

- **Privacidade.** O que vai acontecer se eu contar às pessoas alguma coisa sobre mim?

- **Experiências ruins.** Ainda vou repetir erros do passado novamente?

- **Coragem.** Como posso dizer o que realmente acho e exprimir o que quero?

Faça qualquer uma das perguntas abaixo nas sessões de *coaching* para explorar o medo:

- Como você está vivenciando o medo?
- Seu medo – ou de outra pessoa – está pressionando você?
- O que o medo dá a você?
- O que você preferiria ter no lugar do medo?
- Como a vida será melhor para você tão logo se livre deste medo?
- Que ideias você já teve para se livrar do medo?
- Que passo pequeno e fácil você pode dar no momento para se libertar do seu medo?
- Como pode avançar com relação ao seu medo?

Promoção da confiança natural

Quando os clientes vêm para o *coaching* dizendo que não têm autoconfiança, eles estão generalizando a partir de um ou mais incidentes para um sentido mais amplo de estarem presos, no qual não reconhecem mais a si mesmos. Eles perderam a conexão com seu estado saudável natural de bem-estar emocional.

Confiança requer o sentimento de que tudo está bem, independente dos acontecimentos, pessoas e circunstâncias. Requer que você confie em si a partir do seu âmago e não permita que emoções negativas impeçam que continue a fazer o que quer ou precisa fazer. Infelizmente, não existe nenhuma pílula ou poção mágica de confiança: afinal de contas, desenvolver a confiança está nas mãos de seus clientes.

Capítulo 18: Administração de Estados Emocionais

Infelizmente, não há pílulas ou fórmulas mágicas para desenvolver a confiança. Em último caso, desenvolvê-la está nas mãos de seus clientes.

Em *Building Self-Confidence For Dummies* (Wiley), minha coautora Brinley Platts e eu damos esta definição de confiança:

> *No seu âmago, confiança é a capacidade de tomar atitudes apropriadas e eficientes em qualquer situação, seja lá de que forma o desafio apareça para você ou para os outros.*

A fim de tomar uma atitude, os clientes precisam reconhecer a si mesmos em sua maior confiança. Infelizmente, sob estresse eles apagam essa informação. "Nunca sou confiante" ou "Eu a perdi", eles dizem. Mas se lhes é dado o tempo e o lugar para relaxar e pensar sobre suas experiências anteriores, podem encontrar momentos em que foram extremamente autoconfiantes. Por exemplo, uma cliente de *coaching* sofreu uma perda de autoconfiança devido a um chefe microgerenciador e um emprego que requeria muito trabalho reacionário, ainda que ela tivesse uma enorme confiança para fundar uma obra de caridade.

Como *coach*, encoraje seus clientes a observarem por si mesmos momentos em que eles se sentiram confiantes. Peça que descrevam essas experiências o mais precisamente possível. A Tabela 18-1 fornece um formulário para anotar as informações sobre esses momentos e mostra um exemplo. Tais experiências agem como referências que depois podem ser ancoradas usando a técnica do "Círculo de Excelência" na seção "Ancorar estados positivos", no começo deste capítulo.

Se as pessoas realmente tiverem problemas para identificar seu próprio estado de confiança, peça que encontrem modelos de exemplo que demonstrem as qualidades que gostariam de adotar. Depois, peça que imaginem se comportando como se fossem o modelo, observando o que estariam pensando ou experimentando.

Tabela 18-1		Experiências de Autoconfiança	
Onde estava e o que estava fazendo quando me senti mais confiante?	*Que pressuposições fiz sobre mim mesmo e sobre os outros?*	*O que permitiu que me sentisse confiante?*	*Dê um nome para este estado de confiança. Como exatamente eu me senti?*
Quando posei para a minha foto de formatura com meus pais.	Que eu podia alcançar alguma coisa difícil através de meus próprios esforços.	Saber que o meu trabalho duro rendeu frutos.	Entusiasmado e satisfeito.

Depois que os clientes criarem seu conjunto de referências de experiências positivas, trabalhe com eles para ancorar as experiências para o futuro ou lembrá-los delas quando estiverem com problemas.

Libertar-se de fobias rapidamente

Os clientes trazem todo o tipo de inseguranças para o *coaching* que podem ser discutidas e encaminhadas logicamente. De vez em quando, chega alguém com uma reação fóbica que se intromete no meio de seu cotidiano. Seu estado emocional é desestabilizado ao pensar na coisa de que tem medo. Eu tive clientes que tinham medo de andar de escada rolante ou elevadores, dirigir em pontes de estradas e de voar. Suas emoções extremadas criam fortes reações físicas, incluindo dores de estômago e ataques de pânico. Tais medos não são lógicos, e podem ter um efeito debilitador na vida cotidiana. Mas, quando eles são superados, os clientes experimentam um sentido de liberdade que traz satisfação ao presenciar.

Separar emoções e memória cinematograficamente

A PNL oferece uma técnica muito útil chamada de *Cura Rápida da Fobia* que dessensibiliza os clientes de seus traumas ou fobias. A técnica funciona separando-se – *dissociando* – imagens de emoções na memória do cliente. Essa dissociação ocorre ao fazer com que os clientes se vejam sentados em um cinema (dissociação), enquanto assistem a si mesmos na telona (dissociação dupla). A técnica também é útil se alguém teve uma experiência ruim, tal como fazer uma apresentação que não saiu boa.

Apenas use essa técnica em um lugar onde os clientes se sintam muito confortáveis e seguros e se você se sente qualificado para mantê-los relaxados e calmos caso entrem em pânico. Leia sobre isso ao longo desta seção cuidadosamente e pratique em um colega de *coaching* para ter uma visão clara do processo. Assegure-se, antes de começar, de criar um local seguro no qual a cliente possa parar o exercício se ela o achar desafiador demais. Lembre-a de que ela estava segura antes da experiência desagradável e de que está segura agora.

Após identificar uma reação fóbica da cliente a um estímulo ou a uma memória traumática ou desagradável, siga os passos a seguir com ela para ajudá-la a superar suas reações fóbicas. Essa técnica funciona bem sentando-se em um sofá confortável em uma sala calma, privada.

1. **Imagine-se sentando no cinema, assistindo a si mesmo projetado como uma pequena imagem em preto e branco na tela.** Peça à sua cliente para pensar a respeito de tomar alguma coisa e comer uma pipoca para que ela entre na experiência; você pode dar um controle remoto a ela e fazer o exercício imaginando estar olhando para uma tela de TV.

2. **Imagine-se flutuando para fora da pessoa que está sentada na poltrona do cinema, em direção à sala de projeção.**

Capítulo 18: Administração de Estados Emocionais

3. Se veja na sala de projeção, assistindo a si mesma na poltrona, bem como assistindo ao filme protagonizado por você na tela.

4. Como o projecionista, rode o filme em preto e branco, como uma imagem minúscula.

   Comece o filme no momento antes de você ter vivenciado a recordação desagradável que quer superar e rode-a até depois da experiência, quando estava seguro.

5. Congele o filme ou faça com que a tela fique completamente branca.

6. Flutue para fora da sala de projeções, para fora da poltrona, por sobre a tela e para o final do filme.

7. Volte o filme muito rapidamente, por um ou dois segundos, em uma versão em cores.

   Experimente o filme do final (onde você está seguro) para o começo (onde você também está seguro).

8. Rode o filme para trás e para frente várias vezes, sempre parando em um lugar seguro.

   Repita este passo até que você esteja à vontade com a experiência.

9. **Teste de conclusão.** Peça à cliente para deixar o cinema e voltar para o tempo presente. Peça que ela imagine uma situação se aproximando, na qual haja a possibilidade de reviver uma reação fóbica, tal como uma viagem de avião, caso tenha medo de voar. Pergunte como se sente sobre isso agora e, se ela não manifestar a reação fóbica, então a cura da fobia foi eficiente. Você pode repetir o exercício até que sua cliente esteja completamente dessensibilizada da experiência desagradável.

Se você não se sentir confiante para fazer esse exercício com um cliente, considere convidar um *coach* treinado em PNL para trabalhar com você e ajudar seu cliente a encontrar o ganho secundário da fobia.

Parte V: Melhore Seu Repertório de *Coaching* com PNL

> ## Explorar a ligação mente-corpo
>
> Durante séculos, a medicina tratou a mente e o corpo separadamente, e esta divisão afetou a visão das pessoas sobre as emoções no cotidiano, com o cérebro e a mente separados. Contudo, a PNL sempre defendeu que a mente e o corpo estão inextricavelmente ligados, e o desenvolvimento de pesquisas contemporâneas em neurociência provam que isso é verdade. Agora nós temos evidências científicas da integração da saúde emocional e física.
>
> A ciência, tradicionalmente, sempre afirmou que o sistema límbico no cérebro controla as emoções, transmitindo percepções de um neurônio para outro através dos intervalos sinápticos. Contudo, a cuidadosa pesquisa da Dra. Candace Pert e outros neurocientistas preeminentes demonstra que os *peptídeos*, as chaves químicas que levam as informações às células e seus receptores, não estão necessariamente se comunicando através dos intervalos sinápticos. Além disso, peptídeos e receptores não estão se comunicando exclusivamente com o sistema nervoso central (cérebro e medula espinhal). Na verdade, esses peptídeos e receptores aparecem através das células do corpo, permitindo a comunicação através dos sistemas. Muitas vezes o cérebro é o último a saber o que está acontecendo no seu corpo!
>
> O famoso livro da Dra. Pert, *Molecules of Emotion: Why You Feel te Way You Feel* (Scribner, 1997) detalha sua pesquisa e suas teorias. Atualmente, ela dá palestras no mundo inteiro sobre como os humanos retêm emoções em cada célula de seus corpos.
>
> Em um nível prático, o conselho dela faz muito sentido. Para ser saudável, as pessoas devem estar cientes de suas experiências mentais, emocionais e físicas. Ela defende especialmente a observação dos efeitos dos estados emocionais sobre seu corpo, prestando atenção às mensagens de sua mente inconsciente através de sonhos e entrando em contato com seu corpo por meio de trabalhos físicos, movimento ou toque. Para reduzir o estresse emocional, ela recomenda se exercitar e comer de forma sábia, o que inclui evitar substâncias tais como açúcar e cafeína – todos bons conselhos para *coaches* compartilharem com os clientes a fim de administrarem seus estados emocionais.

Identificar – e substituir – ganhos secundários

Como um ponto de partida para desativar reações emocionais exageradas, você pode ajudar seu cliente durante as conversas sem atacar a fobia diretamente. Simplesmente descubra o ganho secundário da fobia. Quais são os benefícios positivos que seu cliente obtém da fobia? Se esses benefícios podem todos ser encontrados de outras formas, a fobia pode desaparecer com sua própria concordância.

Lucas tinha um medo de andar de avião que o lançava a um pânico a cada vez que estava para embarcar em uma aeronave. Ele trabalhava em um escritório onde não tinha muito em comum com seus colegas de trabalho, que eram senhoras muito mais velhas e mais interessadas em seus filhos e netos do que em trabalhar. Contudo, elas estavam sempre interessadas em ouvir sobre suas férias ou viagens de negócios e como ele se saía nessas viagens. Ele percebeu que esse era o único momento quando ele tinha conversas propriamente ditas com seus colegas. Seu medo também lhe conferia muita simpatia por parte de seus companheiros de viagem, que saíam de seu conforto para fazer com que a jornada de Lucas fosse menos estressante e lhe davam a poltrona que escolhesse.

Capítulo 19

Conectar Todas as Partes de uma Pessoa

Neste Capítulo

▶ Dar apoio aos clientes enquanto eles mudam
▶ Integrar partes para criar uma pessoa inteira
▶ Superar conflitos internos
▶ Colocar uma moldura diferente em uma situação

Toda vez que ouvir seu cliente dizer "Bem, uma parte de mim... e outra parte de mim...", você tem em mãos um material maravilhoso para trabalhar. "Parte de mim quer ser um astro de sucesso e outra parte quer ser encanador", diz um cliente sobre sua carreira dos sonhos. "Parte de mim está furioso e parte está aliviada", diz outro quando perde o emprego. Aventurar-se pelas tensões, desejos e desafios dessas diferentes partes pode render uma informação rica e uma nova autoconsciência para seus clientes.

Neste capítulo, examino maneiras de identificar e integrar as partes aparentemente conflitantes de seus clientes e, no processo, ajudá-los a se moverem com segurança pelas transições, superar conflitos e explorar novos recursos.

Separar por Partes

Em sua vida, você separa a si mesmo em muitas partes. Algumas das separações acontecem com plena consciência. Talvez já saiba que uma parte de você gosta de um desafio, mas pode estar menos consciente de que outra parte tem dificuldades com o conflito até que ela se torne problemática porque você não gosta de dar notícias ruins para os colegas ou sentir que não fez o melhor trabalho que poderia fazer.

Separar partes de você a ponto de ignorar algumas delas não é muito promissor. O perigo está em não respeitar o valor da contribuição de uma parte para o todo. Como *coach*, você encoraja seus clientes a aceitarem todo o seu ser sem julgamentos e a reconhecer a desconexão entre diferentes partes à medida que trabalham para encontrar um sentido coerente de identidade. Seus clientes progridem ao trabalhar para aceitar todos os aspectos de si mesmos sem julgamento.

A PNL sugere que essas partes são *fragmentos não integrados* do todo da mente de um cliente. Cada uma delas tem seu próprio propósito e função e apresenta as diferentes intenções que aparecem no comportamento. Muitas vezes esses fragmentos aparecem como se fossem involuntários. Você pode ouvir seu cliente dizer: "Não sei o que aconteceu comigo!" ou "Este não sou eu falando". Uma parte pode assumir a identidade de um pai ou mãe desaprovador como em "Esta parte era meu pai falando".

É provável que cada parte tenha suas próprias crenças e sistema de valores. As partes trazem problemas quando o comportamento de uma delas não se combina com – ou *está fora de alinhamento com* – o comportamento adulto desejável.

Com frequência, as partes se separam como resultado de experiências emocionais significativas quando você era jovem. Marco falou sobre a parte dele mesmo que se sente culpada por não fazer o bastante por sua mãe. Ele remete esse sentimento ao tempo em que viu sua mãe chorando angustiada quando ele era um garoto pequeno e se sentia impotente para tranquilizá-la. A parte dele que "não pode fazer o bastante para outros" causou-lhe problemas até que ele identificou e resolveu isso com um exercício de integração de partes de PNL, que aparece mais à frente na seção "Integração de partes conflitantes".

Manter Todos Assistidos Durante a Mudança

Apenas imagine como a vida seria sem mudança. Tudo previsível e sob controle – mas também nada seria estimulante ou novo. Talvez o mais significativo seja que nenhum crescimento acontece. Embora um tipo de existência "a la Peter Pan", no idílico mundo da Terra do Nunca, possa parecer muito atraente, você tem que crescer e encarar mudanças periódicas na vida e no trabalho.

Algumas mudanças são bem-vindas, outras são chocantes e nada estimulantes. Tempos de transição causam introspecção e confusão até mesmo quando a mudança é desejada e acolhida. "Parte de mim sabe que a velha forma se foi e outra parte teme a nova", é a mensagem implícita quando emoções, lealdades e identidades divididas aparecem.

O *coaching* constitui um recurso fabuloso para os clientes que estão passando por momentos de transição, quando eles precisam deixar que uma parte de suas vidas se vá a fim de dar as boas-vindas a outra. *Coaches* entendem o valor de um *lugar de ponte* seguro, um lugar de apoio com um profissional competente que quer o seu melhor, no qual você pode fazer ajustes, explorar dilemas e experimentar novas abordagens. Um lugar em que os clientes se sentem valorizados e respeitados por seu ser inteiro sem serem obrigados a ter todas as respostas.

Construção sobre experiências anteriores

Muitas vezes as pessoas não se conscientizam de que passaram por uma transição até que achem que alcançaram o outro lado e estão aptas a olhar para trás e ver como cresceram e mudaram.

O exercício a seguir possibilita que seus clientes prestem atenção às suas habilidades naturais para tirar o máximo do conhecimento que obtiveram de transições anteriores e aplicá-lo em situações atuais e futuras.

1. **Peça a seu cliente para anotar sete acontecimentos de sua vida que ele considera como transições.**

    Alguns exemplos de transições incluem:

    - **Em casa:** Ir para a escola, a transição da adolescência para a idade adulta, aprender a dirigir, sair de casa, casar, ter filhos, mudar de parceiro ou parceira/esposa ou marido, perder um ente querido.

    - **No trabalho:** Começar no primeiro emprego; perder um emprego; contratar ou demitir um empregado; passar por uma fusão de empresas; experimentar uma reorganização; ser promovido ou rebaixado; mudar de profissão.

2. **Para cada experiência, faça ao cliente uma série de perguntas.**

    - Você se planejou para esta experiência?
    - Você a reconheceu como uma transição naquele momento?
    - Como você a vivenciou?
    - Como você se adaptou à nova situação?

3. **Solicite ao cliente que crie um resumo do que ele descobriu sobre si mesmo nas transições anteriores.**

    Preste atenção em especial ao (e se necessário, oriente o cliente na identificação) que ou quem o apoiou e o que ou quem o reteve.

4. **Faça com que o cliente identifique possíveis mudanças que terá de enfrentar no futuro e pergunte que atitude ele pode tomar agora para desenvolver resiliência.**

    Encoraje o cliente a identificar o que necessita lembrar a si mesmo no momento. Isto pode incluir pedir ajuda extra para alguém, fazer mais exercícios ou aumentar o número de horas de sono, fazer uma poupança ou aprender novas habilidades.

5. **Planeje com seu cliente o que ele precisa para se manter no caminho quando os desafios surgirem.**

   Por exemplo, o cliente precisa de um lembrete visual ou escrito? Algumas pessoas gostam de ter uma imagem ou um objeto pequeno, outros uma lista de dicas, uma planilha ou outro documento que eles possam completar para se manterem no caminho certo.

Verificação da ecologia

Durante transições, o *coach* olha para a pessoa como um todo, mantendo espaço para o individual e delicadamente lembrando o cliente da imagem completa de sua identidade. Os clientes, ao contrário, estão muitas vezes focados em uma parte de suas identidades.

A clássica pergunta "O que você quer?" precisa levar em conta especialmente o que a pessoa inteira quer em momentos de mudança, não apenas a parte que está dominando em um momento. O que mais está acontecendo em um contexto maior?

O juramento hipocrático implícito de *coaching* é deixar a pessoa em um lugar saudável – e definitivamente não em um lugar pior do que quando você começou.

Considere uma situação em que um cliente de uma empresa corporativa no meio de uma fusão está furioso com um de seus subordinados e diz de uma forma frustrada: "Eu quero esta pessoa fora daqui hoje". Antes que o cliente corra para pensar uma maneira de viabilizar um processo de saída, você como *coach* pode reservar espaço para o cliente avaliar o que perde ou ganha ao escolher esse resultado. Essa é a verificação ecológica de um resultado bem formado. Você pode chamar todas as partes do cliente para a discussão. O cliente está falando de um lugar racional ou de uma parte impaciente apressada da qual pode se arrepender mais tarde?

Da mesma forma, quando um cliente que está sendo dispensado devido a reduções de pessoal em sua empresa anuncia sua intenção de deixar seu parceiro de toda a vida em um arroubo de raiva, o *coach* pode dar ao cliente o espaço para respirar e checar se esse é o resultado realmente desejado.

Para fazer a verificação ecológica, faça as seguintes perguntas a seu cliente:

- O que este resultado fará por você?
- Qual é o impacto nos outros ao seu redor se você for atrás do resultado?
- Qual é o valor verdadeiro para você?
- O que você aguenta perder ou ganhar?
- Esta é a melhor ou única forma de atingir o resultado que você quer?

As respostas destacam sinais que alertam para se um cliente está prestes a tomar uma decisão da qual se arrependerá. Então, você pode trabalhar com ele para encontrar melhores abordagens que se encaixem em seus valores e adequar-se às condições dos resultados bem formados do Capítulo 7.

Estabelecer o local para escapar

O *coaching* proporciona um espaço seguro para seus clientes escaparem da dureza e dos tombos da vida cotidiana e respirarem. Suas sessões podem ser o único espaço tranquilo que seus clientes têm. Saber que podem encontrar aquele sentido de calma e reflexão no seu tempo de *coaching* com você pode encorajá-los a reproduzir outros espaços de escape para pensar ou recarregar as baterias em outra parte de sua programação.

Quando as pessoas estão passando por uma situação particularmente indesejável, tal como um conflito de família ou uma demissão, as perguntas-chave são "O que o fará mais inventivo?" e talvez até mesmo "O que fará esta transição mais divertida?" ou "Como você pode tirar um valor verdadeiro e um novo crescimento desta vez?".

Julia se encontrava em um estado de transição depois que desistiu de um emprego como farmacêutica em um hospital porque seu marido havia assumido um serviço internacional. Muito de seu tempo era gasto em um apartamento de propriedade da empresa do marido em outro país, e o resto em aviões, indo e vindo da casa da família em seu país de origem. Ela aproveitou a oportunidade para se equipar com dúzias de livros que queria ler há anos. Ela também contratou um *personal trainer* para treiná-la para correr longas distâncias, outra coisa que nunca teria tido a oportunidade de fazer quando trabalhava o dia inteiro.

As seções seguintes exploram algumas maneiras para as pessoas criarem espaços de escape.

Encontre um projeto envolvente ou um hobby

Seus clientes têm talentos extraordinários e inexplorados. Encoraje-os a escolherem atividades que sejam mais extremas do que o normal, aquelas que os deslocam de sua esfera típica e os levam para lugares diferentes física ou mentalmente.

Encontrar uma atividade que muda o foco para um domínio completamente diferente destrava a criatividade. Considere *hobbies* fora da mesmice, tal como aeromodelismo, construção de gazebos, concepção de softwares livres, criar colchas de *patchwork*, cozinhar pratos exóticos, criar mosaicos, *pole dancing*, produzir um rap, visitar antigas rotas de trem ou explorar igrejas escondidas – qualquer coisa que pareça divertida e diferente. Considere algo com que você sonhou quando era criança e que nunca teve oportunidade de fazer, ou alguma coisa que você costumava fazer quando jovem e não faz mais.

Tire um tempo para recarregar suas energias sozinho

Vidas desarticuladas devoram uma enorme quantidade de energia. As pessoas aproveitam o tempo livre em seus cronogramas com nenhum compromisso para fazer coisa alguma. Tal como um atleta que precisa descansar para que possa funcionar ao máximo o seu desempenho, também os mortais mais normais necessitam equilibrar descanso com esforço.

Durante as transições, os ritmos naturais das pessoas são perturbados, especialmente os padrões de sono. Uma das primeiras perguntas que eu faço aos clientes sob o estresse é quanto tempo de sono e descanso eles estão tendo. E eu não quero dizer se jogar preguiçosamente no sofá em frente à TV. Um lugar tranquilo, relaxado e um sono não perturbado fazem uma grande diferença no poder de recuperação das pessoas.

Peça a seus clientes para se recompensarem com tantas horas de sono que lhes seja possível e criarem uma rotina de paralisação à noite que desligue os telefones, TVs e tecnologias antes de irem para os seus espaços livres e tranquilos onde possam dormir bem e sonhar com o que satisfaça seus corações. Apenas se comprometer com de 30 a 60 minutos a mais de sono à noite pode começar a render frutos em pouco mais de uma semana.

Os sonhos oferecem *insights* para o *coaching*. Apenas fazer a simples pergunta "Com o que você sonha?" pode abrir uma inesperada linha de indagação.

Identifique outras pessoas com experiências parecidas

Um valor real vem de um cliente se conectar com outra pessoa que sabe exatamente o que ele está vivenciando. Esta conexão não tem a ver com conselho de especialistas, mas simplesmente ter acesso a uma pessoa comum que saiba como é voltar a trabalhar após estar um tempo parado, perder uma casa, sofrer um revés de saúde, deixar uma criança em uma creche pela primeira vez ou trabalhar em um local onde ocorreu um desastre.

Reserve tempo para pensar

As pessoas precisam de tempo sozinhas para que os pensamentos borbulhem livremente e se estabeleçam, um tempo quando o mundo não está demandando nada deles.

Um executivo que eu conheço vai até o alto da escadaria do prédio de seu escritório para se dar tempo para pensar em particular, longe de sua mesa. Outra usa o tempo quando viaja de trem para se desligar de seu trabalho e pensar sozinha com uma delicada música de fundo em seus fones de ouvido. Outro ainda escolhe seus momentos tranquilos passeando com seu velho e fiel labrador tranquilamente pelos campos e em contato com o céu aberto.

Através do *coaching*, as pessoas percebem que as respostas que elas buscam estão acessíveis quando se dão espaço para pensar. Encoraje seus clientes a criarem mais desse tempo para si mesmos além do ambiente do *coaching*. Os clientes precisam de tempo para ponderar algumas das questões que surgem nas sessões e explorar as grandes indagações de vida com que você os deixa. (Veja o Capítulo 6 para saber mais sobre indagações.)

Prepare as bases com cuidados físicos

Rituais de comer e se exercitar ficam desordenados durante momentos de transição e as pessoas esquecem o quão importantes eles são para manter o equilíbrio. Você costuma ouvir que algumas pessoas comem demais quando estão ansiosas, enchendo-se de comida como necessitados famintos, embora para outros o oposto seja o caso, já que eles perdem o apetite ou se esquecem de comer.

No que diz respeito aos exercícios, seus clientes podem achar difícil se comprometer a uma rotina regular quando a vida está desestabilizada – talvez quando estejam se deslocando entre países ou empregos, no meio de uma mudança de casa ou se recuperando de um acidente.

Tanto na dieta quanto no exercício, você pode ajudar seu cliente a encontrar maneiras saudáveis de abastecer mente e corpo. Estimule-os a considerem outras recompensas, tal como uma massagem ou tratamentos de unhas e cabelos, que podem fazer toda a diferença entre se sentir negligenciado ou cuidado. (Essas recomendações valem tanto para as homens quanto para as mulheres!)

O posto elevado de Mônica como conselheira em desenvolvimento internacional a leva por todo o mundo para reuniões e conferências. Como muitos com seu estilo de vida, ela se encontra dividida entre estar em seu país, com sua família e o cachorro, e fazer o trabalho que ela adora e que a leva a países pobres em desenvolvimento. Como consequência, ela presta atenção especialmente em se manter em forma e bem. "Pode soar egoísta, mas há muito tempo reconheci que, a menos que eu esteja bem, não consigo fazer o trabalho de cuidar das pessoas que eu quero ajudar". Onde quer que vá, a mala de Mônica está cheia de opções de lanches saudáveis de sua marca favorita de comida integral, tal como amêndoas e sementes para uma refeição rápida quando está na estrada. Ela inclui uma variedade de cachecóis quentes coloridos que a fazem sentir-se bem e busca um massagista local para um tratamento de pescoço e ombros nos intervalos das reuniões. Ela começa cada dia com 15 minutos de sessão de yoga seguida de uma rotina de exercícios na barriga que ela desenvolveu para fazer no chão do seu quarto de hotel. "O trabalho pode ser castigante, então preciso de meus confortos e rotinas de ser humano", diz ela.

Desenvolver uma Identidade Unificada

Enquanto as seções anteriores deste capítulo focam em reconhecer as diversas partes da personalidade das pessoas, esta seção investiga maneiras de mudar para um sentido de totalidade no que se refere à identidade – formas de integrar todos os pedaços e especificidades díspares para unificar a pessoa.

À medida que você avançar pelas seções seguintes, reflita sobre as situações em que sente tensão, talvez até mesmo na sua própria vida. Você pode perceber papéis conflitantes, valores que são difíceis de serem respeitados e formas inúteis de comportamento. Por exemplo, você pode ter um cliente que fale sobre um comportamento problemático que entra em conflito com outro melhor, tal como fumar conflitando com uma alimentação saudável; ou você pode vivenciar um *conflito de papéis*, tal como quando um cliente é o gerente de alguém bem como seu amigo pessoal.

Integração de partes conflitantes

A PNL pressupõe que todo comportamento tem uma intenção positiva, então, quando trabalhar com mudanças de comportamento, você precisa reconhecer o lado positivo das coisas que quer mudar. Atividades de integração de partes funcionam respeitando e mantendo o lado positivo e encontrando uma base comum entre as partes separadas.

O exercício de integração de partes a seguir traz compreensão para o cliente que tem duas ou mais partes que estão em conflito entre si. Ele envolve *chunking up* cada parte para um nível maior de intenção (veja o Capítulo 14 para saber mais sobre *chunking*). Desta forma, você pode encontrar a conexão entre duas partes aparentemente conflitantes. (O box mais adiante "Salvar o bom através da mudança" detalha a experiência de um cliente com este exercício.)

1. **Identifique claramente duas partes que estejam em conflito uma com a outra.**

    Encoraje o cliente a usar todos os seus sentidos para personalizar cada parte. Por exemplo, usando um pequeno personagem de plástico que vem em uma caixa de cereal ou um biscoito de Natal, uma imagem ou um símbolo.

    Peça a seu cliente para refletir sobre cada parte (uma de cada vez), encontrar o personagem ou símbolo que representa aquela parte e imaginar-se colocando um símbolo em cada mão. Por exemplo, eu poderia imaginar ter uma caneta que represente minha parte escritora em uma mão e um sapato de dança reluzente simbolizando meu lado festeiro na outra.

2. **Encontre a intenção positiva de cada parte separada do comportamento.**

    Comece com uma parte que pareça problemática e pergunte ao cliente: "Qual é a intenção positiva desta parte de você? O que ela quer de você?".

    Tome nota das respostas dos clientes. Com cada resposta que ele der, *chunk up* até a intenção positiva mais elevada perguntando: "E quando você a tiver, o que ela fará para você?".

    Continue elevando cada vez mais até que você alcance um conceito fundamental ou pense em um ou vários valores essenciais, tais como

Capítulo 19: Conectar Todas as Partes de uma Pessoa 329

amor, segurança, liberdade, conexão, e assim por diante. (Veja o Capítulo 8 para saber mais sobre valores.)

3. **Solicite que cada parte informe à outra da sua intenção positiva.**

Encoraje o cliente a fazer com que os personagens ou símbolos olhem um para o outro e falem um com o outro. Deixe que os personagens compartilhem entre si o que precisam.

4. **Faça com que cada parte perceba que participa de um todo maior e compartilhe o mesmo alto nível de intenção, tal como se divertir ou se sentir seguro.**

Inspire a integração dizendo ao cliente "Cada parte precisa das outras partes para que possa se completar. Você não está sendo flexível. Cada parte de você está encontrando suas necessidades fundamentais".

Permita a seu cliente bastante tempo e espaço para o processo interno que está acontecendo.

Após alguns minutos, pergunte se qualquer parte ou qualidade precisa ser adicionada para tornar o todo completo. Se esse for o caso, traga aquela qualidade para a mistura, introduzindo-a nas outras partes estabelecidas.

5. **Integre as partes.**

Delicadamente proponha ao cliente que suas mãos se juntem. O movimento pode ser bastante lento e deliberado. Depois que o cliente vir suas mãos se conectando, faça com que ele traga as partes para dentro simbolicamente, ao trazer suas mãos para o peito.

Salvar o bom através da mudança

Davi gosta de competir em corridas de bicicleta e triatlo, contudo sua parte esportiva se sentia em conflito com seu papel de pai com dois filhos pequenos. O *coach* de Davi o guiou pelo exercício da integração de partes e o ajudou a identificar a intenção positiva das duas partes de si mesmo que estavam em conflito.

Parte: Bom Pai	Parte: Esportista Competitivo
Faz com que eu cuide da minha família.	Leva-me para o ar livre.
Dá um sentido de estar fazendo a coisa certa.	Limpa a minha cabeça e me mantém em forma.
Faz com que me sinta orgulhoso.	Dá espaço para eu tirar da mente o dever com qualquer outra pessoa.
Faz com que me sinta conectado a eles.	Faz-me sentir livre e conectado com o mundo.
Eu me sinto realmente agradecido por ter uma família amável.	Dá um sentido de amor e gratidão.
Faz com que me sinta vivo.	Faz sentir que tenho um propósito.
Mostra que eu tenho uma razão de ser.	

Ao fazer o exercício, Davi percebeu que ambas as partes dele tinham intenções complementares – um forte sentido de propósito, conexão, amor e gratidão. Davi admitiu que esses são os principais elementos de sua identidade, e que eles não têm de ser mutuamente exclusivos. Ele viu que era capaz de desfrutar de ambos os papéis, mas ainda precisava de formas mais criativas de conectar a sua vida familiar com os interesses esportivos.

Quando seu *coach* perguntou se havia outras partes ou qualidades de que ele precisava, Davi percebeu que ambas as partes precisavam de mais diversão e paciência. Com isso em mente, trabalhou no sentido de encontrar algumas formas práticas para resolver o problema de tempo envolvendo os dois papéis, mantendo a necessidade de senso de humor e paciência.

6. **Auxilie o cliente a planejar o futuro.**

    Peça ao cliente para pensar em um tempo no futuro quando um conflito em potencial pode surgir. Pergunte ao seu cliente: "Como será ter as duas partes trabalhando juntas?". Você pode esperar uma afirmação positiva de que as duas partes têm um forte entendimento das necessidades uma da outra.

    Se existem algumas qualidades que o cliente ainda necessite depois de refletir sobre o futuro, peça que ele as identifique e as traga para dentro também.

Ativação do ser inteiro

As pessoas que realmente assumem papéis de liderança em suas vidas demonstram *congruência*, a ideia de PNL de totalidade. Uma pessoa congruente não se divide em personagens diferentes. A pessoa que você vê no sábado está completamente à vontade com a pessoa que está trabalhando na segunda-feira, independente dos papéis diferentes que desempenha. Quando uma pessoa é *incongruente*, ela está em contradição consigo mesma. Uma luta interna é deflagrada. Em um dia você o vê agindo compassivamente, no outro ele fica com raiva do mesmo assunto.

Congruência envolve clareza, consistência e confiança. Você reconhece a congruência em seus clientes quando eles:

- Dizem o que significam e significam o que dizem.
- Conhecem seus pontos fortes e fracos.
- Sabem aonde estão indo e como levar os outros com eles.
- Mantêm-se focados sem sucumbirem a distrações.
- Têm autoconsciência e sensibilidade para com os outros.
- Estão abertos a participar de conversas difíceis.
- Comportam-se de maneira consistente e confiante.
- Sabem quais são seus objetivos finais – seu verdadeiro propósito na vida.

O exercício de autoavaliação a seguir revela *insights* para saber se todo o ser está sendo levado em conta. Use-o para abrir uma conversa sobre como parte de um cliente pode não estar alinhada com o todo de modo que você possa revisar novas possibilidades.

Em uma escala de 0 a 10 (onde 0 é o mais baixo e 10 o mais alto), avalie a si mesmo nas afirmações a seguir:

- Eu sei porque estou fazendo o que estou fazendo.
- Eu sinto que sou confiante e consistente nas minhas atividades.
- Eu sei quais são meus pontos fortes e onde preciso do apoio de outras pessoas.
- Eu sei como perguntar aos outros o que eles querem.
- Eu me mantenho focado quanto a onde vou mesmo que seja atingido por tempos difíceis.

Investigue as áreas com pontuações baixas e peça a seu cliente para ser curioso acerca do que o está impedindo de obter resultados mais altos. Essas declarações dão bons assuntos para serem trazidos para o *coaching* a fim de determinar mudanças que o cliente quer fazer.

Abraçar o lado escuro

Debbie Ford, autora de *O Lado Sombrio dos Buscadores da Luz* (ed. Cultrix), argumenta que nós gostaríamos de repudiar partes de nós mesmos e, ao longo de nossas vidas, tentamos enterrar esses nossos aspectos. Contudo, como bolas de praia gigantes, eles reaparecem na superfície quanto mais você tentar sujeitá-los.

"Quando nos encontramos frente a frente com nosso lado sombrio, nosso primeiro instinto é de se desviar e o segundo é barganhar com ele para que nos deixe em paz", diz ela. Mas, os lados escondidos podem oferecer os mais valiosos tesouros.

Ela argumenta que nós precisamos verdadeiramente abraçar todos os aspectos de nós mesmos, amando nossas falhas e tudo o que elas nos ensinaram. "Nós não podemos ter a experiência completa da luz sem conhecer a escuridão. O lado sombrio é o guardião da verdadeira liberdade."

Ao integrar os impulsos sombrios, você pode encontrar os dons que eles oferecem e recuperar a totalidade mais uma vez.

Manutenção de um diário

O *coaching* coloca os clientes em um caminho de autodescoberta que se revela tendo o *coach* como um aliado de confiança ao longo do caminho. Nas palavras de Joseph Campbell, eles estão na Jornada do Herói. Ao se inscreverem para um *coaching*, os clientes tomam aquele corajoso primeiro passo no limiar de um mundo para dentro de outro. No entanto, muitas jornadas se movem tão rapidamente que os marcos principais se perdem ao longo do caminho.

Peça ao cliente que escreva regularmente em um caderno. Isto possibilita uma maneira de prestar maior atenção à jornada de *coaching* que os clientes empreendem. Muitas vezes as pessoas fracassam em olhar para trás e ver o quão longe chegaram.

Nas páginas de um diário, você pode anotar informações práticas – objetivos, perguntas, ações, sucessos e desafios. Contudo, um papel ainda mais eficaz para essa atividade é quando o diário proporciona espaços em branco para que os clientes se permitam pensamentos em uma perspectiva livre e que possa vir a cair em uma página entre as sessões de *coaching*. Nesses momentos, fazer um diário se torna uma conversa aberta consigo mesmo.

Manter um diário envolve, simplesmente, anotar pensamentos. A escrita não atrai imediatamente todo o mundo como uma forma de observar experiências. Muitas pessoas se sentem bloqueadas quando confrontadas com uma página em branco de um novo diário porque acreditam que não são boas o bastante para serem escritores. De forma similar, as pessoas que não acham que sejam artistas evitam desenhar ou até mesmo rabiscar por medo de mostrar seu trabalho em público. Lembre aos clientes relutantes que escritores e artistas afiam seu ofício a partir das primeiras tentativas básicas. O trabalho criativo não tem a ver com perfeição ou julgamento da parte de ninguém.

Usar ferramentas tais como manter um diário possibilita que pensamentos inconscientes se tornem conscientes.

Entre em qualquer papelaria ou livraria um dia desses e você encontrará uma maravilhosa variedade de cadernos e canetas. Peça a seus clientes para escolherem os mais interessantes que encontrarem e encoraje-os a escrever à mão livre qualquer coisa que lhes ocorra entre as sessões, sobre os assuntos e perguntas que forem aparecendo. Eles também podem apreciar ilustrar suas ideias. A ação física de conectar caneta com papel – mais do que dedos com teclado, telefone ou tela – oferece uma agradável maneira de explorar sua criatividade e apreender as lições ao longo do caminho.

Manter um diário funciona melhor se for feito como um hábito regular. Reserve um momento do dia para escrever, ao acordar ou antes de ir para a cama.

Ressignificar a Situação

É possível que você já tenha ouvido a famosa história contada nos meios de PNL sobre o terapeuta Milton Erickson ao se encontrar com um paciente em um hospital psiquiátrico que estava sob o delírio de que ele (o paciente) era Jesus Cristo. Erickson supostamente disse ao paciente que era bom encontrar um carpinteiro e colocou-o para trabalhar consertando o edifício do hospital.

Nessa interação, Erickson mudou para a perspectiva *"como se"*, portando-se como se as percepções do cliente fossem verdadeiras. Fazendo isso, ele na verdade ajudou o paciente a retornar à sanidade. No contexto da instituição, o cliente é louco; no contexto das próprias crenças do cliente, ele é um carpinteiro chamado Jesus.

A PNL sugere que o significado de qualquer interação é dependente do contexto, então, ao desafiar o contexto você pode mudar o significado. Pense sobre o seguinte: em um sistema político, uma pessoa pode ser considerada herói por matar outra pessoa, enquanto que em outro sistema ele é punido como um vilão. Em uma organização, certos comportamentos são esperados, em outra eles são olhados com desdém. Uma pessoa reclama sobre uma perna que dói, enquanto outra está feliz por ter pernas para balançar para fora da cama pela manhã.

Essa ideia de *ressignificação* envolve pôr uma perspectiva ou um contexto acerca daquilo que se está trabalhando a fim de mudar o modo como você pensa e vivencia a situação. As seções seguintes cobrem aspectos-chave de ressignificação que você pode utilizar com os clientes.

Adoção de diversas perspectivas

Existem muitas perspectivas que oferecem um senso de estrutura às experiências de seus clientes. Algumas perspectivas típicas que você adota em suas conversas de *coaching* incluem as seguintes:

- **Perspectiva "como se"**, que permite que as pessoas explorem opções futuras como se elas já estivessem acontecendo. O que você pode dizer aqui é: "Vamos agir *como se* já tivéssemos alcançado seu objetivo e você olhasse para trás para ver o que fez para chegar lá".

- **Perspectiva de contraste**, que compara duas experiências diferentes e possibilita que o cliente descubra coisas novas ao verificar a diferença. Para usar essa perspectiva, você poderia perguntar: "O que fez a diferença lá que poderia realmente ajudá-lo agora?"

- **Perspectiva de retroceder**, que foca no que você acabou de ouvir de seu cliente para esclarecer uma situação. Você poderia dizer: "Se eu puder repetir isso para você, isto é o que está acontecendo, para resumir...".

- **Perspectiva de resultado**, que desloca a atenção para o que é desejável ao invés de se manter envolvido pelo problema. Baseie as perguntas que você fizer no processo dos resultados bem formados no Capítulo 7, especialmente "O que você quer?" e "O que isto fará para você?".

Perspectivas verbais oferecem ferramentas para que os *coaches* moldem suas palavras em uma conversa. Algumas vezes, compartilhar a eficácia de perspectivas diferentes com o cliente é útil, como no Capítulo 14, que compara o uso do problema ou perguntas de uma perspectiva de culpa com a perspectiva de resultado. O trabalho de Robert Dilts em seu livro *Sleight of Mouth* (Meta Publications) demonstra o poder de mudanças sutis no uso da linguagem para determinar a qualidade da experiência das pessoas. Até mesmo palavras conectivas simples como "e" ou "mas" focam a atenção de um ouvinte de maneiras diferentes. A PNL chama isso de ressignificação verbal.

Ressignificação em seis passos

Esta seção examina o clássico exercício de Ressignificação em Seis Passos de PNL para mudar o comportamento que não é congruente com o resto da pessoa. Na perspectiva de seis passos, você trabalha com seu cliente para encontrar formas criativas de mudar esse comportamento ao acessar uma parte dele que sabe por dentro, inconscientemente, o que é necessário acontecer.

1. **Identifique um comportamento problemático.**

    Obtenha uma imagem clara do que o cliente quer mudar.

    Alguns exemplos de comportamentos que não são congruentes com a pessoa inteira incluem os que são inapropriados com outras pessoas, com dinheiro, com álcool, comida e drogas. Você pode usar esse exercício para tratar de sintomas físicos indesejáveis como dores de cabeça e envolver a mente inconsciente na cura.

Capítulo 19: Conectar Todas as Partes de uma Pessoa

2. **Ajude o cliente a se conectar com a parte dele mesmo responsável pelo problema de comportamento e encontre a intenção positiva.**

   Normalmente, uma parte é responsável mas, se há várias, trate-as como um grupo de responsabilidade.

   Peça a seu cliente para "Entrar e cumprimentar a parte de você que é responsável por esse comportamento. Faça isso sem nenhuma culpa ou crítica a essa parte – faça-a se sentir bem-vinda em apresentar-se!".

   Permita que seu cliente encontre e se conecte com a parte responsável. Durante essa parte do processo, ele pode ouvir um som, ver uma imagem ou experimentar uma sensação associada àquele comportamento. (Por exemplo, o cliente pode ouvir um som estridente, ver a imagem de uma montanha ou sentir um movimento agitado em seu estômago.)

   Se seu cliente tem problemas para se conectar com a parte responsável, explore as submodalidades de sua experiência. Você pode ler mais sobre submodalidades no Capítulo 17.

   Após conectar-se com a parte responsável, peça ao cliente para agradecer a ela por responder.

   Peça para ele perguntar à parte: "Qual é sua intenção positiva para mim?". Espere ouvir respostas tais como "me protege", "me mantém ocupado", e assim por diante.

   Depois que o cliente responder, continue testando-o ao perguntar: "O que isso faz para você?". Continue até que você chegue a um conceito fundamental ou valor essencial tal como amor, segurança, conexão e paz. (Consulte o exercício da seção anterior "Integração de partes conflitantes".)

3. **Aliste a parte criativa do cérebro de seu cliente.**

   Peça a seu cliente para encontrar três maneiras positivas nas quais ele possa encontrar essa intenção positiva.

   Neste ponto, o cliente pode não ser capaz de articular em voz alta quais são as três maneiras. Se esse for o caso, diga a ele que não há problema em ter essa consciência em um nível inconsciente, mesmo que ele não consiga articular isso em palavras.

4. **Chegue a um acordo sobre novos comportamentos.**

   Peça a seu cliente para ter uma conversa interna e assegurar um acordo da parte de intenção positiva de que irá executar essas novas ações criativas.

5. **Planeje para o futuro.**

   Peça ao cliente para visualizar um momento no futuro com as coisas diferentes. Solicite que ele coloque uma tela de filme imaginário na qual apareça executando o novo comportamento. Como o novo comportamento é sentido? O cliente precisa fazer alguma mudança adicional a fim de executar o novo comportamento?

Se o cliente não articular três comportamentos específicos no Passo 3, ele não se verá fazendo qualquer coisa na tela. Em vez disso, deixe-o ir com um sentido de que pode confiar em sua mente inconsciente para guiá-lo em novos comportamentos.

6. **Faça uma verificação ecológica.**

Como uma checagem final, peça a seu cliente para "Voltar para dentro e verificar se qualquer outra parte de você não está feliz com esses novos comportamentos".

Se o cliente encontrar alguma objeção, identifique a parte ou as partes responsáveis e volte ao Passo 2, trabalhando através do restante do exercício.

Parte VI
A Parte dos Dez

A 5ª Onda Por Rich Tennant

"Eu sempre me impressionei com a capacidade de Larry comandar seu público."

Nesta parte...

A famosa "Parte dos Dez" da série *Para Leigos* põe *insights* úteis do *coaching* nas pontas de seus dedos. Essa parte dá a você dez perguntas para estabelecer seu repertório de *coaching* na direção certa, além de conselhos bacanas para que você não atropele as coisas quando é melhor permanecer aberto e curioso. Grandes *coaches* reconhecem que sempre podem aprender mais, e essa parte oferece sugestões essenciais para se manter aprendendo.

Capítulo 20

Dez Perguntas Poderosas de *Coaching*

Neste Capítulo

▶ Descoberta de perguntas eficientes
▶ Aprofundamento das respostas superficiais
▶ Observação dos efeitos de suas perguntas

Grandes *coaches* fazem perguntas eficazes que persistem na mente dos clientes. A arte de questionar se situa em criar consciência para o cliente. Uma boa pergunta pode levar a um entendimento mais profundo de quem os clientes são, ajudá-los a se conectar com algo que os faça sentirem-se vivos ou inspirar um sentido de como eles gostariam que suas vidas se desdobrassem.

Neste capítulo, você pode explorar dez perguntas poderosas. Pergunte-as a seus clientes e experimente-as também em você.

À medida que você encontra meios para alimentar essas perguntas nas conversas de *coaching* elegantemente, pare para considerar o propósito de perguntar uma determinada questão em um momento específico assegurando que ela aterrisse efetivamente. O ponto-chave para ser lembrado é permanecer escutando seu cliente com todos os seus sentidos afinados. Trabalhe para sentir o que está acontecendo com ele antes de considerar a próxima pergunta a ser feita. Você encontra mais sobre perguntas efetivas e escutar as respostas dos clientes no Capítulo 6.

As perguntas formam uma sequência natural, mas você pode pular entre elas, se preferir. Apenas escolha a que parece certa naquele momento.

O que Você Quer?

Esta pergunta clássica de PNL desloca os clientes para um modo investigativo, encorajando-os a se tornarem curiosos sobre o que realmente querem. Perguntar isso é particularmente eficaz quando os clientes parecem estar presos no cenário oposto: o que eles não querem.

Muito frequentemente as pessoas respondem, inicialmente, a essa questão com negativas:

- "Bem, eu não quero X."
- "Eu sei que não quero Y."
- "Certamente não quero Z."

Até virem para o *coaching*, muitas pessoas não se deram ao luxo de se perguntarem o que realmente querem. Elas têm estado, usando-se os termos de PNL, mais *no efeito* do que *na causa*. Estão sempre reagindo antes às circunstâncias ou demandas que são colocadas sobre elas do que tomando a responsabilidade de criarem suas próprias experiências. Deslocar os clientes para um lugar no qual eles dão permissão a si mesmos para considerar o que querem pode ser desafiador. Você pode estar empurrando-os nessa direção pela primeira vez em suas vidas.

Se os clientes têm problemas para articular o que querem, tente alguns modos alternativos de fazer essas perguntas, tais como:

- O que você mais gostaria?
- O que menos gostaria?

Também considere formular a pergunta dentro de um contexto específico tal como: "O que você quer...".

- No seu trabalho?
- No seu casamento?
- Nas amizades?
- Na sua saúde?
- Nas suas próximas férias?

O que É Importante para Você Sobre Isto?

Com muita frequência as pessoas querem fazer ou ter tudo, mesmo sabendo que isto não é possível. Os clientes podem confiar que seus *coaches* sacudirão varinhas mágicas a fim de salvá-los de fazerem escolhas difíceis.

Conflitos clássicos de valores surgem quando as demandas colocam pressão sobre você para que escolha entre aspectos como trabalho e diversão, saúde e riqueza, vida em família e exigências do trabalho. Por fim, as pessoas precisam decidir o que é mais importante para elas, e os clientes naturalmente trazem dilemas que representam conflitos de valores para conversar com seus *coaches*.

Não são muitas as pessoas que atravessam cada dia falando sobre seus valores, ainda que eles conduzam seus pensamentos, decisões e ações. Essa pergunta traz valores tácitos, critérios e crenças bem ao princípio e força que sejam debatidos. Vá até o Capítulo 8 para saber mais sobre o poder dos valores.

Quando você pergunta "O que é importante para você sobre isso?", seu cliente tem que considerar os valores através do qual ele vive. Em um nível prático, essa pergunta ajuda a priorizar seus pré-requisitos e ajuda na tomada de decisão.

Um modo alternativo de fazer essa pergunta é: "O que importa para você?" ou "Que valores você está respeitando?".

Essa pergunta é igualmente válida e útil de ser feita toda vez que você está em um dilema: quando está decidindo como expandir seu negócio, se contrata um novo funcionário ou se faz uma compra maior tal como um carro novo ou um computador.

Como Você Saberá que Conseguiu o que Queria?

Quando pergunto o que quer, você pode responder de várias maneiras:

- Eu quero o companheiro dos meus sonhos.
- Eu quero as férias da minha vida.
- Eu quero uma equipe unida.
- Eu quero clientes satisfeitos.
- Eu quero o emprego perfeito.
- Eu quero ser feliz e bem-sucedido.
- Eu quero um sistema que funcione.

Todas essas respostas soam bem, mas elas podem significar coisas totalmente diferentes para pessoas diferentes. Como *coach*, seu papel é desafiar os outros a transformarem conceitos vagos em detalhes específicos. Depois que ouço o que os clientes estão visando em termos da totalidade, começo a trabalhar para ganhar precisão. Com detalhes específicos nos devidos lugares, é muito mais provável que os clientes consigam o que querem e identifiquem quando alcançaram do que viver num mundo de vagas possibilidades futuras.

A pergunta "Como você saberá que conseguiu o que queria?" transforma direcionamentos estratégicos eminentes em objetivos tangíveis com resultados mensuráveis ao mover os clientes em direção a evidências específicas. O processo de reunir evidência emprega os sentidos dos clientes de forma que eles realmente veem, sentem, tocam, provam e cheiram o que experimentarão no futuro depois que atingirem o que querem. Essa pergunta também forma parte do processo dos resultados bem formados, que esbocei no Capítulo 7.

Anna, uma advogada com dois filhos pequenos, contou-me em uma sessão de *coaching* que queria desesperadamente mais tempo para si mesma. Eu poderia ter feito suposições acerca do que significava mais tempo mas, em vez disso, pedi que ela descrevesse seu objetivo com a pergunta: "Como você saberá quando conseguiu mais tempo para si mesma?". Anna foi mais específica sobre que forma esse tempo que ela queria teria e, então, começou a estabelecer tempo em sua programação em que ela se colocava em primeiro lugar. Sua evidência de que havia atingido seu objetivo envolvia se imaginar mexendo a espuma de um *cappuccino* na sua cafeteria italiana favorita, com um romance nas mãos por 15 minutos por dia, enquanto deixava passar os sons dos transportes pendulares. Ela então falou sobre reservar duas horas no fim de semana para ir a uma aula de ginástica, imaginando-se em uma bicicleta, sentido o alongamento em suas pernas, ouvindo a música tocar e o encorajamento do instrutor, bem como desfrutar de tempo para tomar banho e se vestir sem os filhos querendo sua atenção. Ela também ensaiou mentalmente a conversa em que perguntava a seu marido se ele tomaria conta das crianças por um tempo determinado nos sábados pela manhã.

Anna empregou seus sentidos de visão, cheiro, gosto, som e percepções. Veja o Capítulo 7 para ver maneiras de empregar os sentidos.

O que Está Atrapalhando Você?

O grande *coach* Timothy Gallwey, autor da clássica série de livros *The Inner Game (Random House)*, tem uma fórmula simples para preparar clientes para serem os melhores:

D = p − i

A fórmula propõe que desempenho (D) é igual a potencial (p) menos a interferência (i). A fim de alcançar potencial, você precisa enfrentar seja lá o que quer que entre no meio do caminho. Essa interferência pode incluir:

- **Fatores externos,** tal como escolher o lugar errado, andar com as pessoas erradas, escolher mal os momentos, falta de recursos como funcionários, equipamento e financiamento.

- **Fatores internos,** tal como habilidades e atributos pessoais, pensamentos e crenças.

Essas perguntas de *coaching* localizam com precisão os fatores de interferência que precisam ser mudados a fim de virar a situação. Por exemplo, se você estiver preparando uma executiva em uma organização, fazer essas perguntas determina se ela precisa focar no que não está funcionando na infraestrutura prática em termos de equipe e tecnologia, ou se ela precisa prestar atenção a seu estilo de liderança e atitude. Frequentemente, a resposta para essa pergunta envolve uma combinação de fazer mudanças tanto no ambiente, quanto na abordagem pessoal de um cliente.

Que Recursos Você Tem que Podem Ajudá-lo?

Os *coaches* de PNL assumem que os clientes são cheios de recursos e adotam a pressuposição: "Você tem todos os recursos de que precisa para atingir o resultado desejado". Esta crença fortalece os clientes nos momentos em que estão com problemas, pensando que a resposta está lá fora, ou que outra pessoa pode lhes dizer o que fazer. Na verdade, eles já sabem o que fazer dentro deles mesmos; eles apenas se esqueceram disso no momento.

Como a interferência, *recursos* procedem de diferentes lugares:

- **Recursos internos** incluem crenças pessoais, recordações, valores e energia.

- **Recursos externos** incluem pessoas, patrocinadores e mentores, posses e dinheiro.

No *coaching* de PNL, você se inspira nas experiências anteriores de alguém, muitas vezes chamada de *história pessoal,* para encontrar recursos internos e externos que ajudem o cliente a seguir adiante. O modelo SCORE, que eu cubro no Capítulo 5, é uma ferramenta eficiente para identificar recursos.

Quando preparo clientes através de situações que testam a confiança deles, peço que acessem momentos em contextos completamente diferentes quando eles se sentiram confiantes. Uma vez preparei uma jovem cujos nervos pré-nupciais ameaçavam estragar os preparativos de seu casamento. Ela estava preocupada com o comportamento das jovens damas de honra, que pareciam distraídas na empolgação da ocasião. Ela também queria fazer um discurso na melhor mesa, de uma maneira relaxada e bem-humorada. Durante nossas sessões, pedi que ela encontrasse momentos em sua memória quando se sentiu confiante, relaxada e bem-humorada e, então, *ancorei* aqueles mesmos estados com ela para que pudesse mudar imediatamente aquelas qualidades sob a pressão do dia de seu casamento. Você pode ler mais sobre estados de ancoragem e aumento de estados de recursos no Capítulo 18.

Quando Você Atingir Seu Objetivo e Olhar para o Seu Sucesso, Como se Sentirá?

A terminologia dessa pergunta supõe que os resultados são positivos: sucesso, realização e conhecimento. Você está agindo como um patrocinador ou defensor, encorajando seus clientes a alcançarem o que eles foram atrás, ao passar-lhes a visão do fim das suas linhas de tempo ou seu *estado desejado*. Você também está, implicitamente, demonstrando que os resultados que eles visualizam não são apenas possíveis, mas também que você acredita que eles podem alcançá-los, mesmo se estiverem com alguma dúvida. Você os está convidando a sentirem o gostinho do sucesso – o projeto terminado, o clímax do trabalho duro e tudo pelo que batalharam.

Ajude-os a explorar a experiência futura com detalhes sensoriais ao fazer perguntas de acompanhamento que incluem:

- Com o que isso se parecerá?
- Como isso vai soar?
- Como será a sensação?

A pergunta principal também age como um teste para ver se os clientes escolheram objetivos que eles verdadeiramente querem perseguir. Ao deslocar seu pensamento para o futuro, que a PNL chama de *estrutura "como se"*, você está testando suas escolhas. Algumas vezes um cliente determina que um objetivo não justifica todos os desafios ao longo do caminho e muda o objetivo.

Qual É a Questão que Você Não Quer se Perguntar Neste Momento?

Esta pergunta é útil quando você sente que uma sessão atingiu um impasse e não está bem certo sobre como seguir adiante. Perguntada com curiosidade e sensibilidade, ela vai além da superfície da conversa e dá aos clientes permissão para articularem algo que não tenha sido dito antes e que talvez os esteja preocupando.

O cliente de Paulo, Ramon, descreveu a oferta de um emprego dos sonhos como Chefe de Operações de uma organização bancária internacional: a função para a qual ele vinha trabalhando há alguns anos. Paulo, contudo, sentia que algo estava errado e perguntou a Ramon: "O que você não quer perguntar a si mesmo neste exato momento?". A voz de Ramon ficou

Capítulo 20: Dez Perguntas Poderosas de Coaching **345**

surpreendentemente vacilante, até mesmo dissonante, à medida que ele demonstrava seus medos acerca da aceitação de sua família às mudanças que sua nova função traria para a vida deles. Particularmente, Ramon estava preocupado sobre quem resolveria os cuidados com seus pais idosos, a pressão crescente sobre sua esposa que não estava bem e os dilemas acerca da mudança de casa. Depois que essa série de medos vieram à tona, Paulo trabalhou com seu cliente com firmeza em planos práticos para trazer uma ajuda extra no que dizia respeito à casa. "A caixa de Pandora se abriu", disse Paulo. "Meu papel era estar lá e fornecer um sentido estável de perspectiva à medida que Ramon investigava estes assuntos."

Qual É a Forma de Fazer Isso de Maneira Bem Fácil?

Com esta pergunta, você faz suposições positivas de que resolver uma situação ou atingir um resultado final pode ser fácil. Ela é particularmente útil quando alguém enfrenta algo que sente como uma batalha extremamente difícil que ameaça devastá-lo. Eu também mantenho uma notinha sobre a minha mesa para me lembrar de fazer as coisas facilmente – uma variação da fórmula "doce e simples" (em inglês, chamada pela abreviação KISS – "Keep it sweet and simple").

Às vezes, as pessoas criam complexidade e se esquecem de procurar por uma saída fácil. Fazer essa pergunta convida o cliente a pensar em estratégias que aumentam o foco e a diversão. Esse é o tipo de pergunta para deixar os clientes com o que refletir, assim eles podem aparecer com suas próprias soluções no seu próprio tempo.

Qual É o Primeiro Passo?

As sessões de _coaching_ terminam com uma ação de algum tipo, até mesmo se aquela ação é uma indagação, algo mais para os clientes pensarem do que uma lista do que fazer.

Um exemplo de uma indagação é: "Como seria relaxar e fazer as coisas no seu tempo com mais frequência?". Em comparação, um exemplo de uma lista do que fazer é: "Identifique três maneiras preferidas para aumentar o relaxamento".

Dar o primeiro passo é muitas vezes o mais difícil porque, depois que você o toma, fica comprometido a se mexer e dar outro passo. Você não pode mais voltar atrás. O primeiro passo honra o desafio de mudar e a apropriação da responsabilidade. O primeiro passo para uma mesa organizada é jogar fora um pedaço de papel. O primeiro passo para um programa de perda de peso é (literalmente) subir na balança.

Com o primeiro passo vem um sentido de alívio e o reconhecimento de que aquela força pode construir. No linguajar de Joseph Campbell em seu clássico trabalho *O Herói de Mil Faces*, tomar o primeiro passo envolve que o herói ultrapasse o limiar e se aventure através do desconhecido. Em termos de PNL, o primeiro passo movimenta os clientes do estado presente ao estado desejado, mudando de estar *no efeito* e se tornando *na causa* em suas vidas. Não há primeiro passo certo ou melhor, simplesmente há algo que claramente desloca o cliente para entrar em ação, mais em direção ao objetivo do que perpetuando a procrastinação.

E o que Mais?

Esta pergunta curta e simples é extraordinariamente poderosa, especialmente ao final de uma sessão que cobre uma série de assuntos, porque permite espaço para pensar para além da questão imediata. Essa pergunta detalha, dando a permissão dos clientes para levantar outra questão que não estava na agenda, mas que é a coisa que verdadeiramente o está preocupando.

A questão sobre a qual os clientes dizem que não querem se debruçar muitas vezes não é um problema real; essa pergunta lhes dá tempo para revelar o que realmente está acontecendo.

Antes de me tornar *coach*, passei muitos anos entrevistando executivos sobre seus trabalhos no mundo corporativo e fiz uma descoberta interessante. Nós tínhamos tido uma reunião formal por uma hora quando uma pessoa me deu todos os fatos e personagens, a história oficial de que eu precisava para escrever um artigo. Contudo, as histórias mais intrigantes e as melhores piadas emergiram de caminhadas informais até a máquina de café ou de saídas do prédio depois de tirar o caderno da minha frente. Nesses momentos, capturei os melhores títulos e casos confidenciais. Da mesma forma, no *coaching*, as descobertas mais importantes muitas vezes surgem ao final da sessão, quando os clientes sentem que tiraram o peso do que eles pensaram que precisavam fazer. Relaxados, agora, sua mente inconsciente surge com as mais úteis informações.

Miguel preparou um veterano na liderança de negócios por quase um ano sobre como ele transformaria sua organização e obteria um novo emprego nela. Em uma sessão que chegou ao fim mais cedo do que o normal, Miguel perguntou "E sobre o que mais você gostaria de falar?". O cliente compartilhou a informação de que sua esposa estava tendo pensamentos suicidas, um assunto que nunca havia sido discutido antes nas sessões. Esse momento de revelação levou o relacionamento do *coaching* para um nível mais profundo de confiança em que Miguel ajudou seu cliente a encontrar ajuda terapêutica para sua esposa e a ter coragem de pedir tempo longe do trabalho para si mesmo.

Capítulo 21

Dez Armadilhas para se Evitar em *Coaching*

....

Neste Capítulo

▶ Eleve o nível de seu jogo como *coach*
▶ Mantenha relacionamentos saudáveis e proveitosos com seus clientes
▶ Preste atenção ao seu método

....

*C*oaching é uma habilidade altamente procurada e, como todas as habilidades, precisa se manter afiada para impedir que você adquira maus hábitos. Se você é honesto e aceita que suas habilidades não são perfeitas, graças a Deus! Você é apenas humano e às vezes se equivoca.

Parte do desenvolvimento como *coach* é se engajar regularmente em autorreflexões acerca da qualidade de seu *coaching* e observar onde fica preso. Pergunte a si mesmo: "Qual é a interferência em que eu tropeço às vezes?" e "Se eu estivesse sendo observado agora mesmo, estou agindo conforme meu discurso?".

Neste capítulo, você pode ler sobre alguns perigos usuais e identificar alguns primeiros passos úteis para começar a corrigir seu rumo.

Juntar-se a um grupo de supervisão de *coaching* regular é uma maneira genial de obter novos *insights* de outros *coaches* e observar o que você pode estar perdendo com sua própria prática. Você pode ler mais sobre supervisão no Capítulo 1.

Correr para os Detalhes Sem Ver o Todo

Por sua própria natureza, o *coaching* dá às pessoas tempo e espaço. Então, permita a seus clientes aquele espaço para pensar. Evite a tentação de correr ao longo de uma linha de indagação antes que o cliente tenha a oportunidade de estabelecer o que está na mente dele. Correr no *coaching* é meio como pedir a alguém para escolher um lugar para visitar nas férias antes que ele tenha tempo de olhar um mapa e avaliar as diferentes opções.

A PNL lembra aos *coaches* de compassar e conduzir as pessoas. Entrar em compasso com a atual realidade de seus clientes ao escutá-los, depois escutá-los ainda mais e, finalmente, *conduzi-los* com suas perguntas ao longo de um caminho em especial. Essa abordagem requer que o *coach* atinja um equilíbrio delicado entre desvendar o que está acontecendo no todo para seu cliente, tendo como alvo o problema essencial. (Você pode ler mais sobre compassar e conduzir para formar *rapport* no Capítulo 2, enquanto o Capítulo 6 examina uma das principais competências do *coaching*: escutar com mais detalhes.)

Um pensamento para se ter em mente enquanto estiver escutando os clientes é que o problema atual não é o verdadeiro. Ao demorar um pouco em um espaço com paciência, você chega ao lugar onde o cliente diz: "Eu acho que isso é realmente sobre Y", e você então tem algo mais profundo com o qual trabalhar do que o assunto superficial que o cliente havia posto adiante primeiramente. Não force seus clientes a irem muito rápido: eles precisam confiar em você e no método do *coaching*. Os capítulos da Parte III estão cheios de sugestões sobre como mudar para um nível mais profundo de trabalho com seu cliente.

Permaneça curioso sobre como o ponto que o cliente traz primeiramente para o *coaching* é parte de uma questão maior ou padrão para ele, que envolve suas crenças sobre o que é possível, seus valores, senso de identidade e propósito.

Perder-se em Meio a Histórias Mirabolantes

Um dos desafios que todos os *coaches* experientes admitem ter é a tentação de ser apanhado escutando os relatos de seus clientes. Todos adoram uma boa história e, se você é um bom ouvinte, em *rapport* com seu cliente, você pode preencher a maior parte das sessões de *coaching* ouvindo casos.

Coaching não é mesma coisa que um bate-papo tomando café com um amigo. Escutar histórias que desviam a atenção não é aquilo para o que você está sendo pago como *coach*. Seus clientes já sabem as histórias deles. Eles vêm convivendo com elas e contando-as para si mesmos repetidamente. Agora eles estão buscando histórias e vidas melhores. Se você não os redirecionar do tipo de conversa "isto aconteceu e depois isso e então isso...", eventualmente eles se tornam insatisfeitos com o processo inteiro do *coaching*.

Uma maneira de romper com as narrações que nunca terminam é tendo frases prontas na sua cabeça para desviar da "contação" de histórias. Por exemplo:

É uma história sensacional, e eu poderia passar toda a sua sessão me entretendo. Mas, isso não vai ser de muito valor para você. Posso pedir que você me conte apenas o tanto de detalhe de que precise, a fim de esclarecer por si mesmo sobre a verdadeira questão?

Ou você pode levantar uma mão significando um corte ou pausa e dizer:

Podemos parar aí por um momento? Qual é a pergunta essencial em sua cabeça quando você está contando a isso?

Ou você pode usar o mais direto:

O que quer fazer sobre isso?

Parar uma história e refocar uma conversa é uma forma de se entremeter – uma habilidade que leva tempo para ser desenvolvida e sensibilidade para manter a *rapport*. Sempre se entremeta com um sorriso e algum senso de humor. Lembre-se do poder da comunicação não verbal – sua mudança em gestos e tom de voz significa uma mudança de ritmo necessária para levar a conversa adiante. Veja o Capítulo 10 para mais dicas sobre entremeter-se educadamente e com êxito durante uma sessão de *coaching*.

Resgate de Outra Pessoa

Coaches tendem a ser pessoas muito decentes que querem o melhor para os outros! Eles podem escorregar inadvertidamente para o papel do salvador, no qual enfrentam mais do que sua parte devida de trabalho envolvido no *coaching* deveria enfrentar. Alguns sinais de alerta do modo salvador incluem:

- **Em um nível prático:** Você toma nota de muita coisa que, então, manda para o cliente depois da sessão. Você toma medidas para contatar pessoas em nome do cliente.

- **Em um nível emocional:** Você se vê se preocupando acerca do bem-estar de um cliente nos intervalos entre as sessões. Você se identifica de modo demasiado com a situação dele.

O *coaching* funciona melhor quando você tem uma série de modelos mentais para assegurar que permaneça verdadeiro no papel de *coach*. O Capítulo 13 examina o Triângulo do Drama de Stephen Karpman – como você pode ser apanhado em um trio de papéis conhecidos como o Salvador, a Vítima e o Perseguidor, e como sair desses papéis inúteis.

O *coach* que resgata o cliente vulnerável reduz o poder do cliente de modo que ele apareça como uma vítima das circunstâncias. O roteiro é "Pobre cliente, deixe-me ajudá-lo". Além disso, *coaches* que assumem a responsabilidade por seus clientes acabam trocando para o modo de Vítima ou Perseguidor mais tarde quando já estão fartos.

Dramatização do que Você Ouve

Uma empresa de seguros tinha o seguinte *slogan* de publicidade: "Nós não faremos um drama de uma crise". Esse é um bom *slogan* para suas sessões de *coaching* também!

Quando você dramatiza, desloca-se para o reino do entretenimento através da ação e do entusiasmo que o está seduzindo. Se você se torna realmente animado e entretido com o drama, então, inconscientemente, seu cliente assume a mensagem de que o *coach* quer ser entretido por uma crise após a outra. Ele irá se acostumar em trazer o drama para o *coaching* para entreter você ainda mais e, desta forma, o *coach* se torna parte do problema.

Drama é um ato que mascara as questões mais profundas e importantes. É divertido mas, ao final, é uma distração. Assim como na contação de histórias, você pode se ver apanhado pelo drama da vida de seus clientes em que a ênfase é em todos os rumores de personagens interessantes e suas atividades.

Seus clientes precisam se distanciar dos papéis diretivos, encontrando a perspectiva para reconhecer "Quais são os padrões subjacentes aqui?" e "Qual é o filme que eu realmente quero criar para a minha vida?". A PNL oferece diversas ferramentas para que os clientes se afastem e olhem imparcialmente para suas vidas, incluindo as linhas de tempo (veja o Capítulo 16) e os posicionamentos perceptuais (consulte o Capítulo 12).

Ser o Sabe-Tudo

Uma das primeiras e mais libertadoras lições para os *coaches* novatos é a de que você não precisa ter respostas, somente boas perguntas. Você não precisa aparecer com as soluções para ser um bom *coach*. Na verdade, se assim o fizer, é improvável que elas acrescentem muito valor. Diferentemente de tantas outras áreas de vida e trabalho, *coaching* é um dos campos no qual chegar como o especialista solucionador de problemas produz os piores resultados.

Como *coach*, você precisa mudar seu curso quando achar que está fazendo perguntas condutoras tais como: "Você não acha que deveria experimentar isto?"; em vez disso, altere seu vocabulário para mensagens como "Que ideias você trouxe?". Fazer isso estabelece o tom para a exploração criativa do cliente e a apropriação da agenda. Veja o Capítulo 6 para saber mais sobre a formulação de perguntas eficientes. O Capítulo 20 apresenta algumas das mais poderosas perguntas de *coaching*.

Coach e cliente são colaboradores do sucesso do cliente. Ao vir daquele ponto em que você, como *coach*, não sabe nada, você cria as condições para a autoconfiança do cliente e para a mudança autodirecionada.

Capítulo 21: Dez Armadilhas para se Evitar em *Coaching* 351

Cair no Papel de Pai, Mãe ou Criança

Na vida, você assume muitos papéis além do de *coach*. Você já foi uma criança e talvez agora seja um pai ou uma mãe. E, mesmo sem filhos seus, sabe como desempenhar o papel de cuidados paternais ou maternais a partir do seu próprio testemunho, ou dos pais de outras pessoas. À medida que se envolve com as experiências dos clientes no *coaching*, também se inspira na sua história emocional dos relacionamentos da família.

Se você é naturalmente um pai ou mãe indulgente ou experiente nesse tipo de cuidado, uma tendência para deixar os seus clientes fora de sufoco e impedir que eles assumam responsabilidade por suas ações pode aparecer nesses relacionamentos. Da mesma forma, se você teve uma educação rígida, seu *coaching* pode assumir um estilo mandão.

Outro papel em que se pode cair e que deve ser evitado como *coach*, é ser a criança adaptável tentando agradar seus clientes: isso o impede de desafiá-los. Se está preparando alguém que você sente que é mais experiente ou que está em um contexto de um negócio pouco familiar, lembre-se de que você não foi contratado como o especialista no mundo dele, mas como um *coach* trazendo uma perspectiva nova.

Quando você encontra uma situação difícil com um cliente de *coaching*, verifique se está escorregando para o papel de um pai ou mãe indulgente ou uma criança adaptável. Se acontecer de estar preparando um cliente que faz parte de um negócio de família, esteja ciente de que é muito provável que você capte os padrões familiares dele durante as sessões também.

Perda da Noção do Tempo

Administrar o tempo em cada sessão é uma maneira importante para se criar estrutura para seus clientes. Estabelecer um tempo de começo e fim definido estabelece os parâmetros nos quais o *coaching* é mais efetivo.

Como parte de seu contrato inicial (veja o Capítulo 3), você tem a oportunidade de enfatizar que tanto você como seu cliente são responsáveis por chegar na hora marcada. Entre em acordo sobre as implicações caso o cliente chegue atrasado ou adiantado.

Durante as sessões, como *coach*, você é responsável por administrar o tempo para dar ao cliente o maior valor. Fazer isso significa que você determina um foco para a sessão após alguma exploração inicial bem como permite tempo para um fechamento elegante, em vez de um abrupto "Ok, o tempo acabou!".

Tenha planejada uma estrutura para as sessões, tal como um mapa mental que guie você do tempo para as gentilezas introdutórias, uma pergunta de abertura para se debruçar sobre o assunto, tempo para planejar a ação e então o fechamento, incluindo a agenda e a administração do pagamento. Com o *coaching* por telefone, você pode verificar o tempo à medida que a sessão se desenrola. Com o *coaching* cara a cara, sente-se virado de frente para um relógio na parede ou tenha um sobre a mesa na sua frente para ficar de olho no tempo sem a necessidade de olhar para um relógio no pulso.

Apaixonar-se e Tornar-se Amigo

Ter relacionamentos estreitos e fecundos com outras pessoas que compartilham seus pensamentos íntimos pode ser cativante. Mas lembre-se de que o *coaching* é um relacionamento profissional, tanto quanto o que médicos, contadores e advogados têm com seus clientes. Sua responsabilidade é trabalhar eticamente dentro das fronteiras profissionais.

Aqui vai uma advertência saudável. Acautele-se contra apaixonar-se e esperar fugir com um cliente para uma vida longa e feliz juntos! Enquanto é impossível dizer que os relacionamentos pessoais entre *coaches* e clientes nunca podem ser bem-sucedidos, trocar de *coach* para amante raramente conduz a resultados satisfatórios a longo prazo.

Naturalmente, você pode ficar amigo de seu cliente depois que o contrato do *coaching* acabar. Para que o *coaching* seja bem-sucedido, delicadamente diga ao cliente que vocês não irão se tornar grandes amigos enquanto você o estiver preparando.

Coaching é um relacionamento desigual no qual os clientes abrem a caixa de suas vulnerabilidades. Enquanto isso, a própria vida do *coach* e seus problemas se mantêm privados. Reequilibrar essa história e reprojetar o relacionamento envolve um autoexame detalhado cuidadoso, o que é muito difícil de atingir em face de um padrão estabelecido e a história entre dois indivíduos.

Envolver-se no Planejamento de Atividades Demasiadamente Entusiásticas

Apesar de o planejamento de ações ser uma parte integral das competências de *coaching* (consulte o Capítulo 3), não sou muito fã das longas listas de ações para os clientes. Muitas pessoas vêm para o *coaching* quando eles já estão ocupados; acrescentar mais às suas tarefas não os ajuda. Terminando com alguns itens essenciais de acompanhamento e uma indagação de autorreflexão é mais provável de ser bem-sucedida do que uma longa lista de afazeres que nunca acontece. Muitas vezes, os clientes ficam desiludidos com seu fracasso em completar as atividades e, então, abandonam o *coaching*.

Ajude seus clientes a observarem a resistência para fazer o que eles precisam fazer, enquanto reconhece que esses são os pontos mais difíceis em que as transformações pessoais acontecem.

Você presta um grande serviço a seus clientes ao lançar luz sobre apenas uma atividade que pode ter um impacto maior.

Ficar com Medo de se Despedir

Todas as coisas boas chegam a um final, incluindo um relacionamento de *coaching*. Ele existe por um arco de tempo; não é um acordo em aberto, embora seja um processo que acontece ao longo de semanas e meses. A maior parte dos relacionamentos de *coaching* implica um compromisso de três meses de trabalho conjunto, e pode-se estendê-lo para um trabalho de mais seis ou até mesmo nove meses. Para alguns clientes, que estão altamente comprometidos com o poder do *coaching* em suas vidas, um relacionamento desses pode durar por um período de anos, sendo que os encontros são em intervalos menos frequentes.

Inicialmente, você pode antecipar o estímulo nas tarefas de *coaching* à medida que seus clientes alcançam novas compreensões e avanços e veem grandes mudanças. Eles estão desenvolvendo novas habilidades, experimentando novos comportamentos e se movimentando criativamente na descoberta por si próprios. Se aderirem ao *coaching*, à medida que o tempo passa, eles mudam de fazer uma forma para ser uma forma, encontrando novas maneiras de se conectar com o todo de suas vidas.

Em algum ponto, seus clientes se dão por satisfeitos de que tiveram o suficiente de seus relacionamentos de *coaching* e se sentem prontos para seguir adiante. Admita que partir pode ser triste porque vocês compartilharam muitas experiências juntos ao longo de suas sessões. Mande seus clientes seguirem seus caminhos com gratidão pela experiência compartilhada.

Como *coach*, você pode ser tentado a prosseguir para além da data de validade, então, fixe uma sessão de fechamento desde o começo; não saia simplesmente de um relacionamento de *coaching*. Sessões de fechamento são uma oportunidade para completar o *coaching* e permitir que os clientes agradeçam a jornada que fizeram com você. Durante esse encontro final, planeje discutir o seguinte:

- O que o cliente descobriu sobre si mesmo?

- O que funcionou melhor para o cliente durante o *coaching*? Que ferramentas o ajudarão a reagir a desafios futuros?

- O que o cliente pode levar adiante para outros aspectos de sua vida a longo prazo?

Quando você fecha a porta atrás de um cliente, abre espaço para que um outro apareça.

Capítulo 22

Dez Maneiras de Aprimorar Suas Habilidades em *Coaching*

Neste Capítulo

▶ Fazer descobertas continuamente
▶ Permanecer curioso e aberto a tudo o que você não sabe
▶ Obter *insights* de outros *coaches* e profissionais
▶ Retribuir à comunidade de *coaching*

> *Eu estava como um garoto brincando na praia, me divertindo de vez em quando ao encontrar um cascalho liso ou uma concha mais bonita do que o normal, enquanto o grande oceano da verdade repousava todo misterioso diante de mim.*
>
> – Isaac Newton

Coaching implica um compromisso com um contínuo crescimento pessoal da parte do *coach*, e esse desenvolvimento pode acontecer em vários ambientes. Um programa de treinamento de *coaching* é um bom ponto de partida para construir habilidades, embora nem todos os *coaches* estabelecidos tenham qualquer treinamento formal de *coaching*. Para ser um *coach* de PNL você precisa realizar antes um treinamento de *coaching* com treinamento de PNL até que atinja o nível de *Master Practitioner*.

Você pode encontrar detalhes de programas de treinamento confiáveis ao olhar os *sites* das principais entidades profissionais de *coaching* (internacionais e nacionais):

✔ A *International Coach Federation* (IFC): www.coachfederation.org

✔ *Association for Coaching* (AC): www.associationforcoaching.com

✔ *European Mentoring and Coaching Council* (EMCC): www.emccouncil.org

- Instituto InVeda: www.camp.inveda.com.br
- Associação Brasileira de *Coaching* – www.abracoaching.com.br

À medida que você persegue seu interesse em *coaching*, cada cliente e sessão ensinam algo de novo. Quando você relaxa, aborda o que não sabe com humildade e permanece curioso e duvidoso quanto a ter as respostas, você descobre e tem o maior divertimento.

Criar o hábito de abrir-se para novas oportunidades reacende seu amor por adquirir conhecimento – um amor que pode ter sido deixado de lado durante uma carreira dedicada a progredir no trabalho ou enquanto construía uma família. Aqui estão minhas principais sugestões para continuar formando suas habilidades.

Matricule-se em Vários Cursos e Oficinas

Tomar parte em treinamentos tanto de *coaching* quanto de PNL é divertido e esclarecedor para os *coaches* principiantes, a ponto de o treinamento se tornar levemente viciante. Você quer recapturar a adrenalina de revelar novos conhecimentos com pessoas com o mesmo modo de pensar e praticar suas habilidades.

À medida que escolhe mais oficinas e cursos, seja aventureiro e veja como algo totalmente diferente pode ampliar sua capacidade de se manter presente no momento. Considere um curso de atuação, arte, aviação ou *aikido*, por exemplo. Procure cursos que usem o corpo, não apenas as faculdades mentais, assim você emprega os diferentes sentidos. Tente um curso de cerâmica, bateria ou um *workshop* de dança bem como programas acadêmicos mais lógicos.

Mesmo que não tenha tempo de participar em um curso inteiro no momento, você ainda pode ir a eventos interessantes e aleatórios de artes, música, línguas, literatura, direito, liderança, história, engenharia, educação, ciência, esportes, dança, artes marciais, filosofia, psicologia – a lista não tem fim. Em cada nova experiência, pergunte a si mesmo como seu *coaching* pode se beneficiar desse mundo não familiar comparado àquele no qual você normalmente escolheu habitar.

Compartilhe Seu Conhecimento com os Outros

Quando você é convidado a ensinar a outra pessoa o que sabe – adivinhe! – tem que desfazer seu conhecimento nos mínimos detalhes, um processo que, por fim, melhora sua própria compreensão.

Encontre oportunidades de falar sobre *coaching* em geral e como você trabalha com o *coaching*. Discorra sobre suas dicas e ferramentas favoritas. Coloque-se na "cadeira elétrica" e faça demonstrações ao vivo de seu *coaching*, preparando alguém com um objetivo de vida ou trabalho, usando o processo dos resultados bem formados no Capítulo 7 ou ajudando a planejar uma conversa ou reunião difícil, tema discutido no Capítulo 14.

Outra maneira de compartilhar seu conhecimento é ensinar a alguém o que você sabe sobre as competências essenciais de *coaching*, tal como fazer perguntas poderosas ou escutar ativamente.

Lembre-se de alguma coisa que aprendeu recentemente ou pense em quando você aprendeu a andar de bicicleta ou a dirigir. Observe como seu aprendizado naturalmente passa por quatro estágios:

1. Inconscientemente incompetente: antes de começar a estudar.

2. Conscientemente incompetente: o tempo de vacilação quando você de repente se conscientiza do que não sabe.

3. Conscientemente competente: quando você prossegue com cuidado e está consciente de como seguir o processo.

4. Inconscientemente competente: quando relaxa, se solta e pode fazer isso!

À medida que ensina a outros, você percebe o quão longe chegou.

Pratique com Voluntários Dispostos a Colaborar

O grande golfista internacional Gary Player disse: "Você deve trabalhar duro para se tornar um jogador natural". Como qualquer outro profissional, quanto mais horas de prática se coloca, melhor se fica. A maneira de melhorar seu *coaching* é através da prática. Quanto mais prática você coloca nisso, melhor se torna.

Encontre pessoas com quem praticar suas habilidades. Muitos adorariam ter algum *coaching*, mas normalmente não podem pagar por isso. Mesmo se você não estiver cobrando, acorde com seus voluntários para que eles lhe paguem um café ou façam alguma contribuição de modo que você sinta que tem um contrato comercial. O Capítulo 3 tem outras muitas ideias sobre contratos.

Sua família e seus amigos não constituem os melhores voluntários porque você estabeleceu relacionamentos com eles. Eles não veem você como um *coach*, e o conhecimento que já tem deles pode atrapalhar seu *coaching*. Procure por pessoas que você não conhece tão bem. Ofereça seus serviços voluntariamente no trabalho, em grupos comunitários, clubes ou para amigos de amigos.

Quando as pessoas pagam por *coaching*, mesmo que seja uma quantidade simbólica, é provável que se comprometam mais do que quando é completamente de graça. Considere oferecer *coaching* a um preço bem modesto ou em troca de uma refeição leve. Isso é muito razoável quando você é um novato ou quer estender sua experiência para um novo campo. Não tenha medo de dizer que é novo neste trabalho e quer afiar suas habilidades como qualquer outro aprendiz.

Siga o Exemplo de Outros Coaches em Ação

A PNL começou seguindo exemplos de excelência. Para melhorar suas habilidades, siga o exemplo dos fundadores da PNL: encontre os melhores no seu campo e fique curioso sobre o que eles fazem e como pensam. O Capítulo 11 explica mais sobre modelagem.

Use um sistema tal como os Níveis Lógicos de PNL para observar como os *coaches* operam em cada nível, do ambiente no qual trabalham até seus sensos de propósito. Volte ao Capítulo 5 para uma revisão rápida das perguntas a serem feitas nos diferentes níveis lógicos.

Quando Richard Bander e John Grinder moldaram os exemplos de grandes terapeutas, eles acharam que um modelo de excelência não era suficiente. Cada um de seus exemplos atingiram resultados de uma forma única. Então, escolha duas ou três pessoas diferentes para modelar que venham de diferentes formações. Crie seu próprio modelo do que funciona para você.

Você também pode refinar suas habilidades assistindo a *master classes* e teleclasses de *coaches* de destaque. Procure por ofertas através de associações de *coaching* ou assista a vídeos de seu trabalho.

Faça Experiências com Ideias Novas

Seja corajoso e experimente abordagens diferentes do seu *coaching* de modo que você e seus clientes evitem ficar presos em rotinas previsíveis. Por exemplo, coloque seu chapéu de PNL e considere como pode empregar a visão, o som, o gosto, o toque, o movimento e o cheiro.

Tente qualquer uma – ou todas – das seguintes sugestões para variar seu *coaching*:

- **Mude o local.** Caminhe e prepare alguém à beira de um rio, em um parque, em uma cafeteria ou em poltronas confortáveis na recepção de um salão de concertos. Experimentar diferentes lugares pode mostrar-se útil, particularmente se você está preparando no mundo corporativo e seus clientes têm sua base em escritórios. Colocá-los em um ambiente diferente também os coloca em um humor diferente.

- **Trabalhe com fotos e objetos favoritos.** Peça a seus clientes para trazerem uma fotografia favorita ou um objeto importante e compartilhar uma história sobre ele. Escolha algumas perguntas para aprofundar o significado da imagem ou objeto escolhido. Como isso se relaciona com a situação atual do cliente? O que isso diz sobre quem o cliente é e o que é importante para ele agora? O que seu cliente está carregando do passado? E esteja certo de verificar o Capítulo 13 para ver ideias sobre como deixar o passado ir embora.

- **Introduza brinquedos e materiais de arte.** Em vez de falar sobre uma situação, peça a seu cliente que desenhe ou faça um mapa da situação com bonecos flexíveis ou animais de plástico representando os parceiros principais. Explore por que o cliente escolhe determinados personagens ou animais para representar diferentes pessoas. (Muitas vezes uso sapos, corujas, macacos, gatos, cachorros e tigres flexíveis!)

- **Prolongue a sessão de *coaching* para que inclua uma refeição.** Compartilhar comida introduz um toque de informalidade e oportunidade para relaxar e se abrir.

- **Ponha música para tocar.** Você pode mudar o estado de uma pessoa tocando música. Melodias no estilo barroco criam um estado de consciência relaxada, conhecida como *estado alfa*: o tipo mais famoso dessa música simples e clara é o Cânon de Pachelbel. Se você não tiver controle sobre a sala onde está trabalhando o *coaching*, descubra a música favorita do cliente que o leve a um bom estado e sugira que ele a escute antes de sua sessão de *coaching*.

- **Introduza histórias e poemas.** Leia um poema curto ou conto que pode ter uma ressonância para seu cliente. Você pode encontrar livros maravilhosos de poemas que estimulem a curiosidade ou a diversão. Por exemplo, com frequência compartilho os trabalhos do poeta David Whyte e os contos dos livros de Nick Owen, incluindo *The Magic of Metaphor (Crown House)*. Você também pode pedir que o cliente crie seu próprio poema ou conto como dever de casa entre uma sessão e outra.

✔ **Varie o ritmo.** Se você for naturalmente lento e reflexivo nas conversas de *coaching*, introduza alguns exercícios rápidos. Peça a um cliente para "Me contar tudo sobre o que é isso em 60 segundos" e veja o que acontece. Estabeleça um período de tempo de sete ou dezessete minutos para um assunto e, então, siga adiante. Se sua tendência é mergulhar com um estilo muito diretivo, introduza alguma variedade ficando em silêncio e escutando por mais tempo.

Grave a Si Mesmo e Depois Ouça

Quando você grava uma sessão de *coaching* e a escuta depois, você se torna o observador do seu próprio desempenho como *coach*.

Com a permissão do cliente, grave uma sessão. Componha uma lista de competências essenciais de *coaching* baseada no material do Capítulo 3 e então repasse sua gravação, verificando como se sai em cada uma. Pergunte a si mesmo:

✔ Quais foram as perguntas que funcionaram para o seu cliente?

✔ Qual é a evidência de que você cobriu cada competência?

✔ Onde você atua com segurança? Como você pode se expandir como *coach* até o limite de sua zona de conforto para melhorar sua habilidade?

Com a gravação de uma sessão, concentre-se na qualidade de seu diálogo. Escute atentando para a velocidade, os silêncios e tom de voz, bem como as palavras efetivas. Com uma gravação de vídeo, tente localizar as nuances da linguagem corporal. Que hábitos aparecem que são particularmente úteis ou entraves? Veja o Capítulo 2 para saber muito mais sobre comunicação não verbal.

Você também pode usar a gravação em benefício do seu cliente ao pedir que ele revisite a sessão e observe o que vê, ouve e sente sobre isso de um ponto de vista de observador independente. Que perguntas mudaram o modo de pensar do cliente? Onde ele poderia fazer do seu jeito? Como o cliente poderia ter feito melhor uso do tempo?

Apague a gravação depois que você (e talvez o cliente) a revisem a fim de preservar a confidencialidade.

Estabeleça uma Meta de Qualidade

A fim de melhorar sua habilidade, você ganha mais se tiver uma noção clara de como a melhoria será no futuro. O objetivo de "ser um *coach* melhor" é vago. Objetivos mais específicos podem incluir entregar o trabalho de um curso, alcançar reconhecimento, registrar um certo número de horas de *coaching* ou fazer uma verificação de competência pessoal depois de uma sessão.

Fixar resultados bem formados lembra a você de estabelecer critérios de evidência específicos. Tenha claro como são essas melhorias de qualidade e como você saberá que chegou até elas. O Capítulo 7 cobre o preenchimento das condições dos resultados bem formados, os quais você pode aplicar em seu próprio *coaching*.

Após alcançar um nível, expanda-se ainda mais para dominar o seguinte. Sempre há mais o que aprender.

Trabalhe com um Supervisor ou Mentor

No mundo da terapia, a supervisão teve início para dar aos terapeutas um espaço para tirarem o peso de seus casos ao conversar sobre eles com supervisores. Supervisão, hoje em dia, é algo extremamente popular dentro da profissão de *coaching* como uma maneira de aprofundar a prática e a consciência de um *coach*. Você pode trabalhar com um supervisor individualmente ou dentro de um grupo a fim de dar um passo atrás, refletir sobre como você trabalha e obter apoio nas situações mais desafiadoras que enfrenta.

A supervisão oferece uma maneira de permitir a um *coach* romper com as ilusões, delírios e conspirações que podem acontecer no *coaching*. Um supervisor também pode assumir um papel de mentor com você, para guiar seu desenvolvimento profissional e a construção da prática. A supervisão não é a mesma coisa que *coaching*, embora uma supervisão de *coaching* consista em um *coach* experiente que proporciona o espaço para que você reflita e obtenha *insights*.

Para encontrar uma supervisão de *coaching* qualificada, pergunte a outros *coaches* que conheça a fim de ter recomendações pessoais ou entre em contato com as entidades de *coaching* mencionadas no começo deste capítulo.

Peter Hawkins e Robin Shohet criaram o modelo de *coaching* dos sete olhares, um dos modelos clássicos de supervisão, assim nomeado porque ele aborda o processo a partir de sete perspectivas. Esse modelo examina o relacionamento entre vários elementos de *coaching*: o que acontece nas sessões reais através das experiências que não são faladas pelo *coach*, a interpretação, as intervenções reais feitas, o sistema no qual ele ou ela estão trabalhando, o papel do supervisor e as percepções que recolhem sobre isso, além do contexto mais amplo.

Junte-se a uma Rede de Coaching

Da mesma forma que o interesse no *coaching* se constrói, o mesmo acontece com os grupos de *coaching*, círculos e redes. Esses grupos fornecem fóruns acolhedores de compartilhamento de conhecimento e prática de cooperação de *coaching*, bem como uniões para empreendimentos de negócios em potencial.

Alguns grupos formam como que um programa de alunos de treinamento de *coaching*, enquanto outros estão organizados através de membros das principais entidades de *coaching*, tal como a *International Coach Federation*, a *Association for Coaching* e a *Associação Brasileira de Coaching* (veja o Capítulo 3 para detalhes sobre elas).

Se não existem grupos de *coaching* perto de você, por que não começar um? Você também pode considerar estabelecer um grupo virtual que se encontre online, bem como um que funcione através de encontros regulares pessoalmente.

Torne-se Voluntário em um Grupo Profissional

Todos os profissionais dependem do entusiasmo de seus membros para sua existência. As diversas entidades de *coaching* irão recebê-lo com os braços abertos quando estiver pronto para oferecer suas habilidades voluntariamente. Reflita com que talentos em particular e experiências você pode contribuir e com quanto tempo pode se comprometer regularmente.

Você pode se oferecer para ajudar em eventos, ficar em estandes de conferências ou dar palestras? Tem tempo para trabalhar em um escritório, treinar como assistente ou fundar um grupo local? Escolha algo que queira mesmo fazer e não algo que faça por dever, ou você se ressentirá desse tempo. Você pode descobrir mais nos sites das entidades profissionais mencionadas no começo do capítulo.

À medida que se envolve mais com uma organização profissional de *coaching*, você estará cercado de oportunidades para ampliar ainda mais suas habilidades ao compartilhar as suas com outras pessoas.

Índice

• A •

ações
  a Consciência para, 101
  perguntas eficazes sobre, 113
  perguntas para desenvolver, 113
  planejamento, 353
  transformando conflito em, 256
afastado dos metaprogramas, 183–184
afirmação de visão do McDonald's, 163
afirmações de visões
  criando, 165
  de empresas, 163
agenda para coaching
  estabelecendo no início uma 83
  mantendo os clientes firmes na 85–86
  mantendo-se no momento 86
  Refinamento de 84
agradecimento 155–170
aliança coach-cliente
  aceitando a imperfeição 55
  cocriando o relacionamento 59
  como uma aliança projetada 47
  compartilhamento das expectativas de
    sucesso na 63–68
  competências essenciais de coaching
    para 58
  confidencialidade na 50
  contratando na 55–68
  curiosidade na 63
  desenvolvimento da 54
  etapas da 56–68
  ética e integridade 54
  motivação na 62
  papel da intuição na 65
  perguntas para evoluir 48–68
  poder do silêncio na 64
  sendo suficiente para o cliente 54
Alice no País das Maravilhas 93

Amando a Realidade (Katie) 303
A mente e o corpo estão interligados
    222–225
amizade com clientes 348
ancoragem 268–272
Angelou, Maya (poeta) 9
Aperte as mãos 73
Apps, Judy (Voice of Influence) 180
aprendizado, facilitando o 60
armadilhas a serem evitadas em
    coaching 347
As pessoas são mais do que seus comporta-
    mentos 33–46
associação 203
  associação com o momento 278
Association for Coaching 11–24
ataques de pânico, lidar, 246
atividades do Quadrante II 279
autocoaching 23
autocuidado 231
autocuidado emocional 231
autocuidado físico 231
autocuidado mental 231
Aventuras de Tom Sawyer
    (Mark Twain) 215

• B •

Bandler, Richard (cocriador de PNL) 20
  coaching vocal recomendado por 179
  criação do Modelo Milton por 38
  desenvolvimento inicial da PNL 29
  modelagem por 195
  pistas de acesso visual observados
    por 133
Bateson, Gregory (psiquiatra) 20
bem-estar emocional, roteiro de linha de
    tempo 281
bem-estar intelectual, linha do tempo
    de 281

364 *Coaching* com PNL Para Leigos

Berne, Eric (fundador da Análise Transacional) 20–24
Body Language for Dummies (Kuhnke) 72–86
Bohr, Niels (físico) 37
brainstorming, perguntas para, 113
Building Self-Confidence for Dummies (Platts e Burton) 317
Burn, Gillian (Personal Development All-in-One For Dummies) 152
Burton, Kate 291
  Building Self-Confidence for Dummies 291
  Live Life, Love Work 162
  Neuro-linguistic Programming Workbook For Dummies 172–184
  Programação Neurolinguística Para Leigos 172–184
business coaching 13

• C •

Campbell, Joseph (mitólogo) 332
Carrol, Lewis (Alice no País das Maravilhas) 93
Causas
  estar na causa versus no efeito 32
  no modelo SCORE 102
  sintomas versus 88
Chunking 129
  definição 164–169
  para integrar partes conflitantes 322
  para negociações de conflito 252
  tipos de 250
  útil para equipes 167
clientes 168
  detectando estado de fluxo nos 152
  Executivos 51–68
  internos 52
  particulares 50
  usos neste livro 1
clientes internos, confidencialidade com 52
clientes particulares, confidencialidade com 50

clube, afirmação de visão para 166
coachee. Veja clientes 1
coaching 1
  Armadilhas para se Evitar em 347
  como despertar 151
  competências essenciais de 357–362
  consultar comparado com 16
  definições de 11
  estilo do C maiúsculo 15
  etapas de interação no 19
  melhorando suas habilidades em 358–362
  mentoring comparado com 16
  PNL comparado com 10
  programas de treinamento e cursos 355–362
  sem conteúdo 119–120
  supervisão para 50–68
  tipos de coaches 12
coaching executivo 51–68
coaching no estilo do pequeno c 15
coaching pessoal 12
coaching profissional 12
coaching sem conteúdo 119–120
Combinar e espelhar 27
começando sessões de coaching 26
  acolhendo clientes 74
  com rapport 73
  fazendo uma boa primeira impressão 72
  fixando intenções 75
  pacote de iniciação para a primeira sessão 73
  perguntas eficientes para 74
  preparação para 73
como princípios orientadores, 139–150
Como Resolver Problemas Complexos 117
compassar. Veja também escutar 169
  arte de 339
  para construção de rapport 73
competência consciente 353
competências, cliente, quatro passos da 43
competências, coach 47
  cocriando o relacionamento 59

competências essenciais de
coaching 357
comunicando efetivamente 60
estabelecendo a fundação 59
facilitando o aprendizado e os
resultados 60
lista pessoal para competências 61
nos padrões de conduta do ICF 53
quatro etapas 253
comportamentos. Veja também
metaprogramas, 254
compromisso, como chave para aprender e
para resultados 61
comunicação (continuação) 52
em entrevistas de emprego 269
etapas de interação na 19
exercícios de metaespelho para 216
fixando prioridades para a 212
mensagem da 213
metaprogramas na 218
método da, 213
não violenta 253
o significado de qualquer comunicação é
a resposta que você obtém
(pressuposição), 112
posicionamentos perceptuais
para a 216–225
redes 268
refocando uma conversa 349
resultado da 212
Você não pode não se comunicar
(pressuposição) 222
comunicação não verbal. Veja também
linguagem corporal; tom de voz 349
Combinar e espelhar 27–46
para construção de rapport 27
Para escutar 219
para primeiras impressões 72
comunicação não violenta 253
comunicação. Ver também linguagem;
equipes 253
efetiva,estrutura mais profunda em 60
modelo de quatro etapas 253
condições "bem formadas" 122
afirmação positiva 122

autoiniciado, automantido e sob
controle 123–135
avaliação ecológica 127
definição de contexto, 125
descrição de método de evidência,
124-125
identificação do primeiro passo, 128-129,
341-342
perguntas para fazer, 123
recursos necessários identificados,
125- 127
visão do todo, 122
conduzir, rapport necessária para, 26, 73
confiança
confidencialidade para construir, 49-53
durante ataques de pânico, 246
ética e integridade para
construção de, 54
princípios de, 49
qualidades envolvidas na, 49
sendo suficiente para o cliente, 54
confiança, construindo, 312-313
confidencialidade,
com clientes executivos, 51-52
com clientes internos, 52-53
com clientes particulares, 50-51
facetas da, 50
necessidade de confiança e segurança, 49-50
nos padrões de conduta do IFC, 53
conflito. Veja também integração de partes
apenas de pensamentos, 247
ataques de pânico, lidando com, 246
chunking para negociar, 251-252
comunicação não violenta no, 253
conflito de papéis, 323
definição, 243
em equipes, 250
exemplo de ira no trânsito, 244
feedback no, 254-255
hábitos apreciativos para solucionar, 256
interno versus externo, 243
lados positivos e negativos do, 243
mudanças psicológicas com, 245
mudando submodalidades para
desarmar, 247

pedindo curiosidade acerca das reações, 244

perguntas de perspectiva de resultados para solucionar, 248

posicionamentos perceptuais para negociar, 249-251

resposta de lutar ou fugir em, 245

sustentando perguntas de perspectiva de culpa, 247-248

tensão entre valores, 145

transformando em ação positiva, 255-256

conflitos internos. Veja integração de partes

confusão

como caminho para o entendimento, 115

espaço para mudar pela, 44

mapeando através de recursos, 290

mudando para a congruência da, 45

congruência. Veja também integração de partes

definição, 45, 97, 180, 326

exercício de autoavaliação, 327

modelagem, 45

na aliança cliente-coach, 59

reconhecendo em clientes a, 326

consciência

como competência da mente consciente, 110

de filtragem, 108

durante decepções, 228

encaminhada para ação, 101-102

conspirações

coaching versus, 40

como esquiva no coaching, 179

entremetendo-se para ir além, 182-183

expressando o que você observa, 179-181

pedindo permissão para levantar uma questão, 182

consulta, coaching comparado a, 16

conteúdo

estrutura versus, 18, 171

processo versus, 40

contexto

chunking através do, 252

definição de objetivos, 125

metaprogramas dependentes do, 173, 220

contratar

com clientes executivos, 51-52

com clientes particulares, 50

definição, 55

encontrando o melhor coach, 56-57

estabelecendo o terreno para, 56

modelos de formulários para pacotes de iniciação, 79-83

nas etapas do coaching, 55-56

nos padrões de conduta do ICF, 53

Cope, Stephen (psicoterapeuta), 229

Covey, Stephen (Os 7 Hábitos das Pessoas Altamente Eficazes), 214, 275

crenças

de partes de si mesmo, 318

definição, 295

desenvolvimento de equipes, 223

em afirmações de visões, 165-166

fortalecimento, 295-296

limitadoras, 295-296

mudando de limitadoras para fortalecedoras, 296-298

no modelos de Níveis Lógicos, 99

para transformar conflito em ação, 255

perguntas eficientes sobre, 113

crenças e nível de valores

perguntas exploratórias para, 99

perspectiva, 99

crenças fortalecedoras, 295-298

crenças limitadoras

definição, 295

exemplos de, 296

mudando para crenças fortalecedoras. 296-298

criatividade, atividades para destravar, 321

Csikzentmihalyi, Mihaly (Fluxo), 153

Cura Rápida de Fobia, 314-315

curiosidade

estimulada pelo coaching, 63

perguntas estimulando, 66-67

qualidade jocosa da, 65-66

sobre reações sob pressão, 244

cursos, 351, 352

• D •

debatendo nível de escuta 117–120
Decepções 227
  as dez mais no Reino Unido 234
  aumentando a consciência dos clientes
    durante as 228
  autocuidado depois 231–242
  como fato da vida 227
  escrevendo um diário durante as 230
deleite, no modelo DRTE 162
desacordos. Veja conflito 312
desempenho 306
  como potencial menos interferência
    13–24
  respiração associada a 233
desfazendo estratégias 190–204
despertar, coaching como 152–169
deveria 140–150
diário 202
  mantendo 328
  sistema de codificação com cores para
    203
diferença em metaprogramas 172
Dilts, Robert (fomentador de PNL) 299
  Enciclopédia online de PNL 88
  modelo de Níveis Lógicos desenvolvido
    por 87
  modelo SCORE desenvolvido por 88
  Sleight of Mouth 334
Disney, afirmação de visão de
  163

• E •

efeitos 64
Elfline, Jan (coach) 311
EMMC (European Mentoring and Coaching
  Council) 355
emprego, Veja trabalho
encontrando desencadeadores para, 35
entidades de coaching profissional, 357-358
entremetendo-se eficazmente, 182-183

Epstein, Todd (fomentador de PNL), 88
equipes 4
Erickson, Milton (hipnoterapeuta)
especialidade natural dos
  natural 68
estado desejado. Veja também objetivos 79
Estée Lauder, afirmação de visão de, 163
estilo de coaching do grande C através de
  Coaching com C maiúsculo 15
estados de fluxo
  características do, 152, 153, 154
  detectando nos clientes, 152
  estando no momento, 156
  formas de acessar, 155-156
  mantendo em tempos desafiadores, 158-
    159, 196
  perguntas para mudar para, 156-158
  permitindo espaço para, 155-156
  pesquisa de Csikszentmihalyi em, 153
  práticas de agradecimento para, 155
  prevenindo interferências. 152, 155, 159

• F •

família, afirmação de visão para, 163
feedback 177
Flexibilidade comportamental 168
flexibilidade. Veja flexibilidade comportamental 168
Fluxo (Csikszentmihalyi), 153
fobias 16
Ford, Debbie (O Lado Sombrio dos Buscadores da Luz), 332
formulário da roda da vida, 81–86
formulário de informação de formação,
  80-81
formulário de informações de contato,
  79-80
formulário de roda profissional, 81, 82
fracasso, como feedback (pressuposição),
  222, 254
Frary, Mark (The Origins of the Universe
  For Dummies), 283

• G •

Gallwey, Tim (coach) 11
   definição de coaching segundo, 11
ganho secundário de, 41
   de fobias 318
Gerador de Novos Comportamentos para
   59
Gervais, Ricky (diretor de TV), 261
Gilligan, Stephen (aluno de Erickson), 179
gremlin mantenedor da paz, 312–320
gremlin perfeccionista, 312
gremlin procrastinador 312–320
Grinder, John (cocriador de PNL) 195
Grove, David (terapeuta), 40

• H •

Hawking, Stephen (físico), 287
hobby, para lugar de escape, 325
história pessoal, 339

• I •

ICF. Veja International Coach Federation 355
Ícone de Alerta de Jargão de PNL 355
Ícone Dica 355
Ícone do Exemplo de Caso 355
Ícone Experimente 355
identidade 15
Imagineering 129
imperfeição, aceitando, 54, 55
incompetência consciente 43, 353
incompetência consciente, 43, 353
incongruência, 326

• J •

jogo do Triângulo do Drama 227
   inconsciente 228

• K •

Kahane, Adam (Como Resolver Problemas
   Complexos), 117

Karpman, Stephen (criador do Triângulo do
   Drama), 235
Katie, Byron (Ame a Realidade), 303
Korzybski, Alfred (cientista), 33
Kuhnke, Elizabeth (Body Language for
   Dummies) 72–86

• L •

Lawley, James (Metaphors in Mind), 40
life coaching 31
ligação mente-corpo, 158
inguagem. Veja também comunicação; Metamodelo; sentidos VAC ou VACOG
   "limpa", 40
   afirmações positivas de objetivos, 122-123
   de metaprogramas de semelhança/ difer-
      ença, 219
   de metaprogramas global/detalhado, 173–
      219
   de metaprogramas interno/externo, 177,
      219
   de metaprogramas proativos/ reativos, 219
   de opções/ métodos de metaprogramas,
      174, 219
   estrutura versus conteúdo, 171
   metaprogramas de em direção a/ afastan-
      do-se de, 175-176, 219
   palavras de valores, 143
   palavras e frases de especificidade senso-
      rial, 29

• M •

mantra "Somente faça o que somente você
   possa fazer", 199
mapas mentais
   crescimento de coaching, 103
   empregando a mente inconsciente em,
      110-112
   o mapa não é o território (pressuposição),
      33, 103, 221
   representação interna de, 107
medo 229
   ataques de pânico, lidando, 230

Índice *369*

mente consciente 110
mente inconsciente, 110
mentores. Veja também modelos de exemplo 186
Merchant, Stephen (diretor de TV), 261
Metaphors in Mind (Lawley e Tompkins), 40
metaprograma de semelhança. 172 – 219
metaprograma detalhado, 173 – 174
metaprograma interno, 172 – 219
  metaprogramas
  como contextual, 173, 220
  como pistas para as motivações de outras pessoas, 62
  descrição, 21, 62, 172
  em direção a/ afastando-se de, 172 – 219
  escutando para, 218-220
  estilos de coaching para, 174, 175, 176, 177
  global/detalhe, 172 – 219
  insights derivados de, 173
  interno/externo, 172 – 219
  opções/métodos, 172 – 219
  permitindo espaço para, 183
  perspectiva de tempo, 172
  proativo/reativo, 172 – 219
  rompendo padrões inúteis, 178 – 179
  similitude/ diferença, 172, 219

● *N* ●

Neuro-linguistic Programming Workbook For Dummies 172–184

● *O* ●

O Jogo Interior do Tênis 11–24
objetivos. Veja também estado desejado
  afirmação positiva para, 122
  autoiniciado, automantido, e sob controle, 123
  condições bem formadas para, 122
  conflito por falta de, 250
  contexto definido por, 125
  empregando o SAR para atingir, 111 – 112
  estratégia Disney para, 129
  fixando para equipes, 223

futuro sonhado baseado em valores, 149
Gerador de Novos Comportamentos para, 133 – 135
método de evidência descrito para, 124
perguntas para perguntar sobre, 123
primeiro passo para, 128
princípios E.M.A.R.T, 122
programação para coaching, 83 – 86
recursos necessários identificados para, 125
Os 7 Hábitos das Pessoas Altamente Eficazes 214

● *P* ●

padrões. Veja também metaprogramas 218
  Conspirações 179–184
Perls, Fritz (pai da Gestalt) 20

● *Q* ●

quarta posição perceptual. Veja posicionamento perceptuais 118

● *R* ●

Ready, Romilla 60
respiração. Ver também comunicação não verbal 221
  combinar e espelhar 28
responsabilidade 62
resultados 67

● *S* ●

Saída, no modelo TOTS, 187
SAR (Sistema de Ativação Reticular) 110
Satir, Virgínia (terapeuta familiar), 20
Self 1 e Self 2, definição, 14
sentidos VAC ou VACOG. Veja também 290
Sleight of Mouth (Dilts) 334
Smith, Suzi (fomentador de PNL) 297
sobre verdade superficial e verdade profunda 37
Sócrates (filósofo), 42
submodalidades 32

• T •

talentos 36
The Office (programa de TV), 261
The Origins of the Universe For Dummies 287
The Three Marriages (Whyte), 145
tom de voz. Veja também comunicação não verbal 349
trabalho 349
traduzindo valores em, 144
transições. Veja mudança
transmitindo o nível de escuta, 116-118
tristeza, no modelo DRTE, 162-163
Twain, Mark (As Aventuras de Tom Sawyer), 215

• U •

Um Retorno ao Amor (Williamson), 36

• V •

valores 37
avaliando decisões baseadas em, 140
lista de 142
valores de meios, 141-142. Veja também valores 142–150
Voice of Influence (Apps), 180
voz da cabeça 180
voz do coração 180
voz do peito, 180
voz. Veja tom de voz 180
voz visceral, 180

• W •

Whyte, David (The Three Marriages), 145
Williamson, Marianne (Um Retorno ao Amor), 36

Editora Alta Books

Livros sobre negócios, gastronomia, informática, fotografia, guias de viagens, idiomas, além das séries Para Leigos, Use a Cabeça!, Sem Mistério, Leia & Pense e Frommer's.

Acesse nosso site
www.altabooks.com.br
e conheça nosso catálogo.